现代公司管理

（第四版）

董伍伦　李　强　编著

经 济 科 学 出 版 社

图书在版编目（CIP）数据

现代公司管理/董伍伦，李强编著．—4版．—北京：经济科学出版社，2006.7

ISBN 7-5058-5694-4

Ⅰ.现…　Ⅱ.①董…②李…　Ⅲ.公司—企业管理　Ⅳ.F276.6

中国版本图书馆CIP数据核字（2006）第073811号

第四版说明

2005年10月27日十届全国人大常委会第18次会议审议并修订通过了《中华人民共和国公司法》。第四版是根据这次修订的公司法的要求，对本书部分章节进行了修改。本书虽经多次改版，但由于编者水平有限，肯定还有错漏之处，希望读者多提宝贵意见，以便再版时改正。

编　者

2006年夏于华南师范大学

第 三 版 说 明

第三版对本书第五章进行了重写，对其他章节错漏的地方进行了改正和补充。由于编者水平有限，本书肯定会有错漏之处，希望读者多提宝贵意见，以便再版时改正。

编　者

2004 年秋于华南师范大学

第二版说明

本书自1999年3月出版以来，国内外的经济形势发生了较大的变化，本想借再版的机会对本书作些修改，但是因为教学任务较重，抽不出时间，只能就我国公司管理的急需，在第二版增加“现代公司电子商务管理”和“现代公司跨国经营管理”两章。本书主要是作为高校教材使用，我们将征集读者、特别是使用本书作为教材的教师的意见，在适当的时候对本书进行修改。

编　者

2002年5月

第一版前言

从世界上第一部公司法正式颁布至今，公司已有三百多年的发展历史了。在现代社会，公司已成为社会经济最基本、最活跃的细胞和活动主体，它们创造出人类赖以生存的物质基础，也创造出灿烂的产业文明和企业文化。

在我国，公司经济一向不发达，而且，中间还有一个公司经济的历史断层。改革开放以来，特别是随着我国市场经济体制的逐步建立，公司经济得到飞速发展，公司的数量也迅速增加。但总的来说，与西方发达国家相比，我国的公司经济还很不发达，公司的数量还很少，特别是在国有企业中，公司制一直处于试点阶段。

在党的十五次全国人民代表大会上，江泽民同志明确指出，建立现代企业制度是国有企业改革的方向。要按照“产权清晰、权责明确、政企分开、管理科学”的要求对国有大中型企业实行规范的公司制改革，使企业成为适应市场的法人实体和竞争主体。这标志着我国国有企业的公司制改革将从试点阶段发展到全面推开阶段。

现代企业制度是以公司制度为主体的，或者说现代公司制度就是现代企业制度最典型的组织形式。公司制度是社会化大生产和科技进步的产物，是我国社会主义市场经济中最重要、最先进的现代企业组织形式，它有利于克服计划经济体制下形成的单一工厂型、单纯生产型、国家承担无限责任的旧的国有企业制度的弊端。按公司制改造现有国有企业，是建立现代企业制度的基本途径。

为贯彻党的十五大精神，推进我国国有企业公司制改革，培养现代公司经济管理人才，我们编写了《现代公司管理》这本书。该书从我国企业改革与发展的实际出发，并注意吸收国外现代企业制度，特别是公司制度的有益经验，希望既能够反映国外先进的公司制度，又能够反映中国公司发展的成功经验。其不仅可作为高等学校的基本教材，而且也可作为企业和经济部门以及社会各类人员培训和自学的参考读物。

公司经济在我国的发展还不长，公司制度还不够完善，要建立适合我国国情的现代企业制度，绝非一朝一夕的事情，它需要实践经验的积累和不懈的理论探索。由于编者才疏学浅，错漏之处在所难免，敬请广大读者不吝指正。

编　者

1998年6月

目　　录

第一章
公司的产生与发展

公司作为商品经济条件下一种有效的组织形式，它是商品经济发展的产物，反映了社会化大生产的客观要求，是社会经济活动最主要的主体，是当今世界最普遍、最重要的企业形式。

第一节 公司的概念和特征

一、公司的概念

公司是依法成立的以盈利为目的的法人。公司在不同国家其称谓有所不同，在日本称之为“会社”，在英国称之为 Company，在美国称之为 Corporation。公司是企业形式的一种，它与一般的企业概念有所不同。从某种意义上说，公司是企业形式中最完善、最优越、最主要的组织形式，是企业组织形式发展到一定阶段的产物。公司作为一个法人组织，必须具备三个基本条件：(1) 公司必须有自己独立的财产；(2) 公司必须是一个组织体或组织机构；(3) 公司必须独立承担责任。这三个条件是每一个公司都必须具备的条件，否则，其不可能作为一个公司而存在。

我国《公司法》规定，“本法所称公司是指依照本法在中国境内设立的有限责任公司和股份公司”，公司是企业法人，有独立财产，享有法人财产权。公司以其全部财产对公司的债务承担责任。

二、公司的特征

1. 公司具有盈利性。获取盈利是公司经营活动的出发点和归宿点。盈利性是所有企业的基本特性，公司作为企业的一种具体组织形式，同样具有盈利性的基本特征。正是盈利性这一特点，使企业（公司）和机关、事业单位区分开来，将公司法人（企业法人）同以社会公益为目的的公益法人区分开来。

2. 公司具有法人性。法人是与自然人相对应的民事主体，是具有民事权利能力和民事行为能力，依法独立享有民事权利和独立承担民事义务的组织。法人的基本特征和实质要件是具有独立的财产、独立的组织机构、独立承担民事责任，进而具有独立的法律人格。公司是具有法人资格的经济组织，是最典型的法人。公司的法人性，主要表现在以下方面：(1) 公司具有自己独立的财产；(2) 公司是一个组织体；(3) 公司独立承担民事责任；(4) 公司是独立的民事主体。

3. 公司具有社团性。西方国家的民商法把法人分为社团法人和财团法人。社团法人是指由两人以上的社员集合而成的法人组织。社团法人组织成立的目的是为了谋求成员的利益，包括经济利益（如公司）和非经济利益（如各种学会）。财团法人是指为一定目的而成立，按一定方式而管理使用的财产集合而形成的权利义务主体。财团法人成立的目的不是为了成员个人的利益，而是为了社会公益事业（如各种慈善基金会）。

早期的公司立法都把公司的盈利性、法人性和社团性视为公司的法定特征，不承认一人公司。随着经济的发展和公司管理实践经验的积累，许多国家的公司法逐步突破了这一限制，承认一人公司的存在。

一人公司的存在并没有否定公司的社团性。因为：(1) 绝大多数的公司仍然是多股东的公司，一人公司只是社团性的例外；（2）一人股东随时可以转让股份或增资扩股，使一人公司变为多股东公司。

4. 公司具有依法认可性。公司的设立必须符合公司法规定的条件，履行设立程序，登记注册，才能取得公司的法律地位和资格。

第二节　公司产生的必然性和经济根源

公司作为当今世界各国企业的重要组织形式，其产生和发展经历了漫长的历史时期，并且随着社会与经济的发展，公司这种组织形式也不断成熟和规范化，并最终成为企业组织形式中占优势地位的组织形式。回顾公司的产生和发展过程，可以看出公司的产生和发展有其客观的必然性和深刻的经济根源。

一、公司产生的必然性

企业组织是企业活动的基础。公司作为一种企业组织形式并非一开始就占有重要地位。恰恰相反，在人类经济发展史上，个人企业和合伙企业曾是经济活动的主要经济组织，尤其是在16～19世纪前期，这两类企业处于统治地位。但由于公司在经济发展中具有其他企业组织无法比拟的优越性，从而随着商品经济和社会化大生产的发展，公司逐步取代传统的企业组织形式，成为现实经济生活中占主导地位的企业组织形式。公司的产生和发展并成为主要的企业组织形式有其客观的必然性。具体可以从以下几方面说明。

1. 公司是商品经济发展的必然结果，商品经济的发展是公司得以产生和发展的主要原因和动力。企业是商品经济和市场经济中的基本组织单元，作为企业组织形式的公司，自然同商品经济存在紧密的联系。从公司的起源和发展可以看出它与商品经济的密切联系。早期的公司大多存在于商品经济发达、城市兴旺繁荣、贸易发达的地中海和波罗的海地区。近代和现代公司的发展，也多是在一些商品经济发达的西欧国家，如荷兰、英国，英、荷两国是近代史上两个商品经济最发达的国家，同时它们也是公司组织最完善和发达的国家。再则，历史上公司增加最快的时期，也正是商品经济迅速发展的时期。如1668年英国只有11家股份公司，到1695年已有大约100家股份公司，而这时英国已进入资本主义迅速发展时期，商品经济在资产阶级革命推动下得到迅速发展。总之，从公司起源和发展的时间、地点及公司的迅速发展时期看，商品经济是公司得以产生和发展的前提条件，商品经济的发展必然加速公司的发展，而且由于公司与个人企业、合伙企业相比具有明显的优势，因此，在商品经济条件下，公司的产生和发展就成为历史的必然。

2. 社会化大生产要求资本迅速集中，从而使公司成为商品经济中不可缺少的社会组织形式。工业革命使生产社会化程度不断提高，社会化大生产必然需要大的企业组织形式与之相适应，从而使单个资本难以适应社会化大生产的需要，因此，在尽可能短的时期内，加速资本的集中就成了不可缺少的条件，通过股份制建立股份公司则可以迅速集中大量的资本，从而适应社会化大生产的需要。

3. 信用制度的形成和发展，加速了公司制的产生和发展。信用制度和公司制度存在着相互促进、相互制约的关系。信用制度的发展为公司制度的发展创造了有利条件，同时，公司制度的发展又加速了信用制度的发展和完善。

在商品经济条件下，社会化大生产的发展，新技术的不断涌现，生产规模的不断扩大，以及建立新的企业所需资本量的大幅增加，单个的资本越来越难以适应大规模生产的投资需要，从而使大量闲置的小规模的个人资本难以投入到社会化大生产中去。因此，信用制度的发展，就成为使单个的资本变成社会化的大资本，投入到社会化大生产领域和流通领域中去的前提条件。其结果是促进信贷领域的金融公司——股份制银行的出现和生产领域及流通领域工业公司和贸易公司的发展。信贷领域的金融公司通过银行资本和单个资本的股份关系建立股份银行，通过银行再将资本投入到生产领域和流通领域。在信贷领域随着信用制度的发展，出现大量股份银行。同样，在生产领域和流通领域，随着信用制度的发展，也出现大量的股份公司。事实上，股份公司本身就是一种信用制度，这种信用发生在股东与公司之间。我们知道，信用的本质就是货币价值的使用权与所有权的分离。一切借贷关系，无论是高利贷，还是现代金融制度，其核心内容总是围绕着资本价值的使用权与所有权的分离而发展的，股份公司本身就是财产的初始所有权不断弱化和股份公司独立法人财产所有权的不断强化的过程。从经济学家对金融活动的研究中也可以看出，股份公司本身就是一种信用制度或金融制度。

综上所述，我们对公司制度产生的必然性进行了一般性的分析，从上述分析中，可以看出，商品经济是公司制度产生的前提条件，没有商品经济的发展，公司的存在和发展则缺乏基础，同样我们也知道社会化大生产在客观上已要求公司制度与之相适应，而信用制度的发展则加速了公司的产生和发展。

二、公司产生的经济根源

公司制度是商品经济的产物，公司制度的最终确立有其深刻的经济根源。公司产生的经济根源不外以下几个方面：

1. 分散单个资本所承担的经济风险。最初的公司或者类似于公司的组织主要集中于海洋及陆地的商贸领域。由于在这一领域活动的资金需求大，同时风险也大，单个的资本是很难胜任的，于是商人和船东们就组成一些合伙组织，这些合伙组织大都是为了进行一次航海和冒险而建立的。在整个商业冒险中，商人们将他们的单个资本集中起来，共同分摊成本和风险，使单个资本承担的风险大大降低。如在英国16世纪50年代初以股份公司的形式在俄国与几内亚从事长途贸易的莫斯科公司和几内亚公司就是通过股份公司的形式来分散风险的。有限责任公司的最终确立，使原始投资者进行投资的风险大大降低，并大大推进了公司的发展进程。

2. 满足大规模资本需求。公司产生的另一个重要原因和经济根源是从事经济活动对大规模资本的需要。从公司的发展史上看，公司最初出现在一些单个资本无力承担的经济活动领域。在这些领域从事任何一项经济活动都需要大量的资本，而单个资本根本无法满足需要。如首家永久性股份公司，即荷兰在1602年成立的东印度公司，该公司的股份是550～600个投资者提供的，并由8个分公司组成，主要大股东参加这些分公司，从中选出60名董事，公司的最高权力掌握在荷兰人手中，主要从事海运、商业和贸易。另外，就是1600年由英国女王伊丽莎白一世特许成立的东印度贸易公司，该公司是以桑德兰伯爵为首的一批冒险商人合股集资而成的。在这之前以合股形式进行海外贸易的特许公司是1553年成立的莫斯科公司和1581年成立的利凡特公司，又称土耳其公司。以上这些股份公司是为适应需要大量资金的远距离贸易而产生的。早期公司大量存在的另一领域是金融业。其次是运河建设、铁路修筑及采矿业，这些领域都是需要大量资金的行业。总之，公司产生和迅速发展的主要原因无疑是铁路、工矿、船舶运输、银行及日益增多的工业企业对资金的需求超过了单个资本的供给能力。

3. 适应科学管理的需要。公司的产生本身带来了一次管理上的革命。在公司出现以前，独资企业和合伙企业是很难适应扩大的经营规模和增加的经营风险对企业管理的要求的。P. 金德尔在其《西欧金融史》一书中认为，汉萨同盟、商业冒险家组织及最初在大型平底快船上的荷兰人在英吉利海峡及北海沿岸的经商中，由于船舶载重量的增加和航程更远，需要一种更复杂的管理体制，即后来出现的公司制，他强调公司制度是由于经营管理活动的复杂化而出现的，公司制度的产生有助于建立新的管理体制，以适应复杂的管理需求。

第三节　公司的起源及演变

公司作为一种企业组织形式，它的起源和演变同生产力的发展和商品经济的发展存在着密切的关系。

一、公司的起源

公司的起源和发展经历了漫长的历史过程。但对于最早的公司萌芽时间，史学上尚存在一些分歧。目前，通常认为，公司起源于中世纪的欧洲。但也有一些观点认为，早在古罗马、古希腊时期，随着商品经济的发展，人们就开始合伙经营，建立类似于公司的组织。有人认为，在罗马，第一个类似于公司的组织是以股份公司的形式出现的，为的是向公众出售股票，以便履行为支持战争而签订的政府合同。不过，当时不可能存在大规模的公司组织，因为政府只允许股份公司履行政府合同而不得从事其他任何活动。此外，当时还存在着类似于公司组织的船夫行会。这些组织主要从事粮食贸易，并由政府控制，所有的运粮船只都由那些与政府签订合同的公司来管理。此外，经济史专家认为，古罗马的包税商股份委托公司也是股份经济的先驱。

关于公司的起源，主要存在以下观点：

1. 认为公司起源于中世纪欧洲大陆的地中海沿岸，是由家族经营团体发展而来的。这种观点被称为大陆起源说。这种观点认为，在中世纪的欧洲大陆和地中海沿岸，各城市海上贸易繁荣，都市兴旺，商业较为发达，个体商人在中世纪社会经济活动中占有十分重要的地位。商人们一般将自己的商号传给自己的亲属、子女，亲属、子女得到祖传产业后要分家析产，但又不愿歇业，于是便共同经营先辈所经营的企业，共享盈利、共负亏损。从而形成所谓的家族营业团体或家族企业。家族企业盛行于法国，它是后来的无限公司、有限公司的前身。

2. 认为公司起源于中世纪的海上商贸，是由船舶共有、康孟达等组织发展而来的。这种观点被称为海上起源说。持这种观点者认为，从当时的海上贸易来看，中世纪的海上贸易较兴旺，由于海洋浩瀚，交通不便，从事海洋贸易，既需要巨额的资本，又要冒很大的风险。于是船舶共有这种组织形式便应运而生。这种公司实际上是一种合伙公司或合营公司，入股者之间的关系是一种合伙关系。当时与海洋贸易相关的合伙组织有康孟达（Commendat）和索塞特斯（Skcietas）。

3. 认为公司既起源于中世纪的海上贸易，又起源于中世纪的欧洲大陆，由船舶共有、康孟达、索塞特斯及家族营业团体发展而来。这种观点谓之综合说。

关于公司是起源于古罗马时期，还是中世纪的分歧，随着人们对史料的考证将会得到更明确的答案。但从目前所拥有的资料来看，中世纪的确是公司和类似于公司的组织广泛存在的时期，那些类似的组织在多种行业中得到发展。但此时的公司与现代公司有明显的不同，因此，我们只能把这些公司的早期形态称为原始公司。早期公司或原始公司存在的时间大约为古罗马时期至15世纪中期，这一时期我们称为公司的起源时期。

处于罗马帝国后的中世纪是以自给自足为主的封建经济时代，但在中世纪，由于生产力的发展，封建制度的变革，以手工艺和商业为中心的封建城市得以发展，这些城市在12世纪已形成了地区市场，与东方的贸易也得到发展，到13～14世纪，欧洲已形成了以意大利的城市为中心的地中海贸易区和以佛兰德尔各城市为中心的北海和波罗的海沿海贸易区。贸易的发展使商品经济得到进一步发展，同时也为公司制度的产生创造了条件。

在中世纪的海上贸易中，盛行于意大利、法国南部诸城市的最早合伙方法是股份委托制或合作制。股份委托制与合作制均是由两方组成：一方为坐商，主要提供资本和意见，在家坐等消息；另一方为行商，押运商品到达目的地，进行具体交易。委托制是坐商提供全部资本，获得利润的3/4，而行商获得1/4的利润。合作制则是坐商提供2/3资本，行商提供1/3的资本，所得利润双方平分。如果经商失败，双方不向对方负任何责任。海上贸易的发展，促使了商业法院、海上法院、银行以及后来的商业行会在意大利的商业城市出现。各种形式的商业服务和信用也得到发展。在意大利的诸商业城市中，商人、银行家的公司也大量出现。其中最为著名的是15世纪佛罗伦萨的美利其家族的公司。它出现在1397年，1420年该公司拥有资本2.4万弗罗林，其中1.6万弗罗林属于美利其家族，0.8万弗罗林属于合伙人巴尔迪加。1451年资本达到7.2万弗罗林，其中5.4万弗罗林为美利其家族所有，而其余的1.8万弗罗林属于合伙者奔奇家族。从13世纪开始，商业组织逐步由合伙制转变为合股公司。

早期公司虽然主要存在于商贸领域，但在中世纪的其他领域也存在着早期的公司。中世纪的采矿业，由于生产的难度较大，一些小的生产单位难以承担，因而采取了合股经营的办法，即小生产者集中购置一些设备，合伙经营，分取利润。如果经营失败，大家则分摊损失，而且股份还可以转让继承。如，在14世纪的德意志就存在过一些合资采矿公司。一些研究者曾认为1327年在库腾贝尔格矿区就存在矿业股票。在14世纪后，又出现了新的合股公司，股份持有者不再是过去的小生产者，而是贵族地主、商人和教会等。他们远离矿山，不直接从事生产经营，只分取生产出来的金属或者以矿石卖出后的钱作为红利，由经理雇用工人经营矿山。14 世纪，意大利巴底平原上米兰、比萨、佛罗伦萨等城市纺织业十分发达，在纺织业中也出现了合伙经营者。14 世纪米兰的 363 家毛纺织公司中有 96 家是合伙经营的。

二、公司的演变

公司从起源发展到今天，经历了许多不同的历史发展时期。因此，对我们来说，了解公司的发展过程，是非常必要的。

公司的演变发展一般可分为五个阶段：

1. 近代早期公司的发展。15 世纪末，地理大发现开通了东西之间的航线，使世界商业贸易大为改观。西班牙、葡萄牙、荷兰、英国迅速崛起，并使早期的贸易大国意大利大为逊色。此时，13、14 世纪曾盛极一时的意大利和德意志都市的商业、银行金融业逐渐衰落，西班牙、葡萄牙、荷兰、英国等作为商业和金融中心逐渐兴起。这些国家在重商主义思潮的影响下，大力发展对外贸易和进行海外殖民地掠夺。近代公司也在对外贸易的刺激下，得到迅速的发展。这一时期的公司大致沿着两个方向发展。其一是由一些中世纪存在的家族企业进一步发展和扩大成为比较长期性的组织。如奥格斯堡的安东·富格尔公司，该公司是由中世纪的富格尔家族企业演变而来的，公司在欧洲各地雇用代理人并建立分支机构，总部则保留行政权力；此外，如雷克莫纳的阿法伊蒂家族企业，该公司将大量的权力授予一些分公司，而母公司只充当与现代控股公司相似的角色。这类公司通过接受外界有息存款和鼓励合伙人投资来增加其资本。其二是沿着 15 世纪意大利和德国发行可转让股票的合股公司的方向发展。这类公司在英国和荷兰建立一种普遍的和长期的企业组织，如英国在

16 世纪 50 年代，首次以合股形式成立的海外特许的“莫斯科公司”，该公司成立于 1553 年，成立时有股份 240 股，每股 25 英镑，到 1664 年，该公司成员发展到 160 人，有 15 个董事，但没有采用股份集资制度，仅是采取入股形式组成了一支远洋船队。1581 年，英国又成立了利凡特公司，又称土耳其公司，该公司是以股份制建立起来的公司，由 218 个成员和 24 个委托人组成。至 1600 年英国又成立了由英王伊丽莎白一世特许的东印度贸易公司，简称“东印度公司”。东印度公司是以桑德兰伯爵为首的一批冒险商人合股集资建立的。该公司筹集的第一次航行资本由 101 个股东提供，约 3 万英镑，15 年以后，公司贸易站有 20 多个，分布在印度、印度洋上的一些岛屿、印度尼西亚、日本，该公司成立的第二年股东扩大到 218 名，股资近 7 万英镑，定期分配利润，但不退还股本。

近代早期的这些公司，虽具有现代公司的一些特征，但仍非真正意义的现代公司，而且同近代晚期的公司也有所不同。

2. 近代晚期公司的发展。近代晚期的公司是在早期公司的基础上发展而来的。此时的公司同现代公司具有极为相似的特性，但也存在不同。首家永久性股份公司是 1602 年成立的荷兰东印度公司。在该公司成立后的 1610 年，首次在其公司投资公告中使用“股份”、“股东”等词。荷兰东印度公司是 1602 年由国家特许成立的。荷兰作为世界上第一个资本主义国家，东印度公司、阿姆斯特丹银行和商船队构成了荷兰经济的三大支柱。东印度公司由 6 个商会联合组建而成，其资本总额达 650 万基尔特，公司依照宪法制定公司的选举方法，由出资 5000 基尔特以上的股东召集协议会。公司有 8 家分公司，主要股东参加这些分公司，从中选出 60 名董事组成董事会，公司的最高权力掌握在荷兰人手中。作为首家永久性股份公司，荷兰东印度公司开始将其股东看作是长期性的。该公司规定，要兑现该公司的股票只有拿到交易所公开出售；英国也于1623年仿效荷兰的做法，英国的东印度公司也较早开始发行具有固定票面价值的股票，发行量根据其对资本的需要而定。

由于股票的发行和转让，公司的发展进入了新的历史时期，至17世纪中叶，正式的股票交易市场出现，阿姆斯特丹交易所聚集了一批证券经纪人和代理人。同样，伦敦的证券与股票交易也在17世纪30年代发展起来。

1688年英国经历了资产阶级革命，随着对外贸易，尤其是东印度贸易的发展，财富的增加，股份公司纷纷成立。至1695年，已有100家新公司成立，资本总额达450万英镑。18世纪，由于南海公司的成立及其股票价格的激涨又引出一批新的公司，1719年9月至1720年8月英国新成立的股份公司有195家。

股票、股票交易所的出现，对于现代公司的转变起了重要的推动作用。

此时的公司具有以下特征：

（1）近代公司大都是由国家特许成立的。如英国东印度公司是在英王伊丽莎白一世特许下成立的，荷兰东印度公司是在荷兰国会特许下成立的，因此，此时的公司又称特许公司。

（2）大都是无限责任公司。如，约瑟夫、库利舍尔在《欧洲近代经济史》中指出：荷兰东印度公司、瑞典、丹麦公司的特许中，均没有规定有限责任，有限责任原则首先在法国提出，但即使在法国，这个原则也未必经常明确地写在公司的规章上。

（3）开始有初步的法律规定。如，英王詹姆士一世统治时期首次确认了公司作为一个独立法人的地位。1673年，法国颁布商事条例，首次以法律形式确认家族营业团体为公司制度。

（4）公司开始以股份集资经营为主，并从短期投资转向长期投资。在近代的特许公司中可以分为两类：一类是契约公司；另一类是股份公司。前一类公司由一些独立经营、自担风险的商人组成，他们需要在共同经营条件所规定的范围内经商，服从集体的纪律。这类公司，没有共同资本，凡具有相当资格的人，都可缴纳若干伙金，加入组织，但各自的资本由各自经营，贸易风险，亦各自负担，对公司的义务是遵守其规约。而股份公司则是拥有公共资本金的长期性的贸易公司。任何人，无论其是否是商人，均可参加这一类公司。如，荷兰东印度公司的总投资中，最初的股份比例是由共同协商决定的，根据这种协定，公司能否继续生存取决于股票的再次认购情况。但1612年后，公司不再实行此种办法，股东的股票可以到股票交易所转让，从而使公司的资本长期化。从公司的发展看，契约公司在16～17世纪早期占主要地位，但从17世纪开始，股份公司则迅速增加。

3. 18世纪末至19世纪中期公司的发展。18世纪末至19世纪中期，世界主要资本主义国家相继走上自由资本主义的发展道路。在这一时期，主要资本主义国家的工业得到迅速发展，机器大工业得到广泛的建立，生产的社会化程度得到极大的提高。与此同时，公司也得到迅速发展，公司发展由此进入一个新的历史发展时期。此一时期是公司开始由近代公司向现代公司转化的过渡时期，此时的公司具备现代公司的一些基本特征。其发展具有以下特点：

（1）公司存在于更广泛的行业。18世纪末，资本主义商品经济取得了主导地位，工业部门中资本主义制度得以确立，经济发展要求扩大资金来源，这促进了市场的扩大，远距离运输业的发展，并且促进了金融和运输业的快速发展。这两个行业的发展又都需要大量的资本，从而使公司在这些行业得到迅速而广泛地发展。如1800年美国在制造业中只有6家公司，而在金融保险业中已经有67家股份银行和保险公司，在交通运输业已有219家桥梁和运河公司。可以这样说，18世纪末至19世纪初，股份制度在银行业、保险业、交通运输业及一些主要公用事业部门得到广泛发展，并逐步成为主要的企业组织形式。

与此同时，在英国的采掘业、冶炼业、玻璃制造业以及煤气业等制造业中也出现了雇用几百人甚至上千人的股份公司。但此时，公司在工业部门尚未处于主导地位。

(2) 公司立法为公司的健康发展创造了前提条件。公司的立法与公司的产生存在紧密的联系。随着公司的不断增加，公司在社会经济中的地位和作用不断加强，公司立法日益重要。在大陆法系国家，早期的公司法规主要存在于商法典中，法国 1808 年制定的商法典第一编“商事通则”中就规定了“公司”的三种类型：合股公司、两合公司、股份公司。美国公司立法权在各州，纽约早在 1807 年就颁布了第一个关于公司的法律，允许私人组织公司。

1844 年英国国会通过一项法律，允许私人组织公司并采用完全公开原则以保护投资者利益。1856 年制定了第一个有限责任的公司法，即有限责任公司法。1862 年又通过了新的公司法。瑞典政府也在 1848 年颁布法律承认股份公司的法律地位。德国也在 1861 年的旧商法中的第二编做出关于公司的规定，1896 年德国制定了新商法即德国商法典，其中第二编为“商事公司及隐名合伙”，共五章，前四章分别规定了无限责任公司、两合公司、股份公司、股份两合公司的组织和经营。

上述事实说明自 19 世纪初开始，欧美国家相继制定了有关公司的法律，从而使公司设立由特许公司发展到现代普通公司阶段。

(3) 有限责任制的确立为近代公司向现代公司过渡创造了条件，从而使公司得到迅速发展。有限责任制的最终确立标志着公司进入现代发展阶段，也为公司的进一步发展创造了前提条件。有限责任制是先由法国提出的，但当时，这种类型的公司的建立由于申请登记规则严格，建立极不容易。特别是其规则要求公司在注册前要收齐资本。这种严格的规则一直实施到19世纪60年代，到1863年才被取消。

总之，19世纪前半期或者说至19世纪中叶公司已由原来的贸易领域发展到银行、保险领域及交通运输领域，并且在制造业领域也有所发展。与此同时，有关公司的立法或出现在商法典中，或以单行法规存在，这标志着公司已开始由过去的特许公司向现代的普通公司过渡。而且，由于有限责任制的最终确立，也使公司更具有现代意义，从而为后来公司的发展扫清了障碍。

4.19世纪中后期至第二次世界大战前公司的发展。19世纪中期以后，发达国家先后都由自由竞争资本主义进入垄断资本主义阶段，尤其是1873年资本主义世界经济危机，更加速了资本主义走向垄断的进程。与此同时，由于科学技术进步，资本主义世界又开始了以电气化为中心的第二次产业革命，产业革命则从另一个侧面推动了资本主义企业组织结构的变化，企业规模愈来愈大，建立企业的投资规模也相应增加，因此早期在资本主义工业中的独资企业和合伙企业越来越不适应生产力发展的需要了，股份公司这种新型的企业组织形式在工业中迅速增加，并且在工业部门中占据愈来愈重要的地位。这一时期公司的发展主要有以下特征：

(1) 有关公司的立法愈益完善，股份公司的设立愈加法制化，与股份公司相关的立法也开始制定和实施。综观股份公司的立法史，其大致经历三个阶段：第一阶段，人们通常称之为特许主义阶段，在这一阶段股份公司的设立，必须由国王或政府特许，并颁发特许证才能设立，国家对公司拥有绝对的垄断和特权，公司的设立主要服从于国家的政治和经济冒险目的，公司设立手续繁琐，公司数量少，其典型代表是17世纪初设立的荷兰东印度公司和英国东印度公司。第二阶段，又称许可主义阶段，此时设立公司，除了必须符合法律规定外，还必须经行政官署许可。如，法国1808年的商法和德国1867年旧商法中关于股份公司的规定。第三阶段，又称准则主义阶段，此时由于经济的发展，科学技术的进步，股份公司愈来愈多，因此，原有公司设立的规定，愈来愈难以适应新的发展需要，并妨碍资本的集中。因此，西方发达资本主义国家相继实行准则主义。开始时采取单纯的准则主义，如，英国1862年的公司法。后来发展到严格的准则主义，其主要表现在两个方面：一是严格规定公司的组织与会计，强化监督与处罚。如法国1867年的公司法，1893年修正的股份公司法，德国1937年的股份法。二是严格公示主义原则，以促进公司制度的健全，维护商品交换秩序。如美国1928年的统一公司法，1934年的证券交易法。

（2）新的公司形式不断出现，有限责任制不断得到加强。公司的组织形式在公司的发展中不断地新陈代谢和不断地多样化，从公司形式的演变过程看，公司的组织形式大致经历了以下几个不同的发展时期，最早出现的公司形式是无限公司，它与合伙企业无本质的区别，在无限公司中，公司对其债务负连带的无限责任。继无限公司之后出现了两合公司，在两合公司中，存在无限责任股东和有限责任股东，无限责任股东负无限债务责任，有限责任股东则负有限债务责任。至17世纪初，公司组织形式出现了质的飞跃，股份有限责任公司作为一种全新的组织形式出现在西欧资本主义国家，但由于该类公司的设立手续繁琐，于是18世纪末，出现了类似两合公司的股份两合公司。两合公司和股份两合公司由于不能适应经济发展需要，在发达国家后来的公司形式中很少存在。

进入19世纪，股份有限公司不断增加，而且在西欧国家中又出现了一种新的企业组织形式，即有限责任公司，德国于1892年通过世界上第一个“有限责任公司法”，之后许多国家均出现了“有限责任公司”的立法。如日本1938年颁布的“有限责任公司法”。股份有限公司和有限责任公司目前已成为世界各国的主要公司组织形式。

(3) 公司成为工业部门中主要的企业组织形式。19 世纪初期，公司主要存在于贸易、银行、保险、交通运输业，到 19 世纪中后期及 20 世纪前期，由于科学技术的进步，在发达国家进行了第二次产业革命后，钢铁工业、机械制造业、电力工业和化学工业等新兴工业部门得到了迅速发展，重工业在工业中占据了重要地位，由于这些行业的企业投资规模大，因此，它们广泛采用公司制度，大股份公司迅速增加。在美国，由于在修筑铁路中组织股份公司取得了很大成功，所以从 19 世纪后期开始，在钢铁、煤炭、机械制造业为中心的重工业部门中广泛实行股份公司制度。美国工业股份公司产值在 1899 年约占全国工业生产总值的 67%，而到 1919 年，此比例已接近 88%。

(4) 公司开始向巨型化、大型化的垄断组织方向发展。19 世纪初，由于技术的进步，企业生产规模不断扩大，加上早期资本主义企业之间的竞争，资本集中的趋势不断加强，开始由自由竞争的早期资本主义走向垄断资本主义的发展道路。垄断组织，如卡特尔、辛迪加、托拉斯、康采恩等遍布各主要工业部门，垄断成了全部经济生活的基础。

股份公司通过企业间的参股和控股，兼并或合并发展成为巨型的垄断公司，从而使公司的规模空前地扩大，股份公司不仅在数量上，而且在规模上，进入了一个新的历史发展时期。在美国，1879 年，出现了世界上第一个石油托拉斯，该托拉斯控制了 30 家公司的全部股票，并控有 26 家公司的多数股票，从而掌握了全国石油产量的 90%。1888 年，7 个采煤托拉斯控制了差不多美国全部无烟煤的产量。但由于 1900 年制定了《谢别尔曼反托拉斯法》，一些托拉斯被迫进行改组，成立控股公司，1900 年美国成立了著名的标准石油公司——美孚石油公司，该公司的资本达1.5亿美元，发行了1亿美元的普通股票和1600万美元的优先股票。到20世纪初，各大垄断组织控制了美国石油生产的95%，钢铁生产的66%，化学工业的80%等等。

5. 第二次世界大战后公司的发展。第二次世界大战后，西方发达国家社会、经济和科技发生了深刻的变化，传统的经济自由主义被凯恩斯的国家干预主义所取代，国有企业迅速增加，国家对经济的宏观调控得到加强；与此同时，在科技领域中，发生了重大的技术进步，以电子技术、生物技术、空间技术为核心的技术革命促进了第三次产业革命。在这一大的经济社会背景下，公司的发展也出现了一些新的特征，其主要表现为：

(1) 公司已成为社会经济中的主导企业组织形式。在资本主义经济中，企业组织形式主要有三类：独资企业、合伙企业、公司制企业。在资本主义的早期阶段，公司主要存在于投资规模大的金融、交通运输、贸易领域，但自19世纪中期以来，公司在工业领域得到迅速发展，第二次世界大战后公司的发展更是迅速。目前已成为西方国家经济中的主要企业组织形式，公司经济控制着国民经济的命脉。

(2) 公司立法及相关立法日益完善。公司立法自19世纪初以来，得到迅速发展，19世纪中期，西方主要发达国家都有公司立法。在公司的发展过程中，公司立法不断修改和完善。第二次世界大战后，公司立法得到进一步加强，许多与公司有关的法律被制定出来，并付诸实施。如美国1970年颁发的《证券投资者保护法》就是为了保护投资者的利益而专门制定的法规。

(3) 公司的垄断日益加剧。自19世纪中叶以后，随着生产力的发展，资本主义生产也越来越集中，垄断公司大量出现。第二次世界大战后，公司的垄断化趋势不断加强，垄断大公司在国民经济及各行业中处于绝对的控制地位。如1970年美国500家最大的工业公司占全国工业产品销售额的65%，1974年美国

800 家大公司获取的利润占全国公司税后利润的 70%。汽车工业中，美国通用、福特、克莱斯勒三大汽车公司占全国汽车产量的 92%；日本的丰田、日产、东洋三大汽车公司占了日本汽车市场的3/4;原联邦德国的大众、阿佩尔、戴姆勒——奔驰三大汽车公司占本国生产汽车的 75%以上；法国的雷诺、普吉奥——雪铁龙两大汽车公司几乎垄断了全国汽车市场。

(4) 金融机构与工业公司日益相互渗透。在第二次世界大战后，有些国家银行和工业公司之间相互参股、控股的趋势日益加剧，从而使银行业与工业公司的联系日益密切，形成大的金融财团。第二次世界大战后，日本的三菱、住友、三和、富士、第一劝业等大金融集团以各自的银行为中心，通过参股、控股控制着大批公司。日本金融机构是最大的股票持有者，1979 年金融机构持有全国上市股票的 40%。

(5) 新的垄断组织——混合联合公司出现。混合联合公司是第二次世界大战后发展起来的以一业为主，经营多种业务的公司组织。混合联合公司的形成主要有两个途径：一是一个较小的主要生产某一单一产品的公司通过大量混合兼并，形成一个生产产品互无关联的多部门的混合体。如波士顿财团的一家大混合联合公司特克斯特隆公司，该公司原是一家小纺织公司，第二次世界大战后兼并了大量企业，目前已发展成为拥有 70 多家子公司，生产数十种工业产品的庞大垄断公司。另一途径是原来一个规模较大的主要生产某一单项产品的公司，通过大量的混合兼并，形成一个互无关联的多部门的混合体。如国际电话电报公司，该公司原是一家专营电信设备制造和电信劳务的公司，1960 年资产额有 9.2 亿美元，在工业公司中名列第 35 位，在 20 世纪 60 年代，兼并了 50 多家公司，形成一家以经营电信事业为主的混合联合公司，其在工业公司的排名也上升到第 9 位。

(6) 国有公司在战后得到发展。第二次世界大战后，西方国家政府对经济的干预程度更高，国有经济得到较大的发展。英国在战后就出现了两次国有化高潮。第一次是1945～1951年艾德礼工党政府期间。第二次是在1974年威尔逊工党政府期间。国有化对象是大型的制造公司和尖端工业公司。如英国的莱兰汽车公司、飞机和导弹公司、艾尔福雷德公司、赫伯特公司，此外，还包括全部造船业。

法国战后也有两次国有化高潮。第一次是在1944～1946年戴高乐执政期间。国有化领域主要是银行、基础设施、交通、燃料、通讯等领域。第二次则是20世纪80年代初密特朗社会党政府期间的国有化浪潮。其重点是私人垄断资本的大银行、大公司。

第四节　现代公司的发展趋势

一、现代公司在经济中的地位和作用

现代公司在西方各国经济中占有十分重要的地位，并对国民经济发挥着举足轻重的作用，现代公司中的大公司控制着国民经济的命脉。

1. 公司在经济中占主导地位。目前，公司已成为西方各国企业的主要组织形式，并在国民经济中占主导地位。美国是当今世界上最发达的资本主义国家，公司在美国经济中占有重要的地位。美国公司总数从1960年的114万家，发展到1979年的255万家，增加了1.24倍；同期公司销售额从8490亿美元增加到55990亿美元，增加了5.59倍；1979年公司占企业总数的15.8%，而销售额和纯收入则分别占88.2%和78.9%。另据有关资料，美国公司资产目前占全国企业总资产的85%，销售额占全国企业总销售额的89%。

1986年，原联邦德国共有无限公司15万多家，销售额为2665亿马克，分别占企业总数和销售额的7.9%和6.8%；两合公司近9万家，销售额为9444亿马克，分别占企业总数和销售额的4.5%和24%；有限责任公司为33万家，占企业总数的10%、销售额的24.9%。股份公司是原联邦德国大企业的主要组织形式，如奔驰汽车、西门子电气、三大化工公司和三大银行都是股份公司，1984年制造业中的737家股份公司占制造业企业总数的1.4%，但产值却占35%，职工人数占30%左右。

日本股份公司约有150万家，其中资本额在10亿日元以上的公司2000多家，占公司总数的0.13%，但资本额占42%，控制着公司总销售额的34%。

由上述四国的有关公司资料可以看出，公司目前在西方国家的国民经济中占有重要地位。

2. 大型公司和巨型公司控制着国民经济的命脉。在西方国家，公司成为企业的主要组织形式，在国民经济中发挥了重要作用，巨型或大型垄断公司控制着国民经济的命脉，并主导一国的政治、经济和对外政策的制定。

第二次世界大战后，西方各国的大型公司在国民经济中的作用愈来愈大，其对经济的贡献也不断增加。如美国200家最大制造业公司的资产占制造业总资产的比重从1947年的53.1%，增加至1984年的60.7%；美国制造业中资产在1000万美元以下的中小企业的资产总额占制造业资产总额的比重，1970年为12%，1981年下降到8.8%，1987年再下降至6.9%，而同期10亿美元以上资产的大公司的相应比重为48.8%（1970年），64.8%（1981年），68.9%（1987年）。从行业来看，大型和巨型公司控制着整个行业市场份额的绝大部分。如1984年美国最大三家公司占其行业市场份额的比重分别为：电子计算机84%（其中IBM公司为67%），照相设备77%（其中柯达为65%），汽车 91%（其中通用汽车为 43%），铝 90%（其中美国铝公司为 40%），金属制罐 83%（其中大陆制罐公司为 37%），轮胎 64%（其中固特异公司为 33%），铜 77%（其中安纳达康公司为 31%），烟草 79%（其中雷诺公司为 28%）。

在英国，各行业最大的 10 家制造业公司的股本比重，从 1948～1969 年的变化如下：食品业从 70%上升到 80.8%；烟草业从 99.5%上升到 100%；化学工业从 77.2%上升到 86.4%；冶金业从 48.4%上升到 74.3%；机电业从 59.8%上升到 81.2%；汽车和飞机制造业从 50.9%上升到 85.8%；造纸和印刷业由 53.9%上升到 78.1%。

从上述资料可以看出，第二次世界大战后，西方国家的大公司在国民经济中处于绝对控制地位，因此可称之为“大公司经济国家”，或者如加尔布雷所称谓的“新工业国”。

二、现代公司发展的新趋势

西方国家公司经过战后时期的发展，其影响日益增加，在公司发展中出现了一些新的趋势，这些趋势反映了 20 世纪 70 年代后公司发展的新方向，其主要表现为：

1. 跨国经营和生产国际化趋势。跨国公司早在战前就已经存在，但在第二次世界大战后，跨国公司则获得迅速发展，特别是自 70 年代以来，跨国公司的发展更是迅速。到 1984 年，各发达国家对外直接投资总额高达 5490 亿美元，40 年间增长了几十倍。其中美国的增长最为突出。到 1986 年，美国的对外直接投资从 1950 年的 118 亿美元增加到 2600 亿美元，平均每年增长速度为 10%以上。在对外直接投资中，跨国公司是主要承担者。从 60 年代到 80 年代这一期间来看，1960 年的跨国公司对外直接投资额为 1040 亿美元，1971 年为 1580 亿美元，1975 年为 2590 亿美元，1979 年为 5290 亿美元。80 年代后，跨国公司对外直接投资已占世界跨国投资的95%以上。目前，世界上共有2万多家跨国企业在世界近200个国家和地区开办了十几万家子公司，对外直接投资额已突破10000亿美元，国外销售总额达40000亿美元左右。跨国公司的发展促进了生产国际化，加速了全球经济一体化的进程。

2. 股份公司的联合控制趋势。随着规模的扩大，公司股份越来越扩散化，一家大公司往往由若干个大股东所控制，形成所谓的垄断资本集体所有制。垄断资本集体所有制可以分为两种形式：其一是一家大股东具有控制优势的垄断资本集体所有制；其二是几家大股东具有联合控制优势的垄断资本集体所有制。在美国，前一种形式在20世纪50年代占主导地位，到60年代前一种优势已大大削弱。在500家最大的公司中，独家控股5%以上的已占少数。到70年代末，第二种形式则占优势。从下面几家大公司的情况可以看出：

(1) 埃克森公司的表决权股份分布：大通曼哈顿占2.3%；摩根公司占1.9%；制造商汉诺威占0.8%；洛克菲勒集团占0.78%；花旗银行占0.78%。

(2) 国际商用机器公司的表决权股份分布：摩根公司占2.53%；花旗银行占1.44%；制造商汉诺威占1.23%；银行家信托占1.2%；纽约美国信托占1.07%。

(3) 国际电报电话公司的表决权股份分布：摩根公司占2.13%；大通曼哈顿占1.49%；哈雷斯信托和储蓄银行占1.47%；底特律国民银行占1.39%；制造商汉诺威占0.91%。

从上述资料看，1976年美国3家大公司的前5位控股大股东所控制的股份比重非常小，最高也不到3%，从而形成了一个由多家金融机构联合控股的局面，这反映了现代工业公司的联合控股趋势。

3. 国有公司私有化趋势。第二次世界大战后，国有化浪潮席卷西欧国家，许多西欧国家，如英、法、意、奥等国，相继把一些部门国有化，国有化遍及银行、保险、铁路、电力、煤炭、钢铁、机械工业、汽车和飞机制造业等，国有经济在国民经济中的地位迅速上升。

然而，到20世纪80年代初，在西方国家出现了与国有化相反的浪潮，即私有化浪潮。这一浪潮同西方经济学领域中新自由主义经济流派经济理论的再次兴起有密切的关系。私有化首先是英国撒切尔政府于1981年开始的，随后私有化浪潮席卷资本主义世界。在私有化规模上英国变化最大。据报道，1981～1985年底英国政府共出卖了14家大公司，其资产约50亿英镑，这些大公司包括英国宇航公司、电报和无线电公司、布里托尔石油公司、美洲虎汽车公司、英国电信公司等。1985年以后又出售了英国航空公司、英国天然气公司、罗尔斯——罗伊斯公司等。到1987年，英国政府已经出售一半以上国有公司。

意大利政府也在1983～1985年间出售了14家公司的全部股票，其后又在1987年1月将阿尔法——罗米欧汽车公司卖给菲亚特汽车公司。

此外，其他西欧国家，也在80年代对其国有公司进行私有化，可以说，80年代是西方国家国有公司私有化的时代，目前私有化的趋势仍在继续。

4. 公司经营多样化趋势。公司经营多样化是西方现代公司发展的又一重要趋势。公司经营多样化的标志是大量的混合联合公司的出现。经营多样化是通过公司的混合兼并，使公司经营产品多样化来实现的。

美国公司经营多样化显得十分突出，在美国最大的200家制造公司中，经营跨5个部门以上的公司不断增加，进入20世纪70年代，200家大公司几乎每家都生产5种以上互无关联的产品。

在日本，公司同样存在着经营多样化的趋势。日本企划厅1971年11月所做的调查表明，在日本制造业有74.7%的公司，商业、服务业中有58.7%的公司实行了多样化经营。如新日铁公司除了生产钢铁外，还从事轧铝、机器制造、化肥生产、石油开采、土木建筑等经营。

5. 公司管理“民主化”趋势。自20世纪60年代以后，西方国家公司实行所谓的民主化管理，吸收职工参与公司的部分决策、监督、检查和管理，其主要表现如下：

(1) 公司董事会、监事会中的工会代表制度，如原联邦德国监事会工人代表制度规定：监事会要由工会代表和股东代表共同组成，是公司的最高权力机构，对监事会工人代表数在1951年法令和1952年法令中有明确规定。

(2) 工厂委员会中的工人代表制度。在西方许多国家，公司中建立了有工人代表参加的工厂委员会。这些国家包括荷兰、原联邦德国、瑞典等。荷兰的工厂委员会从1971年开始就对安全、养老金、利润分享、劳动时间和假时等问题有参与决策的权力。1979年的法令又规定将其决策权扩大到工资、福利、培训、车间协商等方面，并规定经理不再兼委员，委员由工人选举产生，主席也由工人担任，委员人数为7～25人，任期2年。

(3) 公司职工建议制度。如1979年美国职工达1000名以上的公司有6%实行职工建议制度，最大的500家公司中有375家实行了这种制度。

6. 公司的小型化和专业化趋势。与传统产业中公司的大型化和多样化相反，新兴产业，如电子计算机、信息、生物化学、通讯等部门的公司则向小型化和专业化方面发展。中小型企业由于在新技术领域中可以集中力量专攻某一课题，且选题集中，重点投资，目的性强，实用性高，因而成功率高于大型企业。据统计，日本企业科研成功率在5%以下的，大企业为44.5%，中小型企业只为15.5%；成功率在10%～20%之间的，大企业为9.4%，中小型企业为15.4%；成功率在30%～50%之间的，大企业为6.5%，中小型企业为15.3%；成功率在70%～100%的，大企业为2.6%，中小企业为8.4%。

由于中小型企业对新兴产业部门技术开发的适应性，进入20世纪80年代以来，日本中小型企业引进电子设备数量有了明显增长，1980年拥有电子设备的中小型企业占18%，1983年上升到30%。

第五节 我国公司的产生与发展

公司作为一种企业组织形式，对世界各国经济的发展都产生了重要的推动作用。公司的产生和发展同商品经济和社会化大生产的发展存在着密切的联系，世界各国公司的产生和发展同该国的商品经济发展是密切相关的，它直接或间接地反映各国在一定历史时期的社会经济特征。公司作为一种企业组织制度和财产制度，其发展存在着历史的继承性，但具体各国公司的发展，又有其特殊性。在我国，公司的发展经历曲折的道路，从而使我国公司的发展具有自身的特点。从我国公司的发展史看，它并非我国社会经济条件的自然产物，虽然我国公司的产生和发展有其自身的渊源，但我国公司的发展具有明显的外来性和跳跃性。

一、我国公司的起源及新中国成立前的公司发展状况

1. 我国公司的起源。关于我国公司的起源问题，存在着一些不同的看法。其中一种观点认为：明朝后期，在我国的手工业组织中产生了商品经济的萌芽；到清代前期，商品经济在原有基础上得到进一步的发展，资本主义性质的手工工业已经在一些地区，一些行业有一定程度的发展，出现了一些初具规模的大型工

场。因此认为，在明朝末年，我国已经有了合伙（合股）经营的企业组织形式。

也有观点认为：在封建社会的春秋战国时期，手工业中就产生了除官办工业和私营工业以外的合股经营方式。因为这一时期出现了生产规模大，使用工人多的大型矿山，如铁矿的开采和冶炼，铜矿的开采和冶炼，以及铸造业等。这种早期采矿业中的合股经营方式，在以后的封建王朝中均有存在。但在以后各朝代，由于抑商政策，合股经营组织发展受阻，直到清朝，合股组织才有所发展，但仍未发展成具有现代意义的公司组织。从以上事实可以看出，在我国古代也存在过一些类似于西方国家中的合伙企业，这些企业主要存在于采矿及相应的行业，但由于我国历代王朝采取“重农桑，轻商业”的政策，致使我国的商品经济极为落后，因此，与商品经济发展密切相关的公司组织难以发展。西欧国家由于商品经济发达，早期的合伙企业则随着商品经济的发展演变成为具有现代意义的公司组织，而在我国，早期的合伙企业则无法进一步演变成现代公司组织。直到西欧列强的侵入，方由列强在我国开办公司，从而使公司组织纳入我国经济活动之中。因此，可以说，我国公司的发展有源无流，公司组织的产生具有外生性和殖民性。

2. 清政府时期公司的发展。我国公司的发展始于 19 世纪中叶的清政府时期，最早的公司则由英国殖民者创办。在清政府时期，我国公司的创办主要有三条途径：其一是由外国资本创办，公司资本以外资为主；其二是由官僚资本创办，公司资本以官僚资本为主；其三是由民族资本家创办，公司资本主要由民族资本构成。1903 年，清政府颁布了我国第一部《公司律》，公司开始成为我国法律认可的企业制度。

3. 民国政府时期公司的发展。1911 年 10 月 10 日革命党人在武昌起义，接着各省响应。1912 年我国第一个资产阶级政府——中华民国临时政府在南京成立，从而推动了我国资本主义经济的发展。从此，我国公司的发展进入了一个新的历史时期，公司成为社会经济中的一种重要组织形式。值得指出的是，无论是北洋政府时期，还是国民党政府时期，官僚资本在我国的公司经济中都占有重要地位，尤其是国民党政府时期，蒋、宋、孔、陈四大家族及国民党地方党政军要员控制和掌握着大批公司，这些公司对国民经济有着举足轻重的影响。在这一时期，公司立法也日益完善，并于1929年制定了第一部具有现代意义的公司法。

二、改革开放时期我国公司的发展状况及存在的问题

在传统的计划经济下，我国并不存在真正意义的公司组织，因此，只有到了改革开放时期，对公司的研究才有现实意义。

1. 改革开放以来公司的发展类型。随着经济体制改革的进行，20世纪80年代，我国公司进入一个全面发展阶段，在我国出现了不同形式和类型的公司。当时公司的主要类型有：

（1）由原有企业或公司改组形成的专业公司和联合公司。1980年7月1日，国务院作出了《关于推动经济联合的暂行规定》，鼓励企业之间在自愿的基础上联合，从而推动了全国的工业改组和企业联合，各种专业公司和联合公司纷纷建立。

（2）原有的经济管理机关被改组而成立的公司。这些公司主要是由原有的工业局、处室改组而成的工业公司，对其所属企业进行管理。

（3）由国家批准而成立的全国性公司。这些公司或是由国务院批准，或是由国务院各部委批准设立的，1980年以前，全国注册的此类公司有600家。

（4）一些部门、企业和个人投资新建的公司。

（5）中外合资、中外合作和外商独资组建的公司。

（6）企业通过横向联合组建的企业集团公司。

(7) 通过采用股份制的办法改组或组建的股份公司。

2. 行政性公司的形成和发展。"行政性公司"早在改革开放以前的50～60年代就已经开始存在了，但1979～1983年间及以后又出现了各种各样的行政性公司，或称"翻牌公司"。1979年以后，随着国民经济的调整和工业管理体制的改革，各地截长线、补短线，按行业归口"梳辫子"、"装口袋"，用行政办法对企业进行联合、改组，组建了一批行政性公司（总厂）。1982～1983年的国家机构改革中，各地为精简机构，转移编制，安置人员，将一些政府管理机构改为公司，从而也形成一批行政性公司。其中有两种情况，其一是将原来的工业局改名为总公司，如北京市到1984年底有这类公司58家。重庆市在1982年共有69家此类公司，到1983年调整为54家二级公司和6家总公司。另一种情况是保留原有的工业厅（局），而将厅（局）下面的处室改为公司，管理其下属的企业。从我国行政性公司的形成看，改革开放后所形成的行政性公司是机构改革不彻底的产物，其虽名为公司，实际上是介于公司与行政机关之间的一种经济管理组织。这种行政性公司的存在是不利于企业体制改革和机构改革的。有关调查资料表明，从1978～1982年，国务院61个部门中有38个部门成立了120家公司，这些公司实质上就是所谓的"行政公司"。另据有关调查，1980年上半年，在成都、重庆、沙市、武汉、南宁等6个城市中，行政性公司占全部工业公司的80%以上。

随着经济体制改革的进一步深入，行政性公司不可避免地同所属企业之间产生矛盾，因此，我国自1984年开始对行政性公司进行改革，使其成为真正意义上的公司。从我国行政性公司的形成和发展看，行政性公司是特定历史环境的产物，它同我国渐进性的经济体制改革有关，因此，随着新经济体制的建立，行政性公司也就失去了其存在的基础。

3. 企业性公司的发展。企业性公司是相对于我国存在的行政性公司而言的，实际上公司本身就是企业组织形式的一种，并无行政性公司和企业性公司之分，行政性公司是我国改革开放过程中的特殊产物，它实际上并不是真正的公司，而企业性公司则是我们所说的一般意义上的公司。改革开放后，企业性公司得到很快的发展。在改革开放初期，这类公司主要是在我国经济领域中存在的各种总厂、专业公司和联合公司。如 1980 年，据全国 28 个省、市、自治区统计，全国组建的各种专业公司，总厂为 1973 家，其中企业性公司有 225 家。到 1982 年底，除全国性公司外，各省、市组建的公司和总厂达 2104 家，所属企业有 18288 家，这些公司中，能够实行统一核算和成为独立经济实体的约有 650 家，占 31%，其他均为行政性公司。到 20 世纪 80 年代中期，我国公司组织得到进一步发展，股份公司和企业集团公司成为企业的重要组织形式。

我国改革初期的企业集团公司是以公有制为基础，以名牌优势产品或国民经济中的重要产品为龙头，以一家或若干家大型骨干企业、独立科研设计单位为主体，由多个有内在经济技术联系的企业和科研设计单位组成的经济联合体。它在某个行业或某类产品的生产经营活动中占有举足轻重的地位，有较强大的科研开发能力，具有科研、生产、销售、信息、服务等综合功能。组建企业集团公司，对于我国经济的发展有着重要的意义。1991 年我国的企业集团公司已达 431 家。企业集团公司的出现体现了我国公司组织向垄断化发展的趋势。

股份公司是一种产权明晰的企业组织。改革开放以来，股份公司开始在我国的企业中出现，反映了我国公司的组建已从原来基于专业化协作的经济联合形式的公司向以资产重组为基础的公司转化。我国建国以来第一家股份制企业于 1984 年 7 月在国家工商管理部门登记注册。1984 年 11 月，上海电器总厂发起的飞乐音响公司向社会公开发行股票，成为建国以来比较规范化的股份有限公司。此后，1985年广州开始对国有企业进行股份制改造，当年经广州市政府批准，广州绢麻厂、明兴制药厂、侨光制药厂3家国有中小型企业进行股份制试点。随后，武汉市选择了4家企业，重庆市选择了7家企业进行试点。1988年，在中央的支持下，上海、沈阳、广州、武汉等市有领导、有步骤地在一些大中型企业中进行了股份制试点。1988年5月3日，我国较大的一家股份有限公司——沈阳金杯汽车股份有限公司正式成立，它是我国第一家面向全国发行股票的公司。据1992年初国家体改委统计，当时有各类股份制企业3320家，向社会公开发行股票的试点企业有89家，占总数的3%。分行业看，股份制企业中以工业企业数量最多，有1781家，占55%；其次是商业企业，有942家，占29%；金融企业171家，占5%；建筑企业58家，占2%；交通企业28家，占1%；其他行业企业240家，占8%。

4. 20世纪80年代我国公司发展存在的问题。改革开放以来，我国公司发展经历了二次高潮。第一次是1983年和1984年，据国家经委的不完全统计，到1983年10月，全国县以上国营工业公司约有5000家。1985年底，全国共有各类公司近30万家。公司的迅速发展，也带来了许多问题，于是1985年国务院作出清理整顿公司的决定，经过一年的整顿，近30万家公司被压缩为18万家。第二次高潮是1987年到1989年，1987年全国各种公司又从18万家增加到36万家，进入1988年以后，公司迅速增加，仅1988年1～4月，就有86家全国性公司在国家工商行政管理局登记注册。北京市1987年底有各种公司4019家，而到了1988年5月，就增加到4742家。于是，1989年8月17日，中共中央、国务院再次发布《关于进一步清理整顿公司的决定》，对公司进行清理整顿。

我国80年代两次进行公司清理整顿，反映了我国公司发展中存在诸多问题。其主要表现在以下几个方面：

（1）公司行为的行政化。公司是商品经济发展的产物，它是企业组织形式的一种。确切地说，它是具有法人资格的从事商品生产和经营活动的经营实体。作为一个企业，它无权干预其他企业的经营和管理活动，然而，在我国一些公司却具有行政管理的功能，它们任意干涉其他企业的经营活动，这种公司也就是人们所说的行政性公司或“翻牌公司”。

（2）公司组建的非规范化。按照国际惯例，公司的组建必须依照法定的程序，依照公司设立的条件，经有关机关审核批准，注册成立。作为一个公司必须具备相应的财产，并能独立承担经济和民事责任。然而，在我国，公司的设立却没有统一而严格的法律规定，多头审批设立公司，且对公司设立审批工作流于形式，致使一些公司有名无实。大量不具备经营条件，不具备承担相应责任能力的公司广泛存在。这些公司通常被人们称为“四无公司”、“皮包公司”。

（3）公司经营的非法性。公司作为经营组织，其经营活动必须依法进行，不得损害社会利益，然而在我国，公司违法经营，非法倒卖，投机倒把司空见惯。一些公司非法倒卖重要生产资料、紧俏耐用消费品及各种票证、批条、指标、合同等。如1988年各级工商行政管理机关共处理违法案件和违章案件达945580件，其中投机倒把案件比上一年增加9.79%，倒卖重要生产资料案件增加64%，倒卖生活资料案件增加40%。

（4）公司经营行为的权力化和垄断化。由于一些党政机关干部、离退休干部及其子女亲属，大量涌入公司兼职或任职，这些人利用手中的权力或利用其与权力部门的关系，从事各种经营活动，非法谋取暴利，使公司经营活动权力化、垄断化，造成市场经营中的不正当竞争行为，更有甚者，一些领导利用手中的行政权和经营权，贪赃枉法，谋取私利，危害社会。

(5) 集团公司组建中的行政干预。组建集团公司是商品经济发展的要求，集团公司的组建是在公司之间互利自愿的基础上，通过参股、控股、兼并而成的。然而，在我国企业集团公司的组建中，却出现了上级主管部门“拉郎配”的情况。这种做法的结果是企业集团内部矛盾重重，从而妨碍企业集团的正常经营活动。

(6) 公司行业分布的畸形化。改革开放后，我国新开设的公司数量迅速增加，公司畸形分布在流通领域。在流通领域中开办的公司，大都缺乏正确的经营方针，他们利用部分物资短缺及价格的“双轨制”，进行一些紧俏物资的倒卖活动，从中获取暴利。而且由于这些公司主要是利用各种“关系”进行“关系”经营活动，从而扰乱市场秩序，并导致大量经济犯罪案件的发生。

(7) 公司财务制度混乱和非规范化。改革开放以来，我国公司发展迅速，公司资金大都是来自国家机关、国有企事业单位和集体单位的投资。因此，一些公司注册后，资金大都通过不同渠道抽回，从而使公司无相应的资金从事经营活动，并且无法履行相应的责任。而且许多公司缺乏正常的财务制度，使人们无法对其进行监督，因此，与公司有关的各种经济犯罪活动层出不穷。

三、我国公司发展的新时期

20 世纪 90 年代，我国公司的发展进入了一个新的历史时期。在这些年中我国公司的发展具有以下几个方面的特点：

1. 有关公司的立法不断完善。1992 年 5 月 15 日，国家经济体制改革委员会颁布了《股份有限公司规范意见》和《有限责任公司规范意见》。其中对股份有限公司、有限责任公司的设立、股份、股东和股东大会、章程修改、合并与分立、终止与清算等内容作出具体规定，这些规定大都参照国际惯例，并结合中国的具体情况加以制定。我国已正式颁布了《公司法》、《证券法》，这一切都标志着我国公司发展已进入法制化、规范化的新阶段。

2. 股票市场正式开业，推动了各种证券投资公司的发展。随着股份制的进一步推行，股份有限公司迅速增加，证券公司及证券交易所开始在我国得到发展。1990 年 11 月和 1991 年 4 月我国先后在上海和深圳成立了上海证券交易所和深圳证券交易所。此后，我国的证券业得到飞速发展。到 1997 年末，沪深两地股票流通市值达 4900 亿元人民币，上市公司达 700 多家，证券市场在我国国民经济中的地位大幅上升，证券投资深入人心，我国的证券公司和各类投资理财公司得到迅速发展。

3. 股份公司迅速增加。进入 20 世纪 90 年代后，我国股份公司迅速增加。据国家体改委 1992 年初统计，当时全国共有各种类型的股份制企业 3320 家（不包括乡镇企业中股份合作企业、“三资”企业和联营企业）。其中向社会公开发行股票的股份有限公司有 89 家。在随后的几年中，随着证券市场的发展壮大以及《公司法》的颁布实施，股份有限公司更是如雨后春笋般地发展起来，其中仅深沪两市的上市公司就达 800 多家。

4. 企业集团公司、跨国公司得到发展。企业集团公司是改革开放的产物。据统计，我国经地市级以上政府部门批准并在工商行政管理部门注册的企业集团有 1630 家，从行业看，发展最快的是机械行业，有 282 家，占 17%；其次是轻工业，有 164 家，占 10%；纺织业有 49 家，占 3%；电子行业有 81 家，占 5%。从地区分布来看，发展较快的是沿海地区，如广东、上海、江苏、山东等。我国企业集团的组建主要有以下几种形式：

（1）行政组合型。是在行政撮合下组建起来的集团公司。

（2）名优产品生产型。是以名优产品为龙头，以骨干企业为核心，聚集一批与其稳定协作的中小型企业而形成的。

（3）科企联合型。是由科研单位、高等院校与大型企业联合组成的。

（4）跨地区协作型。一般是以沿海地区企业与内地生产资料基地的联合为轴心组建而成的。

（5）优势企业扩张型。是由某个具有优势的大企业通过控股、参股、兼并收购等综合投资方式扩张组建起来的。

跨国公司是近期在我国出现的新型企业，我国发展对外直接投资、开办海外企业始于1979年。进入90年代后，跨国公司迅速发展起来，据统计，至2003年底，中国对外直接投资334亿美元，3439家境外企业，分布在139个国家和地区。

今后，随着改革开放的进一步深入，我国的集团公司和跨国公司将会有更大的发展。

5. 房地产公司成为发展的新热点。20世纪90年代，我国房地产业迅速发展，房地产开发公司的数量和投资数额也大为增加。其中1992年是房地产大发展的一年，有关资料表明，1992年全国完成房地产开发投资达783亿元，比上一年增长117%，占全国完成社会固定资产投资额的9.4%。各地房地产开发投资普遍增长50%以上。1993年以后，过热的房地产业进入调整期，经过几年的低迷之后，又有重新升温的趋势，特别是随着我国整体经济运行状况的不断好转和住房商品化改革步伐的加快，房地产业将会再次成为公司发展的热点。

6. 股份制将成为公有制的主要实现形式。1999年，我国决定对相当部分的国有大中型企业实行规范的公司制改革，2003年，我国把股份制作为公有制的主要实现形式。从此，我国公司制改革进入了快速、规范发展的阶段。

第二章
现代公司的功能与类型

公司是企业组织形式发展到一定阶段的产物，在公司发展成熟阶段，公司具有不同于一般企业的功能和不同的类型。

第一节　公司与相关组织的比较

按照企业主体法律人格的有无及企业成员财产责任的不同，企业组织形式可以分为独资企业、合伙企业和公司企业三种类型。

一、公司与独资企业

独资企业，在我国称为个人独资企业。根据我国《个人独资企业法》的规定，个人独资企业是指中国境内依法设立的，由一个自然人投资，财产归投资者个人所有，投资人以其个人财产对企业债务承担无限责任的经济实体。独资企业是自然人从事工商业经营的一种组织形式。独资企业是非法人企业，不具有独立的法律人格。

独资企业与公司的区别主要有：

1. 设立的主体不同。独资企业的设立人是自然人，而不能是法人。公司的设立人既可以是自然人，也可以是法人。公司通常具有社团性，除一人公司外，其他公司均由两个或两个以上出资人共同投资设立。这种设立主体的多数性是公司区别于独资企业的重要特征。

2. 财产关系不同。独资企业的全部财产归出资者个人所有，出资者对企业财产拥有所有权的四项权能，即拥有占有权、使用权、收益权和处分权。公司的财产归公司所有，而不归个人所有。公司对公司的财产拥有法人所有权，公司可以行使占有、使用、收益和处分的权利，独立支配公司的财产。

3. 经营管理的主体不同。独资企业由业主对企业进行经营管理。公司一般由法人治理机构进行管治。公司治理的有关问题可参阅本书第五章。

4. 承担的责任不同。独资企业的投资人对企业的债务承担无限责任，即不但要以投资人投入企业的财产清偿债务，而且要以投资人个人的全部财产清偿债务。公司作为拥有独立财产的法人，对其债务独立承担责任。有限公司和股份有限公司以其全部财产对公司债务承担责任；股东以其出资额为限对公司承担责任。

5. 法律地位不同。在独资企业中，直接拥有民事权利、承担民事义务的是投资者个人。独资企业不是独立的民事主体，不具有法人资格，不是法人企业。公司具备了法人的实质要件，是具有法人资格的经济组织，是典型法人。

二、公司与合伙企业

合伙企业是指两个以上合伙人按合伙协议，共同出资、共同经营，合伙人对合伙企业债务承担无限连带责任的盈利性组织。合伙企业同独资企业一样，都不是法人企业，是自然人从事工商业活动的一种组织形式。

合伙企业与公司的区别主要有：

1. 成立的基础不同。合伙企业基于合伙合同而成立。公司基于公司章程而成立。

2. 信用基础不同。合伙企业是典型的人合企业，是以合伙人之间的信任关系为基础而建立企业。合伙企业的对外信用基础主要在于合伙人的个人信誉。而对于公司来说，除无限公司外，有限公司，特别是股份有限公司，都具有资合企业的性质，公司的设立和存续主要以资本为基础。

3. 财产关系不同。合伙企业的财产归全体合伙人共有，各个合伙人对合伙企业的财产共同享有所有权。公司对公司财产拥有法人财产权，可独立支配公司财产。

4. 承担的责任不同。合伙企业债务由全体合伙人共同承担，合伙人对合伙企业债务负无限连带责任。公司以其全部财产为限对公司债务承担责任，股东以其出资额为限对公司承担责任。

5. 经营管理的主体不同。合伙企业由全体合伙人共同经营管理。执行合伙事务、经营管理合伙企业，是合伙人享有的法定权利，合伙企业业务执行人的权力来自全体合伙人的委托授权，共同经营管理、共同执行合伙企业事务是合伙企业的重要特征。而公司，一般由法定的公司组织机构来执行公司经营管理事务。

6. 法律地位不同。合伙企业没有独立法律人格，不具有法人地位。而公司则有独立的法律人格和法人地位，是典型的法人。

三、公司与法人

公司是民事活动的参加者和重要的民事主体，是具有民事权利能力和民事行为能力并依法独立享有民事权利和承担民事义务的社会组织。公司作为民事主体，是一个集合的主体，是公司组织在法律上的人格化。公司是法人使公司区别于另一种民事主体——自然人。公司的民事活动既涉及到公司与其他企业之间的关系，也涉及到公司与自然人之间的关系，还涉及到公司与机关、事业单位、社会团体之间的关系。公司的民事权利能力和行为能力是确认公司参加民事法律关系的先决条件，它始于登记之日，终于解散后清算终结之时。公司的民事权利能力在法律上是平等的，即不分公司的经营业务内容，经营活动范围，经营规模大小，都具有平等的权利能力。

确认公司是法人，这是商品经济发展的客观要求。确立公司的法律地位，对于明确经济责任，改善经营管理，解决政企分开，搞活企业，开展对外经济交往，都有重要意义。公司要取得法人资格，必须符合四个条件，即必须依法设立、有必要的财产或资金、有自己的名称和组织机构及场所、能够独立承担民事责任。

公司是法人可以从以下三方面来理解：

1. 公司是企业，是法人，是法人企业。公司是企业，但只是企业的一种组织形式，并非所有企业都是公司，因为不是所有企业都具备法人条件。作为法人企业的公司不同于作为自然人企业的独资企业和合伙企业，它们在组建程序和责任形式上有区别。企业概念大于公司概念，企业组织形式早于公司组织形式。

2. 公司是法人，但只是法人的一种组织形式。并非所有法人都是公司，因为并非所有法人都具备企业条件。作为企业法人的公司不同于具备法人条件但不具备企业条件的其他法人。如国家机关、事业单位、社团单位，都是法人但不属企业。法人的概念大于公司概念，法人制度早于公司制度。

3. 公司是法人，但公司内部成员单位不是法人，因为这些单位不能超越公司而独立承担民事责任。法人之间的法律地位是平等的，不存在大法人内部的小法人关系，也不存在法人内部的上下两级法人关系。

四、公司与联合体

公司是由其成员集资联合组成经济实体的经济组织，组成公司的成员可以是法人，也可以是自然人。因此，公司是作为联合体而存在的。

公司作为联合体而存在，包含两层含义：集资联合组成的公司的资金和财产是由公司支配的独立资金和财产，用于公司的经营活动并承担公司自负盈亏的经济责任，而不再是各个互相分离的出资者个人财产；集资联合组成的公司具有独立的法人地位，以其资产承担民事责任。由此可看出：

1. 自然人可以单独建立企业即独资企业，但单个自然人不具备集资联合组成企业的条件，因此，个人（自然人）不能单独建立公司。

2. 两个或两个以上的自然人可以合伙投资建立企业，即合伙企业，但不同于集资联合组成的企业即公司。合伙企业的债务由合伙人按照出资比例或者合伙经营合同的约定，以各自的财产承担清偿责任，并对合伙企业债务承担连带责任。所以合伙企业不是法人企业，而是自然人企业。但集资联合组成公司之后，公司在法律上是独立存在的权利主体，公司财产不再属于出资者个人所有，而属于公司所有。

3. 公司是联合经济组织的一种形式，但并非所有的联合经济组织都是公司。经济联合的内容是广泛的，形式也是多样的，因此存在着多种类型的联合经济组织。如生产同类产品的企业通过达成销售价格和占据市场的协议而形成的联合经济组织、同行业企业通过签订采购原料和销售产品的协定而建立的联合经济组织。这些联合经济组织缺乏稳定的组织结构，没有统一的组织机构，其成员企业仍然保持各自的独立法人地位，联合经济组织实际上是企业之间的合作关系或合同关系。各类联合经济组织的联合程度可以不同，有紧密性的联合经济组织、半紧密性的联合经济组织和松散性的联合经济组织。但公司则不同，公司则不存在什么松散性公司、半紧密性公司与紧密性公司的划分。作为公司的联合体必须是紧密、完整的有机整体，即公司是作为一个整体而存在的联合经济组织。联合经济组织概念大于公司概念。

五、公司与工厂

工厂是从事工业生产活动的场所。如果工厂的生产活动是以盈利为目的、独立核算、自主经营、自负盈亏的，那么这样的工厂就是企业，是单厂企业，具有法人地位。如果工厂不具备企业的这些条件，这个工厂就不是企业，如政府机关的附属印刷厂、工业公司内部的成员工厂都不是企业，虽说这种工厂也进行生产过程的费用核算，但这种核算不同于单厂企业的独立核算关系。

由此可见，工厂不可能是公司，因为工厂不是联合体。但是单个工厂可以与其他工厂联合组成公司，或者通过集资方式把工厂改组成公司。工厂概念与公司概念的不同还反映在工厂管理与公司管理的内容和形式上的不同。企业管理的基本内容是以公司这种企业组织形式为研究对象的，它不仅研究企业内部的生产技术问题，更侧重于研究企业的经营管理，让企业以最少的投入提供最大的产出，即最大的经济效益和社会效益。工厂管理是企业管理的一个组成部分，它研究的是工业生产活动过程中的生产技术问题。

六、公司与企业集团

企业集团是指由一个或若干个大、中型企业通过资产经营一体化，吸收较多企业或事业单位参加，组成供产销、人财物统一的，从事专业化、综合性经营的经济实体。

建立企业集团必须满足四个条件：（1）必须有一个实力较强具有投资中心功能的集团核心；（2）必须有多层次的组织结构。除核心企业外，必须有一定数量的紧密型企业，还可以有半紧密型和松散型企业；（3）企业集团的核心企业与其他成员之间，要通过资产和生产经营的纽带组成一个有机的整体。核心企业与紧密型企业之间应建立资产经营一体化或资产控股关系。核心企业、紧密型企业与半紧密型企业之间应有资产的联结纽带；（4）企业集团的核心企业和其他成员企业各自都具有法人资格。

企业集团是商品经济高度发展的产物，是一些企业围绕某一产品或服务而相互结成的一种生产技术联合体。分工协作越发达，商品生产或服务的规模越大，就越能发挥集团的作用，取得商品生产或服务的规模经济效益。这种企业联合形式能在不增加社会资金投入的情况下，充分利用现有的生产能力，通过生产技术的联系，迅速地提高某产品的生产能力，增强产品的竞争能力。同时，通过这种联合也能使技术迅速转化为生产力，促进产品的更新换代，提高生产技术水平。可以说，企业集团是企业组织形式发展到一定阶段的必然产物。它作为大规模生产经营的组织形式，是企业经营战略适应国际经济发展及竞争国际化的需要。

由此可以看出，企业集团与公司既有联系，又有区别。它们都是社会生产或服务的经济组织，都是经济联合体，都有多个投资主体，都以取得最佳经济效益和社会效益为目的，都是社会分工与协作的产物，公司是企业集团发展的基础。它们的区别表现在：

1. 公司是一个企业法人，但其内部各组成部分不能单独存在，不是法人。而企业集团内部成员都是各自独立的法人。

2. 公司内部成员不仅生产技术联系紧密，而且资产和经营也密不可分。而企业集团内部成员是通过控股、参股或仅是生产技术等因素联系在一起的，成员的资产、经营是各自独立的，成员的经营活动不完全受集团经营计划的调控。

3. 公司先于企业集团而存在，公司是企业集团成员之一。

第二节　现代公司的功能

一、公司的经济功能

公司在经济发展中的作用集中表现在其对社会生产力发展的推动作用。公司是商品经济发展和社会化大生产的必然产物，又反过来促进商品经济发展，促进社会分工协作和社会化大生产的发展。因而，公司的经济功能主要表现为：

1. 有助于推动商品经济的发展。在公司未出现之前或公司这种企业组织形式不普遍之前，社会生产以各自分散、独立而又是全能式的企业为主，产品从原材料的投入到半成品的制成，全部过程由单个企业完成，产品生产的社会分工协作程度很低。单个企业的生产专业化程度很低，必然造成产品的批量小、消耗高、成本高、产品品种多而杂。特别是这种企业适应市场的能力比较差，往往为转产而付出很高的代价，造成社会经济资源的浪费。因而，分散的、全能式的企业不可能适应商品经济高度发展的需要，反而成了商品经济发展的阻碍。解决全能式企业的出路在于借助社会的力量，走分工协作的道路。

公司是商品经济发展到一定阶段的产物，当分散的、单个企业生产不能满足社会需要时，公司便出现了。单个企业（一般为家族式的）通过吸收其他社会资本（股本），使企业的资本迅速增加，为产品生产的分工与协作创造了物质条件，分工的细化成为现实，生产的专业化程度得到大幅度提高，一个工厂往往仅承担某个产品的零部件的生产，成为某个简单而专业的工艺的生产过程，从而使生产工艺简单化、专业化，为利用高效的专用设备创造了条件，进而使生产批量增大、成本降低、产品质量提高。分工越细，协作越紧密，产品的社会化、商品化程度也就越高，商品流通也就越频繁，从而就推动了市场的繁荣、商品经济的发展。

2. 有利于生产专业化协作的实现。生产专业化协作是现代工业发展的客观规律和必然趋势，是工业生产组织形式合理化的必然结果。当今世界上所有实现了工业现代化的国家，都曾先后经历了专业化协作的发展阶段，它们的实践证明了工业生产专业化协作是高速发展工业、实现工业现代化的必由之路。

世界上的工业发达国家，其工业发展一般都经历了简单协作、工场手工业和机器大工业三个阶段。在前两个阶段，由于生产规模小，生产技术水平低，每个生产单位独自完成产品全过程的生产，因而各生产单位之间联系少，而进入机器大工业时代后，随着大型、高效率的机器设备的出现，随着市场需求的扩大和竞争的激烈，客观上要求生产相对集中，加大生产批量。这就促使生产的组织形式发生改革，不能再是单个企业分散地从事小批量的、完成产品全过程的生产，而是要求集中批量、合理分工提高专业化生产的程度。公司的产生就为专业化协作的发展提供了组织保证。

工业生产专业化是工业内部各企业和各部门逐渐分离、日益形成更多的独立企业和独立部门的过程，也是同类产品的分散生产趋于集中生产，变小批量生产为大批量生产的过程。工业生产协作则为工业内部各专业化企业、部门之间为了共同生产同一产品而建立了联系。公司的成立，可以把分散的企业组织起来，按照专业化协作原则，对企业的生产进行调整，实行统一安排，合理分工，使每个企业都由原来的完成产品全过程的生产变成只固定地从事产品制造过程中某个零部件或某一工艺过程的生产，从而减少了企业的产品品种，增大了生产批量，使生产效率和经济效益都得到了极大的提高。

同时，通过公司这种企业组织形式，把大中小型企业有机地结合在一起，使中小企业改造为专业化协作工厂，企业规模虽然不大，但生产批量很大，便于采用先进的专用设备，显著提高经济效益。通过组建公司，实现专业化协作，可以把各部门、各行业内的中小企业有效地组织起来，使之纳入现代化大生产的轨道，提高整个工业的综合生产能力。而大工厂往往是资金、技术、人力资源雄厚、管理水平较高，在公司中可发挥自己的优势，从技术上、管理上、资金上帮助、扶持中小工厂。

通过专业化协作，公司所具有的生产能力，绝不是每个工厂生产能力的简单相加，而是通过协作，产生了新的生产力，使生产发生了质的飞跃，使整个工业的发展进入了现代化大生产的新阶段。

3. 有利于实现规模经济，提高经济效益。在工业生产以单个企业为生产单位时，单个企业由于其自身资金、技术、设备和场地的限制，生产规模难以得到有效的扩展，产品品种多、批量小、成本不能降低。根据盈亏平衡分析法，我们知道，在一定生产技术水平条件下，由于固定费用不变，单位产品的成本会随着生产规模的扩大而降低。在产品市场销售价格一定的情况下，生产只有达到一定规模，才能给生产者带来经济效益，亦即产品生产存在一个经济规模（这是以完全竞争为假设条件的），而这样的规模，凭单个企业的力量难以达到，因为这样的经济规模是以专业化的分工协作和比较多的资金投入为前提的。通过公司的组建，吸收众多的企业或投资者入股，能比较容易聚集到较多的资金，通过专业化分工协作，使生产规模得到迅速提高，从而能比较快地达到经济规模，取得比较好的经济效益。

4. 有利于资源综合利用。以单个企业为基本生产单位时，由于企业的规模、资金、技术、设备等方面因素的限制，使企业在利用资源时，往往不能实现综合利用，企业追求“小而全”、“大而全”，因而造成重复建设、生产能力浪费。而公司的建立，特别是通过专业化分工建立专业化公司，经营服务范围扩大，商品生产和服务社会化程度提高，因而有能力对资源实行综合利用。公司可以对能源、资源和“三废”进行综合利用，把生产经营密切联系的企业组织起来，实行统一规划，统一管理，开展多种经营，使这些能源、资源和“三废”得到充分利用。

5. 有利于开发新产品。新产品的开发、生产和使用，是社会生产力发展和工业现代化的重要标志。随着科学技术的进步，产品的更新速度越来越快，产品及其生产技术也越来越现代化。现代化的产品往往是多个行业、多门科学技术的综合成果。产品越现代化，其生产就越带有科研性质，使科学研究与生产活动的关系越来越密切，这就要求企业建立科研机构。分散的企业，由于条件的限制，在很大程度上影响了新产品的开发。而公司这种组织形式，由于其规模较大，科技人员、资金较多，试验及测试手段比较完善，因而为开发新产品创造了有利条件，同时，在竞争日益激烈的市场经济中，公司之间的竞争主要表现为科技的竞争、人才的竞争，如果公司没有开发新产品的优势，就很难生存。

同时，公司这种企业组织形式也能比较好地做到科研与生产相结合，使科研成果迅速转化为产品，促进生产力的发展，实现基础研究与应用研究的有机结合。公司内各成员单位从事的专业化生产，分工细，工作范围小，所以在更新产品时，每个单位的工艺设计、产品的试制、试验、设备的改装及其他生产技术准备的工作量都不太大，因而能较快地更新产品。并且由于公司对成员单位实行统一领导，因此公司可以把一般的生产工艺问题交给各专业厂自己解决，集中全公司的技术、人才、资金研究开发新产品，从事较长远的技术开发和新产品的研究工作，使公司在竞争中保持优势。这些都是在“大而全”、“小而全”的企业中难以做到的。

二、公司的管理功能

公司因专业化分工协作所带来的生产技术联系密切的特点，决定了公司在经济管理中有着不可低估的作用。

1. 公司有利于实现各种经济活动在组织上的结合，实现多种经营。单厂企业由于其人力、物力、财力等方面的限制，往往只能从事以生产活动为主的经营活动。而公司的出现，由于其规模的扩大，财力、物力的增强，以及市场竞争的加剧，公司不再如单厂企业那样受财力、物力限制，而是有能力在搞好生产活动的同时，为扩大产品在市场上的占有率、竞争力而建立一些与生产活动相关联的一些组织，加强与其他经济组织的联系与交往。这不仅是公司自身发展的需要，也是商品经济发展和市场竞争的要求。

公司可以建立专门的销售机构，销售本公司生产的产品。由于直接与用户建立联系，可以使公司迅速地了解市场需求，生产出满足用户要求的产品。同时，公司的销售机构通过广告宣传、售后服务、技术咨询与培训等，可以更好地向用户介绍和推销本公司产品，加快资金的周转，提高公司的经济效益。

公司可以利用其生产规模大，资金和技术力量的优势，在公司内建立起科研机构，从事与公司生产活动有关的应用技术研究、新产品开发等，为公司不断地创造出新产品、新技术、新工艺，使公司具有越来越强大的生命力。因而，公司这种企业组织形式能比较好地实现科研与生产相结合。

公司能比较好地开展多种经营，以减少单一经营的市场风险，使公司的发展能动态地适应市场需求的变化和减少市场竞争压力。当今世界，从事多种经营活动已成为公司的发展趋势，多头并进，遍地开花，能使公司获得充分的发展。

由此可见，公司这种企业组织形式能比较好地实现多种经营活动的有机结合。

2. 公司有利于加强经营管理。在市场竞争日益激烈的情况下，企业的发展，不仅取决于企业能否搞好生产的组织工作，迅速生产出大量的产品，更取决于企业能否根据市场的变化和竞争对手的状况来及时制定出自己的经营战略，在竞争中求发展。

由于公司具有比单厂企业更为雄厚的资金、技术，不仅能比较合理地组织生产，而且有能力集中具有丰富经验和具备各种专门知识的人才，来研究公司经营管理的大政方针、制定公司发展的长远规划和经营战略，进行市场研究，分析竞争对手、国内外同行业的发展动向和趋势，这样就能大大提高管理人员的素质和管理效率，提高公司的经营管理水平，使公司在市场变化和激烈的竞争中，保持自己的优势，永远处于不败之地。

3. 公司有利于加强生产经营的组织管理，提高生产效率。公司按照企业间的技术经济联系把分散的企业组织在一起，统一核算、统一管理、统一经营，因而能比较好地协调工厂间供产销的平衡，较好地解决零部件、工艺协作配套、生产能力的衔接和薄弱环节的解决，保证公司内部各个工厂稳定协调、高速地发展。同时，由于公司实行独立核算、自负盈亏，从而可以促使公司关心其经营成果，提高经济效益，按照经济规律的要求，采用经济的办法管理经济。公司为全面提高经济效益，可集中组织物资供应、产品销售、新产品开发、设备维修等，这样就能减少管理机构和管理的层次，提高管理的效率。可见，公司这种企业组织形式，能灵活适应现代化科技的高速发展和市场的需求，能更好地组织生产力，是一种先进的社会生产组织形式。

三、公司的技术功能

1. 公司为采用新技术创造了有利条件。由于公司专业化协作程度高，生产规模大，同类产品相对集中，批量大，因而能较好地采用高效专用设备和先进的工艺技术，推动新技术新工艺在生产中的应用和推广。工业发达国家之所以有较高的生产技术水平和生产效率，与它们拥有较普遍的先进的生产组织形式——公司分不开。

2. 公司有利于应用技术的研究，促进科学技术转化为生产力。公司由于有较雄厚的财力、物力，可以集中一定数量的具有专门技术知识的科学研究人员，并提供较先进的科学研究手段，组织专门的科学研究、设计机构，根据国内外科学技术发展情况和市场需求变化趋势，研究和解决生产中关键的技术问题，创造出新技术和新产品。同时公司能较好地把科学研究和生产紧密联系起来，通过组织强大的开发力量，从产品的研究、设计、试制，直到大批量生产的全过程都在本公司内部实现，这样就能使新的科技成果较快地应用于生产，大大加快新技术的应用，改变基础研究、技术研究、应用研究与新产品开发脱节的现象。所以，公司这种组织形式，能极大地促进企业的技术进步，促进新技术的研究和开发，实现科研与生产的有机结合，促进科学技术迅速地转化为社会生产力。

3. 公司有利于促进企业的技术改造。技术改造必须是以现代化的先进的机器设备和工艺方法，代替陈旧的、落后的机器设备和工艺方法。它是扩大生产能力，实现现代化的重要措施。公司通过专业化分工协作对内部成员的生产进行调整和合理分工，使每个成员的品种减少和批量增大，这为用先进的工艺取代落后的工艺、用高效专用设备取代陈旧的通用设备创造了条件，而公司的筹资能力又使这种工艺和设备的更新、换代成为可能，从而推动了企业的技术改造。公司技术改造主要有两条途径：一是通过组建公司，把分散的“小而全”、“大而全”的企业组织起来，按专业化分工协作原则，对企业的生产进行调整、分工，从而在充分利用现有设备的基础上，用较少的投入，实现公司的技术改造；二是在社会范围内对实现了社会专业化协作的公司进行技术改造，亦即内涵式扩大再生产，能取得投资小、见效快的效果，推动社会化大生产的发展。

4. 公司有利于培养专门技术人才，提高职工的科学技术素质。由于公司内部实行专业化的分工协作，产品生产的全过程被划分成许多的工序和环节，这样的分工协作在职工身上的体现就是公司的职工仅负责其中一道或几道工序。因而职工能比较快地成为熟练工人，并能从工作中总结出先进的操作规则和技术，从而培养出专门的技术人才、技术骨干。此外，公司凭借其资金、技术实力，通过建立职工大学，聘请专家、学者讲授技术，开办培训班等方式大力培养技术人才，从而提高全体职工的技术素质。这也是其他企业组织形式难以办到的。

四、公司的文化和政治功能

公司的文化功能和政治功能是指公司这一企业组织形式在其开展生产经营活动中，对它所处的社会环境产生的文化、政治作用。认识公司的文化、政治功能必须认识公司所处社会的历史、民族文化和风俗、社会经济基础、社会制度的性质和特点等等。公司所处社会政治环境决定了公司的社会行为准则，也就是说公司这个商品经济发展的产物，从它诞生的那一时刻起即铭刻上了文化和阶级的印迹。

公司在开展经营活动时，在生产产品、提供商品和服务的同时，也就在宣传一种民族文化，就在宣传团体及民族、国家的精神风尚。因此，公司的生产经营活动也要受到民族文化、社会历史、社会制度和经济基础的制约。既要宣传文化、社会制度，又要受制于文化和社会制度。民族文化制度和社会的结合及碰撞在企业这个小团体中得到了体现。所以从一个特定的社会来说，公司也是特定社会的产物，公司是特定社会的公司。

我国是一个有着悠久文化历史的大国，民族众多，生产力发展水平不高，实行的是社会主义制度。这就决定了我国的公司是具有中国特色的社会主义社会生产组织，是建立在以公有制为基础、以中国文化制度为历史背景的新型的社会主义公司，其宗旨是要以尽量少的投入生产出尽量多的能满足人民日益增长的物质文化需要的产品，并且要努力在世界人民面前展示中国人民的聪明才智，宣传中华民族的优秀文化成果，发挥我国在国际交往和国际事务中应有的作用。同时还要通过公司这一经济组织培育和巩固社会主义新型关系，为完善社会主义制度而打下坚实的经济基石。

第三节 现代公司的类型

公司的形式是指公司存在的方式。公司按其存在方式的不同以及考察角度的不同，可以分为不同的种类。对这些不同种类公司加以考察和研究，有利于我们认识公司在经济生活中的活动规律、经营特点、法律地位等，从而对公司这一企业组织形式形成一个比较完整的认识，也有利于公司所有者选择合适的公司组织形式。

一、按法律形式分类

按公司的法律形式，公司可分为以下几类：

1. 无限（责任）公司：是指由两人以上的股东所组成，公司股东对公司债务负连带无限清偿责任的公司。无限公司具有下述几个特点：

（1）无限公司必须由两个以上自然人组成，任何组织都不能充当无限公司的股东。并且“两个以上的股东”不仅是公司成立时的必要条件，而且也是公司存续中必需的条件。一旦股东人数由于变动而低于法定最低人数两人时，则无限公司必须立即解散。(2) 无限公司的股东必须对公司债务负连带无限清偿责任，这一点使无限公司有别于其他公司法律形式。一旦无限公司发生资产不足以清偿债务时，公司的债权人可直接对股东行使其债权，可以对公司的全体股东行使，也可以对其中某几个或某一个股东行使，对某一个股东行使债权时，该股东不能以出资比例的大小来推卸债务，从而使股东在公司债务清偿方面负有连带关系。既不能以出资额为限，也不能以个人的财产额为限。(3) 无限公司不对外发行股票，公司与外部关系简单，且股东之间关系密切，相互信任程度高，因此组建非常容易。(4) 公司信用度高。无限公司对自身债务负无限清偿责任，因此公司信用度高，有利于对外交易，对公司债权人的经济权益也有保障。(5) 股东之间有良好的合作关系。组成无限公司的股东大多都是个人之间关系紧密的亲朋好友，甚至就是家族公司，所有权与经营权结合在一起，权责利分明，股东经营的积极性高，责任感强，努力寻求公司的发展壮大，有压力也有动力。(6) 股东的责任重。因无限公司的股东对公司债务负连带无限清偿责任，一旦公司破产，公司的全部风险都要由股东承担，有时甚至要由某个股东来承担，这样股东就可能倾家荡产。(7) 股本转让困难。无限公司的股东之间有连带关系，某个股东若想转让自己的股本必须经过全体股东的同意，这就增加了股本转让的困难程度。(8) 公司资本筹集困难。无限公司的信用基础是股东的个人信誉，无限公司的股东不但要有财力，而且还要有社会声望。这种双重条件决定了公司资本筹措困难比较大。

2. 有限（责任）公司：是指股东以其出资额为限，对公司债务负有限清偿责任，公司以其全部财产对公司债务承担责任的公司。有限公司的主要特点为：

(1) 有限公司由有限的股东组成，股东数不能高于一定数量，有法定的高限限制。这是区别于其他公司法律形式的独有特点。我国《公司法》规定，有限责任公司的股东人数最高为50人。(2) 有限公司的股东以其出资额为限对公司债务负有限清偿责任，公司的债权人不能直接向股东行使债权，而只能对作为法人的有限公司行使债权，并且公司的资本不分为股份，股东无论出资多少，都有一个表决权。(3) 有限公司不发行股票，股东人数有限，公司的内部关系和外部关系比较简单，比较容易组建。(4) 有限公司一般采用董事单轨制，即董事和经理均由同一个人担任，集公司决策权、指挥权为一体，对下属实行直线领导，内部组织机构简单明确。(5) 有限公司股东人数有上限限制，股东人数不多。有利于股东间沟通情报，协调意见。(6) 有限公司的股东因为只负有限责任，而且股东一般掌握经营权，这就容易助长股东的投机心理，股东往往以较小的资本去冒较大的风险，破产了则以有限责任为由损害公司债权人的利益。(7) 有限公司由于只负有限责任，其信用程度不高。(8) 有限公司的股东转让股本较困难。股东转让股本必须征得其他股东的同意。

3. 两合公司：是指由一个以上的无限责任股东和一个以上的有限责任股东所组成，其中无限责任股东对公司债务负连带无限清偿责任，有限责任股东以其出资额为限对公司债务负有限清偿责任的公司。两合公司具有如下几个特点：

(1) 它是公司法律形式的一种，具有法律的规定性，是以盈利为目的而组建的企业法人。(2) 它由无限责任股东和有限责任股东组成。这是它区别于其他公司法律形式的独有特点，因此两合公司也称为二元公司。两合公司的无限责任股东和有限责任股东各不得少于一人，这是两合公司成立的必要条件。(3) 两合公司的无限责任股东对公司债务负连带无限清偿责任，而有限责任股东一般仅以其出资额为限对公司债务负有限清偿责任。(4) 两合公司的无限责任股东代表公司主持业务，而有限责任股东则仅仅提供资本，分享红利，对公司的业务没有执行权和代表权，只是有一定的监督权。这是两合公司的一个主要特点。(5) 两合公司的有限责任股东必须实际缴纳其认购的股本，而无限责任股东只需同意而不必实际缴纳。(6) 两合公司的重大事项必须经全体两种股东的同意，但有限责任股东出让其股权要经全体无限责任股东的同意而不必征得其他有限责任股东的同意。(7) 两合公司筹资比无限公司容易，信用程度比有限公司高，经营积极性和责任感也比有限公司高。

4. 股份有限公司：是指由一定人数的股东发起设立，全部股本划分为股份，股东以其所认购的股份数额为限，对公司债务负有限清偿责任的公司。它是现代公司最为典型的一种公司法律形式。股份有限公司的主要特点为：

(1) 股份有限公司的股东不得少于法定最低人数。股东的最低人数通常是由法律直接加以规定的，一般相当于股份有限公司最低的发起人数。法定最低人数在法国为 7 人，在德国为 5 人，在日本为 7 人，在香港上市公司为 7 人、非上市公司为 3 人，在我国大陆则为 2 人，并且股东既可以是自然人，也可以是法人。股份有限公司的股东最低法定人数不仅是股份有限公司设立的必备条件之一，也是股份有限公司存续的必要条件，如在公司的存续过程中，股东的实际人数低于法定最低人数时，则股份有限公司应当解散。(2) 股份有限公司的全部资本划分为股份，每个股份价值相等，并以股票形式加以表现。这是股份有限公司的重要特征之一。这里“资本”是指由股东以出资购买股票所构成基金数额，不同于公司的资产。公司的资产是公司资本的物质体现，并随公司的估价标准和营业绩效的变动而变动。而公司的资本则除非依照一定的程序，否则是不能变动的。因此公司的资产不一定与公司的资本相等。股份有限公司的股东一般只能以货币为自己的出资方式。股份是股份有限公司的重要条件之一，不仅股东的出资以此计算，而且股利的分配、表决权的行使也以股份为基础。(3) 股份有限公司的股东仅以其所认购的股份对公司债务负有限清偿责任。不论公司负债多少，股东仅以其认购的股票金额为限（不论股东是否实际出资或缴资）对公司负有限责任，公司债权人只能向股份有限公司行使债权，而不能直接对它的股东行使债权。因此，一旦公司破产股东只损失他认购的股票价值，而不损失他们的其他私人财产。(4) 股份有限公司的股票依法可以自由转让。股份有限公司的股东之间仅是投资者之间的共同投资关系，无须股东之间的相互信任，相互了解，甚至无须知道其他股东是什么人，这就使得股票自由转让成为可能。同时股份有限公司资本以股票形式表现出来，又为股票自由转让提供了诸多便利条件。虽然股票可自由转让使公司股东处于变动之中，但不影响公司的存在，能够保持股份有限公司的长期稳定。(5) 股份有限公司集资容易。由于股份有限公司通过出售股票来筹集资本，且每股股票的金额一般较小，这就有利于集中社会的闲散资金，发挥各方的力量，提高社会资金的利用率。(6) 股份有限公司有比较高的存续性。股份有限公司贯彻的是公司经营权与所有权相分离的原则，股东一旦投资于股份有限公司，其个人生存，对公司的经营活动不产生任何影响，而使公司完全脱离个人色彩成为一独立的资本团体，公司的发展不会因股东个人而受影响。(7) 股份有限公司实行每股一票行使表决权的原则。这样就能增强公司经营活动决策的民主程度。但同时也带来了一些弊病，公司大权容易落入少数大股东的控制中，排挤小股东对公司事务的干预，从而使小股东的利益受到损害。股份有限公司股东为数众多，其社会关系和内部机构复杂，使得公司行动缓慢，既不容易组建，又不容易管理。(8) 股份有限公司有助于调动公司职工的积极性和主动性。股份有限公司的股票一般分为三部分：一部分由公司发起人掌握，以便控制公司经营权；一部分向社会出售，以便吸收社会闲散资金，得到社会支持；一部分向本公司职工出售，使本公司职工入股，从而使公司的经营成败与职工的切身利益联系起来，有助于公司的内部管理，调动职工的积极性。(9) 由于股票可以自由买卖，而且股票价格随公司的经营情况、社会经济政治背景、国际经济动态而起伏不定，因此股份有限公司容易助长人们的投机心理，给经济生活带来某些混乱。

5. 股份两合公司：是两合公司的一种，是由无限责任股东和有限责任股东共同出资设立（但有限责任股东的出资是以股票形式出现，且这种股票可以在社会上自由买卖）的公司。

在股份两合公司中，无限责任股东对公司债务负连带无限清偿责任：有限责任部分则划分为股份，可以发行股票，其股东仅以其认购的股份对公司债务负责。由于股票的自由流动性，使得股份两合公司的股东变动较之无限公司、有限公司大，而较之股份有限公司小。这种公司形式在公司实践中比较少，在许多国家已因数量少而在法律上不予规定。

二、按信用基础分类

按公司的信用基础划分，公司可分为人合公司、资合公司、人资两合公司。这种公司划分标准是：公司的设立和经营是依据股东之间的信任关系还是纯粹依据公司资本。

1. 人合公司：是指公司的设立和经营以股东个人有限的财产和其良好的社会信誉为信用基础而组建的公司。这种公司开展生产经营活动，获得社会信任的基础不是公司本身的财产及其他状况，而是股东个人的信誉。同时股东相互之间也往往存在特殊的信任关系，公司事务由股东共同协商、共同执行、共担风险、共享收益，在公司对外对内关系上，公司成员的个性占有突出地位。在国外，某些社会名流甚至完全以个人在社会上的声望为出资内容，充当无限责任股东，他们完全以个人在社会上的信誉作为公司信用基础。一些公营的无限公司则以政府的信用为公司信用基础，这也是人合公司。

2. 资合公司：是指以公司自身的条件，即公司资本是否雄厚、经营是否成功等为公司信用基础而建立起来的公司。这种公司的信用基础与股东个人的信誉无直接关系。因此，法律对资合公司的设立有较严格的限制。为防止由于资本缺乏损害债权人利益，法律一般都对资合公司的最低注册资本加以明文规定；同时还要求设立资合公司必须符合公示原则，即应将法律规定的财务报告或表册以法定方式公之于众，使公司债权人及其他利害关系人能及时准确了解公司财产及经营情况。一般的股份有限公司都属于资合公司，因它的股东多而分散，股票又可自由转让，股东处于经常变动之中，因此，股份有限公司不能以股东的个人信用为信用基础，而只能以所发行股票的资本额为信用基础。

3. 人资两合公司：是指以股东的个人信用和公司的资本为共同信用基础而组建的公司。这种公司兼有人合公司和资合公司的性质，最为典型的是两合公司（包括股份两合公司）。有限公司因其股东人数较少（一般有法定的最高人数限制），而且固定（有限公司的股东不能随意转让股份），公司信用除了以公司资本为基础之外，多少要与股东的个人信用有关，因此，有限公司多少带有人合公司的色彩。

三、按资本的经济性质分类

以构成公司资本的经济性质划分，公司可分为全民所有制公司、集体所有制公司、私营公司和混合所有制公司。这种公司分类法，在我国现行立法和实践中被广泛采用。

全民所有制公司是由国家或全民所有制企事业单位投资设立的公司。它有的是由国家财政拨款或由某一个全民所有制企事业单位投资设立，有的是由国家和其他全民所有制企事业单位共同投资设立，也有的是由若干全民所有制企事业单位共同投资设立，但无论何种情况，公司资金属全民所有制性质。

集体所有制公司包括由原集体所有制企业转化而来的，或由集体所有制企事业单位单独或共同投资设立的，或由一定数量的公民个人投资入股而设立的公司，由全民所有制企事业单位扶植设立的劳动服务公司也属集体所有制公司。

私营公司是由公民个人投资设立的公司。在我国，公有制经济占主导地位，私营企业特别是私营公司不多，并且按照我国颁布的《私营企业暂行条例》的规定，只允许公民个人投资设立私营有限公司。

混合所有制公司是由若干不同经济性质的单位和公民个人依法投资共同设立的公司。它包括全民与集体联营公司，全民与集体、私营、个人联营公司，全民与私营联营公司，全民与个人联营公司，集体与私营联营公司，这是随着我国经济体制改革的深入和横向联合的加强而发展起来的公司，具有联合投资或资金联合的特点。

四、按国家在资本构成中所占份额分类

以国家在公司资本构成中所占份额来划分，公司可分为国营公司、公营公司、民营公司。这种公司分类法一般为西方国家法律所采用。

国营公司是公司资本完全来源于国家财政预算，并由国家承担亏损的公司，是国家独资公司。在西方，这类公司不受公司法调整，而由国家依照特定法令予以规定。

民营公司是由国家和其他组织或个人共同出资，国家出资占资本总额50%以下的公司。在这类公司中，虽然国家控股低于50%，但不等于说国家没有实际控制权。

公营公司是由国家和其他组织或个人共同出资，国家出资占资本总额50%以上的公司。公营公司受公司法调整，其设立条

件和程序要符合公司法的规定。

五、按控制关系、依附关系分类

依据公司间的控制关系、依附关系来划分，公司可分为母公司、子公司。母公司是指拥有另一公司一定比例以上的股份并直接掌握其经营的公司。被控制公司则被称为子公司。母公司与子公司之间的控制关系是以股权的占有为基础的，母公司通过行使其股权而不是直接依靠行政命令控制子公司。母公司与子公司在法律上互相独立、各为独立的法人，但在经济上实为一体。子公司不得收买母公司的股份。母公司的监事不得兼任子公司的董事或经理，但对子公司的财产状况有调查权。

六、按国籍分类

公司按国籍划分，可分为本国公司和外国公司。对于公司的国籍的认定有多种学说和理论，有的以公司的设立许可地的国籍为公司国籍，有的以公司多数股东或出资占多数的股东的国籍为公司国籍，有的以公司住所所在地的国籍为公司国籍。但大多数的国家采用以公司注册或登记所在地的国籍为公司国籍，在我国也是如此。

本国公司是指依据本国法律、在本国批准设立的公司。因此在我国，凡依我国的法律、法规设立的公司即为我国的本国公司，它包括中外合资公司、中外合作经营公司和外商独资公司。

外国公司是指依外国法律设立、登记的公司。各国一般都允许外国公司在本国开展业务活动，享有与本国公司相同的权利能力和行为能力，但对其业务范围往往有所限制，如某些关系国计民生的重大或特殊行业，一般禁止或限制外国公司经营。

七、按所属行业性质分类

按公司所属行业性质为标准划分，公司可分为工业公司、商业公司、咨询服务公司、运输公司、建筑公司、房地产开发公司、金融和信托投资公司、保险公司，以及跨行业综合经营公司。这种公司分类方法是我国现在的行业管理制度的反映，也是我国公司实务中较为重要的一种分类。通过这种分类研究能较好地反映出我国的产业结构，为产业结构的调整、控制提供数据参考。

八、按内部生产技术联系的区域分类

按公司内部生产技术联系的区域划分，公司可分为地区性公司、全国性公司和跨国公司。

地区性公司是在一定区域内，把生产技术和经营上有联系的经济单位联合起来的公司。这种公司一般都带有地方特色，主要是为了发挥区域的优势而组建的。

全国性公司是在全国范围内，把生产技术和经营上相同、相关和近似的经济单位联合起来而组成的公司。

跨国公司又称多国公司，是指以本国为基地，通过对外直接投资，在其他国家和地区设立分支机构或子公司，从事国际化生产和经营活动的国际垄断组织。跨国公司绝大多数是由一国的垄断资本建立的，也有极少数公司是由两个或更多国家的垄断资本联合建立的，它一般由母公司和分布在各国的一定数量的子公司组成。母公司是在本国政府登记的法人团体，子公司是在东道国政府法律下登记的法人团体。子公司受母公司领导，子公司的所有权由母公司掌握，并服从母公司的全球策略。跨国公司的活动相当大一部分在母公司与子公司之间进行。跨国公司的详细论述参阅本书第十二章。

第四节　公司章程

公司章程是公司成立和办理登记的必备条件，是规定公司行为准则的公开对外的基本法律文件。

一、公司章程及其遵循的原则

公司章程是规定公司权利和义务以及调整公司内外关系的准则，是公司向社会公开申明其宗旨、经营方向、所有制形式、资金状况、组织形式和组织机构、业务范围及经营规模，内部管理制度及利润分配原则以及债权债务处理方式的书面文件。

公司章程从根本上决定了公司的组织原则、活动范围和公司发展方向。因此，制定公司章程是件非常重要和严肃的事情。制定公司章程必须遵循以下几条原则：

1. 章程的内容必须符合国家法律、法规和政策规定。对于公司这一经济组织的活动、行为在每个国家法律中都有明确的规定。这些规定是公司开展经营活动所必须遵循的。章程作为公司活动的行为准则，也自然必须遵循法律的规定。在我国，《宪法》、《民法通则》、《公司法》、《全民所有制工业企业法》、《中外合资经营企业法》等一系列的法律、法规和政策对公司的法律地位、民事权利能力和行为能力、民事责任、公司的设立、组织机构、管理体制等等都作出了规定。这些规定是公司在我国开展经营活动所必须遵循的，公司只有遵循这些法律、法规的要求，其经营活动才受到我国法律、法规的保护，否则视为非法而不能得到保护，违法则要受到我国法律的制裁。因此公司制定章程时，必须严格遵守国家法律、法规和政策规定，做到章程内容合法，才能做到行为合法、依法经营。

2. 章程所载明的事项必须齐全。章程是规定公司权利和义务以及调整公司内外关系的准则。因此章程必须载明公司的方方面面。齐全的章程，才能全面地调整公司的内外关系，才能做到公司对内对外行动的协调一致。使公司的经营活动自始至终都处于一个有序的状态中。

3. 公司章程应经法定程序讨论通过。公司章程调节的是公司的整体行动，公司章程是公司集体意识的体现，公司内部每一位成员、每一小集体的行动都必须围绕章程所指明或规定的目标来进行。这自然要求章程必须是经过法定程序通过的，并成为公司的行为规范。

在我国，公司的章程一般要报公司的主管部门或审批机关审查批准。

二、公司章程的作用

公司章程是公司的行为准则，其内容体现了公司的权利和义务，经登记主管机关核准登记，其章程具有法律效力。其主要作用表现在：

1. 公司根据章程规定的基本原则，可制定具体的经营方针和各项管理制度，以保障章程的实施。公司有权遵循章程规定的内容开展经营活动，其合法权益受国家法律保护。

2. 公司章程规定了公司的基本权利和义务，是公司从事生产经营活动的准则。

3. 公司章程经登记主管机关核准，对公司具有法律约束力，公司一旦发生违反章程行为，将受到法律的制裁并承担相应责任。

4. 公司章程是上级主管部门和登记主管机关实施监督检查的主要依据。

三、公司章程的主要内容

各国公司法对公司章程的内容都有规定，虽然规定的内容略有不同，但一般都包括如下内容：公司的名称、住所、注册资本的来源及数额、公司机构、法定代表人及产生的程序、利润分配办法和经营范围等。

我国《公司法》规定，有限责任公司章程应当载明下列事项：(1) 公司名称和住所；(2) 公司经营范围；(3) 公司注册资本；(4) 股东的姓名或名称；(5) 股东的出资方式、出资额和出资时间；(6) 公司机构及其产生办法、职权、议事规则；(7) 公司法定代表人；(8) 股东会会议认为需要规定的其他事项。股东应当在公司章程上签名、盖章。

我国《公司法》还规定，股份有限公司章程应当载明下列事项：(1) 公司名称和住所；(2) 公司经营范围；(3) 公司设立方式；(4) 股份总数、每股金额和注册资本；(5) 发起人的姓名或名称、认购的股份数、出资方式和出资时间；(6) 董事会的组成、职权和议事规则；(7) 公司法定代表人；(8) 监事会的组成、职权和议事规则；(9) 公司利润分配办法；(10) 公司的解散事由与清算办法；(11) 公司的通知和公告办法；(12) 股东大会会议认为需要规定的其他事项。

四、公司章程的修改

公司的章程，一经登记主管机关核准，不得随意修改。如需修改章程，应当依据原章程规定的修改程序进行，修改后的章程必须符合国家法律、法规和政策规定，经主管部门审查同意，报登记主管机关核准，才具有法律效力。

第三章 现代公司的设立

公司是依法成立的盈利性法人企业。公司设立必须遵守法律规定的设立条件和设立程序。公司设立的目的是使公司依法成立，取得独立的法人资格。

第一节　公司设立的原则

公司设立是指设立人依据法律规定的条件和程序，为成立公司，使其取得法人资格而进行的一系列法律行为。这一系列法律行为由订立发起人协议、认股出资、制定公司章程、建立法人治理机构、办理公司登记等构成。

公司设立原则主要指国家对公司设立采用何种管理制度。由于公司设立涉及公司法律主体资格的确定、股东和利害相关者利益的保护、市场交易秩序的确定等方面的问题，需要国家进行适度的干预，这就需要建立公司设立的制度。随着社会经济的发展和公司管理经验的积累，公司设立管理经历了不同的历史阶段，有过不同的设立制度，产生了不同的设立原则。

1. 特许设立原则。这是指公司的设立要经过国家元首或国家立法机关的特别许可而设立。一般是由国家元首发布命令或国家制定特别法律来设立公司。如英国的东印度公司就是根据英女王的特许状而设立的，当时英国法律规定，“除国会法令许可外，不得设立公司”。采取这一原则的目的是要实现国家对公司设立的严格控制，尽量降低公司经营风险。不过这一原则过于严格，不利于公司的设立和发展。

2. 核准设立原则。这是指公司设立要符合法律规定的条件并经国家行政机关审核批准。采取这一原则的目的，是通过政府机关的审核，预防不符合法律规定条件公司的设立，以降低公司经营风险，维护市场经济秩序。这一原则的缺陷，是扩大了政府审核部门寻租的空间，不利于公司的设立和发展。

3. 准则设立原则。这是指公司设立条件由国家法律统一规定，只要公司符合法律规定的条件，公司就可以成立而不需要由政府部门进行实质性审批。和前面的两个原则相比，这一原则放松了公司设立的管制，缩短了公司的设立时间，降低了公司设立成本，有利于公司的设立和发展。

4. 严格准则设立原则。这是准则设立和核准设立相结合的原则，即对少数特殊公司采取核准设立原则，而对一般公司采取准则设立原则。这一原则，发挥了国家适度干预经济的职能，对于资本市场的健康发展，证券市场的有序运行以及债权人、社会公众利益的保护，都起到了重要作用。这一原则为世界上许多国家所采用。

我国2006年以前实行的公司法，确立了公司设立实行核准设立和准则设立相结合的设立原则。对于有限责任公司实行准则设立为主、核准（审批）设立为辅的原则，公司法本身并未设定审批，只是其他法律、行政法规规定公司设立必须经过核准审批的，才需办理公司设立审批。对于股份有限公司的设立，实行核准（审批）设立原则，设立股份有限公司必须按照公司法规定经国务院授权的部门或省级人民政府批准；法律、行政法规规定设立公司必须报经审批的，还要依法履行其他审批手续。

现行的公司法，从有利于我国公司的设立和发展出发，取消了股份有限公司设立核准原则，实现了从核准设立原则到准则设立原则的过渡。概括地说，修改后的公司法，对有限责任公司和股份有限公司的设立，都采取准则设立原则，但要注意，法律、行政法规规定需要政府有关部门审批的，应当依法办理有关审批手续，并在申报设立登记时提交批准文件。

第二节 设立公司的可行性研究

设立公司的可行性研究是指根据公司组建的原则，分析与评价组建公司所必须具备的各种有关条件的成熟程度，据以判断公司组建的可行性，从而作出公司能否设立的决策过程。它的主要目的是从技术上、经济上和经营活动上为公司的设立提供依据。

设立公司的可行性研究，可由发起人或发起单位自己进行，也可由发起人或发起单位委托有关科研咨询团体进行。公司设立的可行性研究包括两大类型，即由现有企业联合改组成为公司的可行性研究和新创办公司的可行性研究。

一、现有企业联合组建成为公司的可行性研究

在现有企业基础上组建的公司，具有生产的产品和市场方向明确，拥有的人力、物力、财力都相对稳定，组建的公司风险比较小、发展较快等特点。这类公司组建的可行性研究包括如下主要内容：

1. 生产、技术的可行性研究。生产、技术的可行性包括技术条件的适应性，生产的内在联系性和总体的可协调性三个方面。技术条件的适应性，即组成公司的各成员单位的设备状况、技术力量、技术水平、产品开发能力等技术条件的适应程度。这是公司借以发挥其技术优势，保证生产发展的重要因素。生产的内在联系性系指生产过程本身的内在联系，这是由公司内部的专业化分工协作决定的，是发挥公司内各成员单位生产能力的必要

保证。因此，要求公司组建必须遵循分工与协作原则，公司内各成员单位为了共同的利益而进行合理的分工。总体的可协调性，包括公司各方优势的互补性和可塑性。这就需要在公司组建前，搞清公司内各方的优势与劣势以及相互弥补的可能性；弄清根据公司经营管理和生产发展需要，调整改组各成员厂的可能性和有效性。

2. 经济合理性研究。经济合理性分析包括以下几个方面：

(1) 公司范围的合理性。在现有企业的基础上组建公司，应以重点企业为骨干和核心。重点企业往往以自己的经济实力影响和制约着其他企业，特别是与之生产相关的企业的经济活动。因此，应形成一个以重点企业为核心的相对完整的生产协作体系，从而取得较好的经济效果。

(2) 公司选址的合理性。公司设立地点的选择关系到公司成立后的生存和发展，一般要考虑到以下几个因素：公司所处地的交通、供水、供电、邮电等基础设施的齐全性；行业种类的齐全性；商品经济的发达程度；劳动力资源状况等。

(3) 公司经营的盈利性。盈利是公司的本质要求和目的。因此，必须进行公司组建的财务评价，包括生产总成本、单位产品成本、市场前景、总利润、盈利率等一系列经济指标的分析。

(4) 政策的制约性。在一定的时期，国家或地区都有鼓励或限制某一行业或某产品发展的政策。因此，公司组建应对有关的行业、经济、财政、税收、社会和其他政策的制约性进行分析，以保证公司在符合政策要求下发展壮大。

二、新创办公司的可行性研究

与前一类公司相比，新办公司的可行性研究有不同的内容。新办公司所处地区、行业、产品和市场等都尚未确定，因此新办公司风险较大。这类公司设立的可行性研究包括如下主要内容：

1. 公司设立的机会研究。公司设立的机会研究，即分析公司设立的可能性。它通过对公司设立的背景、趋势、基础和条件等方面的研究，从总体上大致确定公司创办的意向。机会研究包括地区机会分析和行业机会分析。地区机会分析，即在特定的地区中选择公司的创办机会。这类分析包括地区的基本特征、人口、职业形式、人均收入、社会经济背景及与其他地区的差异；社会基础设施、已开发和可能开发的生产要素；产业结构、国家对该地区的特殊政策；可发展的产业及其社会需求和发展机会；新建公司可能的生产规模、总投资、生产成本、收益等等。行业机会分析，即在一特定行业中选择设立公司的机会。这种分析包括：该行业在国民经济中所处的地位和作用；该行业的规模、结构、技术水平和增长率等。

2. 公司设立的可行性研究。通过机会研究，从总体上大致确定了公司的创办意向。但要使这种意向变成实际行为，仍需进行公司组建的可行性研究。公司组建的可行性研究，就是对公司的创办机会从技术上、经济上进行深入的分析，确认组建公司的可行性，并作出公司是否设立的决定。因此，公司设立的可行性研究必须对公司创办的各个方面和各种影响进行分析、测算、综合与评价。公司设立的可行性研究包括技术可行性、经济可行性、组织体制可行性和社会可行性等方面。

技术可行性。不同的方案，会产生不同的效益，即技术方案的优劣总是与效益的优劣相一致，这就要求合理考虑各种技术方案。技术可行性分析主要从以下几方面来进行：技术利用的配套性和适用性；公司所属厂的地点和布局；规模经济；环境保护和劳动保护；其他如用水、用电、交通等制约因素。

经济可行性。经济可行性分析是从整体角度来剖析公司组建的效益状况和经济价值。其分析内容包括资金保证程度、所耗用的经济资源和公司组建后对社会经济发展所起的作用。具体包括：公司组建和组建后开展经营活动过程中，资金的保证程度、资金筹措的可能性；资源利用的有效性分析，包括公司组建过程中全部投资的回收分析及偿债能力分析等；总生产成本或制造成本的估算，包括对所需原材料、燃料、动力、劳动力成本的分析；盈利分析，包括盈利能力、盈利发展趋势等。在进行经济可行性分析时必须考虑资金的时间价值。

组织体制可行性。组织体制可行性分析包括合理的内部组织机构设置分析，所需管理人员、技术人员和劳动力分析等。

社会可行性。社会是公司的依托。公司设立的社会可行性分析包括对国家的政治体制、支持公司所属的行业或地区的政策法令、该行业的投资结构、社会经济结构、传统习俗等的分析。尤其对支持公司的政策要进行认真细致的研究，包括可能发生的政策更替、税收制度、价格体制及其实施的强制性。对于涉及进口原材料、技术设备等的，还需对原料、技术设备等出口国进行社会可行性分析与研究。

公司组建的可行性研究，都必须作出公司设立的可行或不可行决定，并写出公司设立的可行性研究报告。报告应从国民经济发展的高度对即将成立的公司作出评价，包括公司设立后对社会经济发展的作用、实现的可能性，从而为有关部门审查批准公司设立时提供详细和可靠的依据。

第三节　有限责任公司的设立

一、有限责任公司设立的条件

设立公司，除了要遵循一定的原则以外，还应具备一定的条件。不具备这些条件，公司就不能依法设立。由于各个国家的国情不同，各国公司设立的条件也有差异。但是，公司设立的一些基本条件则是相同的。各国设立有限责任公司的基本条件是：(1) 一定数量的股东；(2) 一定数额的资本；(3) 公司章程；(4) 公司组织机构。我国公司法借鉴了国外设立公司的习惯做法，规定“设立有限责任公司，应具备下列条件：(1) 股东符合法定人数；(2) 股东出资达到法定资本最低限额；(3) 股东共同制订公司章程；(4) 有公司名称，建立符合有限责任公司要求的组织机构；(5) 有公司住所。”

(一) 公司股东

股东是公司的出资人，股东出资形成的公司资本是公司承担民事责任的物质基础，因此，股东是设立有限责任公司的首要条件。

1. 股东的资格。我国公司法对有限责任公司的股东资格没有作出特殊的要求，自然人和法人都可以成为有限责任公司的股东。但根据国家政策的规定，国家机关（国有资产管理机构除外）和国家机关工作人员不得成为有限责任公司的股东。

作为公司设立人的股东，由于要承担公司设立责任，是公司设立期间的民事主体，因此，设立人股东必须具备完全民事行为能力，无民事行为能力的人和限制民事行为能力的人一般不能作为设立人股东。

2. 股东的人数。同股份有限公司相比，有限责任公司的股东人数较少，很多国家的公司法对股东人数都有较严格的限制性规定，这是有限责任公司的一个重要特点。

(1) 股东的上限人数。很多国家公司立法，对股份有限公司股东上限人数都有明确规定，不能超过一定数额。例如，英国、日本的公司法规定，股东人数不能超过 50 人。我国公司法规定，有限责任公司的股东人数最多为 50 人。之所以要规定股东人数的上限，主要是有利于股东之间的联系，方便管理和股权转让。

(2) 股东的下限人数。早期的公司法，对有限责任公司的股东的下限人数都有规定，一般不能少于2人。之所以要作出这样的规定，主要是为了保护公司社团性、人合性和联合性的特征，预防股东与公司合一而导致有限责任的滥用。

后来，许多国家的公司立法突破了两个股东的限制，承认一人公司的存在，允许自然人和法人设立一人公司，这是适应公司设立和发展的实际需要。在公司的设立时，为了解决一人公司的法律障碍，设立人往往会采取形式股东（没能真正出资）方式，这会使设立的公司带来股东纠纷的隐患。此外，在公司的运营过程中，会出现股东退股、股东死亡等原因使公司剩下一个股东，为了维护市场经济秩序和保护债权人的利益，并不能解散这种一人股东公司。目前，日本、英国、美国等国公司立法都允许公司设立时就只有一个股东。

由于一人有限责任公司是股东与公司合一，这就容易导致股东有限责任的滥用。为了解决这个问题，各国的公司立法都对一人有限责任公司实行较严格的规定。如我国《公司法》第59条规定，"一人有限责任公司的注册资本最低限额为人民币十万元"；第63条规定，"一人有限责任公司应当在每一会计年度终了时编制财务报告，并经会计师事务所审计"；第64条规定，"一人有限责任公司的股东不能证明公司财产独立于股东自己的财产的，应当对公司债务承担连带责任"。通过上述资本制度、会计制度、公司人格否认制度等法律制度设计，加强对一人有限责任公司的监管。

（二）股东出资

股东出资形成的公司资本是公司进行经营活动和承担民事责任的基础，因此，公司不仅要有资本，而且其资本必须达到一定数额，才能依法设立。股东出资的最低限额是公司设立的一个重要条件。

1. 股东出资的最低限额。全体股东出资最低限额，即公司最低资本额，构成了公司设立制度的重要内容。之所以要规定股东出资的最低额，这是由有限责任制度决定的。有限责任公司的股东，以其出资额为限对公司承担责任，这种有限责任制度在降低投资者风险的同时，却增大了与公司发生交易方的潜在风险，因此，必须从法律上规定公司最低资本额的要求，设置必要的公司进入门槛，以维护市场经济秩序，保障公司债权人的利益。

各国的公司法，大多都对股东出资最低数额有明确规定。如德国为5万马克；法国为2万法国法郎；瑞士为2万瑞士法郎；日本为300万日元。随着经济的发展和法律体系的完善，公司最低资本额制度对保护公司债权人的作用越来越小，因而近年来在英美等国出现了废除最低资本额制度的趋势。

我国《公司法》规定，“有限责任公司注册资本的最低限额为人民币三万元。法律、行政法规对有限责任公司注册资本的最低限额有较高规定的，从其规定”；“一人有限责任公司的注册资本最低限额为人民币十万元”。对一人公司规定了较高注册资本最低限额，是考虑到一人公司是一个股东单独出资设立的公司，容易出现股东滥用法人资格和股东有限责任的现象，从立法上规定较高的注册资本要求，有利于一人公司的资本充实，有利于对债权人利益的保护。

2. 股东出资形式。出资形式即出资财产的类型。各国的公司法大都对股东出资形式作出明确的规定，这种规定是公司设立制度、公司资本制度的重要内容。各国公司法规定股东出资形式主要有货币出资和现物出资两种形式。货币出资又叫现金出资；现物出资由实物出资和财产权利出资构成。对于现物出资，不同国家、不同时间规定的形式有所不同，随着科学技术的发展，特别是知识经济的出现，法律规定的股东出资的形式逐步增多。

我国修改后的公司法，按照市场经济条件下公司发展的实际需要，适当放松了公司的设立条件，包括股东的出资形式和无形资产出资的比例。我国《公司法》第27条规定，“股东可以用货币出资，也可以用实物、知识产权、土地使用权等可以用货币估价并可以依法转让的非货币财产作出资；但是法律、行政法规规定不得作为出资的财产除外”。“全体股东的货币出资全额不得低于有限责任公司注册资本的百分之三十”。这些规定，与修改前公司法相比，有两个地方不同。第一，放松了股东的出资形式。修改前的公司法将出资形式严格限定在货币、实物、工业产权、非专利技术、土地使用权五种。修改后的公司法将工业产权扩大为知识产权。第二，放宽了无形资产出资比例的限制。修改前的公司法规定无形资产出资比例一般不得超过公司注册资本的20％，修改后的公司法没有对无形资产出资比例作出直接限制，只是对股东货币出资额作出限制，不得低于公司注册资本的30％，这就为提高无形资产出资比例预留了空间。

下面对我国公司法规定的股东出资形式进行分析。

(1) 货币出资。货币出资也称为现金出资，是股东出资最基本的必不可少的出资形式。货币出资的优点主要有：第一，货币是一般等价物，是社会财富的代表，货币出资交付公司形成公司资本后，公司可以马上使用，可以用来购买生产资料、支付工资和偿还公司债务。第二，货币可以充当价值尺度，股东用货币出资，不必进行资产评估，大大节省资产评估费用。第三，货币可以充当流通手段，股东用货币出资后，随即可以充当购买手段和支付手段，以满足经营活动的需要。第四，货币可以充当贮藏手段和投资手段，使货币保值增值，不会出现实物出资所引起的有形损耗和无形损耗。第五，货币形式可以保证公司资产应有的流动性和变现性，从而满足公司日常经营活动和清偿债务的需要。因此，各国公司法都规定了股东货币出资的最低比例。我国公司法规定，股东货币出资的最低比例不得低于有限公司注册资本的30％。

（2）实物出资。实物出资是股东有形财产的出资，包括动产和不动产，即包括公司生产经营活动所需的建筑物、机器设备、装备、设施、交通运输工具以及原材料等。为了保证股东的实物出资能够成为公司的资产，股东实物出资必须符合以下两个要求：①股东对出资物必须有完整的产权，即对出资物有所有权、占有权、支配权和使用权，公司使用这些实物不会受到他人干扰；②法律、行政法规禁止转让、出资的实物，不能作为股东的实物出资。

（3）知识产权出资。知识产权是一种无形资产，虽然不具有实物形态，却具有价值。知识产权是权利人对其智力成果享有的专有权利，作为一种财产权利，它构成了股东出资的形式。传统知识产权包括工业产权和著作权，工业产权又包括专利权和商标权。知识产权出资是现物出资的一种形式。

随着科学技术的发展，知识经济在全部经济总量中所占的比重越来越大，知识产权这种无形资产对企业的发展越来越重要。因此，各国公司法都承认知识产权出资这种出资形式。同时，鉴于无形资产只有与有形资产结合才能进行生产经营活动，尤其是物质生产活动，因此，各国公司法都对无形资产，即知识产权出资在公司总资本中所占的比例作了限制性的规定。

随着知识产权概念的扩展，非专利技术、商业秘密也纳入知识产权中。非专利技术、商业秘密也是一种无形财产，也可以作为出资形式。

（4）土地使用权出资。我国的法律规定，城市的土地所有权属于国家；农村的土地所有权属于集体。国家或集体所有的土地，可以依法确定给单位或个人使用。单位和个人可以依法取得土地的使用权。由于土地是重要的生产资料，任何公司的生产经营活动都离不开对土地的使用，这就使土地使用权成为股东出资的重要形式。

（5）股权出资。这是指股东以其持有的别的公司的股权作为出资。股权出资是现物出资的一种形式。股权出资具备股东出资的基本条件。因为：第一，股权的价值可以通过股票的价格去探寻；第二，股权具有可转让性和流动性。在采用股权出资形式的时候，要注意股权价值的不稳定性和风险性的特点，要采取严格的措施限制股权出资的范围，要加重股权出资股东应承担的责任。

3. 股东出资缴纳方式。我国公司法确认了有限责任公司注册资本认缴制度：股东出资分期缴纳制度。我国《公司法》第26条规定，“有限责任公司的注册资本为在公司登记机关登记的全体股东认缴的出资额。公司全体股东的首次出资额不得低于注册资本的百分之二十，也不得低于法定的注册资本最低限额，其余部分由股东自公司成立之日起两年内缴足；其中，投资公司可以在五年内缴足”。

我国修改前的公司法，确定了公司注册资本实缴制度和股东一次足额缴纳所认缴出资的制度。在这种制度下，股东只能一次缴纳而不能分期缴纳自认的出资额。与一次性认缴方式相比，分期缴纳出资方式的优点主要有：（1）降低了公司设立时所需资金数量，从而降低了公司设立门槛；（2）避免了资金的闲置，提高了资金的使用效率；（3）增资扩股较容易。

（三）股东制定公司章程

公司章程是规定公司行为准则的公开对外的法律文件。设立公司，一定要制定公司章程，以规范公司的类型、宗旨、经营方向、组织机构等重大问题，为公司的设立和公司的经营管理活动提供基本行为准则。因此，股东共同制定公司章程是设立公司的一个基本条件。

有限责任公司的章程由全体股东共同制定，若股东不能亲自参与公司章程的制定，可以委托代理人参加。公司章程必须经全体股东一致同意并由全体股东在公司章程上签名盖章。公司依法登记后，公司章程具有法律效力。公司里的任何组织、任何人不能违反公司章程。

各国的公司法，对公司章程必须载明的事项都有明确的规定。我国《公司法》第 25 条规定，有限责任公司章程必须载明下列事项：

(1) 公司名称和住所。公司名称是识别公司的标志，公司名称中要标明“有限责任公司”字样，并且要符合企业法人名称登记管理的有关规定。公司要以自己的名称进行经营活动和其他活动。公司以其主要办事机构所在地为住所。

(2) 公司经营范围。主要是指公司经营活动的主要内容和领域。公司经营范围一般由公司章程规定，并依法进行登记。但法律、行政法规要求审批的，要依法办理审批手续方可经营。公司可以依照法规，改变经营范围，并办理变更经营范围手续。

(3) 公司注册资本。公司注册资本是公司成立时在公司登记机关注册登记的资本总额。由于我国公司法规定实行资本注册认缴制度，股东可以分期缴纳出资，因此，公司注册资本就是全体股东认缴的出资额，而不是全体股东实缴出资额。要到法定年限时（一般公司两年内，投资公司 5 年内），公司注册资本才会达到股东实缴资本的数额。

(4) 股东的姓名或者名称。股东是公司的出资者，是公司的终极所有者。公司股东可以是自然人，也可以是法人。股东是公司成立、存续必不可少的条件。公司章程应当载明自然人股东的姓名和法人股东的名称。

(5) 股东的出资方式、出资额和出资时间。公司法和公司章程对股东出资方式、出资额和出资时间都有明确的规定，股东要按规定出资。公司章程应当载明每一个股东的出资方式、出资额和出资时间。

(6) 公司的机构及其产生办法、职权、议事规则。我国公司法对有限责任公司的机构设置和议事规则没有严格的规定，给每个公司的机构设置预留了空间，因此，每个有限责任公司的章程应对公司的决策机构、执行机构、监督机构的产生办法、职权、议事规则等作出明确具体的规定。

(7) 公司的法定代表人。公司章程应当载明法定代表人，并对法定代表人产生办法、职权作出明确规定。

由于各个公司的情况各不相同，各个公司还可以根据本公司的实际情况，在公司章程中载明股东会议认为需要规定的其他事项。

(四) 公司组织机构

公司作为法人，是一个组织体，应当有组织机构对公司进行管治。有限责任公司的组织机构在公司经营管理中起着重要作用，因此，建立符合公司法要求的公司组织机构是设立公司的一个重要条件。

有限责任公司的组织机构由三部分组成：决策机构、执行机构和监督机构。其中，股东会及其选出的董事会是公司的决策机构；总经理和副总经理以及职能部门的管理人员等组成公司的执行机构；监事会是公司的监督机构。由于公司规模不同，股东人数不一样，公司组织机构也就相差较大，有的三个组成部分都较完善，有的决策机构和执行机构合一，有的没有监督机构，这些现象都是常见的，也是公司法允许的。下面对公司组织机构的各个组成部分进行阐述。

1. 股东会。股东是公司的出资人，从而股东会是公司最高权力机构。股东享有收益、重大决策和选择管理者的权利。股东会享有对公司重大事项的决策权。

2. 董事会或执行董事。董事会既是公司的执行机构又是公司的日常决策机构。一方面，董事会要执行股东会的决议；另一方面，董事会又要根据股东会的授权，对股东会决策之外的事项进行决策，聘任或解聘经理人员。如果公司规模不大，股东人数较少，则可以不设董事会而设执行董事。

3. 监事会或监事。监事会是公司的监督机构，其职能是负责监督董事会或执行董事、经理人员的经营管理活动。公司人数较少或规模较小的公司，可以不设监事会而只设监事。

（五）公司名称

公司名称是设立公司的必要条件。公司名称是识别公司、区别公司的标志。公司以合法的名称从事生产经营活动，能维护自身的合法权益，也便于履行公司的民事义务，承担民事责任。

公司名称应当包括以下内容：(1) 字号或商号。字号或商号应由两个以上的字组成，公司使用字号时，要遵守有关的规定，例如，不准使用县以上行政区名称作为字号。(2) 行业或经营特点。公司按照行业划分和本公司的主营业务，在公司名称中标明所属行业。(3) 法律责任形式。有限责任公司必须在名称中标明“有限责任”字样。

公司名称必须经工商行政管理机关核准登记，经过核准登记的公司名称才可使用，才受法律保护。

（六）公司住所

住所是指为使法律关系集中于一处而确定的民事法律关系主体（自然人或法人）的地址。

对于公司住所的规定，各国公司法的规定不尽相同，有的国家公司法规定以公司办事机构所在地为住所，有的规定以主要经营地为住所。我国公司法沿袭了《民法通则》规定法人以其主要办事机构所在地为住所的原则，明确规定公司以其主要办事机构所在地为住所。

明确规定公司住所，是我国《民事诉讼法》、《合同法》等多种法规的要求。因为公司住所，是确定公司登记机关的依据，是确定诉讼管辖的依据，是确定法律文书送达地点的依据，是确定债务履行地的依据。公司住所是公司设立的一个条件。

二、有限责任公司设立的程序

有限责任公司设立过程包括签订公司设立协议、制订公司章程、缴纳出资、登记注册等几个循序渐进、相互联系的步骤。

（一）签订公司设立协议

公司设立协议是公司设立阶段设立人之间就公司设立的有关事项以及设立人的权利义务所达成的协议。设立协议只对设立人有约束力，这种约束力只发生在公司设立过程中，公司成立后，公司设立协议的许多内容将被公司章程所代替。

由于公司设立阶段公司并没有正式成立，没有注册登记，没有取得法人资格，因此，各国公司法都没有将签订公司设立协议作为有限责任公司设立的条件。但从公司设立具体运作来看，这一阶段又是必不可少的。

（二）制订公司章程

公司章程是公司设立和办理登记的必备条件，是规定公司行为准则的公开对外的法律文件。设立公司，必须制订公司章程。制订公司章程是设立公司过程中必不可少的一个重要步骤。

有限责任公司的首批股东是公司章程的制订者。公司章程必须由全体股东在协商的基础上共同制订，并且必须经全体股东一致同意通过，由全体股东在公司章程上签名盖章。此外，公司章程还要按公司法的要求载明规定的事项。

（三）缴纳出资

股东应当按照公司法和公司章程规定的出资数额、出资形式、出资期限缴纳出资。股东不按规定缴纳出资，应承担违约责任。

股东出资主要有货币出资和现物出资两种形式。

股东以货币出资的，应当将货币按时足额存入公司在银行开设的账户。

股东以现物出资，即以实物、知识产权、非专利技术、土地使用权、股权等形式出资的，应由合格的资产评估机构，对现物出资财产进行估价，然后将其价值折算为现金、并换算为公司的股份。现物出资的评估价格要经股东共同确认。股东缴纳出资后，应当经法定的验资机构验资并出具证明。

公司应向股东签发出资证明书。出资证明书要载明公司名称、公司登记日期、公司注册资本、股东的姓名或名称、股东出资额和出资日期、出资证明书编号等事项。

（四）办理设立登记

办理公司设立登记是公司设立的最后一道程序。只有经过核准登记，公司的合法权利才受到国家法律的保护，因此，公司应向公司登记机关——工商行政管理机关申请设立登记。申请设立登记应当提交下列文件：（1）登记申请报告；（2）公司章程；（3）资产验资证明等。法律、行政法规规定需要经政府有关部门审批的，应当办理有关审批手续，并在申请设立登记时提交相关批准文件。申请公司符合公司法规定的条件，经公司登记机关登记，取得了法人资格，有限责任公司就正式成立。

第四节　股份有限公司的设立

股份有限公司的设立是指依照法定程序创办股份有限公司并使其取得法人资格的一系列行为和活动的总称。股份有限公司的设立包括设立条件与设立程序两方面内容。

一、股份有限公司设立的条件

设立股份有限公司的条件要比设立有限责任公司的条件严格

得多。之所以要规定较严格的设立条件，是因为股份有限公司，特别是上市股份有限公司，是社会公司、公众公司，其运营情况对市场经济秩序，对社会经济生活有重大影响。借鉴外国公司的经验和我国公司运营的实际情况，我国《公司法》第77条规定，“设立股份有限公司，应当具备下列条件：(1) 发起人符合法定人数；(2) 发起人认购和募集的股本达到法定资本最低限额；(3) 股份发行、筹办事项符合法律规定；(4) 发起人制定公司章程，采用募集方式设立的经创立大会通过；(5) 有公司名称，建立符合股份有限公司要求的组织机构；(6) 有公司住所”。下面对这些条件作必要的分析说明。

(一) 股份有限公司发起人

公司发起人是设立公司的承担者，主要承担订立发起人协议，认购公司股份，申请设立公司，筹办公司事务等责任。

1. 发起人的资格。发起人所要承担的责任决定了发起人必须有一定的资格要求。各国公司法一般都规定发起人必须具有民事行为能力，有些国家还对发起人的国籍、住所有一定的限制。我国法律规定发起人的资格条件主要有：(1) 发起人必须具有完全行为能力，无民事行为能力人、限制民事行为能力人不能作为发起人；(2) 国家机关（国有资产监督管理部门除外）、国家机关工作人员不能作为发起人；(3) 发起人半数以上必须在中国境内有住所。

2. 发起人的人数。股份有限公司的资合性和社团性的特征以及发起人承担的责任和任务，都决定了要对公司发起人的数额作出规定。各国公司立法都规定了发起人的最低数额。例如，英国、法国、日本规定为7人；德国规定为5人；挪威、瑞典规定为3人；美国多数州也规定为3人。我国公司法规定股份有限公司的发起人为两人以上200人以下。

3. 发起人的责任和权利。发起人在承担责任的同时享有相应的权利。

发起人应当承担的责任主要有：（1）依法认足应认购的股份；（2）承担公司筹办事务；（3）公司不能成立时，对设立行为所产生的债务和费用负连带责任；（4）公司不能成立时，对认股人已缴纳的股款，负责返还股款并加算银行同期存款利息的连带责任；（5）在公司设立过程中，由于发起人的过失致使公司利益受损，应对公司承担赔偿责任。

发起人在承担责任的同时，享有优于非发起人股东的权利。这些权利主要有：（1）获取发行行为的劳动报酬；（2）可以以现物形式出资，非发起人股东一般只能以货币出资；（3）可以取得优先股；（4）可以通过公司章程载明而取得其他特别利益。

（二）股份有限公司资本

股份有限公司是典型的资合公司，公司的设立与经营完全以资本为基础，因而公司资本是公司进行经营活动的物质基础和对债权人债务的惟一担保。

1. 股份有限公司资本的概念。股份有限公司的资本，是指公司章程规定的、由股东出资构成的公司财产总额。由于股份有限公司的资本是由股东缴纳的股款构成的，其最基本构成单位是股份，所以也可称为股份资本或股本。

2. 股份有限公司资本的特征。公司资本的特征主要有：（1）公司资本来源于公司股东的出资。股东出资包括公司设立时的股东出资和公司设立后的股东出资。（2）公司资本是股东对公司的永久性投资。（3）公司资本是公司自有的独立资产。（4）公司资本是公司信用的基础。

3. 股份有限公司的资本三原则。股份有限公司成立后，股东可以转让其持有的股份而发生变动，但股东对公司是永久性的投资，因而股份有限公司的资本可以继续得到维持，股份有限公司可以继续运营。同时，由于股份有限公司股东对公司债务只负有限责任，公司债权人得以实现其债权的惟一担保就是股份有限公司的资本。因此，公司立法就要确立若干基本原则，以保证公司正常开展经营活动和保护债权人的利益。

在历史上，各国公司立法和公司法理论都不断探索股份有限公司的资本原则。经过长期探索和实践经验总结，各国公司法逐步确认和形成了有关股份有限公司资本的一些重要原则，贯穿在公司立法中。特别是大陆法系国家普遍认可的股份有限公司资本三原则，即资本确定原则、资本维持原则和资本不变原则，对各国公司立法均有重大影响。

(1) 资本确定原则。资本确定原则是指股份有限公司的资本必须具有确定性，要求公司设立时必须在公司章程中对资本总额作出明确规定，股东应将其认足或募足，否则公司不能成立。资本确定原则是股份有限公司资本的首要原则，这一原则保证了公司一成立就有确定数额的资本，为公司的经营活动奠定了物质基础。但是，由于各国经济发展水平不同以及法律传统上的差异，资本确定原则在不同国家的实现程度和实现方式有所不同。较有代表性的有法定资本制、授权资本制和折衷资本制三种方式。

法定资本制。法定资本制是指公司章程规定的注册资本必须在公司设立时由股东一次全部认足，否则公司不能成立。法定资本制是早期欧洲大陆法系国家最为推崇的资本确定原则的实现方式。这种方式要求：①股份有限公司必须在公司章程中确定其资本总额。②股份的发行只能采取一次发行方式，并由发起人或股东全部认足。③资本缴纳方式有两种：一种是一次缴纳；一种是分次缴纳。④公司在运营过程中要增加或减少资本，必须严格按照法定程序，由股东大会作出决议并修改公司章程。

授权资本制。授权资本制是指公司设立时，公司只需发行、股东只需认购公司章程中载明的资本总额的一部分而不是全部，公司就可以成立，其余股份，股东授权董事会按公司实际需要，一次或者多次发行。授权资本制的要求主要有：①在公司章程中载明公司资本总额。②公司设立时，只发行公司章程规定的公司资本总额的一部分而不是全部。③公司设立后，未发行的公司资本总额的剩余部分，授权董事会发行，董事会根据公司需要决定发行的时间、次数和每次发行的数额。授权资本制是由英、美、法等国家创立的资本确定原则的实现方式。

折衷资本制。折衷资本制主要是由大陆法系国家吸收法定资本制和授权资本制的优点而形成的，确定股份有限公司资本的新型方式。折衷资本制既要求在公司章程中规定公司资本总额和首期发行的股份数额，也同时允许股东授权董事会根据公司业务的实际情况发行其余的部分。但是，采用这种方式必须服从法律规定的限制条件，即设立时首期股份比例的限制和设立后其余股份发行期限的限制。首先，限制首期发行股份在公司拟发行股份总额的比例，如《日本商法典》规定，股份有限公司设立时，必须发行股份总数 1/4 以上的股份，该发行的股份必须由公司发起人和股份认购人认足并缴纳了全部股款，其余部分的股份才可以授权董事会发行。其次，在限制首期发行股份比例的同时，限制其余股份的发行期限，例如德国《股份法》规定，股份有限公司设立后 5 年，董事会可以不经股东授权发行不超过公司股份总额 50％以内的股份。

(2) 资本维持原则。资本维持原则又称资本充实原则。该原则要求公司在其存续期内应当保持与其资本总额相当的实有资本。也就是公司的实有资本要始终与公司资本总额价值相当。资本维持原则的实质是维持资本充实，防止资本实际减少。坚持这一原则，有助于保护公司债权人的权益，也有助于公司开展正常的生产经营活动。资本维持原则在公司法中主要体现在以下方面：①禁止股东退股；②禁止折价发行股份；③限制非货币出资；④限制转投资；⑤限制利润分配；⑥提取公积金；⑦限制公司购回自己的股份。

(3) 资本不变原则。该原则是指除依法定程序，股份有限公司的资本总额不得变动。坚持资本不变原则的目的，是要防止公司资本减少而影响公司资本的充实。

为了体现资本不变原则，在各国的公司法中对资本的变更，特别是对资本减少都有严格的规定。我国公司法规定，公司减少注册资本必须由股东大会作出特别决议；必须编制资产负债表及财产清单，实施债权人保护程序；必须修改公司章程，进行变更登记。公司减少资本后的注册资本不得低于法定的最低限额。

(三) 股份有限公司章程

公司章程是公司设立和登记的必备条件，是规范公司行为准则的公开对外的法律文件。

1. 公司章程的法律特征。股份有限公司章程是由发起人商议后一致同意并经依法签署的法律文件，是规范公司组织和行为的基本原则，公司章程的法律特征主要有：

(1) 公司章程必须经过发起人协商，一致同意并依法签署。采取募集方式设立的公司，发起人制定的公司章程草案，须经创立大会通过后，才能成为公司章程。

(2) 公司章程必须经公司登记机关登记后，才能发生法律效力。

(3) 公司章程要对公司重大事项作出规定。公司的重大事项既包括公司法规定要载明的重大事项，也包括本公司特有的重大事项。

2. 公司章程必须载明的事项。公司章程必须载明公司法要求必须载明的事项。根据我国公司法的规定，股份有限公司的章程必须载明下列事项：

(1) 公司名称和住所。公司的名称中要标明“股份有限公司”字样，并且要符合企业法人名称登记管理的有关规定。公司以其主要办事机构所在地为住所。

（2）公司经营范围。公司经营范围由公司章程载明，并依法登记。公司可以自主确定经营范围，但法律、行政法规要求审批的，公司应依法规办理审批手续。

（3）公司设立方式。股份有限公司的设立方式有发起设立和募集设立两种。发起设立是指由发起人认购公司应发行的全部股份而设立公司。募集设立是指由发起人认购公司应发股份的一部分，其余部分向社会募集而设立公司。公司章程应当写明公司采用何种设立方式。

（4）公司股份总数、每股金额和注册资本。公司应当确定发行股份总数和每股金额，每股金额乘以股份总数就是公司的资本总额。公司注册资本就是公司在登记机关登记的资本总额。

（5）发起人的姓名或者名称、认购的股份数、出资方式和出资时间。公司章程应当载明自然人发起人的姓名、法人发起人的名称以及每个发起人认购的股份数、出资方式和出资时间。

（6）股东大会的职权和议事规则。我国公司法对股东大会的职权和议事规则已作了较具体的规定，但这并不排除公司章程在不违反公司法的前提下，对股东大会的职权和议事规则作出更具体的规定。

（7）董事会的组成、职权和议事规则。我国公司法已对董事会的组成、职权和议事规则作出了具体的规定，公司章程可以在不违反公司法的前提下，对董事会的组成、职权和议事规则作出补充性、具体化的规定。

（8）公司法定代表人。公司章程要明确确定公司法定代表人，并对法定代表人的产生办法、职权作出规定。

（9）监事会的组成、职权和议事规则。我国公司法对监事会的组成、职权和议事规则作了原则性的规定，公司章程可以根据公司的实际作出补充和更具体的规定。

（10）利润分配办法。公司章程应根据公司法的相关规定和本公司的实际情况，对公司利润分配办法作出具体的规定。

（11）公司的解散事由与清算办法。公司章程应对公司解散的事由作出规定，当公司解散的事由出现时，公司应予解散。公司清算是为了了结公司的债权债务关系，使公司法人资格归于终结的重要程序。公司解散时，应依法进行清算。公司章程应对清算办法作出规定。

（12）公司的通知和公告办法。股份有限公司具有社会联系广、股东众多等特点，为了保护股东和利害相关者的利益，公司章程应对公司的通知和公告办法作出规定。

（13）公司章程还应对股东大会认为应当规定的其他事项作出规定。

（四）股份有限公司组织机构

在各类组织机构中，股份有限公司的组织机构最为完善。建立符合公司法要求的公司组织机构是股份有限公司设立的一个重要条件。公司有了健全完善的组织机构，才能有效进行经营管理。公司组织机构主要包括决策机构、执行机构和监督机构三个部分。股东大会和董事会是公司的决策机构；经理层是公司的执行机构；监事会是公司的监督机构。

1. 公司的决策机构。公司的决策机构包括股东大会和董事会。

（1）股东大会。全体股东组成股份公司的股东大会。股东大会是公司的决策机构，拥有公司重大事项的决定权，包括：第一，选择公司管理者，选举和更换董事和监事。第二，进行公司的重大决策，包括公司经营方针；投资计划；财务预算和决算；增减资本；分立合并、终止清算等。

（2）董事会。董事会是由股东大会选举的负责公司经营管理的决策机构。在股东大会闭会期间，它是公司的最高决策机构。

董事会负责聘任总经理，并负责股东大会授权事项的决策和日常经营管理的重大决策。

2. 公司的执行机构。经理人员组成了公司的执行机构。总经理是执行机构的总负责人，负责公司的全部业务活动。其他经理只是负责某一项业务或某一部门的工作。经理由董事会聘任。经理实行聘任制而不实行任期制。

3. 公司监督机构。监事会是由股东大会选举的公司监督机构，负责对董事会、董事和经理的监督。按公司法规定，监事会的成员不得少于3人。

（五）股份有限公司名称和住所

我国公司法规定，设立股份有限公司必须有公司名称和公司住所，并明确把公司名称和公司住所作为公司设立的条件。股份有限公司的名称和住所与有限责任公司的要求大体相同，相关内容可参阅上一节。

二、股份有限公司设立的程序

股份有限公司的设立方式有两种：发起设立和募集设立。这两种设立方式的程序不尽相同，需要分别介绍。

（一）发起设立的程序

采用发起设立方式成立股份有限公司，是由发起人认足公司应当发行的全部股份而不对外募集股份而设立公司。发起设立因程序简单，又称单纯设立。发起设立主要有以下程序：

1. 签订发起人协议。发起人协议是发起人之间就公司设立的有关事项以及发起人的权利与义务所达成的协议。协议的内容主要有：发起人的人数；发起人的姓名或者名称、住所、国籍；公司股份总数、每股金额和注册资本；各发起人认购的股份数额、出资方式和出资时间；各发起人负责的筹备事项；各发起人的报酬；设立失败时发起人各人应负的责任；协议的生效时间及纠纷解决办法等。

2. 制定公司章程。制定公司章程是公司法规定设立股份有限公司的一个重要条件，也是公司设立程序中必不可少的步骤。通过制定公司章程，明确规定公司的宗旨、经营范围、发起人、资本总额、组织机构、法定代表人等重大问题，从而为公司的设立和设立后的经营活动提供基本行为准则。公司章程应由全体发起人在自愿协商的基础上共同制定，必须经全体发起人同意并由全体发起人在公司章程上签名盖章。

3. 认购公司股份。根据公司法的规定，以发起设立的股份有限公司，全体发起人必须书面认足公司所发行的全部股份。每个发起人具体认购股份数额则根据发起人协议或者公司章程的规定而定。

4. 缴纳出资。发起人要按照公司法和公司章程规定的出资数额、出资形式和出资期限缴纳出资。发起人以货币出资的，应将货币出资足额存入公司在银行开设的账户；发起人以现物出资的，要对现物出资财产进行估价，并将这些出资财产转移给公司。股东缴纳出资后，应当经法定的验资机构验资并出具证明。

5. 组建公司机构。发起人缴纳出资后，应当选举董事会和监事会，建立公司组织机构。

6. 申请设立登记。发起人缴纳出资、组建公司机构后，由公司董事会向公司登记机关（工商行政管理机关）申请设立登记。申请设立登记应当提交登记申请书、公司章程、验资证明以及法律、行政法规规定的其他文件。法律、法规规定要经政府有关部门审批的，应办理相关审批手续，并在申请登记时提交批准文件。公司经登记机关登记，取得营业执照后，股份有限公司就正式成立。

（二）募集设立的程序

募集设立要比发起设立复杂。募集设立和发起设立一样，都要经过签订发起人协议、制定公司章程、认购股份并缴纳出资、建立公司组织机构、办理公司设立登记等程序，募集设立还要增加向社会公开募集股份和召开创立大会这两道程序。

1. 签订发起人协议。我国《公司法》第80条规定，“发起人应当签订发起人协议，明确各自在公司设立过程中的权利和义务”。这一规定明确了签订发起人协议是股份有限公司设立的必要条件和必经程序。募集设立发起人协议的内容大体和发起设立的相同，这里不再阐述。

发起人协议对全体发起人具有约束力，发起人都必须按发起人协议进行设立活动，享受相应的权利，承担相应的义务，这样可以规范公司设立、避免和解决纠纷。特别是采取募集设立方式，公司要公开向社会募集股份，存在设立失败的风险。如果公司设立失败，发起人对设立行为所产生的债务和费用负连带责任；对认股人已缴纳的股款，负返还股款并加算银行同期存款利息的连带责任。

2. 拟定公司章程草案。公司章程是规定公司权利和义务以及调整公司内外关系的准则的文件。它从根本上规定了公司的组织原则、活动范围和发展方向。公司章程为公司的设立和设立后的经营活动提供基本准则。因此，由发起人起草的公司章程，虽然需经创立大会审议，但也是件非常重要和非常严肃的事情。

全体发起人必须亲自参加或者委托代理人参加公司章程的起草工作，在平等协商的基础上共同草拟公司章程。由发起人拟定的公司章程，必须经公司创立大会审议通过后，才成为正式的公司章程。

3. 认购股份和缴纳出资。采取募集方式设立股份有限公司，全体发起人只需认购公司部分股份而不需要认购公司所发行的全部股份。为了防范设立风险，预防一些发起人完全凭借他人资本开设公司，同时也是为了使公司资本有基本的保证，保护公众投资者的利益，有利于公司的顺利设立，许多国家的公司法都规定全体发起人认购的股份要达到公司全部股份一定的比例，一般不少于股份总数的1/4。我国的《公司法》规定，“以募集方式设立股份有限公司的，发起人认购的股份不得少于公司股份总数的35％；但是，法律、行政法规另有规定的，从其规定”。发起人不能在规定时间内认购股份，则丧失发起人资格。

发起人认购股份是对缴纳股款、出资的一种书面承诺。发起人要按照公司法、公司章程和发起人协议规定的出资形式、出资缴纳期限缴纳所认股份的股款、出资。

4. 募集股份。发起人认购了规定的股份以后，未认足部分应向社会公开募集或向特定的对象募集。下面主要介绍如何向社会公开募集股份。

（1）办理募股申请。发起人向社会公开募集股份，关系到证券市场的稳定和社会投资者的利益，为了保护社会投资者的利益，保证证券市场有序运行和防范证券市场风险，各国公司法对向社会公开募集股份都有较严格的法律规定和严格的审核程序。根据我国法律法规规定，公司向社会公开募集股份，必须经国务院证券监督管理机构审核。

根据我国《证券法》规定，发起人办理募集申请时，必须向国务院证券监督管理机构提交下列文件：向社会公开募股申请书；发起人协议；公司章程；发起人姓名或名称；发起人认购的股份，出资形式及验资证明；招股说明书；代收股款银行的名称和地址；承销机构的名称及有关协议。根据证券法规定聘请保荐人的，还应当报送保荐人出具的发行保荐书。国家法律、行政法规对设立公司规定必须取得批准的，还应当提交相关的批准文件。

（2）向社会公开募股。向社会公开募股申请经审核批准后，发起人就可以向社会公开募股。为了使投资者了解公司情况，防止发起人欺骗投资者，保护投资者的利益，许多国家法律规定公开向社会募股要发布招股说明书。我国《公司法》规定，“发起人向社会公开募集股份，必须公告招股说明书”，并且规定，“招股说明书应当附有发起人制定的公司章程，并载明下列事项：①发起人认购的股份数；②每股的票面金额和发行价格；③无记名股票的发行总数；④募集资金的用途；⑤认股人的权利、义务；⑥本次募股的起止期限及逾期未募足时认股人可以撤回所认股份的说明”。

根据我国《公司法》规定，发起人向社会公开募集股份，应当由依法设立的证券公司承销，签订承销协议。为了收回和保存股款，发起人还应当同银行签订代收股款协议。

5. 认股人认股并缴纳股款。发起人公告招股说明书后，社会投资者即可认股。认股人认股时，必须填写由发起人制作的认股说明书。认股人应当在认股说明书上填写认购股数、金额、认购人住所，并签名、盖章。

在募股期限内，公司发行股份全部募足后，发起人应及时向认股人发出缴纳股款的通知。认股人应按规定的时间到银行缴纳认购股份的股款。代收股款的银行应向认股人出具收款单据，并负有保存股款和向有关部门出具收款证明的责任。

6. 召开创立大会。按照我国《公司法》的规定，公司发行股份的股款缴足并经法定验资机构验资后，发起人应当自股款缴足之日起三十日内主持召开创立大会。创立大会由发起人、认股人组成。发起人应当在创立大会召开十五日前将会议日期通知各认股人或者予以公告。创立大会应有代表股份总数过半数的发起人、认股人出席，方可举行。

创立大会行使下列职权：(1) 审议发起人关于公司筹办情况的报告；(2) 通过公司章程；(3) 选举董事会成员；(4) 选举监事会成员；(5) 对公司的设立费用进行审核；(6) 对发起人用于

抵作股款的财产作价进行审核；（7）发生不可抗力或者经营条件发生重大变化直接影响公司设立的，可以作出不设立公司的决议。

创立大会对其职权范围内的事项作出决议，必须经出席会议的认股人所持表决权过半数通过。

7. 办理设立登记。董事会应于创立大会结束后三十日内，向公司登记机关申请设立登记。申请设立登记要提交以下文件：（1）公司登记申请书；（2）创立大会的会议记录；（3）公司章程；（4）验资证明；（5）法定代表人、董事、监事的任职文件及其身份证明；（6）发起人的法人资格证明或者自然人身份证明；（7）公司住所证明。以募集方式设立股份有限公司公开发行股票的，还应当向公司登记机关报送国务院证券监督管理机构的核准文件。法律、行政法规规定需要经政府有关部门审批的，应当依法办理有关审批手续，并在申请设立登记时提交批准文件。如果申请公司符合公司法和其他法规规定的条件，公司登记机关就会给予登记，发给营业执照。公司领取了营业执照就告正式成立。

第四章

现代公司产权制度

公司产权制度就是公司的法人财产制度，它是以公司的法人财产为基础，以出资者原始所有权、公司法人产权与公司经营权相互分离为特征，以股东会、董事会、执行机构作为法人治理结构来明确各自权力、责任和利益的企业财产组织制度。

第一节　产权与产权制度

一、产权的内含

产权是财产权的简称，它是法定主体对财产所拥有的各项权能的总和。产权范畴有以下几个方面的内含。

1. 产权是以财产为基础的若干权能的集合。在经济学中一般分解为所有权、占有权、支配权和使用权四项权能；而在法学中则多分解为所有权、使用权、收益权和处置权。现代产权经济学就是以法定权利的界定与交换作为研究内容的。占有权是指对财产的实际拥有；使用权（经营权）是指在法律允许的范围内，以生产或其他方式使用财产的权利；收益权是指直接以财产的使用或通过财产转让而获取收益的权利；处置权（支配权）是指通过出租或出售把与财产有关的权利让渡给他人，从中取得收益的权利。

2. 产权的核心和基础是所有权，它是一种以财产所有权为基础的社会行为权利。所有权是产权权能的核心，它是由法律规定的主体（所有者）对于客体（财产）的最高的、排他的独占权。不存在超出这个法定主体的其他更高更终极的主体。对于产权的终极所有者来说，最重要的权能是对经济剩余的索取和对财产的处置。

3. 产权所包含的各项权能可以统一也可以分离。在财产出现所有权和使用权分离的情况下，会有这样一种关系，即人们对资产没有所有权，却拥有在一定时间和一定程度内的使用、收益、转让和处置的权利。

4. 产权的各项权能不仅可以分解与组合，而且在一定的条件下，一些权能还会发生变化。如所有权转化为股权；占有权转化为法人产权；支配权转化为经营权等等。

产权和所有权是有区别的两个概念：

(1) 所有权是指对财产归属关系的权利规定；而产权是以所有权为核心的若干权能的集合。

(2) 所有权概念中所指的“财产”一词含义较窄，主要是指现金、有形财产等；而产权概念中“财产”一词的含义较广，不仅指现金、有形财产，还包括无形财产、劳务、商誉等。

(3) 所有权表明的是财产的终极归属权，而产权则反映的是收益权或剩余索取权。例如，乙向甲借得一笔资产用于投资，经登记注册后，法律上就视这笔资产为乙所有，并据此拥有收益权或剩余索取权，同时也负有用这笔资产承担清偿债务的责任。如果乙再将这笔资产向丙投资，丙在经过法律手续后，这笔资产又记在丙的名下，成为丙获取收益和用以承担清偿债务责任的资产。

产权是产权经济学中的重要概念，产权经济学强调产权不是关于人和物的关系，而是指由于物的存在和使用而引起的人们之间的一些被认可的行为性关系。这种行为性关系用来界定人们在经济活动中如何受益、如何受损以及他们之间如何进行补偿的规则。因而，产权的主要功能就是帮助一个人形成与其他人进行交易的预期。

二、产权制度及其功能

产权制度是指以产权为依托，对财产关系进行合理有效的组合、调节的制度安排。这个制度安排具体表现为建立在一定的生产资料所有制基础上，对财产占有、支配、使用、收益和处置过程中所形成的各类产权主体的地位、行为权利、责任、相互关系加以规范的法律制度。

产权制度的功能有：

1. 财产约束的功能。在合理的产权制度下，明晰的产权关系可以使所有者通过产权有效地约束经营者，从而保证资产增值，实现所有者利益。

2. 自主经营和激励机制功能。产权具有排他性和独立性，企业一旦拥有产权，其生产经营权利即可得到法律保护，进而使经营者在激励机制的作用下，真正做到自主经营、自负盈亏。

3. 提高资源配置效益功能。由于产权的各项功能是可以分解、转让的，因此，通过以产权转让为基础的企业间的资产联合、兼并等形式，可以促进资产合理流动。

4. 规范市场交易行为功能。产权关系的界定具体规定了人们那些与物相关的行为规范，每个人在与他人的相互交往中都必须遵守这些规范，或者必须承担不遵守这些规范的成本。这样，保障受益和受损索赔的原则可以有效抑制企业的不正当交易行为，从而使企业行为合理化。

产权制度和所有制既有区别又有联系。所有制属于生产关系范畴，产权制度则是实现生产力与生产关系结合的机制。正因为如此，一方面，同一种所有制关系，可以有不同的多种产权关系。同样是在私有制下，有的将收益与占有、支配权合在一起，而使用权以收租的形式让渡出去，如地主的土地所有制；也有的是所有者只掌握收益权而将占有、使用、支配权完全交给经营者，如现代的股份公司。另一方面，产权制度作为生产关系与生产力相结合的机制，不可能不受到所有制的约束。

三、制约产权制度变革的因素和产权制度的类型

产权制度是生产关系与生产力结合的机制，其形态必然受多种因素的制约。这些制约因素主要有三个方面：(1) 商品经济发展阶段的特征；(2) 财产关系的所有制特征；(3) 实现企业职能所必要的企业组织形式特征。产权制度的发展从典型意义上可以划分为四种类型：(1) 简单的、粗陋的企业制度和产权制度（如个人、私人企业）；(2) 自然人企业制度和产权制度（独资、合伙企业）；(3) 现代股份公司的企业制度和产权制度；(4) 国有制的企业制度和产权制度。现代经济发展的趋势已经表明，由于社会分工越来越细，专门的经营需要越来越专业化的管理技巧和知识，总的看来，资本所有者不再承担资本的生产者职能，只掌握收益权及最后处置权，而将占有、使用、支配的权力交给公司，形成公司产权，由企业家经营。这种终极所有权同公司产权分离的趋势，是私有制和公有制下产权制度变革的共同趋势，二者所不同的仅是公有制下必须解决财产权利的人格化问题。在传统公有制下，所有制关系由于主要强调生产资料的归属关系，所以可以采取非人格化的形式。产权关系由于需要具体地界定当事人对财产的义务、权力、利益和责任的限度，因此必须采取财产及财产权利的人格化形式。否则公有制特别是国有企业产权关系的不明晰和虚置问题便难以解决。

四、产权的基本内容和界定

一个产权的基本内容包括行动团体对资源的使用权与转让权，以及收入的享用权。如果权利所有者对他所拥有的权利有排他的使用权、收入的独享权和自由的转让权，就称他所拥有的产权是完整的。如果这些方面的权能受到限制或禁止，就称为产权的残缺。

产权的界定就是把这些权能界定给不同的行动团体。界定的方法有两种：一是法律机制；二是私下交易与商定。界定后的产权主要包括以下几种形式：

1. 私有产权。就是将资源的使用与转让以及收入的享用权界定给了一个特定的人，使其享有完整的产权。值得注意的是，私有产权并不意味着有关的权利都掌握在一个人手里，私有产权可以由两个或多个人拥有。同样一种有形资产，不同的人可以拥有不同的权利，只要每个人拥有互不重合的不同权利，多个人同时对某一资源或资产行使的权利仍是私有产权。所以，私有产权的关键在于，对所有权利行使的决策完全是私人作出的。

2. 社团产权，也称共有产权。即在共同体内的每一成员都有权分享同样的权利，但排除了共同体外的任何成员对共同体内的任何成员行使这种权利的干扰。社团产权的特点是，某个人对一种资源行使某项权利时，并不排斥他人对该资源行使同样的权利。它与私有产权相比，其最重要的特点在于社团产权在个人之间是完全不可分的，即完全重合的。因此，即使每个人都可以使用某一资源来为自己服务，但每个人都没有权声明这个资源是属于他的财产。由于社团产权在社团内部不具有排他性，因此，这种产权常常给资源利用带来“外部影响”。常见的例子是空气是公有的，但结果是个人造成“污染”，却不对排放有害气体负责。

3. 集体产权。即行使对资源的各种权利由一个集体作出，由集体的决策机构以民主程序对权利的行使作出规则和约束。集体产权与社团产权不同。对于社团产权来讲，每个人对如何行使权利的决定是无需事先与他人协商的。而一种产权如果是集体的，那么关于如何行使对资源的各种权利的决定，就必须由一个集体作出。

4. 国有产权。在理论上是指这些权利由国家占有，国家再按可接受的政治程序来决定谁可以使用或不能使用这些权利。

五、产权结构的效率

从经济学意义来讲，一种产权结构是否有效率，主要看它是否能为在它支配下的人们提供将“外部性”转化为内部化的激励。所谓外部性，是指经济当事人之间在利益关系上存在这样的情况：一方对另一方或对其他方的利益造成的损害或提供的便利，不能通过市场加以确定，也难以通过市场价格进行补偿或支付。所谓外部效应内部化是指一个能够使所有相互作用的人都承担这些效应的过程，它通常是产权的变迁过程。举个例子，有一个湖是公有的，大家都去这个湖里捕鱼，可能最后湖里的鱼就被捕光了，大家谁也别想发财了。假如这个湖分给某个人所有，这个人说捕鱼者必须付费，于是所有者有动力保证湖里总是有鱼的，这样不仅他个人能获益，最终也使捕鱼者获益。公有的变成私有，出来一个人管这个事，就是把外部效应内部化了。

在共有产权下，由于共同体内的每一成员都有权平均分享共同体所具有的权利，如果对他使用共有权利的监察和谈判成本不为零，他在最大化地追求个人价值时，由此所产生的成本就有可能有部分让共同体内的其他成员来承担。且一个共有权利的所有者，也无法排斥其他人来分享他努力的果实，所有成员要达成一个最优行动的谈判成本也可能非常之高，共有产权导致了很大的外部性。在国有产权下，由于权利是由国家所选择的代理人来行使，作为权利的使用者，由于他对资源的使用与转让，以及最后成果的分配都不具有充分的权能，就使他对经济绩效和其他成员的监督和激励减低，而国家要对这些代理者进行充分监察的费用又极其高昂，再加上行使国家权力的实体往往为了追求其政治利益而偏离利润最大化动机，因而它在选择其代理人时也具有从政治利益而非经济利益考虑的倾向，因而国有产权下的外部性也是极大的。相比之下，在私有产权下，私产所有者在作出一项行动决策时，他就会考虑未来的收益和成本倾向，并选择他认为能使他的私有权利的现期价值最大化的方式来作出使用资源的安排；而且他们为获取收益所产生的成本，也只能由他个人来承担。因此，在共有产权和国有产权下的许多外部性，就在私有产权下被内部化了，从而产生了更有效地利用资源的激励。

六、交易成本与产权理论

交易成本的概念最早由英国著名经济学家科斯在 1937 年发表的《厂商的性质》一书提出。交易成本是市场机制的运行成本，即利用价格机制的费用，或者说是利用市场的交换手段进行交易的费用。它包括搜寻信息的费用、谈判与签订合同的费用，以及监督合约执行的费用。在协作生产中，人们要进行交易，而进行交易活动是要有一定成本的，有时交易成本会很高。企业正是替代市场组织生产的一种方式，企业的出现一定是企业内部的管理协调成本低于市场的交易费用所致。这是因为，如果没有企业制度，每一要素所有者都直接进入市场交易，市场交易者一定很多，会产生激烈的交易摩擦，使交易成本高昂；用企业的形式把若干要素所有者组成一个单位参加市场交换，即可减少进入市场交易的单位数量，减少交易摩擦，从而降低交易成本。

可见，企业的存在正是为了节约市场交易费用，但是，只有在企业产权界定清晰的条件下，运用市场机制的交易成本才可能降低；否则，会因利用价格机制实现企业间联系的摩擦太多，而使交易成本过高。这也正是“科斯定理”所要说明的。

科斯于1960年发表了另一篇著名论文《社会成本问题》，该文再次运用交易成本概念说明产权制度的形成及其重要作用。所谓“科斯定理”是这样一道命题：当不存在交易费用时，不论产权作何种分配，经济效率不受影响；而当交易费用不为零时，产权的分配则对效率有重要影响。事实上，在现实经济中，零交易成本假定是不存在的，就如同物理世界不存在摩擦力的假定是不存在一样。因此，“科斯定理”说明了存在交易费用时，产权制度是如何作用于或影响经济效率的。“科斯定理”这个词是由芝加哥大学的著名教授、诺贝尔经济学奖获得者斯蒂格勒在1966年出版的《价格论》中首次提出和使用的。现在人们使用“科斯定理”时，更多地是指，只要交易费用不为零，就可以利用明确界定的产权之间的自愿交换达到配置的最佳效率，从而克服“外部性”，而市场机制同样有效。其原因在于，只要产权明确地界定，交易各方就力求降低交易费用，使资源利用到产出最大、成本最小的地方，从而达到资源的最优配置。

第二节 公司产权制度的基本内容

一、公司产权制度的基础是它拥有的法人财产

企业法人财产是在企业设立时出资者（可以是一个，也可以是多个）依法向企业注入的资本金及其增值和企业在经营期间负债所形成的财产。

1. 企业法人财产具有以下两个特点：

(1) 企业法人财产从归属意义上讲，是属于出资者（股东）。当企业法人解散时，企业法人财产要进行清算，在依法偿还企业

债务后，所剩余的财产，要按出资者的出资比例归还出资者。

（2）公司的法人财产和出资者的其他财产之间有明确的界限。公司以其法人财产承担民事责任，一旦公司破产或解散进行清算时，公司债权人只能对公司法人财产提出要求，而与出资者的其他个人财产无关。同时，一旦资本金注入企业形成法人财产后，出资者不能再直接支配这一部分财产，也不得从企业中抽回，只能依法转让。

2. 企业法人财产，也称企业法人产权，是企业对其全部法人财产依法拥有的独立支配的权利。企业法人财产权是企业依法独立享有的民事权利之一，也是最重要的一项民事权利。企业法人需要依照法律或者企业的组织章程行使法人财产权。企业依法对法人财产行使各项权力，同时以其全部法人财产承担民事责任，企业还要依法维护出资者的权益，实现企业财产的不断增值。

公司产权制度是以公司在法律上具有独立的法人地位为前提的，而法人地位确定的产权基础则是它拥有的法人财产。

二、公司产权制度的特征和基本内容

1. 公司产权制度在确立法人财产基础上，实现了原始所有权、公司产权与经营权的三权分离，具有明晰的产权关系。这是公司产权制度的特征。

2. 公司产权制度的基本内容。通过股东会、董事会和执行机构等公司治理结构的设置和运作，明确划分责、权、利，形成了调节所有者、公司法人、经营者和职工之间关系的制衡和约束机制。

（1）公司是由法人治理结构来统治和管理的。所谓法人治理结构，就是统治和管理公司的组织结构。因为公司是法人团体，与自然人企业不同，是一些人由于共同的目的而互相结合组成的团体，具有自己独立的意志，因而要体现这个意志，只能由一个组织，即法人治理结构对公司进行治理。

（2）公司治理结构，是由股东会、董事会和高级经理人员三者组成的一种组织结构。这种三层治理结构的特点是使得原始所有权、公司产权、经营权各有人格化的载体，界定明确，责权利明确划分。其中股东大会是公司的最高权力机构；董事会是由股东大会选举产生的公司决策和管理机构；董事会领导下的高级经理人员组成公司管理与执行机构。

（3）由股东会、董事会和经理人员组成的治理结构，具有一定的制衡关系，可以互相制约，从而保证公司资产的完整性和体现公司法人团体的意志。其制衡关系如下：

公司财产的原始所有者股东从维护投资者利益的角度出发，通过股权代表机构——股东会，选举董事会，以对重大决策进行表决的方式，反映自己的意志，制约董事会的行为。另外，股东还可以采取“用脚投票”的方式，买进或卖出公司股票，对公司行为形成外部制约。

董事会作为法人财产的代表，对公司资产的运动与增值负责，承担资产风险。它受股东利益的制约，对公司重大问题进行决策，并对经理人员进行监督。董事会的核心作用是保证公司经营管理符合股东利益，使得公司法人治理结构有效运行。

经理作为公司的经营者，是由董事会精心选择的，并直接受控于董事会，对自己的经营成果负责。

由上述分析可以看出，原始所有权、公司产权和公司经营权不仅相互分离，各有载体，形成制约机制，而且统一于公司整体之中，构成统一的公司法人实体。

三、我国企业法人制度的缺陷及其完善

在传统的计划体制下，国有企业作为国家行政机构的附属

物，没有独立的法人地位。国家是惟一的投资主体。在实行有计划的商品经济过程中，国家虽然通过立法形式建立了企业法人制度，但这是一种不完整的法人制度。国有企业的法人地位有名无实，其原因在于：企业没有法人所必须具备的独立的财产权，难以建立起财产约束机制，只能负盈不能负亏，国家对企业仍负有无限责任，企业不是真正独立的法人。

建立现代企业制度，完善国有企业法人制度的任务就是：明晰国家和企业间的产权关系。主要包括以下几点：

1. 企业中的国有资产所有权属于国家，企业拥有包括国家在内的出资者投资形成的全部法人财产权，成为享有民事权利、承担民事责任的法人实体。

确立法人财产权的关键，是实行出资者所有权与法人产权的分离。出资者所有权在一定条件下表现为出资者拥有的股权，即以股东的身份依法享有资产受益、选择管理者、参与重大决策以及转让股权等权利。出资者不能对法人财产中属于自己的部分进行支配。法人财产权表现为企业依法享有法人财产的占有、使用、收益和处分权，以独立的财产对自己的经营活动负责。

2. 企业以其全部法人财产，依法自主经营、自负盈亏、照章纳税，对出资者承担资产保值和增值的责任。

3. 出资者按投入企业的资本额享有所有者的权益，即资产受益、重大决策和选择管理者等权利。企业破产时，出资者只以投入企业的资本额对企业债务负有限责任。

第三节　公司产权运行的市场化和法制化

一、产权的股权形态和实物形态

产权的股权形态就是指对公司资产通过购买股票的形式来占

有。以股权形态存在的产权具有相对独立性。股东作为公司的所有者，虽然可以任意处置他拥有的作为公司产权凭证的股票，但却无权处理公司的财产。因此，股权关系的变动往往并不影响公司财产的完整。产权的股权形态是商品经济发展到较高阶段所出现的一种产权形态，是较高级的产权形态。

产权的实物形态就是指对资产直接的实物占有。公司法人作为公司资产的经营者，可以自由支配公司的资产。以实物占有形态存在的产权关系一旦发生变化，极易导致公司财产的分裂，从而会影响公司的生产经营活动。

产权除上述两种形态之外，还可以表现为债权形态，就是经济主体将资产贷放出去之后，对这部分资产形成的债权占有。

二、公司产权运行市场化的含义

公司产权运行市场化是指股权形态的所有权运行的市场化、实物形态的法人产权运行的市场化和产权运行评价的市场化。

1. 所有权运行的市场化。所有权运行的市场化表现为股权在证券市场中的运行。股权在证券市场中运行的前提条件是股权的证券化，即以股票（有价证券）作为股权的证明；而股权证券化的前提条件又是企业的股份化。因此，公司所有权运行的市场化就是企业股份化——股份证券化——证券市场化的过程。

证券市场是长期资金供应者与需求者之间进行资金融通以及证券发行与转让的场所。证券市场是商品经济、信用制度高度发展的产物，是随着股份公司和证券业的产生、发展而形成和发展起来的。公司所有权（股权）在证券市场中的运行，表现为所有权在一级市场中的形成和在二级市场上的转移。

一级市场也称“初级市场”或“发行市场”，是企业通过投资机构出售其新证券的场所。新证券是公司首次发行的股票。通过发行新证券的一级市场；公司筹集到股本，首次购买新证券的投资者，成为公司最初的股东。一级市场的作用是将社会游资直接转化为投资，从而导致所有权的形成。

二级市场也称“次级市场”或“交易市场”，是已发行的有价证券的买卖场所。证券交易所是最重要的、集中的证券二级市场。社会上非特定的投资大众，通过证券交易市场从事公开的证券买卖，从而对所有权进行再分配。在这个市场上，具有较完备的组织和设备，投资者拥有充分的购买证券的机会，持有证券但需要现金者，可以随时出售所持有的证券以换回现金。二级市场的主要作用是使证券所有权实现转移，借助市场机制重新分配所有权，从而使社会资源获得重新配置，而并不增加社会资本的存量。

无数股东的证券交易行为，构成了产权在证券市场中的运行。投资者用其积累起来的货币购买股票，借以获得收益的这种行为就是证券投资。证券投资是市场经济体制下产生的财产增值方法。在当今商品经济社会中，证券投资已成为社会投资的最重要组成部分，成为很普遍的大众投资方式。公司所有权借助证券投资方式实现市场化的意义表现为：（1）从证券发行者（公司）的角度看，证券是最有效地扩大资本规模的工具。通过这种形式，把社会上零星分散的暂时性的资金变为长期使用的资本，使企业筹集到巨额的生产经营资金。（2）从投资者的角度看，投资于证券要比生产投资有利得多。因为生产投资周期长，企业建成投产后，又要购进原材料、制造商品、进行销售，这都需要大量的组织管理工作，并且风险性很大，一旦经营失败，所投入的资本便无法收回。而证券投资手续简便，只要购买证券，便可取得收益，风险性比直接投资要小，并可通过证券市场随时出售所持证券，收回本金。另外，进行直接投资还受到资本额的限制，只有达到一定规模的资本量时，货币才能转化为资本。这不利于小额投资人的投资。而投资于证券则不受资金数额的限制。

投资者从事证券交易的目的是为了避免投资损失和实现增值。这也是所有权运行的目的。所有权在证券市场中如何运行，主要取决于投资收益。股票投资的收益是持股人依据持有股票的多少和股息的高低等因素，定期或不定期地从股份公司获得一定量货币形式或其他形式的报酬，主要包括股息收入、红利收入、资本利得三种形式。股息和红利主要来源于公司的经营利润。资本利得是投资者运用资本低价购进证券后再高价卖出所赚取的差价利润。

总之，原始所有权运行的市场化，是以原始所有权转换为股权为前提的，股权又以股票的形式来体现，从而股东在证券市场上通过股票交易、转让、抵押谋求增值，以避免财产损失。这样，从证券市场看，无数股东的交易行为启动了原始所有权的市场化，推动了资源的重新配置。

2. 法人产权运行的市场化。法人产权运行的市场化表现为资产产权的转移和让渡，以产权转让市场为中介来进行。法人产权运行市场化的前提条件是产权转让市场的建立和发展；产权转让市场建立和发展的前提条件是法人产权从原始所有权分离出来，形成独立的产权实体；而法人产权的形成又是以法人企业的形成为前提。因此，法人产权运行的市场化就是企业法人化——法人产权独立化——产权转让市场化的过程。

公司法人产权是公司资产物质形态的表现。法人产权的运行表现为公司董事会和经理对公司资产的实际运用，包括出售、出租、抵押、交换、转让等方式处理公司的部分资产和全部资产。在公司拥有独立法人产权的条件下，经营者必然以提高公司资产效率和增加公司积累、实现公司资产增值为目的对公司资产进行运作。这种以资产增值为目的的动作必然极大地促进法人产权运行的市场化。法人产权运行的市场化又反过来促进公司经济效益的提高，同时也是对公司经理经营行为的检验。

3. 公司产权运行评价的市场化。由于证券本质上是一种对未来收益的权力证书，因此证券投资者对投资于哪一个企业要进行谨慎选择。在股票市场上，股票价格与企业经营状况紧密联系，在通常情况下，公司股价和公司利润是同向发生变化的，即公司盈利上升时，股价也上涨，公司盈利下降时，股价也下跌。虽然，目前在发达国家的股票市场中，股价变化经常表现为与公司盈利无关，这是因为投资者除分析公司的近年利润状况外，还注意公司的发展前景，以及其他一系列因素的影响，但总的来说，投资者在判断股价时，要考虑到公司的盈利水平，特别是公司将来的盈利水平预测。通过对股票价格的判断，投资者必然乐于投资于经济效益好、股票价格高的企业，从而促使这样的企业不断地开拓与发展。反之，那些经营前景暗淡，竞争能力弱、经济效益差甚至亏损的企业，必然遭受投资者的冷遇，将所持有的这样企业的股票抛出，将资金转向前一种企业。证券市场中股东时刻都在进行的买进和卖出实际上是对公司资产经营状况所作出的评价。股东这种在证券市场上“用脚投票”评价的方式，就是一种市场化的评价方式，是一种社会化程度更高的评价机制，能更客观地反映出公司实际经营状况，而且是促进企业经理人员不断改善经营管理的一种推动力。在这种市场化的评价机制下，企业要想立足于竞争激烈的市场中，处于不败之地，必须改进生产技术，改善经营管理，提高经济效益，才能取得投资者的信任。否则就会失败，直到被淘汰。

三、公司产权运行市场化的条件

公司产权运行的市场化必须具备两个条件：(1) 原始所有权、法人产权及其经营权的分离；(2) 原始所有权的商业化，即资产所有权采取股票、债券等证券形式表现出来。它们之所以成为公司产权市场化的条件是因为：

1. 当法人产权被确立以后，公司成为独立经营者，必须成为能够自负盈亏的经济实体，再加上经营权的分离，企业经理掌握了公司经营权，公司经营效率如何，是对经理经营能力的直接检验。这一切迫使企业必须有效地经营。为此，企业经理必须有效地配置资本，这就要根据经济条件的变化而适时地增减资本数量、改变资本投向等。事实上也就是将一部分资本的生产权及收益权转进或转出，而这种转进或转出必然是按市场原则进行的流动，因而产权的运行是市场化的。

2. 产权商业化，具体说是原始所有权用证券的方式来表示，这是公司产权转让市场化的必要前提之一。这是因为：

（1）使买卖双方都可以简单明了地用股票价值表示财产的价值，从而对资产的估价可以通过市场手段和市场交易过程来进行。在财产权非商业化的情况下，财产估价往往是由某些机构或某些人根据原有固定资产投资额进行调整后得出来的。这样作出的估价不但不准确，而且过程复杂。举例来说，现在有一个10年前固定资产投资额为200亿元的钢铁厂要出售，在财产权非商业化条件下，有关机构通常进行估价的方法是：原固定资产额减若干年的折旧，然后再根据市场对钢材产品及其设备的需求状况加以调整。这种调整随意性很大，缺少客观的依据。在我国国有资产转让中，由此造成不应有的低价流失。在实现财产权商业化的情况下，财产证券化了，证券的面值就是资产的价格，而且这种价格会通过证券价格的市场波动反映市场对钢材及其设备的需求状况。从而使资产估价可以通过市场手段和交易过程得到解决。

（2）可以使产权转让具有便利性。所谓便利性是指在转让时不受或少受时空的限制。在财产权非商业化的情况下，产权交易受到时空的很大限制。甲地企业要购买乙地企业的资产，必须到乙地进行一系列的谈判、评估等工作，这样做极不方便，使异地间产权转让的规模和频率受到极大限制。而在产权商业化后，甲地企业只需在本地证券市场购买乙地企业的股票，产权转让即可完成，这使产权转让过程变得既容易又迅速。

（3）可以使产权交易方式具有灵活性。所谓灵活性，是指买卖双方在交易时，能根据经济条件的变化，及时作出买与不买或以何种批量购买的决策。在产权非商业化条件下，资产的实物形态与价值形态是分不开的。在转让时，不能分割，买卖双方都不能选择交易数量，要么买（卖）整个企业，要么不买（卖）。而且，一旦转让发生后，很少能根据经济或政治方面的变化再次转让，因为这样做产权交易双方要付出较大的转让成本。而在财产商业化后，资产用证券来代表，不但可以选择买卖股票的数量，而且可根据需要迅速地在证券市场上将买进的股票再卖出去。

公司产权的转让涉及国家、出资人、企业法人、个体等多个主体间的财产关系的转移，必须使之法制化，使产权转让的经济活动纳入法律保护和制约之下。

四、公司产权运行的法制化

市场经济是法制经济，没有完备的法制基础，就不可能有规范的市场。公司产权运行的市场化，也必须纳入法制轨道。公司产权进入市场运行，就是以市场机制作为企业资产重组的主要调节手段，但要做到市场运行的有序化，必须通过立法来实现。公司产权运行的市场秩序，主要靠建立一整套的法律保障体系来完备市场规则。市场规则是指规范市场活动参与者身份、行为及其相互关系的准则。一般来说，现代市场规则包括三个层次的内容：（1）规范市场主体及其活动的准则；（2）规范政府干预市场行为的准则；（3）规范市场运行过程的准则。公司产权运行的市场规则，直接依赖于《公司法》、《证券法》、《国有资产管理法》、《兼并法》、《企业产权交易法》、《银行法》、《反垄断法》、

《反不正当竞争法》、《破产法》和《社会保障法》等立法的完成和完善。

第四节　产权市场交易的对象和形式

一、产权市场交易的含义

公司的产权市场交易就是公司以各种产权客体为交易对象，以各种资产处置方式为交易形式，以比较低的交易成本，获取比较好的经济收益的经济活动。

产权市场交易是一种经济性的产权转让方式。企业产权的转让，从运行方式上看分成两种：(1) 非经济的方式。由行政无偿调拨、赠与等方式获得财产支配权，通过企业的行政性关、停、并、转等方式实现的财产权转让，都属于非经济性的产权转让；(2) 经济的方式。通过交换、拍卖、联合、兼并等方式获得财产支配权，属经济性的产权转让。经济性的产权转让是市场经济中公司产权运行的特征。公司的产权市场交易特点就是：产权转让以企业的市场行为来实现，它是在企业竞争中，生产要素按照市场原则进行流动，从而实现社会经济资源优化配置。

二、产权市场交易的意义

企业产权同个人产权一样，它排斥他人侵犯和无偿占有，并能通过其恰当的行使而给其所有者带来一定的收益。因此，企业产权也是一种稀缺的经济资源。在商品经济条件下，有消费品市场、生产资料市场、技术市场、房地产市场、信息市场、劳动力市场、资金市场等等，凡是成为商品的东西都有相应的市场和交易活动。产权作为生产资料、资金、技术等要素的集合体也是商品，也可以有偿转让，因此，也一样需要有赖以运行的市场。在商品经济中，产权转让市场既是一个重要的投资场所，也是生产要素自由流动、实现优化配置的基本渠道。因此，企业产权市场是社会主义市场体系的重要部分。

在商品经济条件下，众多企业在竞争中难免会出现兴旺与衰落，盈利和亏损等情况。在社会资源有限的条件下，要达到现有资源的有效配置，必须保证生产资料、资金等各种生产要素在市场上自由地流动，包括允许诸要素的整体流动。这样，通过产权的市场交易活动，落后的企业被淘汰，先进的企业通过购买产权扩大生产经营规模，从而推动企业组织结构和产业结构的合理组合，使有限的社会资源得到有效、充分的利用。

三、产权市场交易的对象

商品交换本质上就是所有权的转让，表现为所有权的让渡和所有主体的转换。卖方让渡了商品所有权，从而失去了占有权，即支配使用该商品的权利；买方则获得所有权，合法地占有该商品。可见，产权转让是一个十分古老的经济与社会行为，它是同商品交换同时产生，体现在商品交换中的所有权转让。

随着商品经济的发展，产权转让的含义扩大了，形式发展了，对象更广泛了。它不仅是一般交换中的商品所有权的转让，而且扩大到企业产权的转让。产权市场交易的对象就是企业产权。但产权是一个内含相当广泛的概念，它包括多项权能，且各项权能可以分离开来，因而产权转让的权能对象也可能不同。

产权的广泛理解就是所有权，它包括所有人对物的占有、使用、收益和处分的权利。产权的狭义理解仅指财产所有权分离出去后，对企业财产占有、使用、处分和收益的权利，即所谓的经营权。与产权的这两种含义相对应，产权转让也有两种不同的含义：（1）财产所有权在不同财产所有者之间的变换，即财产所有权的转让；（2）在财产所有权不转移或者不完全转移的情况下，财产所有权所包含的诸如占有、使用、处分和收益权利，在不同经营主体之间的转移，即经营权的转让。不同企业之间发生的以所有权为对象的产权转让，是广义的产权转让。其重要特点是被转让企业的法人资格随之丧失，如企业兼并。不同企业之间发生的以经营权为对象的产权转让，是狭义的产权转让。其特点是被转让企业的法人资格并未丧失，如企业承包企业、企业租赁企业等。

从企业产权转让的内容上看，既可以包括物质形态的资产性产权，如厂房、机器、土地、原材料等要素的转让，也可以包括企业的货币资金、债权债务、技术专利等非物质形态资产的转让。从企业产权转让的范围来看，既可以是企业整体产权转让，也可以是企业部分产权转让。(1) 企业整体产权转让，即把由固定资产、流动资产以及无形资产等各种要素组合起来的企业，作为一个整体进行转让；(2) 企业部分产权转让，是仅以企业产权的一部分为客体的转让，如闲置的机器设备、某些工业发明权、商标权的转让，以及企业股份和债券的出售等。

四、产权市场交易的形式

产权市场交易的形式是指产权的转移和让渡的经济活动方式，通常包括兼并、拍卖、合并、出售、技术转让、租赁等资产处置方式。

1. 兼并。兼并是指在两个或两个以上的公司合并过程中，其中一个公司因吸收了其他公司而成为存续公司，而其他公司则在消失原有法人资格后，归入存续公司的合并方式。兼并是一种所有权意义上的产权转让形式。兼并往往是在被吸收公司本身已陷入重重困境难以自拔，与此同时又有雄心勃勃想要发展自身的公司存在的情况下发生的。

2. 合并。公司合并是两个或两个以上的公司，依据法律规定或合同约定，合并为一个公司的法律行为。公司合并的形式主要有吸收合并和新设合并。(1) 吸收合并，即兼并；(2) 新设合并是指在合并过程中，参加合并的所有公司都消失原有的法人资格，而后形成一个新的法人实体，也即参与合并的所有公司没有一个存续。新设公司接管原来几个公司的全部财产和业务及原公司的债务，并发行新股份给原公司，原公司将所得股份再分给各股东，然后宣布解散。

兼并与合并的区别在于：兼并是合并的一种吸收合并方式。兼并与新设合并的区别在于：兼并就是一方吃掉另一方，一方的法人主体资格继续存在，另一方的法人主体资格消失。而新设合并则是以两个或两个以上公司的法人主体资格因合并同时消失，不存在谁吃掉谁的问题。

公司合并的目的在于避免同行业公司间的相互竞争，加强不同行业、但在业务上相关公司间的协作关系，并独占市场或节省有关费用等。公司的合并可以是纵向的，也可以是横向的。

公司合并的程序大致有五个步骤：

(1) 一般是缔结联合或合并契约。该契约应包括合并的各公司的名称及所在地；合并后存续的或新设公司的名称及所在地；合并各方的资产状况及其处理办法；合并各方债权、债务处理的办法；合并后存续或新设公司应发行股份的总额、种类和数量；合并各方认为需要载明的其他事项。

(2) 股东大会批准合并契约。

(3) 结算资产负债。

(4) 通告债权人。在法定期限内，债权人可以对合并提出异议。对提出异议的债权人，公司应提供偿债担保或清偿债务，未提出异议的则被认为是承认合并的。

(5) 申请登记。公司在缔结合并契约后，应于法定期限内持必须的文件向有关主管部门申请变更、解散或设立登记，并进行公告。

3. 租赁。是指一个公司出租其全部或部分资产，以租赁契约方式控制另一个公司。承租公司按契约按期支付定额租金，出租资产的公司按契约收取定额租金，并保持其独立地位。这种产权转让方式的特点是：一方对另一方支付租金，以取得一定时期内对另一方资产的使用权，因此这是经营意义上的产权转让。租借企业以支付租金和归还资产为条件，取得一定时期内使用资产的权利，称为承租人；资产所有人通过租赁契约在一定时期内放弃其资产的控制权和使用权，称为出租人。

4. 拍卖。产权拍卖是指产权拥有者和需要者双方通过公开买卖形式，使产权由拥有者向需要者转移的一种产权转让形式。这种产权转让的特点是采用拍卖的交易方式进行产权的市场交易，因此必须遵循拍卖的一般交易规则。

通常意义上的拍卖是指：由专门从事拍卖的机构即拍卖行，在一定的时间和地点，按照一定的章程和规则，由买主以公开叫价竞购的方法，将现货出售给出价最高的买主的一种交易方式。作为一种特殊的交易方式，拍卖程序与一般交易程序有所不同。拍卖的交易过程大致如下：参加拍卖的卖方首先应把商品运到拍卖地点，委托拍卖行拍卖。拍卖行接受拍卖后，发出拍卖广告，说明拍卖商品的情况，拍卖日期、地点和拍卖条件等事项。正式拍卖在预定的时间和地点进行，首先由拍卖人宣布约定的最低价格，然后由竞买人相互竞争加码，直到没有任何竞买人再加码时，拍卖人以击槌表示拍卖成立。此后买主开立购买确认书，并按规定付款，凭提货单在规定时间内提货。

产权拍卖和兼并的区别主要在于：

（1）在兼并过程中，兼并企业通常只是一个企业；而拍卖的购买主体可以是多个企业。

（2）产权拍卖成交价是在购买者的竞买过程中形成的，通常围绕资产评估底价上下浮动；而被兼并企业的成交价是商议形成的，一经协商成交一般不予变动。

（3）公司兼并是兼并公司的全部产权，而被拍卖的产权，可以是全部产权，也可以是部分产权。

第五章
现代公司治理结构

有效的公司治理是现代企业制度建设的核心，是我国微观经济领域最重要的制度建设。公司发展历史已经证明，建立良好的公司治理结构是树立市场信心，鼓励更加稳定的长期国内外投资的重要手段，是搞好公司管理的前提。

第一节　公司治理结构的内涵

公司治理或公司治理结构的概念，最初是从国外引进的，相应的英文词叫“Corporate Governance”，国内经济学界通常将其译成“公司治理结构”。公司治理结构是公司制的核心，各个国家都极为重视，以发达国家为主体组成的经济合作与发展组织，简称为经合组织，其成员国市场经济较成熟，公司治理经验较丰富。经合组织理事会认为，广义的公司治理结构是一种据以对工商业公司进行管理和控制的体系。它明确规定了公司的各个参与者的责任和权利分布，诸如，董事会、经理层、股东及其他利害相关者。并且清楚地说明了决策公司事务时所应遵循的规则和程序。同时，它还提供了一种结构，使之用以设置公司目标，也提供了达到这些目标和监控运营的手段。狭义的公司治理结构可以看作公司内部界定和调节股东及管理层关系的一套规则和机构，主要是股东大会、董事会、经理层及界定他们相互关系的一套运行规则。

对于公司治理结构的内涵，国内外的经济学家有诸多不同的理解。由于研究的视角不同，他们概括的概念也不一样，较有代表性的有三种，下面作概括性介绍。

1. 强调公司治理结构的相互制衡作用。吴敬琏认为，所谓公司治理结构，是指由所有者、董事会和高级执行人员即高级经理人员三者组成的一种组织机构。在这种结构中，上述三者之间形成一定的制衡关系。通过这一结构，所有者将自己的资产交由董事会托管；公司董事会是公司的最高决策机构，拥有对高级经理人员的聘用、奖惩以及解雇权；高级经理人员受雇于董事会，组成在董事会领导下的执行机构，在董事会授权范围内经营企业。在公司治理结构中，股东及股东大会与董事会之间、董事会与高层执行官之间存在着性质不同的关系，要完善公司治理结构，就要明确划分股东、董事会、经理人员各自的权力、责任和利益，从而形成三者之间的制衡关系。

2. 强调企业所有权或企业的所有者在公司治理中的主导作用。张维迎认为，狭义公司治理结构是指有关董事会的功能、结构、股东的权利等方面的制度安排。广义的公司治理结构是指有关公司控制权和剩余索取权的一整套法律、文化和制度性安排，这些安排决定公司的目标，谁在什么状态度下实施控制，如何控制，风险和收益如何在不同企业成员之间分配这样一些问题。因此，广义的公司治理结构与企业所有权安排几乎是同一个意思，或者更准确地讲，公司治理结构只是企业所有权安排的具体化，企业所有权是公司治理结构的一个抽象概括。

3. 强调市场机制在公司治理中的决定性作用。林毅夫认为，所谓的公司治理结构，是指所有者对一个经营管理和绩效进行监督和控制的一整套制度安排。公司治理结构中最基本的成分是通过竞争的市场所实现的间接控制或外部治理。

虽然在现实中不存在普遍适用的最优的公司治理结构，但是作为一种理论抽象，范福林认为，理想状态下的公司治理结构应是在产权明晰的基础上形成责权明确、相互制衡、相互协调、相辅相成的关系。这种关系的具体体现就是股东大会、董事会、监事会和经理在分工明确、责权清楚的基础上各司其职、各负其责、各展其能，股东大会行使公司最高权力；董事会行使经营决策权；监事会行使监督权；董事会、监事会共同对股东大会负责；经理行使执行权并对董事会负责。

第二节　公司治理结构原则

世界各国对公司治理问题都极为重视，都注意在总结实践经验的基础上进行理论概括。经合组织为了完善其成员国公司治理结构，成立了制定《公司治理结构原则》专门委员会。这个专门委员会由经合组织副秘书长 Joanna R. Shelton 领导，其成员包括来自经合组织各成员国的代表，以及有关国际组织，如世界银行、国际货币基金组织、国际清算银行、国际证券业协会等的代表，还有来自公司界、投资界和工会的代表。工作期间，专门委员会还向私人部门，非经合组织国家作了咨询。另外，《公司治理结构原则》草案，还通过经合组织的网址征集意见，广泛展开评论。然后，经合组织理事会通过了《公司治理结构原则》，把这个原则作为各成员国政府部门制定有关公司治理结构的法律和监督制度的参考，同时也为证券交易所、投资者、公司和有关参与者提供指导。《公司治理结构原则》包括公司治理结构的五个方面：(1) 股东权利。(2) 对股东的平等待遇。(3) 利害相关者在公司治理结构中的作用。(4) 信息披露和透明度。(5) 董事会的责任。

下面根据邓恒翻译的经合组织《公司治理结构原则的注释》，就上述五个方面作出解释。

一、股东权利

保护股东权利，这是设计公司治理结构应遵循的基本原则。因为实际上公司不是由股东投票进行管理的。控股实体由个人和机构组成，他们的利益、目标、投资金额和管理能力各不相同。更重要的是，公司经理层必须能够迅速作出商业决策。鉴于这些实际情况以及在迅速运行和变化的市场中公司事务管理的复杂性，股东不会被授予经营公司业务的责任，公司战略和日常运作的责任一般由董事会和由董事会聘任的经理承担。在所有权和经营权分离的情况下，必须保护股东的权利。保护股东权利较为有效的方法是通过立法，用法律来保护股东的利益。股东的权利主要有：

1. 股东基本权利。包括：(1) 稳妥可靠的所有权登记办法；(2) 可以转让和转移自己的股份；(3) 及时、定期地获得公司有关信息；(4) 出席股东大会并投票；(5) 选举董事会成员；(6) 参与公司利润分红。

2. 股东有权参与并充分了解有关公司重大变化的决定。主要有：(1) 公司规章或章程，以及类似的治理文件的修改；(2) 增资扩股的授权；(3) 最终将导致公司出售的特殊交易。

3. 股东应有机会有效参与股东大会并投票，应了解股东大会的议事规则。主要有：(1) 应及时向股东提供充分的信息，以便他们了解股东大会的开会时间、地点和议程，也应完整而及时地提供将在大会上作出决议事项的有关信息。(2) 股东应有向董事会提问，以及把问题提上大会议程的机会，对这种机会可以有合理限制。(3) 股东应当能够亲自投票或缺席投票，二者具有同等效力。

4. 如果资本结构和安排会使某些股东获得的控制权与他们的资产所有权不成比例，应予以披露。主要有下面三种情况：

(1) 有些资本结构允许股东对公司实行的控制权与他们在公司拥有的股份不成比例，金字塔式的结构和交叉持股方式可用来削弱非控股股东影响公司政策的能力。(2) 除了所有权的关系，其他措施也能影响对公司的控制。股东协议是某团体股东通常采用的方式，他们每个人在总股份中拥有相对少的一部分，但他们行动一致，从而构成有效的大多数，或至少是单个最大的股东集团。股东协议通常给协议参与者以优先权，当协议其他方想出售股票时，他们有购买优先权。该协议也有条例要求那些协议接受方在某段时间内不得出售股票。股东协议可能涉及怎样选举董事会或主席的问题，协议也要求协议成员必须作为一个整体进行投票。(3) 不管股东实际拥有多少股，票数封顶限制了一个股东可以投票的最大份数。因而票数封顶对控制权进行了重新分配，可能对刺激股东参与大会产生影响。由于上述机制能够重新分配股东对公司政策的影响力，股东们有理由要求所有这些资本结构和安排公之于众。

5. 应允许公司控制权市场以一种有效而透明的方式运作。要求做到：(1) 在资本市场上公司控股收购的规则和程序、公司合并和大部分资产的出售等特殊交易，应予以明确说明和披露，使投资者了解他们的权利和追索权。交易价格应是透明的，交易应在公正条件下进行，使各种级别的股东权利受到保护。(2) 反收购策略不应被用作经理层免作说明的借口。有些国家，公司采用反收购策略。然而，投资者和股票交易所都担心广泛采用反收购策略可能严重妨碍公司控制市场的运行。有时候，反收购甚至被经理层用作反对股东监督的挡箭牌。

6. 股东，包括机构投资者，应考虑行使投票权的成本和利益。

二、对股东的平等待遇

公司治理结构框架应当确保所有股东，包括小股东和外国股东受到平等待遇。如果他们的权利受到损害，他们应有机会得到有效补偿。

投资者对他们提供的资金不会被公司经理、董事会成员或控股股东误用、挪用的信心是资本市场的一个重要因素。公司董事会、经理或控股股东可能会有机会从事一些增加他们个人利益而损害非控股股东利益的业务活动，这种业务活动应当制止。

股东们实施自己权利的方法之一是可以启用法律及管理程序反对管理层和董事会成员。经验表明，股东权利能在多大程度上得到保护，一个重要的决定性因素是是否有有效的办法使所受损害以合理的价格，及时地得到补偿。当法律体系为小股东提供这种机制，使他们在有合理证据认定其权利受到侵犯时，他们能够提起诉讼，小额投资者的信心就会得到加强。

存在的风险是这种法律体系使任何一个投资者都可以在法庭上质询公司活动，可能导致诉讼泛滥。所以许多法律体系用条例保护经理层和董事会成员不受滥用诉讼的侵犯，采用的形式是检查股东投诉数量是否足够提起诉讼。这就是所谓经理层和董事会成员行动的安全岛（例如商业审判规则），也是信息披露安全岛。最终，在允许投资者因所有权受到侵害而寻求补救和防止诉讼泛滥之间找到一种平衡，许多国家也找到了另外的审判程序，例如管理听证会或由证券监管人或其他监管机构组织的仲裁程序。至少在最初这是解决争端的有效办法。

1. 所有同级股东应享有同等待遇。主要包括三个方面：

（1）不管属于哪一个股权级别，同级股东应有同样的投票权。在购买股份之前，所有投资者应能够得到附属于所有种类股份的投票权的有关信息。投票权的任何更改应由股东投票表决。

公司最佳资本结构最好由经理层和董事会决定，但需经过股东大会的批准。有些公司发行优先股，持股人有优先享有公司利润的权利但通常没有投票权。公司也可以发行参与证或没有投票权的股票，其交易价格估计会不同于带投票权的股票交易价格。所有这些结构在分散风险和给公司带来最好利益并且低成本融资上是有效的。《公司治理结构原则》并不主张“一股一票”的原则，然而，许多机构投资者和股东协会支持这种观点。投资者在投资前应知道与他们投票权利有关的信息。一旦投资，他们的权利不会改变，除非那些控股的有投票权的股票有机会参与决策过程，改变不同级别股票的投票权的提案通常应提交股东大会，由受此提案影响的有投票权的多数股东批准通过。

(2) 投票应由监管人或被提名人以股份所有人同意的方式进行。

有些经合组织国家的习惯做法是由替投资者监管股票的金融机构行使这些股票的投票权。监管人，如银行、中介公司作为客户的提名人持有股票，有时要求他们投票支持经理层，股东另有特殊指令除外。

经合组织国家的趋势是去除那些自动许可监管机构代替股东投票的条例，有些国家最近也修改了条例，要求监管机构向股东提供信息以使他们对是否使用他们的投票权作出选择。股东可能把所有的投票权委托给监管人。另外，股东也可选择得到所有将要进行的股东投票的通知并决定投一部分票，而委托监管人投另一部分票。有必要找到一个合理的平衡，保证监管人不会在不尊重股东意见的情况下代替股东投票，同时也不会因为在投票前要得到股东批准而给监管人增加过重负担。向股东说明如果没有收到相反意见的指示，受托人将以他认为与股东利益相一致的方式投票表决，这样做就足够了。

(3) 股东大会的过程和程序应考虑使所有股东都受到平等的待遇。公司程序不应该给投票带来昂贵的费用或造成不必要的麻烦。

参加股东大会的权利被视为股东的基本权利。经理和控股投资者常寻求办法以使公司经营方向不受非控股的或外国的投资者影响。有些公司投票要交费，其他所设障碍包括禁止代理投票和要求股东亲自参加股东大会投票。还有其他程序使得实施所有权实际上成为不可能的事，代理材料的送达可能离股东大会的时间太近，投资者没有足够的时间思考和磋商。许多经合组织国家的公司正在寻求开发与股东进行交流并作出决策的更好的途径，鼓励公司尽力清除参加股东大会的人为障碍。

2. 内部人交易和滥用权力进行自我交易应当受到禁止。

滥用权力进行自我交易发生于当有人与公司有密切关系并利用这种关系，损害公司和投资者的利益的时候。因为内部人交易需要操纵资本市场，这是大多数国家证券交易规则、公司法或刑法所禁止的。然而并不是所有的立法都禁止这种行为，在某些情况下执行力度也不够，这类做法可视为对良好公司治理结构构成侵犯，也违背了所有股东享受平等待遇的原则。

《公司管理结构原则》重申投资者有理由要求禁止内部权利的滥用。当这种行为没有明文禁止或没有有效执行禁止时，政府则应采取措施弥补这些缺陷。

3. 应当要求董事和经理对自己在公司有影响的交易或事件中的任何相关利益作出披露。

这条是指这种情况，即董事和经理人员与公司有商业的、家庭的或其他特殊关系，这种关系会影响他们对交易的判断力。

三、利害相关者在公司治理结构中的作用

公司治理结构的框架应确认利害相关者的合法权利，并且鼓励公司和利害相关者在创造财富和工作机会以及为保持企业财务健全而积极地进行合作。

治理结构的一个重要方面是有关确保外部资金流入企业，寻

求鼓励企业的各种利害相关者以从事社会有效水平投资，投资于公司人力和物质资本的办法。公司的竞争力和最终成功是集体力量的结果，体现了各类资源所作出的贡献，包括投资者、雇员、债权人和供应商。公司应当认识到利害相关者的贡献是建立一个有竞争力而且盈利的公司的宝贵资源，因而在利害相关者中建立创造财富的合作是为了公司的长期利益。治理框架应确认，只有认识到利害相关者的利益以及他们对公司长期成功的贡献，才能更好地服务于公司的利益。

1. 公司治理结构的框架应保证公司利害相关者受到法律保护的权利得到尊重。

在所有经合组织国家利害相关者的权利是由法律规定的，如劳动法、商业法、合同法和破产清算法。即使在利害相关者的利益没有法律保护的领域，许多企业也向利害相关者作出附加承诺，出于对公司信誉和公司经营状况的关切，使他们的利益受到照顾。

2. 由于利害相关者的利益受到法律保护，在其权利受到侵害时，应有机会得到有效补偿。

法律框架和过程应该是透明的，不妨碍利害相关者进行信息交流，也不影响他们在权利受侵害时获得赔偿的能力。

3. 公司治理结构的框架应使利害相关者的参与有助于建立提高公司经营绩效的机制。

治理结构框架使利害相关者各自发挥不同的作用，他们在多大程度上参与公司管理应依据国家法律和惯例，不同公司之间也会有不同的利害相关者参与机制。例如，董事会的雇员代表制，雇员股票所有权计划或其他利润分配机制，或在某些重要决策上考虑利害相关者意见的管理过程。另外，还包括在破产清算过程中债权人参与管理。

4. 当利害相关者在参与公司治理过程时，应当得到有关的信息。

当法律和公司管理体系的实施为利害相关者提供了参与机会时，他们能得到履行他们的责任所需要的信息是非常重要的。

四、信息披露和透明度

治理结构框架应当保证及时准确地披露与公司有关的任何重大问题，包括财务状况、经营状况、所有权状况和公司治理状况的信息。

在许多经合组织国家，大量信息的编辑，有的是自愿的，有的是强制的，都是关于上市公司和大型未上市公司的，最终这些资料分散到范围很广的用户手中。信息的公开披露是必须的，至少每年一次，尽管有些国家要求半年一次或每季一次，在公司发生重大变化时更要频繁披露。为适应市场要求，公司会经常主动披露信息，比最低要求次数多。

一个强有力的信息披露制度是对公司进行市场监督的典型特征，是股东具有行使表决权能力的关键。那些拥有大量上市公司并且股票市场活跃的国家有经验表明，信息披露也是影响公司行为和保护投资者利益的有力工具。强有力的披露制度有助于吸引资金，维持对资本市场的信心。股东和潜在投资者需要得到定期的、可靠的、可比的、足够详细的信息，从而使他们能对经理层是否称职作出评价，并对股票的价值评估、持有和表决作出有根据的决策。信息短缺且条理不清会影响市场的运作能力，增加资本成本并导致资源配置不当。

信息披露也有助于公众了解企业组织结构和经营活动，以及公司在环境问题、商业道德、与社会关系方面的政策和绩效。这个问题在经合组织《跨国公司指南》中有论述。

信息披露不能无理增加企业的行政和成本负担，公司也不必公布可能危及其竞争地位的信息，除非这些信息的公布对投资者充分了解投资决策和避免误导投资者是必需的。为了明确哪些信息是必须公布的，许多国家使用"实质性（materiality）"这一概念。实质性信息即指如果遗漏或谎报这些信息，将影响信息使用者的经济决策。《公司治理结构原则》提倡，在定期发布报告之间，及时而全面地披露公司实质性的发展变化。《公司治理结构原则》也提倡同时将信息报告给所有股东以确保他们享受平等待遇。

1. 应当披露的重大信息主要有：

（1）公司的财务状况及经营成果。反映公司财务状况和经营业绩的财务报表（主要是资产负债表、损益表、现金流量表和财务报告说明）是最为广泛使用的信息来源。以现有的格式，披露财务报表有两个主要目的：一是实行适当的监督；另一个是为评估股票价值提供基础。经理层对经营的评述和分析主要包括在年报中，在读财务报表的同时阅读这些评述是很有帮助的，投资者对可以反映企业未来业绩的信息特别感兴趣。披露那些关系到整个集团交易的信息很重要。公司治理失败经常与不能披露"全面的情况"有关，特别是那些被用来提供担保或公司之间有类似承诺的资产负债表外项目。

（2）公司目标。除商业目标外，公司还应披露与商业道德、环境和其他公共政策有关的政策，这些信息可能对投资者更好地评估公司与其他业务往来团体之间的关系，更好地评估公司为实现其目标而采取的步骤是重要的。

（3）主要的股份所有权和投票权。投资者一个基本权利是了解企业股份所有权的构成，投资者的权利以及其他股份所有人的权利。一旦超过某一股份拥有限额，国家经常要求披露股份所有的具体数据。这包括主要大股东和控股或可能控股股东的数据，也包括有关特殊表决权、股东协议，控股股份或大宗股票拥有，重大的交叉持股关系和交叉担保关系的信息。公司也应提供相关方之间的交易信息。

(4) 董事和主要执行人员以及他们的报酬。投资者要求得到董事会成员和主要执行官员的个人信息以便评估他们的资历和资格，对可能影响他们判断的潜在利益冲突作出估价。董事会和执行官的报酬也是股东关心的事，通常要求公司应充分披露有关董事会成员和主要执行官员报酬的信息（不管是个人的还是整体的），以便投资者正确评估报酬分配的成本和利润以及奖励机制，如股票期权计划对公司业绩有多大作用。

(5) 重要可预见的风险因素。财务信息使用者和市场参与者需要得到有关合理预期重大风险的信息，包括：行业风险或地域风险；对商品的依赖；金融市场风险包括利率或汇率风险；有关衍生品和资产负债表外交易的风险以及与环保义务有关的风险。

(6) 与雇员和其他利害相关者有关的重要问题。公司应提供那些与雇员和其他利害相关者有关的，可能严重影响公司业绩的重要事件的信息，包括经理层与雇员之间的关系，与其他利害相关者，如债权人、供货商和所在社区之间的关系。

有些国家要求广泛披露人力资源信息。人力资源政策如人力资源发展规划，雇员股份持有计划，能使市场参与者从中了解到有关公司竞争力的重要信息。

(7) 治理结构和政策。公司应报告在实际工作中他们怎样运用相关的公司治理结构原则。管理结构和公司政策的披露，特别是股东、经理层和董事会成员之间权利的划分对评估公司的治理结构是很重要的。

2. 应根据高质量会计标准，金融和非金融披露及审计标准，对信息进行准备、审计和披露。

采用高质量标准可以提供更可靠、更具有可比性的报表，并更深入准确地了解公司业绩，从而大大提高投资者监督公司的能力，信息的质量有赖于编辑和披露信息的标准。《公司治理结构原则》主张开发高质量的国际认同的标准，这样就能提高国家之间信息的可比性。

3. 在准备和提交财务报表时，为提供外部和客观的保证，年审应由独立审计员进行。

许多国家考虑采取措施增强审计员的独立性，提高他们向股东们进行解说的能力。人们普遍感觉到高质量审计标准的应用和道德准则是提高审计的独立性并加强同业地位的最好办法之一。进一步的措施包括加强董事会审计委员会，增加董事会在审计机构选择过程中的责任。

经合组织国家还考虑了其他方案。有些国家对审计员从特定客户收取非审计收入的百分比加以限制，另一些国家要求公司披露支付给审计员的非审计费用的金额，另外还限制审计员从一个客户处获取报酬的总百分比。其他方案还包括由另一审计员对审计进行质量检验，禁止提供非审计服务，强制性轮流更换审计员以及由股东直接提名审计员。

4. 信息传播渠道应当使用户公正、及时、费用合理地获得有关信息。

信息传播渠道与信息内容本身一样重要。当信息披露经常由立法机关提供时，获取信息并将信息存档是很麻烦而且费用较高的。法律文件报告的存档在有些国家得到了极大促进，因为它们使用电子存档和数据补救系统（data retrieval systems）。Internet 和其他信息技术也为改善信息传播提供了机会。

五、董事会的责任

治理结构框架应确保董事会对公司的战略性指导和对管理人员的有效监督，并确保董事会对公司和股东负责。

董事会结构和程序在经合组织国家内部和国家之间也各不相

同。有些国家采取双层制，把监督职能和经营职能分离开来。这种体系一般有一个全部由非执行董事组成的“监事会（supervisory board)”和一个全部由执行人员组成的“经理理事会(management board)”。其他国家则实行“单一制（unitary)”，把执行董事和非执行董事组合在一个董事会中。《公司治理结构原则》力求普遍适用于任何一种董事会结构，只要他们具备经营企业和监督经理层的功能。

在指导公司战略的同时，董事会主要负责监督管理公司业绩，使股东得到足够的回报，同时也要防止利益冲突，平衡对公司的各种要求。为了使董事会有效地履行职责，他们必须在一定程度上独立于经理层。董事会还负有另一重要责任，即公司所实行的体制致力于确保公司遵守所适用法律，包括税收、竞争、劳工、公平机会、健康和安全法。另外，董事会应尊重并公正处理其他利害相关者的利益，包括雇员、债权人、顾客、供应商和当地社团的利益。同时还应关注环保和社会道德。

1. 董事会成员应在全面了解情况的基础上，诚实勤恳、细致地进行工作，最大限度地维护公司和股东的利益。

在有些国家，法律上要求董事会以公司的利益为准则，同时考虑股东、雇员和公众的利益。为公司的最大利益服务不应使经理层裹足不前。

2. 董事会的决议对不同股东团体可能会有不同影响，董事会应平等对待所有股东。

3. 董事会应保证与适应法律相一致，并考虑利害相关者的利益。

4. 董事会必须履行的主要职能有：

(1) 对公司战略、主要行动计划、回避风险的策略、年度预算和经营计划进行审议和指导；设定经营目标；监督目标的实施和公司经营；监管主要资本支出、收购和财产获得。

（2）挑选、替补、监督主要管理人员。在必要时，替换主要执行官员并监督职位继承计划的执行。

（3）审议主要执行官员和董事会的报酬，保证董事会提名程序的正规性和透明度。

（4）对经理层，董事会成员和股东利益之间的潜在冲突，包括公司资产的不正当使用和有关的不正当交易应进行监督和管理。

（5）保证公司会计制度和财务报告制度，包括独立审计，采用适当的控制体系，特别是风险监控、财务控制和对公司活动的合法性进行监督的体系。

（6）对治理措施的有效性进行监督，必要时进行更改。

（7）对信息披露和信息交流过程进行监督。

董事会成员的具体职能根据每一司法管辖区公司法条款，也根据每个公司的条令会各不相同。然而上面提到的因素被视为是实现治理结构的目标至关重要的因素。

5. 董事会应能够对公司事务进行独立的，特别是要独立于经理层的客观判断。

董事会结构和业务惯例因国家的不同而各有所异，这就要求对董事会独立成员的问题采取不同的办法。为了确保董事会的独立性，通常要求相当数量的董事成员不受聘于本公司，也不能与公司或管理人员有重要的经济、家庭或其他密切关系，这并不妨碍股东成为董事会成员。

独立的董事会成员能对董事会的决策作出重大贡献，对董事会和经理层的业绩作出客观评价。另外，当经理层、公司和股东在某些方面利益不一致时，比如执行官报酬、职位继承计划、公司控制权的变化、反收购计划、大规模收购以及审计职能等，他们都能发挥重要作用。

作为董事会首领的董事长在保证企业有效治理方面发挥着核

心作用，他负责董事会的有效运作。有些国家董事长由公司秘书辅佐，在单一董事会体系，主执行官和董事长职位的分离经常被作为一种确保力量适当平衡并增强说服力的方法，提高董事会独立决策的能力。

董事会应考虑选任足够数量的非执行董事，他们有能力对可能发生利益冲突的事件作出独立判断。主要责任有财务报告的制作、董事会和执行官的提名以及他们的报酬等。

当董事会全面负责财务报表，报酬和提名等事宜时，独立的非执行董事会成员能向市场参与者提供附加的保证，保证他们的利益得到保护。董事会也可能考虑建立特别委员会，专门考虑哪些地方会有潜在的利益冲突。这些委员会可能要求最低数量的执行成员，或全部成员都由非执行成员组成。

董事会成员应投入足够的时间来履行责任。人们普遍认为在太多的董事会任职会影响董事会成员的工作。公司可能会考虑过多的董事会任职是否会影响董事会的工作业绩。有些国家对担任董事会职务的数量加以限制。具体的限制倒是次要的，更重要的是确保董事会成员是合理合法并能赢得股东们的信任。

为促进董事会的工作和其成员的业务能力，有些公司发现，进行培训和自愿的自我评价，对于满足其公司需要是很有益的，有助于包括董事会成员在选拔上任时获取相应的技能，任职后仍保持对有关新法律、法规和日益变化的商业风险有清楚的了解。

6. 为完成他们的责任，董事会成员应能够及时、准确地获取相关信息。

董事会成员要求及时获得相关信息，以便作出相应的决策。非执行董事会成员得到信息的渠道通常与公司内部主要经理人员所用渠道不同。如果非执行董事会成员能与公司内部一些主要经理对话，如公司秘书和内部审计员，并能听到外部的独立意见，那么他们对公司的贡献将会更大。为履行他们的职责，董事会成员应确保他们及时、准确地得到相关信息。

经合组织制定《公司治理结构原则》的目的，是为其成员国的政府部门在评价和改善公司治理结构的法律、制度和规制框架时，提供一个参照系。它也为证券交易所、投资者、公司和有关参与者提供方向性的指导。

《公司治理结构原则》起初是针对上市公司，然而，从应用范围来看，它也是非公众公司和国有公司改善公司治理结构的有用工具。

《公司治理结构原则》是非约束性的，它不像国家法律规定那样强制执行。原则所代表的是经合组织各国所考虑的关于公司治理结构最为核心的要素，并希望根据各个国家和公司的不同环境去应用。

对于非经合组织国家来说，《公司治理结构原则》确实极具参考价值。它不仅提供了一个国际性的参考基准，也为各个国家考虑本国特殊环境，像法律和文化传统，提供了一个坚实的平台。

第三节 公司治理机构

1999 年 9 月中共十五届四中全会通过的《关于国有企业改革和发展若干重大问题的决定》在谈到对国有大中型企业实行规范的公司制改革时指出："公司法人治理结构是公司制的核心。要明确股东会、董事会、监事会和经理层的职责，形成各负其责、协调运转、有效制衡的公司法人治理结构。所有者对企业有最终控制权。董事会要维护出资人权益，对股东会负责。董事会对公司的发展目标和重大经营活动作出决策，聘任经营者，并对经营者的业绩进行考核和评价"。这些论述说明了股东和其他利益相关者对公司的治理是通过一定的治理机构进行的。这些机构包括决策机构（股东大会和董事会），监督机构（监事会）和执行机构（经理人员）等。下面对公司治理机构作些说明。

一、股东大会

股东大会是依照公司法和公司章程规定，由全体股东组成的，决定公司重大问题的最高权力机构，是股东表达其意志、利益和要求的工具。股东大会是针对股份有限公司而言的，对于有限责任公司来说，由全体股东组成的最高权力机构称为股东会。

1. 股东大会的种类。从各国公司法来看，股东大会主要有以下四种：

（1）股东普通年会。这是指公司一年一次必须召开的股东大会。在此次会议上，讨论决定按公司章程规定的，应由普通年会处理的重大事务。普通年会一般由董事会组织召开。通常由公司法对两个年会之间的间隔期限作出具体规定。如果公司超过一定的期限仍不召开股东大会，有管辖权的法院有权根据任何股东的请示责令公司举行年会。

（2）特别股东会议。这是指在两次年会之间不定期召开的决定公司重大决策问题的股东会议。通常可以采用如下三种方法召开股东特别会议：一是董事会集体通过决议，或董事会签署同意书后由董事会召开；二是由法定的持有一定数量股票的股东召开；三是有管辖权的法院，根据自己的动议或任何一个董事，或有表决权的股东的申请，视情况发布命令，强行要求公司按其认为适当的方式召开股东大会。

（3）法定股东会议。这是指法律明确规定必须召开的股东会议。这类会议只在英国的公司法中有所规定。规定要求股份有限公司有权在正式开业之日起 1～3 个月内，必须召开法定会议，以便在尽可能早的时间内，使公司的股东们能清楚地了解这个新建公司的所有重要情况。

(4) 类别股东会议。这是指在公司的股票分成若干类别的情况下，以及在各类别股票的权益需要变更的情况下，属于同一类别的股东们召开的股东会议。此类会议的程序与普通年会几乎一致。由出席会议的法定人数的多数通过的决议，才对该类别全体股东有效。

2. 股东大会的召集。股东大会必须有一定的机构正式召集召开。无召集权的机构召开的股东大会是不合法的，其决议无效。按股东召集者的不同有如下类别：由董事会召集的股东大会；由少数股东召集的股东大会；由监事会召集的股东大会；由上级主管机关或有管辖权的法院等机构召集的股东大会。股东大会召集权的划分和归属，由公司法和公司章程加以具体规定。

3. 股东大会的通知。召开股东大会的通知必须采取书面形式。通知书必须在股东大会召开前的充分时间内，递送给每个在册的有表决权的股东。通知必须依照公司章程的规定发出，其内容一般要写明召开大会的地点、日期和确切时间。如果是特殊会议，还应写明该特殊会议的目的以及会议的主要内容。

4. 股东大会的法定人数。参加股东大会的股东，必须达到法定人数，才能视为合法，通过的决议才能生效。股东大会的法定人数在法律规定的范围内，由公司章程或公司内部细则具体规定。对于不同的公司和不同类型的股东大会，法定人数也各不相同。

5. 股东大会主席，大会主席一般由董事长担任。如果董事长未出席或不愿担任，则可从董事中选一人担任。若董事都不愿当选为主席，则由大会从参加股东大会的股东中选举产生。大会主席的主要职责是：维持大会秩序；掌握会议进程；组织会议对各类决议草案进行讨论，并分别进行表决。

6. 股东大会记录。股东大会的一切记录经大会主席签名，便成为会议的证据，应予以保存。在有相反的证据以前，应该认为大会已经召开，其决议均为有效。各股东都应得到这种记录的复本。

7. 表决信托。任何数量的股东都可以成立一个表决信托，其目的是把表决权或代表其股份的权利，授予一个或数个受托人。所谓表决信托人，就是为股东实现表决权的代理人，股份有限公司可以任命一人以上的表决信托人，有限责任公司只能任命一个表决信托人。他们在会上只有表决权，而无发言权。

8. 股东大会的表决方式。股东对公司可以实施一定程度的控制，通常的做法是在股东大会上进行表决，或在没有开会的情况下以签署书面同意的方式实现的。股东们以什么方式来进行表决，构成了股东对公司行使控制权的关键。根据美国公司法规定，股东大会的表决方式主要有以下四种：

（1）直接投票。在直接投票中，每股对公司的每项决议只有一个表决权。这种投票方式，往往造成明显的多数股压倒少数股的现象，无法保护少数股权持有者的利益，尤其是只拥有少数股权的股东将无法选出一个董事代表其特殊利益。

（2）分类投票。分类投票是指为了达到其特定目的，由各类别股作为独立单位进行投票的一种方式。实行分类投票的前提是，公司发行在外的股票是分成类别的，采取这种投票方式通过一项决议，必须得到“双重”多数的同意，即不仅要得到出席股东大会的多数股权持有者的同意，而且还要得到各类别股中各自多数股权持有者的同意。这种投票形式是一种保护少数股权持有者利益的形式。

（3）偶尔投票。偶尔投票是指公司股票在分成两个以上类别的条件下，当发生公司章程规定的偶发事件时，上述股票具有特定的投票权利，一旦公司的偶发事件获得解决，这类股票就又回复到原有状态的一种表决方式。

(4) 不按比例投票。不按比例投票是指公司发行在外的股票，分成两个以上类别股的条件下，某一类别股票有比其他类别的股票更多或更少的表决权。这种投票方式比较多地发生在大型跨国公司中。

究竟各个公司在何种情况下应用何种表决方式，是简单多数通过还是2/3多数通过，除了公司法中有限制的以外，都由公司章程或公司内部细则加以规定。

9. 股东大会的权限。股东大会的权限一般包括：

(1) 听取并审议董事会、监事会的工作报告。

(2) 审议并决定分配股息、红利和弥补亏损的方案。

(3) 决定公司增加或减少资本。

(4) 决定公司债券的发行。

(5) 对公司的分立、合并、终止和清算等作出决议。

(6) 选举或罢免董事会成员，按规定选举和罢免监事会成员。

(7) 修订公司章程。

(8) 对公司其他重要事项作出决议。

10. 股东大会决议。股东提交股东大会讨论的问题，一般都以决议草案的形式提出。大会主席和任何其他股东，可以向会议提交各种决议草案，以便进行公开讨论。决议草案经过讨论后，主席将它提交大会表决。主席首先向大会作出说明，表明该决议草案是由谁提出的，然后要求表决。表决结果当场公布。因此，股东们当场便可知道决议是否通过。如果通过的决议与公司章程或与公司内部细则相违背，则决议无效，除非再依法修改章程或细则。有的重要决议必须得到法院的认可方能生效。

二、董事会

对于拥有众多股东的公司来说，不可能通过所有股东的定期会议决定如何经营和管理。因此，股东需要推选出能够代表自己利益的、有能力而且值得信赖的少数代表，组成一个小型的机构来管理公司，这就是董事会。董事会是由股东代表大会选举的代表股东利益的负责公司经营管理的决策机构。在股东大会闭会期间，它是公司的最高决策机构，是公司的法定代表。除股东大会拥有或授予其他机构拥有的权力以外，公司的业务活动必须由董事会议来决定，任何一个董事都无权决定公司的事务，除非董事会授权他这样做。董事会对内管理公司事务，对外以公司名义进行活动。

1. 董事会的设置。依照法律规定公司必须设置董事会。从世界各国的公司法来看，股份有限公司的管理机构设置有两种：一种是单轨制，即公司只设立董事会作为惟一的管理机构；一种是双轨制，是指公司同时设立董事会和监事会，共同管理公司业务。

2. 董事会的职权。董事会由股东大会选出，代表全体股东的利益，负责制定或审定公司的战略性决策，并检查其执行情况。其主要职权是：召开股东大会，执行股东大会的决议；制定公司经营目标、重大方针和管理原则；挑选、聘任和监督经理人员，并决定经理人员的报酬与奖惩；协调公司与股东、管理部门与股东之间的关系；提出盈利分配方案供股东大会审议。

董事会的职权受到下列三个方面的限制：(1) 董事会作为公司的法定代表，不得从事与公司业务无关的活动；(2) 董事会不得超出股东授予他们的权限范围行事；(3) 股东大会决议如果和董事会的决议发生冲突，应以股东大会的决议为准，股东大会有权否定董事会决议以致改选董事会。

3. 董事会的义务。董事会主要有以下义务：备置章程及各项簿册的义务；向股东大会报告的义务；申请宣告破产的义务；通知公告公司解散的义务；召集股东大会的义务；申请主管机关审核的义务等。

4. 董事会的人数。公司一般不对董事会的人数作出具体规定，一般只规定最低人数和最高人数，而具体人数则由公司章程或公司内部细则加以规定。为了减少董事会内出现僵局的机会，董事的数目往往规定为奇数。

董事从其来源看，可分为内部董事和外部董事。内部董事是指在本公司任职的董事，往往是公司的高级经理人员。外部董事是指在外单位任职而与本公司没有直接利益关系的董事。

内部董事一般具有双重身份，他们既以经理人员的身份进行执行机构的工作又以董事的身份进行决策机构的工作。如此时间一长，就容易混淆并降低两种职能的效率。所以，经理人员（除总经理外）一旦进入董事会，就应尽可能解除原有的具体经营职责，把主要精力放在制定政策、检查监督等董事应尽的职责上。

外部董事一般来自其他公司、银行等实际工作部门，也有的来自大学、科研单位，但外部董事不能是与本公司同一部门中竞争性公司的高级管理人员。让外部董事参加董事会，可以扩大意见和建议的来源，尽可能全面地考虑问题，以免决策失误。因此，对外部董事的一个最重要的要求是，具有善于提出问题的敏锐洞察力。

5. 董事长。董事会作为一个合议制机构，需要有一个主席来召集、主持会议。董事会的职责范围很广，工作量大，需要有一个人来组织协调董事们的工作。董事会闭会期间的日常工作，也需要有人负责。因此，董事会应设立董事长，并由董事长负责以上各项工作的进行。董事长是公司法定代表人，一般由资历较深、德高望重、经验丰富的董事担任，其主要工作是把握公司的发展方向，带领董事会制定公司的重大政策和战略。

6. 董事会的执行委员及其他专门委员会。在董事会下面又可以设立执行委员会或其他专门委员会。一般由董事会全体成员的多数通过决议，指定几位董事组成一个执行委员会，并可以根据需要设立财务、审计、科技、情报、生产与销售等专门委员会。这些委员会由专门的董事负责，以便定期或不定期地给董事会提供必要的专业知识和各种咨询意见，充当董事会进行决策时的参谋和顾问。委员会的活动不能干扰公司的日常管理业务，也不受管理人员的干扰和影响。委员会的人数不宜过多，以董事为主，可以吸收少量非董事参加。一名董事可以参加若干个委员会。

负责领导各委员会的董事，往往被称为常务董事。所谓常务董事，是指把全部时间和精力用于公司的业务或该公司的一个子公司业务的董事。

各委员会都是董事会的附属机构而不是决策机构，决策权集中在董事会，但各个委员会在董事会决议、公司章程或内部细则规定的范围内，可以行使董事会的一些职权。

在董事会下，比较常见的委员会有：

(1) 执行委员会，又称常务委员会。它是委员会中最重要，也是权力最大的一个，在董事会闭会期间代行董事会的职权，是公司实际上的最高领导核心。其主要任务是决定和审议公司政策，一般为3～5人，其成员通常由正副董事长、总经理、经营管理部门和行政管理部门的副总经理组成，由董事长兼任主席。

(2) 财务委员会。它的职能是代表董事会对公司财务活动作出深入细致的分析，确定财务政策，监督检查公司各部门的工作绩效，协调公司各部门的财务活动，争取最大利润；对公司的决算进行审查，负责制定股息分配方案。它与执行委员会同处于公司管理层次的最高地位。有的公司不单独设置这个委员会，而是由执行委员来承担其职责；或把它作为一个政策研究小组，附属在执行委员会名下。

(3) 审计委员会。一般由外部董事组成。作为一种成功的管理形式，几乎所有的公司都设立这一委员会。其主要工作是：审查审计组织（会计师事务所、审计事务所）的业务能力和参与选定合格的审计组织；审计前与审计组织就审计的范围及程序进行协商讨论；复查研究审计结果，并提出有关建议。另外它还有责任监督、审查公司内部的财务活动，保证董事会得到可靠的资料等职能。

（4）管理发展委员会，也称公司发展委员会。其主要职责是通过定期的经常性研究，贯彻执行正确的管理发展计划。保证公司拥有胜任干练的最高管理集团，确保各级领导的稳定和过渡。为此，该委员会要协助董事会评价副总经理、各子公司、各职能部门的主要负责人的工作表现。在吸收和选拔新董事、新经理时，委员会要确定标准，了解这些人员的兴趣、经历、能力和学识，加以研究并提交董事会审议。

（5）人事任免委员会。它负责公司高级领导候选人员的提名。

此外，有的公司还设立公共政策委员会、利益协调委员会、技术委员会和薪酬委员会等。

7. 董事会会议。董事会拥有对公司业务的领导权和决策权。这些权力的行使，是由董事会这个集体来实现的。董事只能够在董事会会议上以通过决议的方式来实现自己的权力。因此，董事会会议就成为董事会实施对公司领导权和决策权的关键。

（1）董事会的筹组会议。董事会筹组会议又称初始董事会议。在公司设立后，由公司章程规定的董事应召开筹组会议，其主要内容有：通过公司内部细则；任免职员；认可或处理公司成立前的业务活动。

（2）董事会会议的分类。董事会会议分为普通会议和特殊会议。普通会议是定期召开的会议，召开会议的时间在公司内部细则中予以规定。特殊会议则是董事认为必要时召开的会议，公司法往往对其召开的程序作出规定。

(3) 董事会会议的通知。在召开董事会会议之前，必须给全体董事发出会议通知，这主要是指特殊会议。经全体董事同意，召集普通会议的各种手续可以从简。通知上只需注明会议召开的时间和地点。

(4) 董事会的法定人数。其法定人数是指由法律规定的参加董事会会议的最低董事人数。规定法定人数的意义在于：参加董事会会议的董事人数只有符合法定人数，会议才属合法；由出席会议的董事中的多数通过的决议，应视为整个董事会的决议，采取的行动应作为整个董事会的集体行动，因而对公司具有约束力。法定人数并不是法定多数，法定人数可以低于简单多数，但不得少于公司董事总数的1/3。法定人数具体为多少，由公司法、公司章程和公司内部细则作出具体规定。

(5) 董事会会议上的表决。董事在董事会会议上表决时，每人一票，不得委托别人投票，但可以弃权，也可以不出席会议。董事会在通过决议时，只需出席会议的董事的简单多数同意就有效。在投票时，万一出现僵局，董事长往往有权行使裁定权，即进行决定性的投票。

公司内部细则一般规定，禁止与决议有利害关系（不管是直接的还是间接的利害关系）的董事，参与对该决议的投票表决，但该董事有权获得会议通知，有权参加会议并就要作出决议的问题进行发言。

(6) 董事会会议的形式。董事会会议可以在会议室内进行，也可以采取电话会议或电视会议的形式。此外，董事会还可以在不召集会议的情况下，采取集体行动。只要注明将被采取的行动的书面同意书经全体董事签署，该书面同意书就与合法的董事会会议上的表决结果一样具有同等的效力。通过电报电传方法签字也可生效。

(7) 董事会会议的记录。必须对董事会会议的进程和实质性内容作出记录。会议记录一旦被会议主席签署，就作为会议已经召开、记录在案的决议已被通过的证明。会议记录应公开，随时接受董事的审阅和检查。

三、公司监督机构

(一) 公司监督机构的成立

公司的决策权和管理权大部分集中在董事会成员和经理人员等少数人手中，这是提高公司经营管理效率的需要。为了防止他们滥用权力，违反法律和公司章程，损害公司所有者的利益，所有者即股东要对他们的活动及其组织的公司业务活动进行检查和监督，这种监督权由公司的监督机构来执行。要理解公司监督机构，需把握以下几点：

1. 监督机构由若干个监察人员组成，一般称为监察委员会(或称监事会)。监督的主体是监事。由于监督的主体不同，可以把它同来自其他方面对公司的监督区别开来。例如，公司有来自主管机关的监督，这种监督分事前监督和事后监督两个阶段：(1) 事前监督主要指公司登记注册时主管机关对它的监督、检查，凡发现违反法令者或不合程序者，不予登记。(2) 事后监督指公司设立以后的监督，审查各种财务报表，派人检查公司的业务和财务状况，如有违法情况依法处理。此外，公司还有来自消费者等方面的监督。

2. 监督机构的基本职能是监督公司的一切经营活动。由于其职能不同，就可以把它同公司的其他组织机构区分开来。董事会负责公司的重大经营决策，总经理全面负责公司的日常业务活动。因此，为了完成其监督职能，监事会成员就得参加董事会会议，以便了解决策情况。同时他们又要进行业务活动的全面监督。

3. 监督机构是受股东大会委托进行监督的，其目的是为了抑制公司管理人员的违法行为，直接保护所有者利益。由于监督的目的和层次不同，可把监督机构的监督职能同经营管理机构本身具有的监督职能区别开来。即尽管两者最终目的相同，都是为了所有者的利益，但两者的直接目的却处于不同的层次上。董事会执行机构的监督是为了监督其决策是否被贯彻执行以及经理人员能否胜任；监督机构对业务活动的监督是为了检验决策是否正确，发现偏差，以便及时纠正。

4. 无论是监督的主体、客体如何不同，要使监督达到客观、公正，就要求监督者站在公正的立场上，不受任何私人的感情因素影响。要做到这一点，就得使监督独立，也就是使监督主体不受监督客体的影响，尽可能使两者不发生利害关系上的联系。在公司中，就要求董事和经理人员不能担任监事职务，除非他们解除原来的职务。同样，监事也不能兼任公司的经营管理工作，除非他们脱离原来的工作。

5. 监督机构必须与决策机构、执行机构分开。因为监督机构履行监督权的职能，而只有将监督权同决策机构和执行机构履行的决策权和执行权分开，才能使公司形成自我激励、自我约束的机制。

6. 监督机构实行集体监督。只有实行集体监督，才能保证监督的公正性。

7. 监事实行任期制，以保证监督的连续性。任期长短与董事会的任期一致。

8. 监督机构的组成。监督机构一般由两部分人组成：一是股东代表；二是公司内部职工代表。

（二）监督机构的形式及其成员的选任

公司监督机构的具体形式，各国的做法不一样。日本公司的监督机构是由一个或数个监察人组成。英国公司的监督机构是由查账员组成，其职能是审核管理部门提交给股东大会的财务报表。在美国的公司中，一般没有独立的监督工作机构，但董事会内部的一个工作机构——审计委员会负责监督和委托审计的职能。

为了更好地完成监督职能，对公司经营管理活动的监督应该是全面的。不仅要进行会计监督，而且要进行业务监督；不仅要有事后监督，而且要有事前监督（即计划、决策时的监督）。同时，单靠一个人是无法完成这项监督任务的，个人监督也易出现漏洞。因此，以数人组成的监察委员会是较适当的形式。在这个机构中，每个成员具有同等的权利，但职责上有所分工。

关于监事的资格，各国的做法也不一样。在日本，对监察人资格没有限制，但会计监察人必须是公认的会计师或监察法人。在英国，查账员的惟一资格要求，是他们必须是公认的注册会计师或是被贸易部承认的会计师协会的成员。

对于监事的选任，既要求他们具有一定的资格，更应该重视他们的素质。为了做到监督独立，保证监事站在公正的立场上，不受经营管理机构的影响，监督机构成员不是由管理机构选任，而是由股东大会直接选举产生，并且对股东大会负责。

（三）监督机构的职权

监督机构要根据国家法律和公司章程来行使监督任务，其职权由公司章程规定，具体职权由股东大会来规定。

1. 业务监督。监督机构对经营管理机构的业务监督包括如下方面：

（1）参加董事会会议，并可申述自己的意见，但无表决权。

（2）通知经营管理机构停止其违法行为。当董事或经理人员执行业务时违反法律、公司章程，以及从事登记营业范围之外的业务时，监事有权通知他们停止其行为。

（3）随时调查公司的业务和财务状况，审查账册文件并有权要求董事会向其提供情况。

（4）审核董事会编制的提交给股东大会的各种报表，并把审核意见向股东大会报告。

（5）当监察委员会认为有必要时，一般是大公司出现重大问题时，可以召集股东大会。

2. 代表公司之权。代表公司之权一般归属于经营管理机构，但在以下情况下，监督机构有代表公司之权。

（1）当公司与董事间发生诉讼时，除法律另有规定外，由监督机构代表公司作为诉讼一方处理有关法律事宜。

（2）当董事为自己或他人与本公司有交涉时，由监督机构代表公司与董事进行交涉。

（3）当监事调查公司业务及财务状况、审核账册报表时，代表公司委托律师、会计师或监督法人。

四、经理人员

经理人员是指公司中具体掌管和处理公司事务，对外可以在董事会授权范围内代理或代表公司进行商业活动的公司职员。经理的设置由公司章程规定。在有数名经理时，应有一人为总经理，这时经理只是负责某一项业务或某一部门的工作，总经理负责公司的全部业务活动。经理是由公司董事会聘任的职业经营管理者，他们不是政府官员，没有行政级别，有的可能会成为企业家，但不一定都是企业家。

经理一般只能由具有权力能力和行为能力的自然人担任。法律一般不禁止董事兼任经理，但监事、审计人员不得同时担任经理。经理一般不兼任董事长，但在某些情况下也可以兼任，即在董事长缺席或失去行为能力的情况下，经理具有董事长所拥有的一切权力，并履行董事长的一切职责。

经理不实行任期制，公司经营得好，经理可一直干下去，如果公司经营得不好，公司可随时解除经理的职务。因此，不实行任期制，有利于激励经理始终如一地为公司尽力，避免其短期行为。

1. 经理的职权。经理在董事会的授权下，执行董事会的战略决策，实现董事会制定的经营目标。经理一般有以下职权：

（1）执行董事会的决议。

（2）主持公司的日常经营和管理活动。

（3）拟订公司发展规划、年度生产经营计划、年度财务预算方案、股利分配方案及弥补亏损方案。

（4）经董事会授权，对外代表公司签订合同及处理重要业务。

（5）定期向董事会报告业务情况。

（6）行使公司章程规定的，以及董事会授予的其他职权。

经理在董事会授权范围内有独立的指挥权和组织权。但经理与董事会之间是委托代理关系，不是一般意义上的领导与被领导关系。经理与副经理、部门经理之间的关系才是领导与被领导的关系（包括人事任免权和奖惩权）。

2. 经理的义务。公司经理主要有以下义务：

（1）基于聘任关系而产生的义务。包括不得逾越权限的义务等。

（2）竞业禁止义务。即经理人员不得为自己或他人进行属于公司营业范围内的行为，并且不得兼任其他与本公司有竞争关系的公司、企业的经理或董事。但是，如果向董事会说明其行为的重要性以及对本公司的有利之处，经许可后，则可以解除竞业禁止的限制。

（3）其他义务。即经理承担的公司会计表册签名盖章的义务。

3. 经理的责任。公司经理主要有以下责任:

(1) 对公司责任。经理在行使职权的过程中,必须严格遵守法令、章程、股东大会和董事会决议的规定。如违反这些规定给公司造成损失,须对公司承担赔偿责任。

(2) 对第三者的责任。经理在执行公司业务中,如因违法而使他人受到损害时,对他人应与公司负连带赔偿责任。

4. 经理的任免。在股份有限公司中,董事会以决议的形式,可以在任何时候免除经理(包括总经理和副总经理)的职务。在有限责任公司中,经理的任免由股东会议决定。在有些情况下,法院也有权免除各类经理人员的职务。如果上述免除不公正,经理可以向法院起诉,要求公司赔偿由此而引起的各种损失。但经理因违反法律、公司章程或公司内部细则的规定、董事会的决议或因本人的失职而造成的经济损失,要以自己的财产给予赔偿。

第四节 公司治理结构模式的国际比较

划分公司治理结构模式的主要依据是所有权与控制权的表现形式。传统的公司治理理论将公司的主要治理模式归纳为英美模式、德国模式和日本模式三种。在不同的公司治理模式下,董事会可以分为三种类型:英美的单层董事会;德国的双层董事会;日本的董事会、监事会并存的模式,如图 5—1 所示。

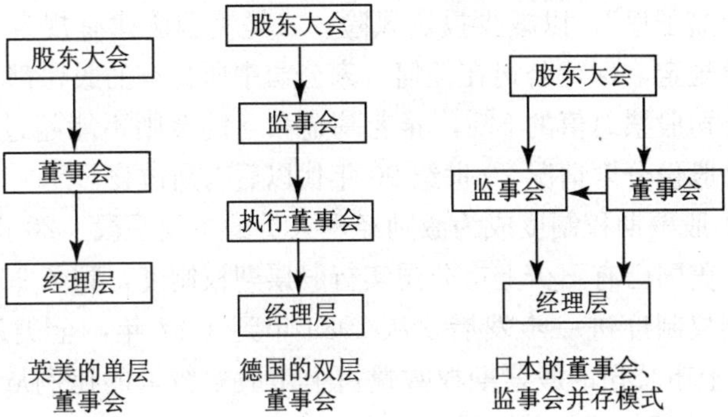

图 5—1　三种不同类型的公司治理结构

一、英美公司治理模式的特点

1. 董事会集决策权和监督权于一身。在英美单层董事会模式中，董事会集决策与监督于一身，具有较大权力，董事会成员还可以兼任公司高级管理人员，更是决策、执行与监督三合一。然而，董事的个人利益与全体股东的利益之间通常存在着无法避免的矛盾，尤其是当董事本人同时还在公司内担任管理职务时，两者之间的利益经常会发生冲突。在这种模式下，董事会成员不能仅由公司的高管人员担任，还必须引入一定数量的与公司和主要股东之间不存在重大利益关系的独立董事。美国 1940 年《投资公司法》中规定，董事会中至少 40%的董事必须为独立董事。1977 年，纽约证券交易所在上市条件中规定上市公司应该自 1978 年 6 月 30 日始设立监督委员会，该委员会应该全部由独立董事组成，以确保公司会计和审计的准确性。

2. 股权结构高度分散。在美国 700 余万家企业中，股份有限公司占了 95%。除极少数家庭控股的公司外，多数股份有限公司的股权极为分散，不少上市公司的股东有几十万，上百万甚至几百万。造成股权分散的原因有两个：一是不愿意“把鸡蛋放在一个篮子里”，以减少投资风险；二是美国法律有规定，如美国法律规定，保险公司在任何一家公司中所持有的股票都不能超过该公司股票总值的5%，养老基金和互助金则不能超过10%。但这种股份分散情况20世纪90年代以后有所改变。

3. 股票期权制度成为激励经理人员的主要手段。20世纪80年代，美国已有不少上市公司实行股票期权制度，到了90年代，股票期权制度进一步发展，从1989年到1997年，全美最大的200家上市公司的股票期权数量占上市股票数量的比例从6.9%上升到13.2%。在美国最大的1000家公司中，经理人员总报酬的1/3左右来源于股票期权。

二、德国公司治理模式的特点

1. 将计划监督权与执行权分离。德国的双层董事会模式将计划监督与执行的业务分离。监事会负责选拔、任免、监督执行董事会成员；执行董事会负责领导公司，进行日常经营管理。监事会成员与执行董事会成员不得交叉，监事不能在公司中担任管理职务，而执行董事会成员完全由公司的高级管理人员组成。因此，就监督机制的设计而言，双层董事会模式较为有效。

2. 股权集中程度较高。在德国的公司中，有限责任公司占公司总数的90%以上。在德国的股份公司中，公司之间交叉持股的现象比较普遍。公司最大的股东大多是公司、银行和创业家庭，股权集中程度较高。德国的管理部门对股东持股比例的控制较宽，只有当持股超过25%时才有义务披露，超过50%时才需要报告管理部门。

3. 职工参与公司管理。在德国的公司治理结构中，公司职工通过选举职工代表和职工委员会参与公司管理。在德国，职工参与公司的管理是通过国家制定法律来实现的。例如，《煤钢行业参与决定法》规定，以煤钢为经营内容的公司，只要职工人数超过1000人，监事会成员由职工代表和股东代表对半组成，然后加一名中立人担任监事会主席。又如，《参与决定法》规定，职工人员超过2000人的股份公司，设置12、16或20人的监事会，职工代表和股东代表各占一半。

职工通过企业职工委员会参加管理。职工委员会在法律和劳资双方签订的行业工资允许的范围内，在本企业的福利、劳动、人事和经济事务等方面参与管理。

三、日本公司治理模式的特点

1. 法人持股比例高。在日本的股份公司中，控制公司股权的主要是法人，即金融机构和企业法人。据调查，1990年，日本企业的持股结构是：金融机构占45.2%，企业法人占25.2%，个人占23.1%，证券公司占1.7%。由于法人股东投资具有长期性和稳定性的特点，这有利于公司权力向经营者倾斜，使经营者能够独立地行使决策权，追求公司长期的战略利益。

2. 公司内部的决策权与执行权统一。日本公司董事会的成员几乎全为内部董事。大多数董事由公司各事业部经理和分厂厂长兼任。这种公司董事和经理合二为一，决策权与执行权相统一的模式，其优点是经营者对公司的经营业务比较熟悉，比较容易对公司产生深厚感情，能够把个人发展与公司发展结合起来，其缺点是决策容易保守和监督不易。在这种情况下，对经营者的监督和约束主要来自两个方面：一是来自交叉持股的持股公司；二是来自主银行。

由于各个国家具有不同的政治、文化背景，处于不同的经济发展阶段，因而在市场体系发育过程、技术条件、股权结构、资金水平等方面存在较大差别，因而各自具有适合本身特点的公司治理结构。因此，公司治理结构的模式是多种多样的，而且处于不断地创新之中。

纵观国际公司治理改革的历史，大致可以看出如下的发展趋势：

1. 公司治理结构与公司所有权结构相适应。市场经济发达国家公司实践经验证明，所有权的过度分散容易导致公司的短期行为。日本和德国的公司实践证明，法人之间的相互持股，使公司内部各法人股东之间形成一种相互支持、相互控制、相互依赖的协调关系，这种关系就成为促进公司长期稳定发展的强大推动力。

2. 完善法律制度和监管制度与规范自律性行为相结合。建立有效的治理结构，需要国家管理部门建立严格的法律制度和监管制度，这些制度具有强制性质，公司一定要做到，不然，将会受到惩罚。但是，公司治理结构改革和发展的一个重要特点，就是依靠公司自律性行为规范。各国政府机构和民间组织，普遍采取发布自律性行为规范的办法，引导公司改善法人治理结构。这些“准则”、“规范”、“指南”通常不具有强制性，只是给那些愿意改善公司治理结构的公司提供一个参照模式。

3. 国际组织发挥了非常重要的作用。在建立有效的公司治理结构方面，国际组织起了非常重要的作用。为了不断完善公司法人治理结构，经合组织成立了《公司治理结构原则》委员会。这个专门委员会包括来自各成员国以及有关国际组织，如世界银行、国际货币基金组织、国际清算银行、国际证券协会等的代表，还有来自公司界、投资界和工会的代表。虽然《公司治理结构原则》是非约束性的，并不像国家法律那样强制公司执行；但是，《公司治理结构原则》阐述了关于公司治理结构最为核心的要素，可以指导各个国家和公司根据不同环境去应用。为了唤起各国对公司治理结构问题的重视，为各国政府和私人部门在公司治理方面提供帮助，探索更有效的公司治理结构，从全世界角度探讨公司治理中的重大问题，世界银行和经合组织联合成立了全球公司治理论坛。世界银行和经合组织还邀请国际货币组织、国际会计标准委员会、国际证券业协会、国际最高审计组织以及一些发展中国家的组织的代表参加每年一次的会议，探讨公司治理问题。世界银行还实施了一系列推动公司治理结构改革的贷款项目。世界银行旗下的国际金融公司还直接在一些国家实施了公司治理改革项目。

4. 强调保护投资者的利益。公司治理改革作为一个国际潮流，其重点是保护投资者的利益，尤其是不能控制公司的少数股东的利益。在证券市场日益成为公司主要融资渠道的情况下，保护股东权益是公司治理的必然选择，是不同治理模式公司的共同趋势。维护股东权益的措施主要有：(1) 机构投资者参与公司的治理。在20世纪60年代以前，美国股东主要是个人股东，机构股东持股比例不超过13%。此后，机构投资者的持股不断上升，到90年代末已达到50%。这时，机构投资者已成为资本市场的重要力量，为了维护自身的利益，机构股东便积极参与公司治理。(2) 在政府的调控下，通过立法等方式，以强制的或非强制的手段使公司注意保护股东的权益。(3) 通过各种途径，例如，网上投票让股东参与公司治理，这是维护股东的有效途径。(4) 建立独立董事制度。由于独立董事与公司没有直接的经济利益关系，独立于管理层，能够较好地代表公司的整体利益和股东利益，参与公司的决策。

5. 努力提高公司运营的透明度。公司运营状况，特别是运营状况透明度的高低，决定着公司有关利益主体能够在多大程度上保护自己的权益。提高公司运营的透明度是通过信息披露制度实现的。国际经验证明，公司治理结构要保证及时准确地披露董事会决策、经营状况、财务状况、公司并购等方面的信息。

第五节 对经理人员的监督和激励机制

通俗地讲，公司治理是指股东、出资人、所有者（委托人）对董事会、监事会、经营班子（代理人）的管理，按照代理理论，就是委托人对代理人的管理。

亚当·斯密说："对于经营者，作为其他人的资产而不是自己资产的管理者，他们不可能像经营自己的钱那样尽心尽力地经营别人的钱。"这就需要建立对经理人和其他代理人的监督和激励机制。应当认识到，对经理人员的监督机制和激励机制是公司治理的着力点，也是当前中国经济实现微观基础的改造和重建的基础。

一、对经理人员的监督机制

公司所有权与经营权的分离，股东利益与经理人员利益的不一致，说明了公司管理中存在"道德风险"。公司管理丑闻的不断出现，则从实践上说明了建立监督机制的必要性。

1. 董事会对经理人员的监督。董事会是股东的受托人，是股东利益的代表者，董事会的一项重要职责是挑选、聘任、监督、考核高层经理人员。特别要监督经理人员是否依照法律和公司章程进行经营活动，有无损害公司利益谋取私利的行为。董事会要对高层经理人员经营活动实行必要的监督。由于董事与经理人员接触较多，人际关系较密，且有共同利益，可能产生勾结谋取私利的问题，因此，董事会对经理人员的监督有局限性，这就需要通过增设独立董事、监事会和外部监督等来弥补。

2. 监事会对经理人员的监督。监事会是由股东大会选举出来，受股东大会委托，对股东大会负责的监督机构。监事会的职责，就是抑制公司经理人员的违法行为，直接保护公司和投资者的利益。监事会对经理人员的监督，主要是通过参加各种会议，审核各种报表，调查公司的业务和财务等途径来实现的。

3. 股东对经理人员的监督。通常认为，股东的投资目的是得到长期收益，因而，股东的有效监督可保证经理人员行为的长期合理性。因为股东是通过股票市场和股东大会投票这两个途径来施加自己的监督权的，所以，股东监督有效的前提是：股东能够明确公司绩效对自己的影响，因而在预期收益下降时，就抛售股票；或集中投票替换董事会成员，从而促使经理人员更换。但事实上，许多股东对公司经营管理的注意，只是一时好奇，并不长久，个人投票在众多股东投票中微不足道，再加上信息费用高昂，所以很多股东是不关心公司经营状况的，他们几乎从不阅读公司的财务报告，即使阅读从中也看不出什么名堂。他们的目的只是求得较高的股息而已，得到高股息则心满意足，股息低时则怨声载道。从股票升值与现期股息的比较来看，股东往往更偏重于后者。

为了解决个人股东监督偷懒问题，防止经理人员侵犯股东利益，一些股东就把投票权集中起来，组成一个或几个投票集团，由投票集团行使监督、控制经理人员职能。第二次世界大战后，西方国家出现的信托投资公司、共同基金等机构，就是这方面的典型例子。它们掌握的股份甚多，投票权力很大，对经理人员有最后的选择权。一般认为，这种持股机构能恢复股东的监督地位，保持对经理人员的有效监督。但是，由于信息不全、成本高昂等原因，它们一般不利用或不愿意利用自己积累起来的投票权，当某一公司经营出现问题时，与投票替换现任董事及经理人员相比，它们也许更愿意卖出股票，寻找新的股票。因此，不能笼统地认为机构或股东团体的监督是十分有效的。

4. 市场对经理人员的监督。为了弥补公司内部监督的局限性，就需要增加外部的监督，主要是市场机制的监督。市场对经理人员的监督包括产品市场、资本市场和经理人才市场的监督。

在公司经理人员的外部制约因素中，产品市场是基础，具有最重要的作用。因为无论是当前的绩效，还是以后股价的波动，归根到底取决于公司经营状况的好坏，即产品市场对经理人员的监督是通过消费者选择来实现的。因此，市场竞争可以提供有效的约束，使经理人员感到有压力，必须努力搞好公司的生产经营管理。因为如果长期经营不善，股东与董事会将会采取措施替换在职经理人员；如果公司在竞争中失败，公司资不抵债，只得宣布破产。这不仅会使股东和债权人蒙受损失，而且破产意味着经理人员经营管理能力低下，也会损害经理人员的人力资本。因此，经理人员为保持和提高自己的地位和名誉，就会尽力经营公司，进行产品和技术创新，提高产品的竞争力。产品市场对垄断性产业中的经理人员的制约不大，因为他们能够左右价格，得到垄断利润。

资本市场对经理人员的监督也有重要作用。因为公司是向资本市场寻求资金来源的，所以，公司经理人员权力的行使，应受支配资本市场的公众舆论与标准的严格限制，要顺应股东——投资者的期望。在资本市场上，投资者通过对公司的评价，提供或拒绝提供资本，对经理人员实行奖励或惩罚。其中，收购是反对经理人员偷懒的一种重要手段。当经理人员不能实现利润最大化，使公司的股票价值下降时，如果其他企业家知道如何更好地改善公司的绩效，使公司实现利润最大化，自己能在公司绩效的改善中有利可图，那么他就会购买该公司，更换现有经理人员。在资本市场对经理人员的监督中，股票市场对经理人员的制约具有重要作用。它是通过股东“用脚投票”的方式来贯彻所有者的意志，间接地约束经理人员的。“用脚投票”的约束力很强，因为它所体现的所有者意志是全方位的、潜在的、每时每刻都在进行的。所谓全方位，是指它不像内部约束那样直接表现为数量有限的董事，而是成千上万的持股人，不是少数人的行为，而是市场机制中交易双方无数人行为的结果，具有广泛的社会性。所谓潜在性，是指这种投票及投票结果不像内部约束那样是定期的，只在会议到期时才进行并且是可预测的，而是随时的、连续的，其投票结果是瞬息万变的，不可预测的。

经理人员在经营人才市场上受到的竞争约束，对监督其行为具有关键作用，它给经理人员以晋升的可能和被取代的压力。经营人才市场是对经理评价、监督和筛选的一种社会化机制。经理不是以持股所有者身份，而是以自己“人力资本”所有者的身份进入公司的。在这时，个人的知识、经验、声望、经营管理能力等是构成这种“人力资本”的实体。董事会聘任经理人员要作慎重选择。如果说，这种选择是内部化的，那么，选择标准和选择条件却是外部化的。市场机制的功能和作用是借助于竞争才得以贯彻的。竞争不但可以对经理人员的实际能力和经营绩效作出动态化的鉴别和比较、评价，而且给予经理人员以潜在的动力和压力。经营人才市场的竞争迫使经理人员对公司资产经营管理尽职尽责，努力工作，否则他不仅会被淘汰，而且可能使个人“人力资本”贬值甚至身败名裂。

经理人员除了受市场机制监督之外，还受到来自政府、银行和中介机构等其他机构的监督。

二、对经理人员的激励机制

对经理人员的激励机制，是指为经理人员设计一套激励制度，通过这套制度的运行，使股东的利益与经理人员的利益尽可能一致。选择的激励制度是否有效，关键是使经理人员在追求自己利益的同时追求股东和公司的利益。经理人员的激励机制主要反映在经理人员的报酬上。报酬主要采取薪金、奖金、在职消费、持股、期股、股票期权和优厚退休金等形式。下面就一些主要报酬形式作些说明。

以现期绩效为标准设计激励机制是顺理成章的，因为经理人员的责任是把公司经营好。公司经营得好，就意味着经理人员的经营能力强，经营中不存在或者很少存在偷懒行为，因此，经理人员应得到更多的报酬。这种以现期绩效为基础设计的动力机制，一般能反映经理人员的能力。但是，也不能把这种激励机制绝对化。从绩效的主要内容——利润来看，经理人员在短期内可以制造出不真实的、或者扭曲了的利润。例如，可以利用会计手段做假账、虚报收入或少摊成本，也可以通过过度利用资产，加速资产实际折旧过程，或损害公司名誉及良好的人际关系等无形资产，而使利润增加，使利润达到经理人员所期望的水平。另外经理人员的辛苦劳动不一定反映在利润上。公司的一些投资活动，尤其是长期投资，虽然会为公司的长期发展奠定基础，但在现期或近期内可能会使公司的利润下降。由于现期绩效有时不一定能准确反映经理人员的贡献，并且很可能诱使经理人员出现短期行为，在以绩效为基础设计经理人员的激励机制时，应将现期绩效与未来绩效结合起来。

以未来绩效为基础设计经理人员的激励机制的主要形式是期股和股票期权等。

期股是指投资者与经理人员协商确定股票价格，在任期内由经理人员以各种方式（个人出资、贷款、奖励部分转化等）获取一定比例的本企业股份。在股份出售前，期股只有分红等部分权利，股票的收益只能在中、长期兑现，例如任期届满或任期届满若干年一次性兑现。期股的优点是使经理人员的股票收益难以在短期内兑现，股票的增值与企业资产的增值紧密联系起来，这就促使经理人员更多地关注企业的长期发展和长远利益，从而在一定程度上解决经理人员的短期行为。

经理股票期权，是西方国家广泛使用的激励方式。据统计，全球前500家大型工业企业中有90%的企业向其经理和高级管理人员实行了股票期权的制度。所谓经理股票期权，是指授予经理人在未来以一定的价格购买股票的选择权，即在签订合同时向经理人提供一种在一定期限内按照某一既定价格购买一定数量本公司股份的权利。

经理股票期权有两个特点：(1) 它是一种权利，而不需要承担义务。股票期权是公司所有者给予经理人员的一种权利，在期权的有效期内，期权拥有者自行决定是否购买，公司不得进行干预。(2) 股票期权是一种未来的权利，其价值只有经过经营者的努力，公司得到发展，每股净资产提高，股票市价上涨后，期权价值才能真正显示出来，期权拥有者才能真正获得收益。

通常情况下，股票期权有以下三种执行方法：

1. 现金行权。即行权人向公司指定的证券商支付行权费用以及相应的税金和相关费用，证券商以行权价格为其购买股票。行权人持有股票，选择适当时机出售股票并获利。

2. 无现金行权。即行权人不需要以现金或支票来支付行权费用，而是由证券商以出售部分股票获得的收入来支付行权费用。

3. 无现金行权并出售。即行权人决定对其拥有的部分或全部可行权的股票期权行权并立即出售，以获得行权价与市场价的差价带来的收益。

股票期权行权所需股票的来源渠道有两条：一是公司发行新股票；二是通过留存股票账户回购股票。留存股票是指一个公司将自己发行的股票从市场回购的部分，这些股票不再由股东持有，其性质为已发行但不流通在外。公司将回购的股票放入留存股票账户，根据股票期权或其他长期激励机制的需要，留存股票将在未来某时再次出售。

应当指出，许多对经理人员的激励机制都植根于西方成熟的市场体系和企业制度之中，同时，这些制度本身也存在不少缺陷。因此，如何在中国的转型经济中有效运用这些激励制度，使之更好地发挥应有的作用，这是我们需要努力解决的问题。

总之，对经理人员进行激励的方式有很多种，每个公司都要根据本身的具体情况，设计出适合本公司的激励方式，才能实现对经理人员的有效激励。

第六章
现代公司管理者

现代公司是被法律赋予行为能力，并相应地承担法律责任与义务的组织体。公司法人作为组织体，它是若干自然人个体的集合，因而有别于单个的自然人。公司法人与自然人之间的一个重要区别就是公司法人内部存在着领导与被领导的关系。同时，公司又是从事经济活动的经济组织，通常以盈利为其存在与活动的目的。公司活动产生的经济利益关系使得公司领导体制区别于政府行政机关等非盈利性组织的领导体制。

第一节　公司领导体制的特征

现代意义上的股份公司，是社会化大生产的产物。现代公司领导体制的产生与发展，经历了一个漫长的历史演变过程。

早在古希腊和古罗马时代，就出现了股份制度的萌芽。12世纪时的地中海热那亚人为了海上远征的需要，也曾用类似于股份制的形式来筹措战争资金。15 世纪，海上贸易发达的地中海国家为了集资进行海上贸易的需要，广泛地采用股份制的形式。直到 16 世纪，国际贸易的重心由地中海转到大西洋，在当时国际贸易的中心英国出现了一批以海上扩张为目的的贸易公司，其组织形式主要就是股份合资经营。从公司的组织领导来看，公司通常是由一些商人、贵族、官吏、神父、市民等投资人股形成的，公司有关事务由股东们集会讨论决定。当然，那些投资额较大的人总是在公司的决策问题上享有较大的发言权，充当领导的角色。不过，由于公司的组成是临时性的，当时的公司还谈不上有什么正式的领导体制。

17世纪英国詹姆斯一世时期，公司开始具有现代意义上的法人地位，逐渐发展为一种比较稳定的企业组织形式，演变为现代的股份公司。这样，也就产生了以股东大会和董事会为特征的现代公司领导体制。现代公司的领导体制具有以下特征。

（一）公司所有权与经营管理权相分离

现代公司领导体制的一个重要特征，是公司的所有权与经营管理权的分离。这种分离表现为拥有公司的人常常并不参与或过问公司的日常经营管理，而经营管理公司的人也并不一定是公司的所有者。

如果说独资企业或者合伙企业的所有权和经营管理权是同时集中在少数人的手里，那么现代公司的所有权则是分散在大量的股东手里。某些国家的公司法规定，至少需要有7～12名以上的股东发起，才得以成立公司。一家现代上市公司的股东数量常常是数以万计的。这些人数众多的股东可能属于不同的社会阶层，从事着不同的职业，也可能分散居住于全国各地乃至于世界各地。由于股东数量庞大，即使单纯从技术的角度来看，由众多的股东直接控制和管理公司已经成为不可能的事。同时，现代公司经营管理的复杂性和激烈的市场竞争，对经营管理工作本身也提出了很高的要求。今天，不具备相当的经营管理知识和技能，就不可能领导一家现代公司。股东作为公司的所有者，并不见得人人都具备领导现代公司的能力与素质。许多股东，特别是为数众多的小股东，他们作为股东投资的目的，并不是为了管理和控制公司，而只是为了分享公司红利，使自己的投资增值。在证券市场高度发达的条件下，许多人投资公司股票的目的甚至不是为了分享公司红利，而是为了从公司股票价格的涨落波动中投机套利。这样，股票投机者之类的股东对公司的领导权就更不关心了。

一般说来，股东总是希望自己投资的公司的经营管理状况良好，能够较多地分享公司的利润。因此，为了自身的经济利益，许多股东不得不放弃对公司经营管理的控制权，让具有经营管理专业知识与能力的经理人员来管理公司，以保证公司在激烈的市场竞争中的盈利能力。现代公司的所有权与经营管理权就是这样发生了分离，并产生了一个领取薪金的职业化的公司经理人员阶层，形成了具有一系列特点的现代公司的领导体制。

（二）股东大会和董事会之间存在着信任委托关系

董事是股东的受托人，承担受托责任，受股东大会的信任委托，托管公司的法人财产和负责公司经营。董事和股东不是个人之间的关系，而是股东大会与董事会之间关系的表现。股东大会与董事会这种信任委托关系主要表现为：

1. 一旦董事会受托经营公司，就成为公司的法定代表。股东既然将公司交由董事会托管，出于信任，不得干预董事行为和公司管理事务，这是公司作为法人的条件。而且，股东也不能因商业经营原因，例如非故意的经营失误，而任意罢免董事。如个别股东对受托经营者的治理绩效不满，即对董事会不信任时，可以不再选举他们连任或转让股权。不过选举不能由单个股东决定，而要取决于股东大会投票的结果，如董事因违背公司法和公司章程的规定，或采取欺骗、隐瞒等手段而使股东利益受到侵害，股东可以以玩忽职守，未尽到受托责任而起诉董事，并追究其法律责任。

2. 受托经营的董事不同于受聘经理人员，不兼任执行人员的董事，一般不领取报酬，只领取一定的津贴或称车马费，表明不是雇佣关系，而是信任委托关系。在有限责任公司的情况下，由于股东的人数较少，董事会的成员多半具有股东身份，这意味着大股东直接控制公司；在股份有限公司情况下，董事会主要由经营管理专家以及社会人士组成。

3. 在法人股东占主导地位的情况下，大法人股东往往派出自己的代表充当被持股公司的董事。这时，公司特别是关联公司的经理人员，由于懂得经营和业务，往往成为被持股公司董事的合适人选。

（三）董事会与公司经理人员之间存在着委托代理关系

董事会以经营管理知识、经验和创利能力为标准，挑选和聘任适合于本公司的经理人员。经理人员作为董事会的代理人，拥有管理权和代理权。前者是指经理人员对公司内部事务的管理权；后者是指经理人员在诉讼方面及诉讼之外的商业代理权。这种委托代理关系的特点在于：

1. 经理人员作为代理人，其权力受到董事会委托范围的限制。包括法定限制和意定限制，如营业方向的限制、处置公司财产的限制等。超越权限的决策和被公司章程或董事会定义为重大战略的决策，要报请董事会决定。

2. 公司对经理人员实行有偿聘任，经理人员有义务和责任依法经营好公司的业务。董事会有权依经理人员的经营绩效进行监督，并据此对经理人员作出奖励或处罚的决定，并可以随时解聘。

（四）股东、董事会和经理人员之间存在着相互制衡关系

现代公司通过明确划分股东、董事会和经理人员各自的权力、责任和利益，形成三者之间的制衡关系，最终保证公司制度的有效运行。

1. 股东作为所有者掌握着最终的控制权，他们可以决定董事会人选，并有推选或不推选直至起诉某位董事的权利。但是，一旦授权董事会负责公司经营管理后，股东就不能随意干预董事会的决策，个别股东更无权对公司经营活动进行干预。

2. 董事会作为公司的法人代表全权负责公司经营，拥有支配公司法人财产的权力，并有聘任经理人员的权力。但是，董事会必须对股东负责。要建立股东与董事会之间的制约与均衡关系，股权不能过分分散化，否则，容易使股东失去对董事会的控制，对公司的有效运营不利。

3. 经理人员受聘于董事会，作为公司的意定代理人统管公司日常经营业务，在董事会授权范围之内，经理人员有权决策，其他人不能随意干涉。但是，经理人员经营绩效的优劣，也要受到董事会的监督和评判。

第二节　公司管理者的地位与特征

一、公司管理者的地位

管理学家们对管理下过很多定义。总的来说，他们对管理的理解随着社会经济条件的变化而变化，并且不同的学派也有着不同的说法。比如，管理过程学派把管理理解为对工作的计划、组织、控制的过程；管理行为学派则以研究人的行为和处理人们之间的关系，做好人的工作作为管理的本质；决策学派认为管理就是决策；沟通中心学派把接受、处理、传递信息视为管理等等。这表明不同的学派对管理理解的侧重点不同。但无论其强调的重点如何不同，却都离不开一个共同的基础，即管理是协作劳动产生的职能。也就是说，管理最一般、最简单的概念就是协调他人的活动以完成工作，达到预期效果。这个一般的概念表明：(1) 管理工作的中心是协调其他人的活动，管理工作的主要目的是通过许多人的共同活动来达到预期效果。(2) 管理必须同时考虑两个方面的工作：一是其他人的活动，即要协调好人们的工作；二是其他人，即要考虑做工作的人们，要调动所有人的积极性，并使之同心协力去完成工作。兼顾这两个方面并把它们有效地统一起来，才能达到预期的目标。

公司管理还有其更复杂的含义。公司是运用社会所提供的资源，通过其经营活动，转化为社会所需的产品和服务，并将其提供给社会的经济性组织。而管理是公司实现这一基本经济职能的关键手段。公司作为一个系统，它既是由人力、资金、设备、技术、信息等等各种因素以及生产、科研开发、销售、人事、财务等子系统构成的有机整体，又是与外部环境相互联系、相互影响的开放系统。因此，管理不仅必须把人、财、物、技术、信息等各种资源有机地结合起来，而且必须研究和积极适应外部环境的特点与要求。管理工作不只局限于对人和工作的组织，还包括确定目标、制定计划、指挥职工以及进行控制等等。

在公司中，所有承担和履行上述管理职能，从事管理工作的人，统称为管理者。管理者在从事管理工作以及进行决策的时候，既需要运用经过系统研究得来的知识，还必须运用他们在实践经验基础上掌握的判断和处理问题的全部艺术和诀窍。所以管理既是一门科学，又是一门艺术；作为现代的公司管理者，必须是既掌握系统的管理知识，又在管理实践中不断检验、提高自己的分析力和判断力，掌握根据实际情况灵活解决问题技巧的专业管理人才。

公司管理者运用他们的知识、判断力和技巧来确定公司的使命和目标，选择实现使命和目标的途径和方法，他们一方面谋求公司与环境相适应，把有限的资源分配于各种可选择的，服务于社会的经济性和社会性目的；另一方面谋求公司内部各种资源和目标的平衡，把人们的努力和资源结合起来。因此，公司管理者的素质高低和管理工作的好坏，直接决定着公司的生存和发展，以及公司全体员工的利益和前途，也直接决定着整个社会的经济发展和生活水平的提高，并影响社会的政治、科技和文化发展。

管理者是推动社会前进的中坚力量，是保证公司兴旺发达的关键因素。

二、公司管理者的特征

公司是一个系统，公司管理也是一个系统。从管理过程的角度考察，公司管理系统包括组织系统、指挥系统、控制系统以及其他系统等若干子系统。这些子系统还包含更小的子系统，如授权系统、编制预算系统、信息反馈系统等。从管理组织的角度考察，它既有横向的按部门划分的管理子系统，又有纵向的按管理层次划分的管理子系统，各个子系统之间不仅存在纵向和横向的联系，而且存在交叉的联系。

与管理的系统特点相联系，公司管理者具有以下特征：

1. 公司管理者是一个群体，而不是一个人或少数几个人。公司作为由集资联合而组成的企业，与业主个人经营的企业相比，其规模大，经营范围广，经营管理活动复杂，所以，任何公司都不可能只靠一个人管理而取得经营的成功，而是集中了许多专业管理者，从而在公司内部形成一个管理者集团。公司管理者集团是由处在不同层次、不同部门的经营管理人员构成的。在规模较大的公司中，即使在某一层次、某一部门，其管理者也不是一个人，而是一个群体。如公司的战略管理层就不仅仅是董事长或总经理，还包括了董事会的董事、副总经理等。

2. 构成管理者群体的各个要素互相联系、互相依存、互相作用和互相制约，并形成一个有机的整体。主要表现为：(1) 所有者和管理者具有一个共同的总目标；共同承担和实现着公司整体的经营职能。(2) 将公司整体的经营管理职能进行专业分工的结果，是使不同层次、不同部门的管理者，各自承担着独特的责任，但其责任的范围、内容及其履行是互相联系、互相制约的。既存在从上到下的权责授予和指挥控制关系，以及从下到上的保证和报告责任；又存在前后左右的责权分配、业务分工的相对独立关系，以及各专业之间的协调配合关系。各层次、各部门管理人员必须将自己的职责任务与其他管理人员的职责任务和目标结合、衔接起来。一方面，脱离开前后、左右和上下之间的相互联系与协调，任何管理者都不可能单独履行好自身的职权与责任；另一方面，如果某层次或某部门管理者的职责权限作出了调整，其他相关管理人员的职责权限也必然要作相应调整。

公司管理者的特征告诉我们，公司在对管理者的选聘和配置上，必须注意形成有效的群体结构和管理组合；公司的管理结构调整时，必须相应地对其人员的结构进行调整，调整不应局限于数量上，而更应注重人员的素质与搭配。

三、公司管理者的层次

在小企业里，管理的各项工作往往可以由经理一个人承担，或者经理再雇几个助手，把一部分工作分派给助手去做。但在较大的公司里，管理工作就不是一个人或少数几个人所能应付的。随着公司规模的扩大，管理工作也应更加专门化。管理工作专门化也就是对管理进行专业化分工，其中一种重要方式就是垂直专业化分工。垂直专业化分工的重要成果是创造了等级链，即指挥和报告责任的链环，形成了分等级、分层次的管理系统。在这个垂直系统中，每个等级或者层次都安排有一些管理人员，相应地形成了管理者的层次划分。

不同的公司组织，其管理系统内部的具体组织等级，即管理层次多少是不等的，其相应管理层次所采用的名称也不相同，但大体上都可以划分为三个层次，即高层管理、中层管理和基层（作业层）管理。其管理人员也就包括三个层次，即最高管理层、中间管理层和作业管理层，见图 6－1。

1. 最高管理层包括公司董事会董事、董事长、总经理、副

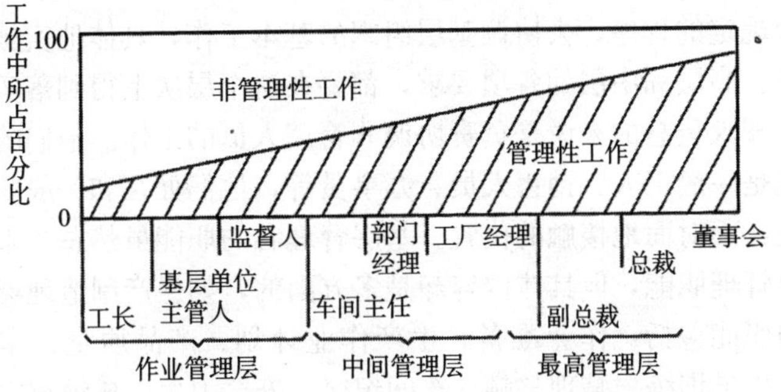

图 6—1　管理者的层次及其工作

总经理、秘书和其他高层领导机构的首脑等。最高管理层是掌握公司重大战略的决策权和整体经营活动的执行、控制、监督权的经营者，其职责是制定公司的长远目标和总体战略，全面组织和确保战略计划的实施，以及评价整个公司的业绩等。最高管理层的管理者对董事会或直接对公司的所有者负责，并向其报告工作。

2. 中间管理层一般包括工厂经理、部门经理（可以是按职能划分的职能部门，或者按产品、地区、市场划分的事业部），有时还包括车间主任。中间管理层的职责是把最高管理层制定的长远目标、整体战略和综合规划加以具体化，在职责范围内制定实施计划，并确保其贯彻执行。他们接受高层管理者的指挥，并且向最高管理层负责；分工领导公司的分支机构，拥有在这个分管范围内的决策权、指挥权和控制权；他们负责协调下属基层管理人员的工作；还必须与同级的相关部门的管理人员进行协商，协调部门之间的关系；在高层管理和基层管理之间，他们起着上情下达、下情上达的中枢联络作用。

3. 作业管理层包括工长、车间主任和其他职能部门的基层单位主管人，如销售部的广告经理和产品经理、人事部的人事经理和培训经理等。作业管理者的职责是根据中间管理层制定的计划和规定的程序，去协调基层组织的基本工作，具体地实施各项业务。高层和中层的各项要求，都要在这个层次上得到落实。基层管理人员总的来说是负责协调非管理人员的工作。他们的下属可能是一般工人、销售人员、办事员等，他们处在和一般职工直接地、面对面地接触的位置。基层管理者的职能虽然总的来说是作业管理职能，但具体内容却是多方面的，如生产制造现场管理者的职能包括：作业准备、生产作业计划、产品质量、作业分配、指导训练、整理整顿、车间纪律、安全卫生、成绩查定、提案奖励等，这些工作在这个阶层中，都集中到一名管理者身上。作业管理层直接向中间管理层报告工作。

上述分析表明，这三个层次管理者的工作内容和性质有很大的不同。作业管理层人员所关心的主要是具体工作的完成，而最高管理层则对公司的长远目标和战略规划更感兴趣；作业管理人员处理的问题，往往主要通过体力劳动就可以解决，而最高管理层处理的问题，则必须通过仔细思考、反复比较才能解决。

无论哪个层次的管理人员，其工作的内容并不都是管理性工作，还包括一些业务性工作。由于各层次职能任务的不同，他们的时间和精力在这两部分工作中的分配是不同的。在作业管理层人员从事的工作中，非管理性工作所占比重大大高于管理性工作；最高管理层的工作内容结构正相反，管理性工作所占比重大大高于非管理性工作。这表现为一种普遍的趋势，即管理层次越高，管理性工作越重要，所占比重越高。所以较低层次管理人员如果提升到较高层次，就会感到管理性工作在他的工作中占有更大的分量，这不仅要求他转变工作的重点，而且要增强相应的管理能力。

当然，有关管理者阶层的划分是按一般情况来分析的。在现实的公司管理组织中，存在着极为复杂的情况，各种划分也存在职能交错的关系，有时一名管理者承担的职能，可能跨越两个阶层。此外，在中小型公司中却不一定，或者没有必要非要设置三个层次。而在一些大型，甚至特大型公司中，则可能需要在中间管理层和作业管理层之间再设立管理层次。

四、公司目标与管理者的绩效衡量

任何公司要使自己在多变的环境中保持明确的、一致的发展方向，避免盲目性及其所造成的危害，都必须正确确定公司的目标。明确的目标可指明管理的方向，为管理工作提供决策及行动的依据和准则，为管理成效的衡量提供权威性的标准。目标也是一种激励力量，明确的、具有挑战性的现实目标，能激发人们的工作热情。

公司的目标是多元化多层次的网络体系。对于一个公司来说，不应该只有一个目标，而应该在其经营的所有重要领域，都设置相应的目标。管理大师彼得—德鲁克曾指出必须在以下八个关键领域制定目标：（1）市场推销；（2）创新；（3）人员组织；（4）财务资源；（5）物质资源；（6）生产率；（7）社会责任；（8）利润要求。也就是说，利润并不是公司所追求的惟一目标，甚至不是惟一最重要的目标，一个企业首先必须能够创造出足够多的顾客，顾客对公司产品和服务的评价，才是决定公司的收益和利润的关键因素。当然，利润无疑是重要的目标之一，因为所有目标的资金来源从根本上只能来自公司的利润；没有利润，就没有一项目标可以达到。目标的多样性，决定了对管理人员绩效的衡量因素也是多重的，而不应该是单一的。此外，上述各个领域的目标有些易于具体化、数量化，有些则是不易数量化，且较为抽象的目标；有些目标领域是短期内即可显示出变化与成效的，有些则要经过长期的努力方能显示其成效。公司领导层乃至各个层次的管理者，往往容易偏重于数量化的、短期内效果明显的目标，而忽视另外一类不易数量化、需长期努力才能见成效的目标，如创新、人员培训、社会责任等，这对公司的长期发展极为不利。为克服或者避免这种倾向，公司必须分别采用不同方式，全面衡量管理者在各个方面的工作及其成效，并采取相应的激励手段。

公司的目标不能仅仅停留在公司的总目标上，而是应该进行横向、纵向的分解、落实。公司的每一个单位，都必须根据公司总目标，结合自身的职能、责任和条件，制定自己的具体目标；同时，公司上下左右各层次、各部门的目标，必须是互相联系、互相衔接的，这样，才能使各方面的努力互相协调、团结一致，从而保证公司总目标的实现。

对管理者工作绩效的衡量，不是考察其个人的工作成果，而重在考察团体绩效。具体来说，可包括三个方面：（1）所属部门或群体的目标水平及其实现情况；（2）对相关部门或群体目标完成所提供的支持和配合工作及其有效性；（3）对公司目标的贡献大小。

第三节　管理者的职能

前面的分析指出，公司的各级管理者要协调公司及其内部各部门所有人员的活动，以实现公司的目标。要成功地完成这一任务，管理人员必须进行计划、组织、指挥和控制等工作，这些工作就是管理人员履行的基本职能。计划、组织、指挥和控制这四项职能，是互相联系、互相依赖的。

一、计划职能

计划是管理的首要职能，这不仅因为在逻辑上它是首先发生的职能，而且计划工作还渗透到其他三项职能之中。

计划职能是管理人员确定希望达到的最终成果以及实现这些

成果的适当方法、手段、行动方针和实施程序的管理活动。这就是说，计划归根结底包括两项基本活动：一是确定目标；二是决定如何达到这些目标。从本质上说，计划不是着眼于现在，而是着眼于未来，其基本功能是为未来的活动提供方向。

1. 计划工作的第一项基本活动是确定目标。管理者在确定目标时，要考虑目标的四个方面，即目标的优先顺序、目标时间、目标结构和目标的共同性（职工对组织目标的认同）。

（1）目标的多元性和优先顺序。前面我们曾分析过，公司不仅要确定其使命和目标，而且要在所有关键领域确定目标。所以，计划工作要确定的目标是多元的。这多个目标是相互依存的，但并非具有同等的重要性。一方面，在一定的时间内，往往是某一个或某几个目标的实现，要比实现其他目标更为重要；另一方面，某些目标具有相对重要性，无论何时，它们都是实现其他目标的必不可少的条件。由于目标客观上存在相对重要程度的差别，因此，应确定目标的优先顺序，以作为分配资源的依据，使管理者能够合理分配资源，这对充分有效地利用有限的资源具有重要意义。

（2）目标时间。目标时间即组织实现目标所需要的时间，对目标时间的安排应考虑以下两个方面的问题：一是目标制定不仅要考虑当前，而且要考虑将来，应具有行动时间长短不同的目标，一般分为长、中、短期目标。二是不同时间的目标应具有阶段连续性，即分阶段的短期目标是逐步实现中期目标的基础；而分阶段的中期目标又是逐步实现长期战略目标的基础。为此，应把短、中、长期目标互相衔接起来。

（3）目标结构。公司的总体目标必须分解为各个部门各个层次的目标。如果某个部门的目标不能实现，可能会危及到别的部门的目标乃至公司总目标的实现。

与公司经营相关的不同社会集团都关心公司的经营，但它们的期望和利益可能是相互矛盾的。在确定目标的过程中，必须看到这些利益集团的重要性，计划必须考虑和体现它们的利益并把它们结合起来。

（4）目标的共同性。目标只有被职工所了解和理解，并且真正作为自己的目标，而不是上级或管理者单方面的目标时，才会成为强大的激励力量，才会带来好的、更有效的成果。为此，在制定目标时，每一级管理者都应和下级进行充分的协商，使之参与制定自己所属的工作群体（部门、科室、班组）的目标，并在上级的指导下，制定自己的工作目标。这样，可以增强下级管理人员和职工对公司和上一级组织目标的理解和认同，更好地把组织目标和个人目标结合起来，使每个管理人员和职工都为实现共同的目标而努力。

2. 计划工作的第二项基本活动是确定如何实现预定的目标。

（1）拟订计划时考虑的基本问题。拟订计划时要考虑的基本问题可以概括为六个方面。即 5WIH 研究：做什么、谁去做、什么时候做、为什么要这样做、在何处做、怎样做。

（2）计划的基本步骤。计划的过程应按照科学的程序进行。通常，要达到一个目标，可能有几种不同的方案，管理者的任务，就是要能够提出实现目标的不同方案，并从中选定一个合理的方案。可见，计划的过程是决策的过程，必须遵循决策的科学程序与方法，计划的程序如图 6—2 所示。

（3）计划的系统化。所谓计划的系统化即首先在最高经营层建立与整个经营目标相联系的总体经营计划，然后在中间管理层制定各个部门的职能计划，最后在作业管理层制定基层的管理计划和现场作业计划，从而形成与公司经营结构相关联、以战略计划为依据的系统化的不同管理层次和不同部门的计划。

可见，计划工作是各级、各部门管理者都要进行的一项活动。但处在不同组织层次的管理者，其计划过程及所制定的计划

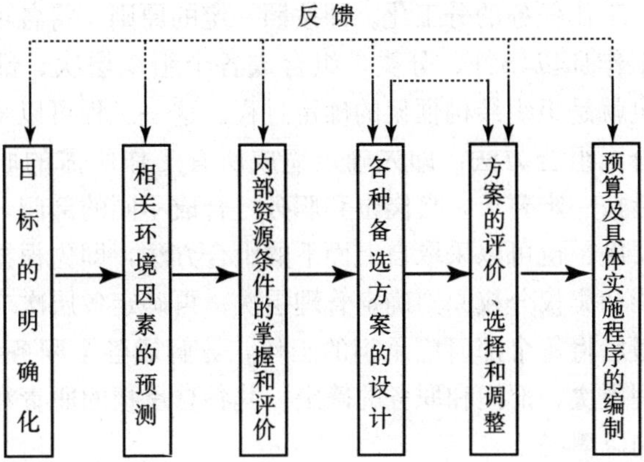

图 6—2　计划程序示意图

的复杂程度，计划的时间长短则是有区别的。越是高层次的管理者，其计划工作越是复杂，越是侧重于制定较长期的、关系全局性的计划；越是低层次的管理者，其计划工作相对越简单，越是侧重于制定短期的、局部的、具体的计划和工作程序。

二、组织职能

组织作为管理的一项职能，是指依据某些原则把人与工作、人与人有机地组合起来，形成分工协作的系统，以实现经营目标的过程及其管理活动。组织是使计划得以实现的手段和保证。因此，如果计划和目标发生了变化，组织结构也应该相应地进行调整。

1. 组织工作的内容。组织工作所包括的内容一般可概括为以下四个方面。

(1) 目标任务分析。即确定组织的目标和任务，并在此基础上，明确为了达到组织的目标和任务，需要完成什么工作，从事哪些活动，从而把目标和任务分解为各项具体的业务和工作。

(2) 工作任务的分工化。即按照一定的原则，将各项具体的业务和工作加以归并、分类，组合成各个组织层次、部门和职务。这也就是组织结构框架的确定过程。这一过程可以采取自下而上的分工组合方法，即先确定完成所有工作所需的职务和岗位，然后按一定要求，将岗位和职务组合成不同的部门，再划分出管理层次。也可以采取自上而下的组合方法，即先根据企业的基本职能和集权分权原则确定管理层次；再确定各层次应设置的部门；最后将每个部门应承担的工作，分解成各个职务和岗位。随着管理层次、部门和职务的确定，其各自承担的职责和工作内容也需加以明确。

(3) 组织的统一化。在明确各层次、部门和职务的工作内容、职责范围，确立分工关系的同时，还必须确定上下管理层次之间、左右管理部门之间、相关职务之间的协调方式、交流沟通渠道和控制手段，以便使各个组成部分互相协调，在追求目标时，在方向上取得一致，在时间上互相配合，在行动上互相协作，联结成一个有机整体。

(4) 把工作分配给个人，并赋予相应的职权。根据工作的要求配备合适的人员，同时把完成工作所需要的权限赋予管理者和职工。

2. 组织工作的原则。管理者要想建立起一套合理的、高效率的组织体系，必须遵循一些一般的原则。这些原则包括：

(1) 统一目标原则。这一原则一方面要求依据公司的目标任务进行工作任务的分解组合和部门分工；另一方面，又要求组织中所有部门，都要为完成组织的总目标而努力，公司的各个部门都必须互相协作、互相协调。

(2) 统一指挥原则。这一原则要求组织的指挥命令系统明确，每个人只接受一个上级的命令，上级的上级不得越级指挥。

(3) 合理授权原则。各级主管人员不可能，也不应该事无巨细一概包揽所有管理工作，而应该把一部分工作交给下级去做，同时将权限授予下级。授权应根据下级的能力而定，凡下级能胜任的事原则上应当由下级去处理，但授给下级的职责权限，应该是下级能力所及的。在授权过程中应实行例外原则，即把那些不重要的决策和例行性的工作授权给下级处理，重要决策和例外事项留给自己处理。应当注意的是，职权可以分授给下级，但责任则不可推卸，无论管理者向下级授予的职权有多少，对工作的最后成果都要由其本人向上级负责。

（4）责、权对应原则。分配给下级任务时，必须赋予其完成所承担任务和职责所必需的相应的权力，权力和职责必须对应。

（5）有效管理幅度原则。由于管理者的精力有限，能有效管理的下属的人数也有限。这个限度取决于管理者本身的知识与能力、工作的性质、管理控制的方式以及下级的素质等等。所以在建立组织时，管理者应该根据具体情况，决定管理的幅度，将管理幅度控制在能有效管理的人数之内。

（6）精简原则。在完成相应的目标、任务的前提下，做到层次尽可能地少、机构尽量精简、人员尽量精干。

（7）灵活性原则。公司外部环境的变化以及内部职工态度和士气的变化，都会对公司造成很大影响，管理者必须适应内外条件的变化，调整自己的组织工作。

在公司中，除了正式组织外，还存在非正式组织，管理者应正视这一事实，充分认识非正式组织在管理工作中的重要意义，设法利用非正式组织为完成公司的目标服务。

三、指挥职能

指挥是在实施计划的过程中，管理人员通过指令、指导、激励、促进和鼓动等方式，调动下属的积极性、协调下属的工作与行为、发挥每个人的作用，以实现公司目标和计划的一种管理职能。指挥是直接面向被管理者及其行为的，并且大部分工作是在下级执行任务时，面对面地进行的。因此，指挥涉及人的因素，涉及人与人的关系，正确认识和妥善处理之，是有效指挥的关键。

管理者在执行指挥职能时，须做好以下几方面的工作。

1. 向下级发布命令。向下级发出命令是指挥下属的基本形式。要保证指挥的有效，就必须做到：(1) 所下命令要清楚准确，易于理解，不能模棱两可，似是而非或含混不清，容易引起误解。(2) 命令应及时、迅速地传递给下级。(3) 能够及时地检查了解下级对命令的理解情况，确认正确的理解、纠正不正确的理解。如给下级以发问的机会，让下级复述和说明上级发出的命令等。(4) 命令执行的情况要及时反馈等。所有这些，都要求做好信息沟通工作，采取适当的沟通方式，建立有效的沟通渠道。

2. 提供有效领导。有效的领导主要体现在两个方面：(1) 采用灵活的领导方式，以适应人们的不同特点和要求。管理者对下级的指挥并非要事无巨细都给予具体指示。有的人理解能力较低，对工作不熟悉，责任心较弱，需要给予具体的指示和监督；有的人理解能力较高，则应该提供较为粗略而明确的指导，更多地发挥其主动性和创造性。这样才有利于充分发挥每个人的作用，更好地实现组织的目标。(2) 改进领导方式和领导作风，使下级自觉地接受和服从上级指挥。这意味着管理者不能只依靠等级权威、强制服从的方式下达命令、进行指挥，还必须采取协商式、参与式等民主的领导方式，运用自身的影响力去影响、修正下级的行为，实现指挥的职能。

3. 进行有效激励。指挥工作的基本目标在于有效地调动起下属的积极性，出色地实现组织的既定目标。为此，管理者要深入了解自己的下属，了解他们的需要和动机，掌握他们的兴趣、习惯和特长，并根据不同人的不同情况，采取不同的措施和方法，有效地激发每个人的积极性、主动性和创造性。

4. 坚持指挥的统一性。每个管理者都应该在自己的职责权限范围内，负起指挥下级的责任，而不应向上级或同级的其他管理人员推脱自己的责任。同样，每个管理者也不应越俎代庖，超越本身的职责权限去越级指挥，或者在同级间交叉指挥。即使当下属管理人员在指挥工作中遇到难题时，也要坚持对其提供指导，让其亲自解决问题，而不是代替下级去处理问题。

四、控制职能

控制就是管理者对计划的执行情况进行监督、检查、分析，明确已定计划是否符合实际，并采取措施纠正偏差或者使偏差保持在规定的范围内，以确保计划目标实现的管理活动。因此，控制职能和计划职能是密切相关的。一旦计划付诸实施，控制职能便是必不可少的。控制是计划的保证，计划则是控制的依据。

1. 控制的过程。控制的基本过程如图 6—3 所示。

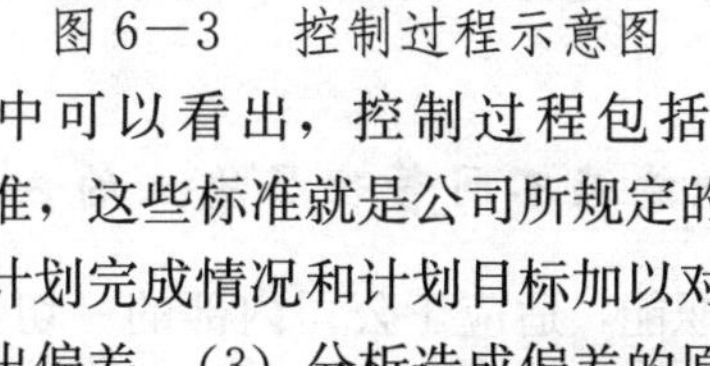

图 6—3　控制过程示意图

从图 6－3 中可以看出，控制过程包括以下基本步骤：(1) 制定绩效标准，这些标准就是公司所规定的计划目标及其具体指标。(2) 将计划完成情况和计划目标加以对照，即用标准衡量实际成果，找出偏差。(3) 分析造成偏差的原因。(4) 采取纠正行动和措施，以保证计划目标的实施。有时纠正行动和措施，可能是重新评价和修订原计划目标的过程。

2. 有效控制的基本要求。管理人员要实行有效控制，就必须建立一个有效而可靠的控制系统。对这样一个系统的主要要求是：

（1）及时性和准确性。控制信息必须准确、及时地发送给管理者，只有如此，管理者才能据此及时采取恰当的矫正行动。

（2）信息传递的适应性。控制信息必须传递给有关的单位，即授权采取纠正措施的负责单位或个人。

（3）经济性。设计控制系统要讲求经济效益，即要考虑控制所支出的费用和其所带来的效益之间的关系，在能够实行必要控制的条件下，尽量简化控制。

（4）重点控制。正因为控制的成本很高，控制要讲求经济性，所以没有必要对公司各个方面的业务都进行控制，也不需要对所有出现的偏差都加以纠正，而只需进行重点控制。重点控制主要体现在两个方面：一是只对关键控制点进行控制。所谓关键控制点就是对某项工作的成败、目标的完成与否起关键作用的那些事项。管理者的一个重要任务就是找出关键控制点，信息的收集和监测工作也主要应放在这些关键点上。这样，便可以大大减少整个系统的信息收集与传递工作量。二是偏差的纠正采取例外原则。所谓例外原则是指发生一般偏差时，不采取纠正措施，只有发生重大偏差时，即发生了例外情况时，才采取措施加以纠正。因此，管理者在这方面的重要任务就是规定重大偏差的标准。

五、管理职能在不同管理层次上的区别

上述的管理职能，适应于公司内部的一切管理者。就是说，公司内部所有的管理者，不论他是哪个部门的主管人，他们都要进行计划和组织工作，都要从事指挥和控制活动，即他们的基本职能都是一样的。

但是各个层次的管理人员在执行四项职能时又是有区别的。这种区别主要表现为两个方面：

1. 各个层次的管理人员在四项职能上所花的时间是不相等的。一般来说，越是高层的管理人员，用于指挥和控制方面的时间越少，在计划和组织方面花的时间就越多。一个公司的总经理和高级行政负责人，其大部分时间都致力于有关计划和组织方面的工作。他们负责制定公司的目标、战略和政策，组织编制计划，决定执行这些战略计划所需要的组织工作。而一个部门的基层管理人员，则将大部分时间用于指挥其下属业务人员的工作，并对工作成果的数量和质量加以控制。

2. 各个层次的管理人员在执行同一种职能时，其职能活动所涉及的范围和重要程度不同，相应地执行职能的过程及其要求，或所形成结果的复杂程度也不同。高层管理人员的计划、组织、指挥和控制活动是全局性的、战略性的，而中层和基层这些方面的职能活动则是局部性的、战术性的和执行性的。因此，高层管理人员在执行这些职能时要考虑更多的因素，还要把外部环境各个方面和内部条件的各种因素进行统筹平衡，并且要把外部环境和内部条件结合起来，形成方案，作出选择并组织实施。中层管理人员主要是负责完成局部的分管任务，把高层的战略任务和基层的作业活动衔接起来，实现转换和协调，其考虑的因素相对来说要少，且主要是公司内部的因素，执行职能的过程及其结果的复杂程度较低。基层管理人员负责作业现场的计划安排，人员组织，工作及其成果的检查、控制，相比之下则更简单、单纯得多。

管理者在管理职能上的差异，说明不同层次的管理者应具有不同的技能和素质。

第四节　管理者的技能和素质

管理者通过管理职能进行管理。而管理者能否成功地履行管理职能，实现有效的管理，在很大程度上取决于他们是否具有作为管理者所应该具有的管理技能和素质。

一、管理者的技能

美国著名的管理学家R.L.卡兹指出，每一个成功的管理人员，根据他所处的管理地位，必须不同程度地具有三种基本技能，即技术方面的技能、人事技能和概念形成的技能。判断有无技能的主要标准，是看一个人能否在不同的条件下做出有效的行动。各种技能包括了相关的观念、知识以及在实践中灵活运用并有效工作的能力和技巧。

1. 技术技能。技术技能是指管理人员在其所管辖范围内，必须了解、掌握和熟知并能运用有关的专业知识、方法、程序、工具和技巧等等，具有专业范围内的分析能力和解决问题的能力。如机械制造厂的车间主任和工长，必须了解其所制造机械的性能、结构、制造工艺，了解其生产设备的特点、操作方法和维护保养的要求；会计主任必须懂得如何记账，如何提供和说明有关的财务数据等。否则，管理者就不可能有效地指导下级做好工作。

技术技能对于有效率的生产经营是不可缺少的。现代工商企业的许多巨大进步都应归功于技术技能。但在不同的管理层次中，技术技能的相对重要性则有所不同。一般来说，在基层管理中，它的重要性最大。基层管理者要直接组织、指导、检查、监督作业者的工作，因此，他们必须熟知自己所管辖业务的有关事项，包括专门知识、专业范围内的分析能力，特别是有关工作的做法、方法、过程、程序、手续以及工具和技巧等，并能够灵活、熟练地加以运用。管理的阶梯越向上走，由于管理人员离作业现场和实际操作越来越远，技术技能的重要性也变得越来越小。对高层管理人员来说，其对技术技能的需要还因企业规模的大小及经营特点的不同而不同。在大公司中，主要行政负责人下面有大批的助理人员和干练的、有经验的专业技术人员帮助他解决特殊的业务或技术方面的问题，他可以不需要具备多少技术技能；而在小公司中，没有那么多的技术专家，主要负责人就需要具有较多的技术技能。

2. 人事技能。人事技能简单地说是与人合作共事的能力。这种技能又可以分为两个方面：一是在管理人员自己的单位中建立同心协力工作的氛围，充分发挥部下的积极性和潜在的能力；二是处理好与相关单位和部门之间的关系，建立起与同级或上级的充分合作关系的能力。

管理者的人事技能表现在以下方面：(1) 能够了解每个人对他人和群体的态度，思考方式和信念，并了解这些因素的影响、作用结果和界限；(2) 善于灵活地与人交往和沟通，理解或者接受他人与己不同的观点、信念及言行，同时，将自己的观点、信念及行为的意图有效地传递给他人；(3) 了解组织中各下级成员的需要、动机和能力并灵活地采取各种措施，有效地激励下属，发挥每个人的能力和专长；(4) 创造民主参与管理和鼓励员工或下级管理人员负起更大责任的环境条件和氛围，实现有效领导。所有这些方面的要求，其核心在于对人持有正确的观念，重视人的因素并在实践中运用这些观念，发挥人的作用和能力。

人事技能对于各个层次的管理者来说都是重要的，各个层次的管理人员不仅应有自知之明，而且必须要有对他人、对人与人之间关系的敏感性和正确理解。但对于不同层次的管理者，其着重点不同。对于较低层次的或中层的管理人员来说，他们同下级人员直接接触的次数和频率多，因此，妥善处理单位内部的人际关系，调动下属的积极性，形成通力合作的团体氛围的能力极其重要。在依次而上的较高的管理层次上，处理单位或部门之间关系的技能就变得更加重要了。

3. 概念形成的技能。概念形成的技能概括地说，是指管理者能够全面地认识包含在他的工作中或与其工作相关的各种因素及各因素之间的相互关系，综合分析并判断不同因素的相对重要性和地位，并从整体出发，在互相冲突的价值观、目标和因素间寻求平衡的技能。具体来说，这种技能表现为：(1) 管理者把公司或者其管辖下的组织看成一个有机整体的能力。包括能够识别组织中的彼此互相依赖的各种职能和活动；它们之间存在怎样的相互关系；一个局部的变化怎样影响其他部分。如把销售、生产、研究与开发、财务、人事理解为构成整体经营的互相依存、互相作用的基本职能。当销售政策有重大改变时，要能够充分考虑到这种改变对生产、科研、财务以及所涉及的人产生的影响。这种考虑至关重要。(2) 能够正确分析和理解外部环境的各种因素与公司经营的关系，预见环境的发展变化趋势，当将要发生或发生了某种新变化时，能迅速把握这种情况，并能判断其可能对其他方面产生的影响。(3) 当为解决问题而提出某种方案、政策或措施时，管理人员必须能够全面地考虑和预计实施中可能遇到的问题，及其可能产生的后果。(4) 管理者所采取的每一项重要决策，都必须在互相冲突的价值观、目标和标准中求得平衡。管理者必须能够发觉这些冲突，识别其相对重要性和优先顺序，提出或选择适用于全局的可行的解决方案。

概念形成的技能对各级管理者都是必要的，但对于较高层的管理人员来说具有更加重要的意义。在公司的最高层，概念形成技能成为所有能力中最重要的一种。高层管理者概念形成技能的强弱，关系到公司的成败。

总之，有效的管理取决于三种基本技能，所有管理人员都需要在三种技能的每一种技能上具有某种程度的本领。即使最低层级的管理人员，也必须经常使用这三种技能。但这三种技能的相对重要性，随着各级管理人员责任的不同而有所不同。越是较低的管理层次，技术技能的重要性就越明显。随着管理层次的提高，技术技能会变得相对不太重要，同时对概念形成技能的需要却迅速增加。在公司的最高层，概念形成技能成为所有成功管理者的最重要的技能。人事技能对于所有层次的管理者都是同等重要的，但不同层次管理者又具有不同侧重点。三种管理技能在三个层次管理者工作中所占比率如图 6－4 所示。

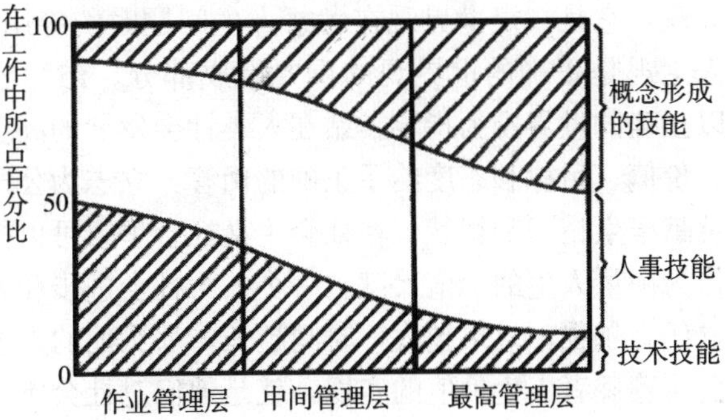

图 6—4　各级管理者的管理技能示意图

最后，对高层管理者来说，在不同情况下，对三种管理技能的需要也是不同的。当公司面临巨大困难而必须采取挽救行动时，需要严厉的人事活动，高度的人事技能，也需要概念形成的技能和技术技能；当公司处于稳定状态，只是保持组织的现状时，则重视人事技能，仅要求有节制的技术改变和战略改变；当公司处于发展时期，要求革新和扩充公司组织时，需要高度的概念形成技能和处理单位或部门之间关系方面的人事技能，两者皆不可缺，技术技能则主要由下级提供。

二、管理者的素质

现代公司管理者应具备下列几个方面的素质。

1. 政治素质。政治素质是公司管理者政治观点、政治立场、思想品德、道德修养、工作态度的总和，是公司管理者素质的核心。作为公司管理者，应当具备以下几个方面的政治素质：

（1）具有正确的世界观、人生观和价值观。由于现代公司的经营和管理活动是创造性的思维活动，是开拓性的复杂劳动，只有树立科学正确的世界观，坚持辩证唯物主义的认识论和思想方法，才会勇于探索、善于开拓、积极进取、永不懈怠。人生观从属于世界观，它是一定世界观在考察人生问题时的应用和表现。正确的人生观是正确的世界观的重要组成部分。作为公司管理者，应以正确的世界观为指导，站在人类社会发展的高度，对人生意义、价值、目标和态度给予正确的回答，立志为公司的生存和发展贡献毕生精力和智慧。在社会主义社会里，可以把对社会的贡献作为衡量人生的价值尺度。一个人为社会进步和为人民谋利益的责任心越强，效果越大，时间越长，那么他的人生价值就越大。公司管理者人生价值的实现，就是他们对社会所做出的贡献。

（2）具有强烈的事业心。公司在前所未有的社会主义市场经济环境里从事着前所未有的事业。这是一项艰巨而又光荣的任务。这不仅需要管理者有渊博的知识、经营能力、领导艺术，而且需要有专注于事业的热情，振兴中华的壮志和开拓未来的雄心。只有当公司管理者首先对自己所经营的事业倾注全部心血及热情，才能驱动他去努力追求他的经营目标，才能在困难面前百折不挠、勇于创新，使公司不断发展。

（3）密切联系群众，发扬民主作风。公司管理者要有群众观点，要依靠职工群众，关心职工群众。工作上要走群众路线，把全体职工的积极性充分调动起来，共同完成任务。生活上要关心群众，与群众同甘共苦。同时，还要能够发扬民主作风，坚持民主集中制原则，集思广益，做好各项决策。

（4）作风正派，办事公道。作为公司管理者应做到：坦率诚恳，不言过其实；坚持原则，不搞特殊化；克己奉公，不谋私利；言行一致，以身作则；任人唯贤，不计个人恩怨；办事公道，树新风正气。

2. 知识素质。公司管理者的知识素质，是取得事业成功的基础。现代公司只能由具有现代化知识的人领导。公司管理者的知识素质，很大程度上决定了他们的能力，同时也影响着他们的政治素质。因此，从总体上讲，知识素质必须与科学技术的发展，经济管理水平的提高保持一致，这是公司管理者能够跟上时代的关键。

公司管理者应当掌握的基本知识，包括以下几个方面：

（1）应当懂得现代市场经济理论。主要是关于现代市场经济运行中的价值规律、供求规律和竞争规律，以及现代市场经济运行的机制等方面的理论知识。管理者懂得一定的市场经济理论，才能站得高、看得远，有助于更好地领会党的路线、方针和政策，以便更好地制定本公司的政策。

（2）应懂得国家的政策法令，特别是有关经济方面的法令、条例、规定和制度。

（3）应懂得公司经营管理的基本原理和方法。管理者在公司中是一个权威的领导者、科学的管理者。以他的主动精神把各种生产要素变成适合于社会需求的商品和服务；他又以市场交易为途径，承担着使自己的商品和服务最终转到消费需求者手中的商人使命，由此起着不断地推动和进一步扩大、深化市场交易的作用。管理者的双重身份决定了他们不仅需要积累管理经验，还必须具备应有的经营管理知识，必须掌握现代经营和科学管理知识。

（4）应熟悉本公司生产业务知识。一个现代公司管理者，最好能取得理工科院校的文凭，是一个技术专家。若不具备这一条，则在生产技术方面就必须做到：懂得本公司和本行业的最基本的技术知识；懂得本行业的生产和技术状态在国内外同行业中所处的地位；懂得本行业科技发展动向和方向，以及本公司技术改造的重点、关键和步骤等。只有这样，才能使管理者充分发挥他的经营艺术和管理才能。

（5）具有新的意识和观念。作为一个管理者，除了必须具有各种知识外，还必须不断更新自己的意识和观念，努力转变战略思想和经营管理思想，以适应新的更高的要求。

3. 技能素质。技能是人的才智在实际操作中的具体表现，是管理者发现问题，提出问题，制定目标，完成任务，获得成功的本领。技能素质是公司管理者一切素质的集中反映。

技能素质是一种综合性的能力，是多种能力的集合体。从公司管理者应具备的突出特点来看，应着重包括能够使公司不断前进的创新能力；运筹帷幄的决策能力；维持关系的协调能力；以及知人善任的用人能力。管理者的能力素质来自长期的锻炼，来自理论与实践的结合，因此，已具有良好的政治素质和知识素质的公司管理者，应当勇于实践，不怕挫折失败，并且勤于思索，善于总结经验，从而培养出多方面的思维能力和工作能力。

4. 心理素质。管理者的心理素质，是指管理者在个人身上所表现出来的本质的、经常的、稳定的个性心理特征。管理者良好的心理素质是实现公司经营目标、提高公司绩效的重要条件之一。它包括的内容比较广泛，对于公司管理者来说，应当具备以下三个方面的心理素质：

（1）心理行为上的主导型。按照人与人之间心理行为的传递、接收和相互影响来划分，可分为主导型和依附型。凡主导型人才，思维能力强，勇于创新开拓，善于学习，办法见解多，在人群中往往是举足轻重的角色，也是角色的传递者。而依附型人才属于角色的接收者，这种人表现的是一种顺势的行为。公司管理者的心理行为应以主导型为特征。如果管理者是依附型人才，是唯唯诺诺的顺势者，这个公司就不会有生气，开拓不了新局面。

（2）人格心理上的外向型。人格心理特征，可分为内向型、外向型、中间型。典型的内向型者爱沉思，喜欢独处，不喜欢与外界交往。典型的外向型者则开朗乐观，善于交际，敢于冒险，喜欢变化。一般人总是二者兼而有之，只是侧重不同。公司管理者的人格心理特征应以外向型为特征。因为公司是庞大的社会的一个细小的组成部分，在外界环境的挑战下，适者生存，不适者则被淘汰，所以，公司管理者必须以绝大部分的精力，应付挑战。外向型的管理者在处理每一件事情时，能专注于客观环境的变化，能着眼于未来的挑战，能尊重客观事实，使组织内部结构适应客观环境的变化。外向型的管理者是动态信息的捕捉者，能准确地判断信息对公司生产经营的影响，及时调整措施和策略，使公司在激烈竞争中处于不败之地。

（3）心理品质的果断顽强型。管理者的首要任务是决策，从决策者的心理特征分析，其素质类型大致有果断顽强型和多虑型两种。果断顽强，是指能把经过深思熟虑后的选择，迅速、明确地表达出来，并为实现既定的目标，鼓起勇气，动员其全部力量，坚定不移地执行下去。多虑型决策者的特征除了具有深思熟虑和沉着稳健的优点外，还有优柔寡断或犹豫不决，容易丧失良机，在十分紧要时刻容易导致失败的弱点。管理者的心理品质应以果断顽强型为主导特征。在市场经济竞争十分激烈的条件下，既要求管理者要随机应变，不断更新产品，又要求管理者在风险决策时果断稳健。在决策前，多征询别人的意见，博采众长；决策后，一旦遇到风浪，要置个人得失于不顾，勇往直前，与下属同舟共济。

5. 生理素质。生理素质，即身体素质。具有良好的身体素质是人们从事事业应有的本钱。随着科学技术的飞速进步，公司管理者的工作变得越来越复杂。据统计，美国、德国、日本等国家的公司经理，每天的工作时间基本上都在 11～14 小时。我国的厂长经理每天的工作时间绝不低于上述数字。对于身担重任和工作如此繁忙，既用脑力又用体力的公司管理者来说，没有良好的身体素质是难以胜任的。因此，在培养、提高其他方面素质的同时，公司管理者还必须身体健康，具有强壮的体质、健全的神经、乐观的性格、充沛的精力。

第五节 企业家的职业化

一、企业家的含义

企业家的含义是什么？至今尚未有一个公认的定义。第一个在理论上对企业家进行论述的是法国经济学家萨伊，他在 1903 年的代表作《政治经济学概论》一书中这样定义：企业家“应用取得的知识去创造供人类消费的产品，并承担一定程度的风险。”随着社会经济和人类实践的不断发展，企业家的概念所包含的内涵和外延也随之丰富起来。在我国，有的经济学者和管理学者认为，企业家就是自主地作出经营决策并承担经营风险的人；有的则认为，企业家是一种具有高度创造力的职业，是一个事业成功者的社会职称。我们认为，要弄清什么是企业家，必须先弄清以下两个问题：（1）企业家并不一定是企业所有者。企业家作为一个经营者，和企业的所有者是不同的。企业所有者是企业财产的最终所有者，一个企业的所有者可以是一个人，也可以是一批人甚至一大批人；可以是本企业内的人，也可以是企业外部的人。而企业家则是企业财产使用者、企业经营活动的领导者和责任人。在现实经济生活中，也有企业家和所有者同为一人的情况，但这只是说明某个人同时具备双重身份，而不意味着两者是等同的。所有者和经营者的分离，企业家的形成，是市场经济发展到一定阶段的必然产物，也是现代经济生活中一种普遍现象。(2) 企业家不同于一般的企业领导者。企业家和企业领导者都立足于企业，并且都是企业中数量甚少的高层管理者，企业家必然是企业领导者，但企业领导者未必都是企业家。企业家只是企业领导者中的一部分。企业家把企业的发展作为自己的全部事业，以企业生存发展为己任，在企业经营和长期发展方面，具有战略家的气魄和谋略。

我们认为，所谓企业家，是指专门从事企业经营活动，以企业获得生存和发展为己任，承担经营风险，并对企业经营成果负最终责任，取得较大成就的企业经营者和领导者。

二、现代企业家的特征

世界高新技术革命的蓬勃发展促进了企业经营方式的转变和企业家思想观念的革新。作为现代企业家，要树立效率是生命、时间是金钱、信息是财富、人才是关键、科技是第一生产力的观念。在经营管理过程中，既要发展生产，又要加强经营；既要重视发展战略，又要注意现实市场，创造最佳效益，使之达到或接近国际先进水平。

现代企业家具有时代特征，概括起来是高效化、科学化、电子化和专业化。

(1) 高效化，即为了适应现代化大生产的要求，必须克服官僚主义，提高工作效率。

(2) 科学化，即要有一套适合现代化大生产要求的科学办法，包括实现各项经济工作标准化、系统化、文明化和最优化。

(3) 电子化，即管理计算机化。要把计算机应用于管理，发挥计算机计算准确、快速储存、综合分析和自动控制等功能，实现生产过程的自动监督和最优控制。

(4) 专业化，即是现代化大生产需要各方面的专家来管理。具体地说，要选好能加强企业技术管理，推动技术进步的总工程师，能加强企业经营、提高经济效益的总经济师，能严格维护财经纪律，开辟新财源的总会计师，从而使企业形成一支结构合理、配套成龙的管理和技术队伍。

现代企业家，除了具有体现时代要求的上述特征外，还必须具有自身的个性特征。其实也是现代企业家应有的共同特征。

(1) 主体思维。作为现代企业家不仅要在直观思维、理性思维和数学思维方面具有出类拔萃的能力，而且还必须有令人折服的主体思维能力。即想问题、办事情、作决策时，既要有“横”到边的思考，又要有“纵”到底的考虑。

(2) 敏锐观察。现代企业家要有敏锐地预测未来的潜在市场，不断发现人们潜在需求的能力，巧妙地开发这些潜在需求，推动企业前进。

(3) 冒险精神。现代企业家开发新产品，开发新技术，开拓新市场，必须不惜承担风险，而对常人无法忍受的困境，要拿出勇气，全力以赴。

(4) 勇于创新。这是现代企业家的座右铭。他们在黄金时代居安思危，又要在逆境中积极进取，掌握最新动态，左右未来市场。

(5) 果断决策。现代企业家最忌的是拖拖拉拉，优柔寡断，贻误时机。企业家在周密的调查研究和慎重思考后，就应当机立断作出决策。

(6) 知人善任。现代企业家必须具备求才若渴的美德，善用各类人才，心中有一本企业的“人才账”，对各类人才的专长、爱好、优缺点等，了如指掌，真正做到知人善任，使人才各得其所。

(7) 独立见解。现代企业家要善于独立行事、不盲从，不轻附众议，要勤于思考，大胆发问。

（8）富有自信。现代企业家必须对企业未来充满信心，深信自己所从事事业的价值，即使遭到挫折和阻挠，也勇往直前，以实现自己的理想和企业的预期目的。

（9）情操高尚。作为现代企业家，一定要为人正直，与人为善，品德高尚，热爱职工，倾听职工的呼声，能帮助职工排难解忧，并且待人心胸宽阔，经受得住闲言碎语，还要经受得住上级主管的暂时不信任。

（10）讲求效率。现代企业家的信条是：效率是生命，时间是金钱。他们办事从不拖拉，今天要做的事绝不拖到明天。

三、企业家的职业化

企业家是社会化大生产和市场经济发展的必然产物。随着企业规模扩大，经济活动密度增加，企业竞争激烈，企业经营管理越来越复杂，一大批懂业务、专门从事经营管理的并把自己的前途和命运与企业的生存和发展紧紧地联系在一起的专业人才脱颖而出。而且逐渐形成企业家阶层，它来自企业又“超脱”企业，可以在不同企业之间流动。企业家阶层的兴起，极大地促进了经济的发展。

在我国改革开放之前，政企不分，企业只是加工厂，没有自主权，厂长和经理是行政官员而不是企业家。党的十一届三中全会以来，大力发展社会主义商品经济，社会主义市场经济已成为我国经济体制的改革目标模式。同时，随着建立现代企业制度工作的全面推进，企业在新管理体制和新企业制度下，竞相走向市场，成为独立的商品生产者和经营者，客观上要求形成企业家阶层。尽管我国已有一批国有企业的厂长经理已成为企业家，乡镇企业和私人企业中也有一批人才脱颖而出，加入到企业家队伍。但总的说来，仍有许多厂长经理缺乏创新意识和开拓精神，没有成为真正的企业家，因此，我国应进一步加大改革力度，彻底改变国有企业厂长经理的行政干部身份，建立经营人才市场，以及对企业家的激励机制和约束机制，尽快实现企业家的职业化。

第七章

现代公司战略管理

“战略”一词，原是古代军事方面的术语。指的是将帅的智谋、筹划以及军事力量的运用。从古代战争开始，由于对抗双方根本利益的冲突以及战争你死我活的性质，人们不能不重视战争，研究战争。战争能否取得胜利，往往决定于正确的战略指导。如果战略指导错误，即使掌握了强大的兵力，也会陷于失败。我国古老的战略、战术著作《孙子兵法》，就是研究战略、战术的名著，至今仍为世界所推崇。

把“战略”引人到企业，是20世纪30年代的事情，1938年美国管理学者巴纳德就是把战略观念引进企业管理理论的第一人，但还没有得到企业界人士的广泛注意。到了60、70年代，管理学界和企业家们就比较重视企业战略问题了。由于经济结构的调整，科学技术的迅速发展，生产规模的不断扩大，跨国公司的大量涌现，企业之间的竞争愈来愈激烈，大量不重视战略研究的企业在竞争中被淘汰，迫使企业家们不得不重视企业战略研究，以免在竞争中遭受失败。

第一节　公司战略管理的含义与特征

一、公司战略

由于人类最激烈的竞争、对抗活动就是战争，因此，战略一词最早出现于战争领域，然而人类的对抗、竞争活动远不仅限于军事上的战争。随着社会经济的发展与科技的进步，特别是进入近代工业社会以来，各个不同利益组织之间的竞争，实际上就是和平时期的经济战争。这种经济战争，我们称之为商战。所谓商战，是指各个具有独立经济利益和法人地位的企业，相互之间展开的以争夺顾客、超越竞争对手为主要内容的市场竞争。每个企业为了自身的生存和发展，为了保护自身的经济利益，为了增加本身的实力和财富，就不得不在激烈抗争的环境中，想方设法争取主动，争夺顾客，击败对手，抢占市场。因此，把军事方面的战略概念、理论和方法，移植到企业经营管理中。

之所以能够把军事战略移植到企业经营管理方面来，而成为企业战略，是基于以下的判断，即战场与市场、战场上的战争与市场上的竞争，在性质、目的和过程诸方面均有许多相似之处。如，战争是一种敌我双方你死我活的斗争，市场竞争则是竞争诸方优胜劣汰的斗争；战争是以保存自己、消灭敌人为目的，市场竞争是以发展自己、超越对手为目的；战争的过程是敌我诸方的实力、士气和指挥水平综合展开的过程，决定胜负的关键正是以上三者结合状态的优劣，市场竞争的过程也是竞争诸方的实力、士气和指挥水平综合展开的过程，决定成败的关键也是以上三个方面能否实现最有效的结合。

关于企业战略的定义，不同的学者有着不同的解释。哈佛学者钱德勒给战略下的定义为：战略是“企业基于长期目的和目标的确定，以及为达成前述目的、目标所采用的行动过程的确定及必要的资源分配”。在钱氏的定义中，战略包含着理性规划过程。沿着同样的思路，奎恩给战略所下的定义是：战略是整合企业主要目的、政策和行动秩序的模式或计划。

这种理性模式的定义受到了明茨勃格的挑战，他指出，理性模式的问题在于它不准确地假定企业的战略总是理性规划过程的结果。他认为，理性模式忽视了战略能够不经任何正式规划而自动出现。其论点的核心是“战略远不是企业计划、打算做什么，而是它实际上做什么”。他给战略所下的定义为：战略是进行中的决策或行动模式。该模式包括计划性战略和非计划性战略。他认为非计划性战略往往总是比计划性战略更成功、更恰当。

我们认为，战略在本质上是一种计划，是一种特殊的计划。战略是在竞争状态下所作的、与常规计划不同的计划，其本质上是一种对弈行为，像下棋一样。战略是由军事战争借用到经济竞争中的概念。因此，公司战略可定义为：是公司在竞争环境中为生存和发展而作的行为选择——行为目标的选择及达此目标的手段、方式的选择。简言之，战略是公司生存竞争中的目标——手段选择过程。狭义的战略仅指手段，广义的战略包括战略目标和战略手段两个方面的内容。

二、公司战略管理

公司战略作为过程展开，就是公司战略管理。所以，可以把公司战略管理简单定义为：使用公司战略作为手段对公司活动进行管理。按公司战略管理过程进行描述，则上述定义可以展开为：公司战略管理是依据公司外部环境和自身条件的状况及其变化制定战略，实施战略，并根据对实施过程与结果的评价和反馈来调整、制定新战略的过程。

公司战略管理作为公司管理最新发展起来的一门分支学科，与生产管理、财务管理、营销管理和组织人事管理有所不同，后者实际上是管理公司生产；管理公司财务、管理公司营销和管理公司组织人事，其名称是用管理对象界定的，而公司战略管理则是用战略管理公司，是用管理手段界定的，管理对象则是公司及其全部活动，而不是仅仅管理公司的某一项活动。可是，公司战略管理绝非事无巨细，不分时间场合，什么都要管。因为这既无必要，也无可能。实际上，公司战略管理也仅仅是对公司有限而又极端重要的关系到企业发展全局的战略问题进行管理。

公司战略管理的目的是为公司的持续生存和不断发展提供一种管理上的保证。从实践上看，公司战略管理总是围绕着企业家展开的。从这个意义上说，公司战略管理，也就是企业家的战略管理。公司战略管理的功能，就是使企业家面向未来的市场竞争，在不断形成和发挥企业的竞争优势的过程中，不断实现公司资源能力与外部环境的动态平衡，从而把公司从现在引向未来，实现企业家和广大职工成就事业、报效社会的理想和抱负，实现公司宗旨。图 7－1 就是公司管理功能的一种直观形象的表达。

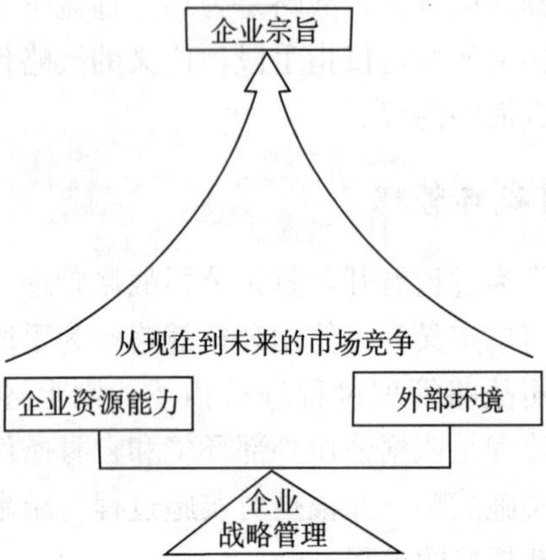

图 7—1　企业战略管理的功能示意图

至此，我们可以根据公司战略管理的功能及其实质下一个定义：公司战略管理，是公司在处理自身与环境的关系的动态过程中，实现公司宗旨的管理过程。

三、公司战略管理的特征

公司战略管理主要有以下特征：

1. 公司战略管理有双重目的。公司战略管理有两个目的：一是实现公司持续生存和不断发展。战略管理既不在于近期盈利的高低，也不在于某些个别环节的得失，而是要着眼于公司经营结构的不断完善和优化，着眼于公司综合素质的不断提高，着眼于为实现公司的持续生存和不断发展提供可靠的基础。二是体现公司宗旨。即公司在生存和发展过程中不断地为顾客、为社会、为职工的福利和成长做出愈来愈大的贡献，成就事业，报效社会，实现公司宗旨所体现的公司价值。

2. 公司战略管理的对象是公司发展全过程。公司战略管理开始于企业家的战略思考，然后是战略制定、战略执行、战略评价和控制、战略修订，最后是战略目标的达成。这样一个战略管理的过程，就是所谓的战略周期。对于公司成长发展来说，公司战略问题总是不断出现的，即公司上一个战略周期结束之后，新的战略周期应不间断地立即投入运行。随着时间的推移，公司战略管理不断取得成功，公司的兴旺发达就是必然的了。

3. 公司战略管理是理性思维和非理性思维的结合。公司战略的策划和实施，首先要进行大量的、持之以恒的调查研究，要以充分的事实和数据为依据，并借助于理性的思维和逻辑推理，同时也要借助想像和直觉等非理性的思维。对于一个战略课题、一项重要的工程项目、一个重要市场的开拓或者一项重要的投资活动，充分必要的资料和数据，准确的数学分析，充分的经济财务分析等，都是正确进行决策的依据，离开这些，公司战略管理就不可避免地陷入盲目性，所造成的失误往往是灾难性的。但是由于经济和科技的迅猛发展，某些政治社会的变革，往往导致经济周期产生一些突变现象；而且不同国家、地区、行业的市场供求关系变化也是千差万别，判断这些变化，仅仅靠理性思维和逻辑推理，有时就会显得无法解释、无能为力，这就需要结合企业家敏锐的眼光，独到的思维，甚至想像、直觉，从中捕捉机会，进而作出正确的决策。所以公司战略管理，从思维方式的角度认识，必然是理性思维和非理性思维的结合。

4. 公司战略管理的中心是寻求公司资源能力和外部环境的动态平衡。公司战略管理工作涉及的面很广，时间很长，问题性质也很重要。在工作安排上，既要能够实现某种特殊的战略优势，又要能够不失时机地发现和利用一些重要的发展机会；既要能够切实可行地汇集资源和分配资源，又要能够使各项重要的工作在内容上配合，在时间上衔接。但就公司战略管理的总体而言，其中心环节则是不断地寻求公司资源能力和外部环境的动态平衡，保证能够有效地、持续地保持和发展公司与环境的投入—产出交换，这样不仅可以减少或避免由于资源能力与环境变化之间的失衡现象所造成的损失，而且可以主动地对环境中所发生的中远期的、根本性的变化作出积极反应，从而使公司长期地、稳定地、健康地发展。

5. 公司战略管理是全体职工共同参与的管理。公司战略制定过程中的战略构思、分析和决策，主要是公司首脑及高层管理者的责任，公司战略实施过程中碰到的重大困难或出现更大的发展机会时，也要靠公司首脑和高层决策者的坚毅、明智领导。但是，无论是公司战略的制定、实施及作出或大或小的调整，都离不开广大职工的信息输入，离不开广大职工的理解、支持和全心全意的投入。

6. 公司战略管理取得成功的关键是创新。公司未来时期的环境、市场、顾客、竞争对手以及公司自身的状况，都不可能是现在的重复或简单的延伸。未来时期种种变化的迅猛性、突发性、变动的幅度、频率、变动的内容，往往是用现有的经验和知识所难以驾驭的。惟一的办法是以变应变，以创新求生存、求发展。美国学者彼得—德鲁克曾讲了一段关于公司经营创新的话，他说："在这个要求创新的时代中，一个不能创新的已有公司是注定要衰落和灭亡的"。"一个不知道如何对创新进行管理的当局是无能的，不能胜任其工作。对创新进行管理将日益成为公司管理当局，特别是高层管理当局的一种挑战，并且成为它的能力的一种试金石"。"企业家的职能是创新"。这些话对我们来说是很有启发意义的。

第二节　公司战略管理过程

战略管理可以分解为一系列结构单元，整个框架见图 7—2。

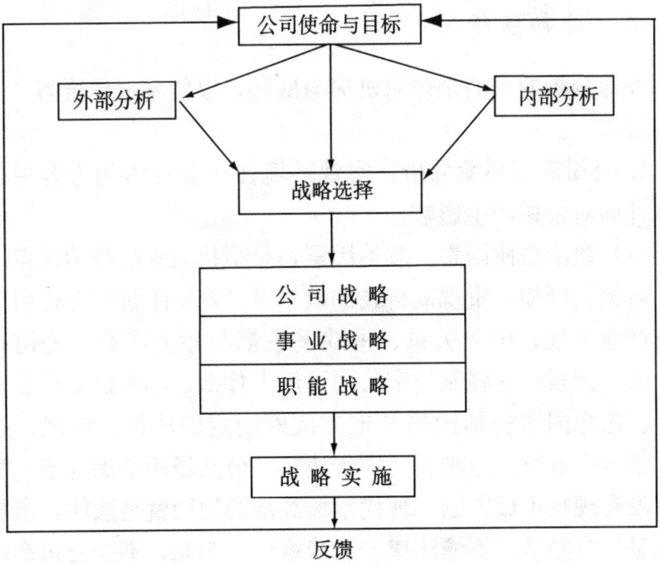

图 7—2　战略管理过程分解

一、使命与目标

战略管理过程的第一步是确定公司的使命与主要目标，使命和目标提供了一个大框架。这个框架既是制定公司战略的依据，同时又是公司战略实现与否的评价标准。

1. 使命。使命是用来说明公司为何存在及其应该做什么的。如得克萨斯航空公司的使命是："面向北美主要人口中心，以合理价格满足个人及商业旅行者高速交通的要求"。

2. 目标。公司目标是指该公司长期期望完成什么。公司目标并不是单一的，大多数公司都有一个目标体系，而置于首位的是股东利益最大化，在此之下还有许多分目标，如得克萨斯航空公司将"成为美国六大航空公司之一"，作为它的一个分目标。

二、外部分析

外部分析的目的是辨明机遇与威胁，以便制定最恰当、最有效的战略。

1. 公司宏观环境分析。宏观环境往往会具体化为客观条件和事件而对公司产生影响。

(1) 政治法律因素。政治因素，是指执政党的政治观点、方针、政策。例如，重视高科技的政策及"863 计划"将有利于高科技产业发展；中美关系、中欧关系都与相关产业、公司有关系。法律因素，它强制规定公司可以干什么、不可以干什么及怎么干。法律因素包括国家及地方政府制定的法律、法规、条例等，如《企业财务通则》、《广告法》、《公共场所禁烟规定》等。

没有规矩不成方圆，现代市场经济的规则就是法律，市场经济就是法制经济。不懂法律，寸步难行。为此，不少公司都聘有法律顾问。

(2) 社会文化因素。社会文化因素由公司所在社会的习俗、道德、价值观及人口统计特征所构成。从作为市场主体的消费者的行为看，它是消费心理的一个基础。中国沿海地区西化的价值观及生活方式使情人节、圣诞节及相关礼品消费大行其道。传统的“家”的概念，使得家庭成为中国人的核心生活空间，家居装修成为家政投资重点。

社会文化因素还影响员工行为并决定经理的管理方式，因此出现了美式、日式、中式、欧式管理哲学及企业文化。

中国当今社会文化状态是独特的。在社会大转变时代，旧的规范正在失去，新的规范尚未建立；多重价值观共存，呈混沌状态。

(3) 技术因素。技术是指公司将资源转化为其产品或服务所凭借的手段。现在处于知识大爆炸的时代，新技术、新发明不断涌现，尤其是信息技术的不断更新极大地改变了企业的生产及管理模式。研究证明：每当一个新技术被介绍到一个行业时，原先曾占主导地位的公司则失去优势并难以恢复。为此，不少公司专门建立研究与发展部门以使公司在技术上保持领先。济南三株公司不仅与大学合作研究，自己也拥有研究机构，先后推出三株口服液、生态美化妆品、赋新康抗癌药品等新产品，使其在保健、医药用品市场上步步领先。总之，任何一个公司都生长在一个技术高速变化的环境中，不进则退。

(4) 经济因素。经济环境状态可用经济景气指标来测量。经济景气是衡量一个国家或地区经济运行态势的综合性指标，包括宏观经济景气和微观经济景气两方面。宏观经济景气通常是以一系列互相联系的经济指标组成的一个科学的监测评价体系，来综合显示宏观经济运行是否处于正常的状态。这些经济指标包括工业增加值、固定资产投资、消费品零售总额、企业存款、银行货币支出、财政支出、进出口额、工资性支出、特价指数等12项。根据这些指标分别得出评分值，将各项指标的评分值相加，即得出宏观经济景气的综合评分。评价结果有过冷、偏冷、适度、偏热、过热五大类。

微观经济景气通常是以一套科学的问卷调查方式取得企业家或消费者对经济变动，尤其是微观经济变动的主观感受与判断，用以反映经济运行态势。

2. 公司运作环境分析。公司运作环境是指对公司的生存与发展有种种影响的组织或机构，公司运作环境主要包括：

（1）客户。客户是购买某公司产品（服务）的组织或群体。对于某公司来说，客户包括两层含义：一是指一级购买者，即中间商；二是最终用户，含工业用户和消费者。客户就是市场，掌握了客户就等于掌握了市场。客户的需求、购买力及其对特定企业及品牌的偏好都构成公司经营的一个前提条件或环境。

（2）供应商。供应商是向某公司提供资源的组织，如印刷厂向印刷物资公司或造纸厂买纸。此外，还包括向公司提供资金的银行、投资公司、股东等；向公司提供人力资源的学校、培训中心、人才中心等；向公司提供信息的市场研究机构、商情杂志社等。

（3）竞争者。竞争者是与某公司在市场及资源上有争夺关系的组织，如可口可乐与百事可乐。竞争者主要存在于同行之间。并非同行但生产替代产品或替代服务的公司也构成竞争关系，如快餐店与方便食品厂、电影院与电视台等。竞争还体现在不同行业间、企业与非企业组织甚至个人之间。如公司与某大学争一笔贷款，企业与某个人争一块地。竞争关系是企业环境中最复杂和危险的因素。对于竞争者，公司最高当局应保持足够的警惕并辅以专门的情报工作。

（4）政府部门。政府部门是指代表国家对企业实行管理的权力机关，如工商局、审计局、环保局、技术监督局、税务局等。任何企业都处于一系列政府部门的管理之中。

（5）新闻媒介。新闻媒介掌握着舆论工具，对企业的形象、声誉有着重要影响。正面的宣传报道有利于企业的经营活动，负面的曝光批评不利于企业的经营活动，甚至可以毁掉一家企业。

（6）社区。社区是人们共同生活的一定区域，如村落、城镇、街道等。社区关系也称区域关系、地方关系，即公司与所在地方政府、社团及其他组织以及当地居民的睦邻关系。

（7）社会团体。社会团体则主要是指工会、妇联、消费者协会等。其影响力不亚于政府机构。它们一般都受政府机构支持，具有半官方性质。

（8）业务关联及协作企业。业务关联及协作企业是指企业在日常业务中经常打交道的企业，一般是长年形成的老关系。即除了中间商和供应商之外的其他与企业业务有密切联系的单位，如保险公司、广告公司等。

三、内部分析

内部分析旨在找出自身的优势和劣势，分析项目大体包括职能分析、战略因素分析、发展史分析、价值链分析等。

1. 职能分析。下面列出公司内部分析的典型因素，这些因素是依管理职能划分的。职能分析可以从整体上反映公司潜在的强弱点。

公司潜在强弱分析关键因素

营销

* 公司产品组合宽度与深度。
* 销售集中程度。
* 搜集必要市场信息的能力。
* 市场份额或亚市场份额。
* 产品组合及扩张潜力：主导产品生命周期、产品利润。

* 分销渠道：数量、覆盖面及控制。
* 产品形象：声誉、质量。
* 创意、有效的SP及广告。
* 定价策略和价格灵活性。
* 市场信息反馈及开发新产品、新市场程序。
* 售后服务与追踪。
* 商誉与品牌。

财务与会计

* 短期筹资能力。
* 长期筹资能力，债务与所有者权益比。
* 公司层资源（多事业公司）。
* 相对于行业和竞争者的资金成本。
* 税务问题。
* 与所有者、投资者及股东的关系。
* 杠杆状况：使用多种财务策略的能力，如租赁、售后租回。
* 记账成本和记账障碍。
* 价格收益比率。
* 流动资金，资金结构灵活性。
* 有效的成本控制，降低成本能力。
* 理财规模。
* 关于成本、预算及利润规划的有效会计系统。

生产/作业/技术

* 原料成本及供货可靠性，供应商关系。
* 存货控制系统，存货周转。
* 设施选址、布局及使用。
* 规模经济。
* 设施的技术效率及能力。

* 分包的有效使用。
* 纵向一体化程度，附加值与毛利。
* 效益及设备的本利比。
* 有效的作业控制程序：设计、日程、采购、质量控制及效率。
* 相对于竞争者的成本与技术竞争力。
* 研究与发展/技术/发明。
* 专利、商标等法律保护。

人事

* 管理人才。
* 员工技能与士气。
* 相对于竞争者的劳动关系成本。
* 有效的人事政策。
* 有效的激励措施。
* 调节员工聘用波峰、波谷的能力。
* 员工跳槽与缺勤。
* 特殊技能。
* 经验。

一般组织管理

* 组织结构。
* 公司形象与声望。
* 公司实现目标的程度。
* 沟通系统的建立与完善。
* 总体组织控制系统。
* 组织气候，组织文化。
* 系统程序与技术在决策中的使用。
* 高级主管的技能与兴趣。
* 战略规则系统。
* 组织内协同（多事业公司）。

2. 战略因素分析。公司并非总是按照上述内容来分析其自身强弱的。公司经理在提出或修正一个战略时，往往要找出几个对公司成功起决定性作用的因素。这些因素因行业、市场细分、产品周期及公司现实定位的不同而不同。这些对公司成功起决定性作用的因素正是所谓的“战略因素”。不同行业的公司其战略因素也有所不同，如石油业的战略因素不同于建筑业及娱乐业。在同一行业内，战略因素也因公司而异。比如，贵州醇酒靠低度加直销取胜，孔府宴酒靠品牌文化及广告取胜。

3. 发展史分析。战略家往往会审视公司过去的表现，以分离出对公司经营有利或不利的内部因素。如在营销、生产、财务管理上，有哪些因素（优势、劣势）影响了过去的成果？销售力量得到了有效组织吗？我们正在使用正确的分销渠道吗？我们是否有财力支持过去的战略？审视过去的问题有利于对公司当前的形势进行分析。

分析过去的销量、成本、获利性趋势有利于辨明公司的战略因素。公司首先要进行的是销售状况分析，从产品大类、渠道、关键客户或客户类型、地理分布及销售方法等方面解剖过去的趋势。此外还要进行成本和盈利状况分析。对公司过去运营历史的剖析有助于分离出影响销售、成本和盈利能力的内部因素并揭示其相互关系。这些因素对未来战略决策具有重要作用。比如，某公司发现83％的销售收入来自于其20％的产品，另一公司发现30％的产品贡献了78％的利润。

辨明战略因素还需关注外部环境。战略家在对公司过去和现在运作分析的同时，还要对行业环境及竞争对手进行分析。如BIC公司基于对行业环境和公司过去运作中竞争对手特点的认识，将大量生产与大量广告作为关键内部因素。

4. 价值链分析。价值链分析是系统考察一个企业向用户提供产品的一系列运作活动的分析方法，如图7—3所示。

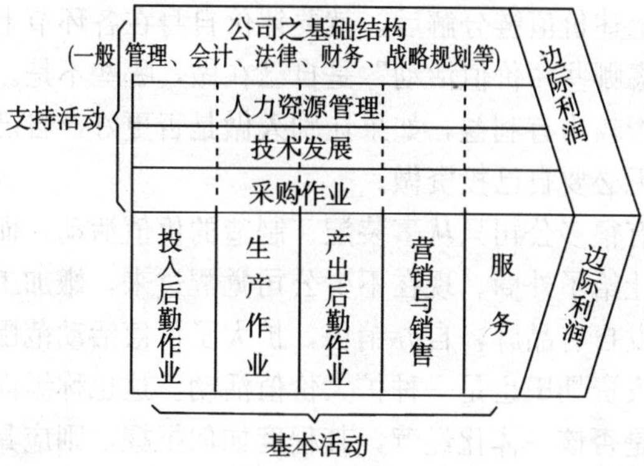

图 7—3　价值链

每一企业都可视为一系列价值活动的集合。如图 7—3 所示，任何企业所从事的价值活动都由 9 个基本范畴构成。企业不一定要从事价值链上的所有活动，为提高企业的竞争力，企业可主要从事自己有优势的项目，而将自己处于劣势的项目交由其他企业进行。

台湾学者吴思华依照图 7—3 的模式画出了简化模式，见图 7—4：

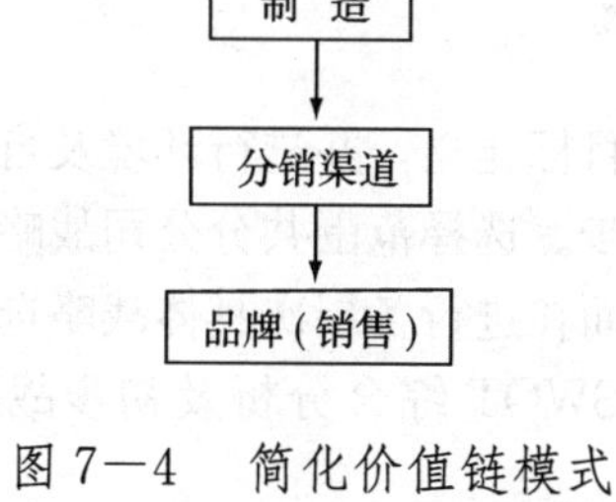

图 7—4　简化价值链模式

完成上述价值链分解后，就要评价自身在各环节上的强、弱点，以考虑哪些“价值活动”是自己在做，哪些不是。然后思考自己做是否较为有利益，如果让别人做是否更好，自己本来未做的活动有无必要自己投资做。

我国有很多公司只从事装配、制造的价值活动，而把品牌的价值活动让给了外商。现在不少公司觉醒过来，嫌加工费利润太低，就开发自有品牌，自办销售，扩大了价值活动范围。玉溪卷烟厂自己投资烟田也是一种扩大价值活动。这也称纵向扩大化或一体化。是否该一体化经营，其程度如何把握，则应具体问题具体分析。例如，青岛广华啤酒保鲜容器有限公司在其价值链上重点控制产品关键环节，所有工序、半成品、零配件均采用招标方式分解到21个专业生产厂家，余下精力抓产品开发和市场营销。这种“抓两头放中间”的模式体现了其集约化管理的优越性。1994年这个22个人的公司销售收入达2000多万元，利润800多万元。1995年该公司销量又比1994年同期增加50%以上，市场占有率在全国为85%。

通过分析得出自身强、弱点后，就要作最终评价结论。通常有4种评价角度：（1）与公司自身过去运作比较的自身强弱。（2）产品、市场寿命周期不同阶段的自身强弱。（3）与竞争者比较的自身强弱。（4）与所在行业关键成功因素比较的自身强弱。

四、战略选择

在完成使命、目标建立，并进行环境及自身分析后，自然就进入战略选择这一步。选择范围共分公司战略、事业战略及职能战略三个层次。然而在进行各层次具体战略选择之前有个承上启下的过渡分析——SWOT综合分析及初步战略选择（见图7—5）。

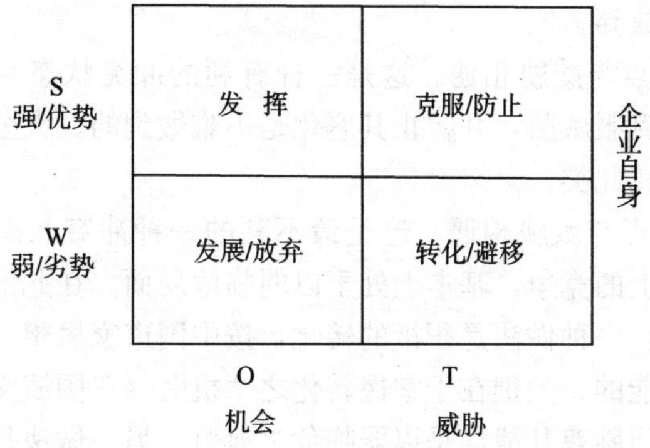

图 7—5　SWOT 矩阵

所谓 SWOT 矩阵，是一个公司趋吉避凶的谋略库，共有四种情况：

1. 强点与机会相遇。这是首选上策，在外界机遇与自身优势的交叉点上发挥优势，主动出击，迅速反应。比如，济青高速公路修建之时，某公司拥有一大笔资金，就决定买下某段地皮进行经营。美国一商人在夏威夷度假时，偶然从广播中听到加拿大发生口蹄疫，他立即打电话给总部要求追踪调查疫情。当情报显示疫情将传向美国牧场时，他立即决定大量收购牛羊肉及牛羊。不久，疫情传到美国，所有牧场被封，牛羊肉奇货可居，这位商人大赚其钱。机会可分为：明显机会；有线索的隐形机会；无线索的隐形机会。这就要求经营者要有独到的商业眼光，能够从外界微小变化之中找出商业机会。

2. 弱点与机会相遇。发现了机遇但自身的实力不足，此时有两种选择：一种方法是用别人的钱赚别人的钱，借外力以补自身实力的不足。最成功的例子是南德公司用我国积压的轻工产品换前苏联飞机的策划。另一种方法是逐渐发展自身的实力以抓住机会，这种做法的缺陷在于公司无法在机会消失前发展自身实力时，只好放弃。

3. 强点与威胁相遇。这是一种有利的冲突状态，此时集中自身优势克服威胁，并防止其恶化是不难做到的。大公司抗击市场波动即属此类。

4. 弱点与威胁相遇。这是最不利的一种冲突状态。中国企业在世界上的竞争，基本上处于以弱临危局面。在此情况下也有两种选择：一种做法是积极的转化，按中国道家思想，以弱胜强不是不可能的，关键在于掌握转化之“机”。《三国演义》中诸葛亮初出茅庐胜曹几战均是以弱临危之典范。另一做法是面临此境时尽快转移，减少损失，“惹不起，躲得起”。

五、战略实施

战略形成后需贯彻实施，其大体过程如图 7—6 所示。

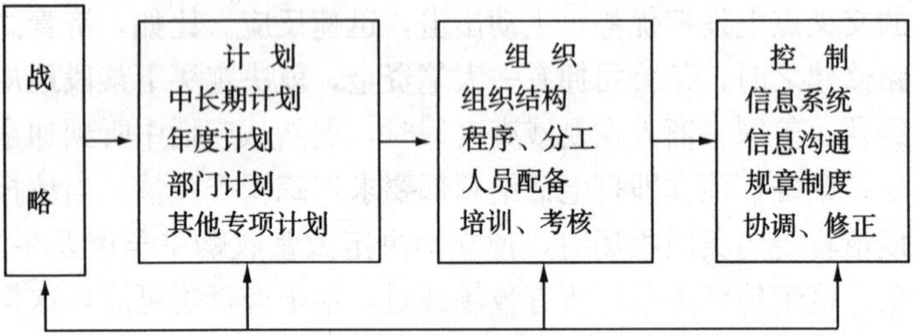

图 7—6　战略实施过程示意图

战略是公司管理的灵魂，公司管理过程即是战略实施的过程。首先要将战略引申分解为各类计划，再经年度计划分解为部门计划及其他专项计划。

为了确保战略、计划的实施，还要适当调整组织结构和人员分工，做好人员配备和培训工作，还要制定相应的制度、考核及奖励办法。

在战略措施的具体执行过程中还要进行控制。实际上，计划和组织都是一种控制手段，是控制的第一步。还要通过公司的信息系统对照计划标准对现行的公司运作作出各种调整，以保证公司沿着既定战略方向发展。

此外，随着外部环境的变化，公司战略与计划要在实践中不断调整、完善，形成一个滚动式战略——规划——组织——控制管理循环。

第三节 公司层战略

一、总体战略

总体战略是在公司层次上发展出来的一种行动总框架。公司在单一市场或一些高度相关市场上竞争时尤其喜欢使用总体战略。公司可选择的总体战略一共有三种：成长型战略、稳定型战略、收缩型战略。

1. 成长型战略要求公司在销量、市场占有率及总资本等方面全面成长。公司既可以通过引入新产品、开拓新渠道和增加市场占有率来实现其自身的内部成长，也可以通过兼并、收购、重组等来实现公司的外部扩张。

当公司有大量资源支撑以及具有合理的成长可能性时，成长型战略通常是比较合适的。成长是很多公司所追求的，至于如何成长，又有集团化、系列化，纵向、横向及旁系多种经营，集约化等具体方式。

2. 收缩型战略也称回航战略，要求缩减不获利或无前途产品的生产。这一战略，老牌国有企业尤为常用。国家对某类企业或某类产品实施的“关停并转”即是例证。特别是当企业不获利、成本过高，或在产品及市场上多方出击而力不从心时，则要退回来，以求退一步进两步。在与竞争者激烈的价格战后，或为了保护自己，也可采用此种战略。

3. 稳定型战略要求保持现状。采取此战略的公司打算停留在刚进入的业务领域，像以往一样管理它，并试图防御来自环境的威胁。当一个公司缺乏成长资源或在市场上发展余地很小，或经理对成长根本无兴趣时，这种战略常被采用。当一个公司经历了一段高速成长或收缩后，稳定也是很重要的。

二、事业组合战略

公司只有少数相关事业时，总体战略是有用的。当其有许多不同的事业，特别是这些事业互不关联时，则需要另外的战略模式，即事业组合战略。以下是几种常见战略组合模式：

1. BCG 模式。BCG 模式是美国波士顿顾问群在经济大萧条时期为解决企业集团财务周转问题所创造的分析技术。公司或产品在 BCG 模式中的相对竞争位置的基本前提是所谓的经验曲线。经验曲线认为，生产一个产品所积累的经验依次倍增。生产、营销、分销产品的单位成本因经验作用可下降 20%～30%。依此推理，公司的最佳战略是保持最大市场占有率。需要注意的是最大市场占有率的取得可以通过细分市场、独占或防守细分市场，而非针对市场的全部，见图 7—7。

BCG 模式中纵坐标以百分数表示某种产品或一组产品的销售成长。圆圈大小表示该产品的销售相对于公司总销售的比例。成长率以 10%为中速，20%为高速。横坐标表示与最大竞争者市场占有率的百分比。波士顿顾问群指出：理想的位置是做市场上的大公司，这样可获得经验曲线的全部利益。如果以 1.0 为分界线，一个公司至少应居于此分界线上而与最大竞争者有同样市场占有率并取得明星或现金牛地位。实际上，该分界线宜在 0.75 处或在该行业平均市场占有率处。因为一个公司如果高于

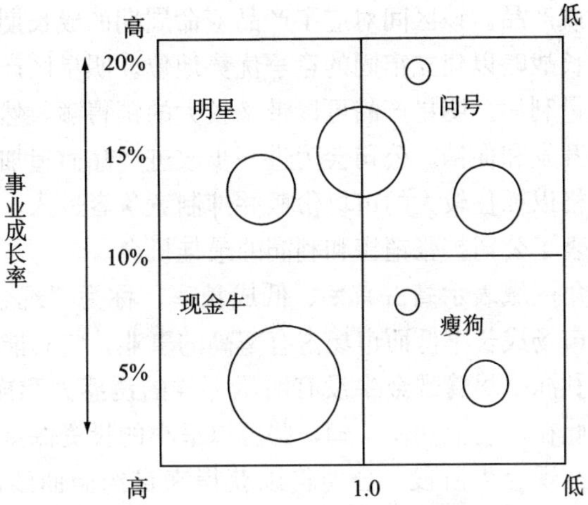

图 7—7　相对竞争位置（市场占有率）BCC 模式

平均市场占有率，就可获得作为市场上主要力量的利益。

图 7—7 中右上角区域表示低占有率、高成长率，称为“问号”或“问题儿童”。市场的高速成长使得该事业领域具有吸引力。然而，低占有率使该公司能否有效地参加竞争成了问题。

问号类的事业通常是有潜在商业吸引力的新产品或有关开发新产品的提议。公司必须评估此类产品以决定其发展的可行性。上一个新产品项目通常需要注入大量资源以进行市场试验，改进产品，激发产品需求，发展生产设施，建立必要的分销渠道等。

经验曲线认为，早日获得市场领导地位有利于降低单位成本。公司要考虑的基本问题是：我们能主导市场份额吗？如果回答是肯定的，则对该产品可选择成长战略，为其发展分配资源。如果既不能占主导份额又不能有一定的足以生存的份额，则该产品应该放弃。

左上角区域表示高占有率、高成长率，称为“明星”。明星类事业是指具有高成长率，而且在此方面公司又具有强大竞争地位的事业或产品。该区间对应了产品寿命周期的成长期。公司通常追求成长战略以建立牢固的竞争优势地位。明星区产品通常不能产生大量利润。明星产品可以带来较大的销售额，然而需要大量花费去开发和促销。公司会为进一步改进产品而追加投资，也会压低价格以抓住较大的市场份额并抑制竞争者进入。然而，明星产品代表了公司扩张销售和利润的最佳机会。

左下角区域表示高占有率、低成长率，称为“现金牛”。现金牛是指市场成长率低而市场占有率高的事业，它总能够为公司产生大量利润。尽管现金牛没有明星那样的诱惑力和成长潜力，但公司因此在市场上立住了脚，并可以最小的投资保持其市场地位。正是在现金牛阶段，公司得以获得来自经验曲线的大量利润。该公司可以通过较高的市场占有率，通过经验曲线而降低成本，产生利润。

管理现金牛的策略是保证长期现金流入最大化。在降低对该类产品分配资源的同时，公司应努力维持销售。把由该事业产生的利润用来投资于发展问号类或明星类产品。当该事业失去吸引力并近于产品寿命衰退期时，策略将转向追求短期现金流最佳化。对于正在衰退的现金牛要逐渐采用脱离或清理策略。

右下角区域表示低占有率、低成长率，称为“瘦狗”。瘦狗类事业市场份额小，并处于竞争劣势。经验曲线说明：市场份额小的公司产品单位成本高于市场份额大者。增加销售的惟一办法是减少竞争者的销售。但是，高成本使得“偷”竞争者市场份额成功的可能性很小。于是，BCG 模式建议此类产品应被减少、清理。

BCG 模式的优点在于它将所有事业单位放在一张图上以评价每一事业单位对公司总体的贡献，并在此基础上针对每一事业单位制定了不同的策略。不过该模式也存在着一些重大缺陷。

有人指责 BCG 模式仅用市场成长率作为行业吸引力的预测

指标。实际上，政府干预、消费者偏好变化以及新技术等都会影响行业吸引力。另外，尽管市场需求在快速增长，但该行业的所有公司并非都有获利性。20 世纪 80 年代初微型计算机需求的快速成长，也伴随着该行业一些企业的破产。所以，用需求成长作为行业吸引力的惟一指标是不妥当的。

同样，用市场份额作为获利的指标也是危险的。利润在产品的生命周期的不同阶段是不断变化的。此外市场份额也不易确定。奔驰公司在整个汽车市场上仅有很小的份额，但控制了豪华车市场的决定性份额。即使是在定义相对清晰的市场上，大的市场份额也不能保证利润。波特认为，在市场占有率和利润率之间并不存在单一的关系。在某些行业中投资收益率与市场占有率之间存在一种 U 形关系；在那些成本相对不重要的行业中，市场占有率与利润率之间经常表现为相反的关系。

BCG 模式的分析奠基于某行业或产品群主导企业的市场份额。如果有个企业明显地居于主导地位，由此确定的战略是有效的。然而，如果某行业有许多无明确主导地位的企业，或市场领导者因其改变竞争策略而改变其领导地位时，忽视其他竞争者的危险是很大的。经验曲线所赖以成立的前提是最大批量导致低成本。然而，在很多情况下，许多小的、有创见的公司的精明管理者能够修正营销或生产策略并能获得比主导公司更低的成本。所以，小公司是不可忽视的。

对 BCG 模式的批评还集中于它对事业的划分是依市场份额及事业成长率的高低。那么，处于“平均”状态的事业该如何运用此模式？换言之，许多公司所从事的事业难以用高低定义，而是处于中间位置，所以，四象限矩阵太简单化了。

2.GE 模式。GE 模式是在克服 BCG 模式弱点的基础上，进一步发展起来的。它不是简单地从市场成长率和事业份额评价事业单位，而是从更广泛的竞争地位和行业吸引力来进行评价。步骤如下：

(1) 评价行业吸引力。评价行业吸引力分四步：首先，确定决定行业吸引力的一系列标准。它包括业内人士所共认的行业吸引力因素——成长、规模、资金密集性和竞争激烈性。其次，对每一因素分配权重，以体现各因素对公司的相对重要性。第三，将各因素分为：无吸引力；较无吸引力；一般；较有吸引力；很有吸引力五个级别。吸引力越大分值越高（一般打分标准化为：无吸引力，1 分；较无吸引力，2 分；一般，3 分；较有吸引力，4 分；很有吸引力，5 分）。同时，吸引力高的标准视为公司的“机遇”，吸引力低的标准视为公司的“威胁”。最后，计算总分，加权累计得 3 分以上的，则认为该行业较有吸引力。

(2) 评价竞争地位。评价一个战略事业单位在其行业中的竞争地位的步骤与评价行业吸引力的步骤基本相同。在这里，影响公司竞争地位的因素主要有：市场份额、技术诀窍、产品质量、售后服务、价格竞争、生产成本、生产能力。然后，就是给这些因素分配权重、分级、打分。最后计算总分，得分在 3 分以上的为优势，3 分以下的为劣势，3 分为一般。

(3) 比较战略事业单位。一旦完成上述分析，每个战略事业单位便定位于图 7—8 所示的矩阵中。

图 7—8 中横坐标代表竞争地位，纵坐标代表行业吸引力。每个圆圈代表一个战略事业单位。其圆心位置由二维得分（行业吸引力得分，竞争地位得分）确定，其面积大小则与战略事业单位所在行业规模成正比。阴影面积代表各战略事业单位在所属行业的市场占有率。矩阵共分 9 格。左上角三格为“胜者”或最理想的事业。它具有中等以上的行业吸引力和竞争地位。右下角三格为“失者”，它处于相对弱的竞争地位和吸引力低的行业。

右上角一格为“问号”，它的未来具有不确定性，但又有潜在的希望。它在有吸引力的行业里具有弱的竞争力。若加以适当

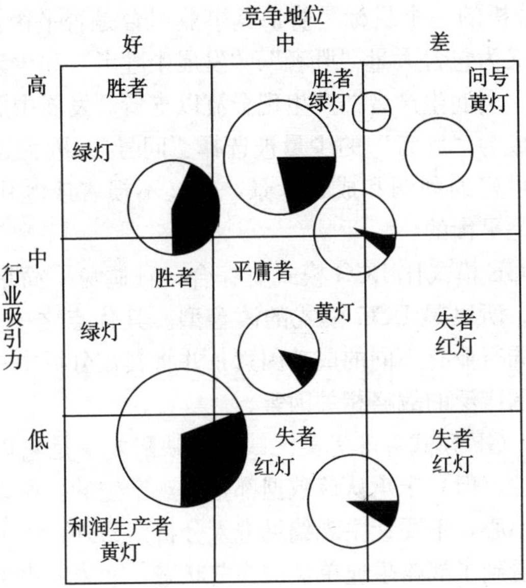

图 7—8 GE 矩阵

培养，则能成为胜者。然而，它也面临着成为“失者”的危险。

左下角一格表示“利润生产者”，它在无吸引力的行业里具有强大竞争力。

中央一格为“平庸事业”。

有一种形象的比喻叫“交通灯战略”：左下角到右上角对角线三格为黄灯区——小心；左上角三格为绿灯区——前进；右下角三格为红灯区——停车。即“失者”应削减市场份额。胜者及发展中胜者应予以加强，必要时注入资金。公司还应有选择地培养“问号”，以期使之转为胜者。既然“利润生产者”属于远景不佳的行业，就应利用其强大的竞争力产生利润，投入并支持胜者和被选“问号”。还应考虑是否将“平庸者”转入“胜者”，或是削减之，因为它不大可能提供最佳长期回报。

GE 分析的一个目标是辨识其事业组合是否平衡。“平衡组合”被定义为包含大量“胜者”、“发展中胜者”和少量的“利润生产者”。“利润生产者”产生现金流以支持“发展中胜者”和有潜力将来成为“胜者”的少量被选择“问号”。因为这种组合能给公司提供好的利润和成长远景，而又不损害或滥用其流动资金，所以是平衡的。

因为 GE 模式比 BCG 模式更综合，且避免了简单化和无根据的假设，所以是 BCG 模式的改善型。其优点之一是灵活性。它认为不同行业有不同的成功因素，并将其在分析中具体化。它能涉及范围广泛的战略相关因素。

然而，GE 模式并非完美无缺。其缺陷之一是它以数据赋予决策合法性，但并未承认该数据都是主观产生的。所以，战略管理者必须小心，不要让主观偏见进入分析。另外，该分析是静态的，它只看到了战略事业单位的当前状态，而未考虑到未来的变化。

3. 产业演变模式。为克服 GE 模式的不足，有关专家提出，要在产业演变基础上使用事业组合矩阵（见图 7—9）。

如同其他方法一样，产业演变矩阵以划分战略事业单位开始，再使用类似 GE 模式的方法评价每一个战略事业单位的竞争地位，尔后将每一个战略事业单位置于 15 格矩阵。在图 7—9 中，横坐标表示战略事业单位的竞争地位，纵坐标表示产业演变的不同阶段。每一圆圈代表一个战略事业单位，其面积与其所在行业大小成正比，阴影部分代表该战略事业单位的市场占有率。该模式的长处在于能够表示公司的事业在产业周期不同阶段的分布。用 GE 的描述方式，图 7—9 中的事业 A 被视为高潜力“问号”，在一行业发展的初期它占有强大竞争地位。当该行业进人成长期时，利用机会扩展事业是明智之举。与此相类似，事业 B 是发展中胜者。它在产业成长期有强大竞争地位，它也同样要利

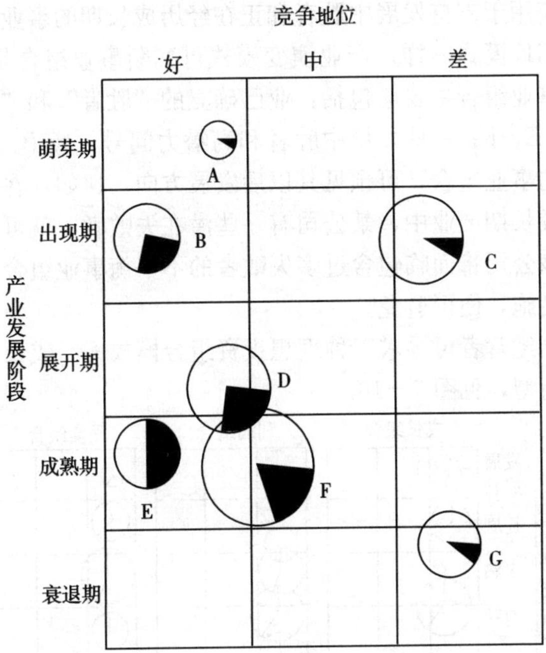

图 7—9 产品/产业演变矩阵

用机会扩展。事业C尽管也处于成长期，但应是发展中失败者，这样的事业难以在衰退期的威胁中生存。事业D所属产业还经历着成长期，它有强大的竞争力并将以市场领导者或利润生产者身份生存并进入成熟期。事业E、F看来是“利润生产者”，而G注定是“失败者”了。这种分析以发现各项事业所处周期阶段为中心。高潜力问号及发展中胜者应该培养，因为将来会成为“胜者”和“利润生产者”。潜在“失败者”C，应尽快削减。同时，像G这样的事业，前景渺茫，公司应采取退出策略。事业D看来当前不会有太好的回报，但其前景是好的，这样的事业应支持。事业E和F应加强和保持其竞争力。从这些事业所产生的现金应用于支持发展中胜者和正在经历成长期的事业。

像 GE 模式一样，产业演变模式可判断事业组合是否平衡。平衡的事业组合主要应包括：业已确立的“胜者”和“利润生产者”，像 E、F；一些发展中胜者和高潜力问号，像 B、A。对于不平衡的事业组合，可预见其以后发展方向。比如，在具有获利性的高成长期产业中，某公司有一些潜在失败者，就可以预见若干年后该公司将面临包含过多失败者的不平衡事业组合。现在采取纠正措施，便可避免。

资产经营者可寻求三种理想投资组合模式——成长型、利润型、平衡型，见图 7—10。

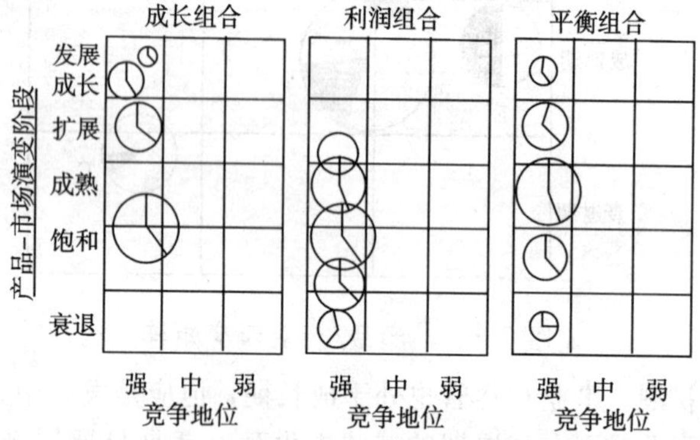

图 7—10　三种公司组合策略

公司可以发展出与该组合相应的组织结构或分支企业。

该模式的优点是以发展眼光来看待各事业成分，并能优化及预先调整事业组合结构，还可使公司层人士看出事业层的战略需要。其弱点是没有集中于产业吸引力的所有相关因素。正如 GE 模式所证明：产业演变阶段是很重要的，但并不是惟一的。其他因素也是有意义的，并有着独立于产业演变周期的影响力。

第四节　事业层战略

事业战略涉及到公司内一个单独事业单位怎样进行竞争。如果一项事业仅在一个市场上竞争，并且基本上其自身就是一个战略事业单位，那么，它就可以选择一种合适的战略模式。

一、战略模式

事业战略模式要求某项事业的管理者应努力将事业战略与环境条件相匹配。具体而言，该模式认为事业战略模式是由环境条件的复杂程度和变化状况所决定的。如图 7—11 所示，图中推荐了三种形式的战略，以与不同的环境条件相匹配。

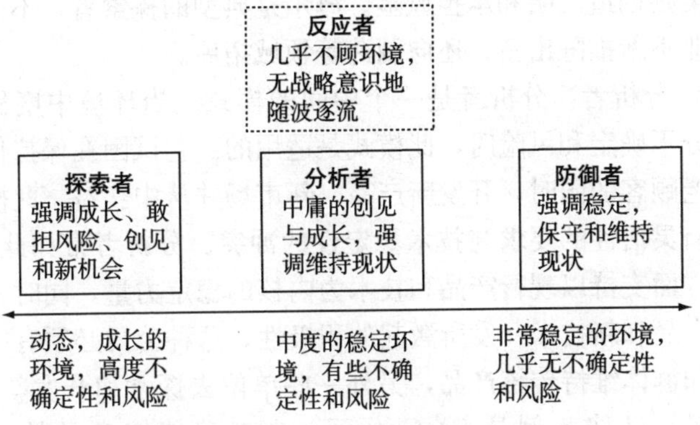

图 7—11　战略模式

1. 防御者。当一事业运行于稳定、少有不确定性或风险的环境时，要求采用防御者战略。防御者试图在市场上给自己开拓一个相对狭窄的位置并在此经营有限的一套产品或服务。尽管防御者可采用竞争价格或高质量生产标准以捍卫其地位，但它似乎忽视其所选领域之外的潮流和发展。防御者还会专注于最有效的生产和分销技术，但忽视长远效果。它也倾向于维持刻板的科层组织形式以保证控制和效率。美国的麦当劳可划入防御者。它们在其环境中为自己选择了特定位置，并以维持该地位为主要目标。

2. 探索者。探索者战略恰是防御者战略的对立面。当环境处于动态、成长并且不确定和有风险时，最好用此模式。“探索”为发现和投资新产品、新市场开辟了道路。因为探索者关注新产品和新市场，所以其试图避免长期沉湎于任何单一技术。其所使用的技术都不是固定的和机械的。例如，日本汽车业的柔性作业系统，可以随时调整，生产适应市场需求的新产品。这可使公司从一种产品或市场转向另外的产品或市场，而不至于抛弃现有技术而投资于新厂和新设备。探索者通常采用柔性组织，依靠分权，奖励创造发明和承担风险。海尔是典型的探索者，不仅在家电行业不断推陈出新，还向制药等领域拓展。

3. 分析者。分析者是一个中间的模式。当环境中度稳定并有几分不确定和风险时，此模式是适用的。它试图在保持传统产品和老顾客的同时，开发新产品、新市场并从中获益。此模式可以平衡灵活性的要求与技术稳定性的冲突。分析者常如此工作：它一方面支持以现行产品和技术为内核的稳定力量，同时又支持由新产品和新技术开发所激起的积极性。这种公司必须有一部分单位和群体维持传统产品，另外一些单位去探索和开发新产品、新市场。最佳范例是 P&G 公司，它有着传统产品核心，如 Crest 牙膏 Head 和 Shoulders 洗发水，但其仍然寻找新产品以增加其产品系列。青岛加裕食品有限公司继成功地推出加裕方便面后，又推出一种内附各味汤料的挂面，可见其经营决策独具战略眼光。

此外，还有一种消极的反应者模式。反应者实际上是战略失败者。其以不适当的方式对其环境作出反应，并导致低劣绩效。

导致公司成为反应者的因素有：(1) 高层经理没有战略意识及清晰的公司战略意图。(2) 公司没有形成适应既定战略的组织结构及人力资源。(3) 在环境条件发生重大变化时，不及时作出调整，试图保持原有的战略——结构关系。中国目前许多经营不善的公司基本上属于此类。

二、一般性竞争策略

1. 差异化策略。差异化策略就是要使顾客感到本事业的产品或服务在质量、设计、服务及其他方面都与众不同。差异化的原理在于：公司对独特的产品可以定高价，于是可提高单位利润。成功运用该策略的有劳斯莱斯和本田等。海尔的成功则体现了质量、形象和服务等方面的全面差异化、卓越化。

2. 成本领导策略。成本领导策略是指某事业试图通过成本最小化（价格最低）取得销售最大化。低成本可以通过生产效率、产品设计、分销渠道等方式取得。总之，成本领导主要是通过规模经济而取得的。另外就是通过集约经营，提高生产要素质量及管理效率。该策略换句话说就是价格优势策略。中国很多行业害怕加入 WTO，就是因为产量少而在成本上无法与西方国家相比。这反映了我国一些行业在人才、技术、设备及管理等方面的全面落后。

3. 专一化策略。专一化策略，就是将产品或服务指向特定的地理区域、特定的顾客群，或者经营单一产品或服务。在较小的空间内把别人做不来或不愿做的事，做得尽善尽美。比如，日本有个拉链大王，看准了小小的拉链，花大力气从美国引进设备、技术，几经努力，终于生产出世界上最好的拉链，在世界市场上有 80%的占有率。美国的英特尔公司专注于电脑芯片生产，在此领域取得领先地位和独占优势。

4. 产品生命周期。每一个产品都要经历导入期、成长期、成熟期和衰退期。当一个产品刚刚被导入市场，它还不被广大消费者接受，市场需求较小。经过一段时间后，该产品逐渐被市场所接受，市场需求大幅增加，产品进入成长期。逐渐地，市场需求趋于饱和，产品进入成熟期。最后，由于新产品的出现，该产品的需求逐渐减少，产品进入衰退期。

产品生命周期的长短取决于产品种类。时髦物品，如呼拉圈、歌星唱片会在几周内完成生命里程，而汽车已经历了几十年的时间，仍在成熟阶段。油盐酱醋则永远不会有衰退期。

要注意将此理论与其他战略模式和策略综合应用。如在导入期需要产品与众不同，宜采用差异化策略。同时，也可采用分析者战略模式，以避免过分依赖未知的新产品。成长期到来时，该事业可采取探索者战略模式，为产品发展寻求新机会。与此同时，继续强调差异化。当产品进入成熟期时，该事业转入防御者位置并保持适当的市场份额。此时，成本领导及专一化策略可作为进一步增加利润和销售的手段。在衰退期，该事业撤回至分析者的位置，小心地寻找新机会，或者需要经历一个收缩阶段。

第五节　职能层战略

职能层战略涉及到公司如何安排其基本职能活动。它是为保证公司层、事业层战略实施而在职能管理范围内的运作原则，所以又称职能策略。公司最根本的职能战略包括营销战略、财务战略、人力资源战略、生产战略（见表 7—1）。

公司可以在对上述四大基本职能进行分析的基础上，分别制定出其相应的职能战略。

表 7—1　　　　公司职能部门及其关注点

职能领导	关注点
营　销	目标市场 产品组合 分销渠道 价　　格 促　　销
财　务	资本结构 资金管理 红利政策 债务政策
人力资源	人事政策 员工关系 人员发展
生　产	效　　率 成　　本 质　　量 工　　艺

第八章
现代公司决策管理

决策是行为的选择，行为是决策的执行，正确的行为来源于正确的决策。改进管理决策、提高决策水平，是公司管理人员应十分注意的一个问题。

第一节　决策在管理中的地位与作用

一、决策的概念

什么叫决策呢？按照诺贝尔经济学奖获得者，美国现代决策理论学派的创始人西蒙教授的观点，“决策程序就是全部的管理过程”。另一位著名的美国学者伯法也认为：“管理的首要任务是能够作出决定公司今后短期和长期行动路线的决策。这些决策可以针对每一个可以设想到的物质领域和组织领域，它们可以涉及财务计划、销售、人事安排以及作业和生产方面。决策还经常相互交错地同时涉及这些职能系统。”这说明，管理就是决策，哪里有管理活动，哪里就有决策过程存在。

按照系统论的观点，公司系统的正常运转，既受外部环境的制约，也受内部条件的制约。公司系统的功能，就是要在这一内外条件的约束下，达到生产和销售的良性循环。因此，决策贯穿于公司的整个经营管理过程的始终。公司经营管理的过程，就是不断作出科学决策的过程。决策可以定义为：确立目标和在许多备选方案中选择一个满意方案。这个定义包含了下面三重意思：(1) 所以要决策，是因为有许多可供选择的方案存在，如果为了达到某个目标只存在一个方案，也就没有必要做决策；(2) 做决策就是在多个方案中进行选择；(3) 为了使选择有一定依据，必须有选择的准则，也就是要有目标。这三重意思是互相联系、缺一不可的。如果在实际工作中，没有经过几个方案的比较，就作出决策；或在决定时，没有明确的目标，那么，这样的决策就不可能是正确的。公司的经营决策，就是对公司经营活动中所涉及到的多种方案的选择或决定，即是多方案选优。那么，公司经营决策包括哪些内容呢？主要有：(1) 经营战略与方针政策决策；(2) 经营目标与计划决策；(3) 产品决策；(4) 技术发展与投资决策；(5) 资源开发与利用决策；(6) 价格与成本决策；(7) 市场销售决策；(8) 财务决策；(9) 组织与人事决策。

二、决策在公司经营中的地位与作用

国外曾有人做过调查，他向组织管理人员提出如下三个问题："每天在哪些方面花时间最多？""每天最重要的事情是什么？""在履行职责时感到最困难的是什么？"绝大多数管理人员的回答就是两个字——决策。

考察国外公司兴衰的历史，无不说明决策的正确与否直接决定着公司的生死存亡。美国曾做过一个调查，发现在失败的公司中，91.7%是因管理不善而失败的，从而得出了"三七"的结论：一个公司搞得好坏或经营的成败，"三分在技术，七分在管理"。

决策在我国公司经营活动中的地位，愈来愈重要。这是因为，我国经济体制改革的目标模式，就是建立起间接的宏观经济调控机制，即国家利用法律、法规和政策来调控市场，市场引导企业，让企业在市场竞争中优胜劣汰。随着我国经济体制改革的不断深化，市场体系不断完善，破产法的实行，公司经营成功与否的裁决人是消费者，是市场。这就使得公司能否做出正确的决策，成了公司经营生死攸关的事情。具体说，公司经营决策的重要作用是由下列因素决定的：

(1) 是由公司经营决策的自主权所决定的。随着经济体制改革的不断深入，国家和公司关系不断理顺、理清，产品的开发，生产规模的扩大，技术的更新与改造等，都要由公司自己根据市场的供求情况作出决策。决策是否正确，是公司能否生存下去的关键。正确的决策，可以使公司不断盈利，发展壮大；反之，错误的决策，轻则造成公司亏损，重则使公司倒闭、破产。

(2) 是由公司经营的外部环境所决定的。公司经营的外部环境因素主要有：经营环境、技术环境、物质环境、政治法律环境等。其中，经常处在不断变化中的是经济环境、技术环境。

经济环境的中心内容是市场。我国市场由卖方市场向买方市场逐渐转化的过程，就是公司不断加剧竞争的过程，公司在竞争中是否处于优势，主要不取决于其生产效率的高低，而是取决于经营决策是否及时、正确。错误的决策，生产效率越高，亏损越大；正确的决策，加上较高的生产率，公司就能不断盈利，在竞争中立于不败之地。

随着外贸体制的改革，我国公司必将越来越多、越来越广泛地参与国际市场的竞争。其中包括对外贸易和发展对外经济技术交流等。这主要是因为，科学技术的发明创造是没有国界的。善于利用世界上先进的技术，才能大幅度提高我国的生产力水平。不走这个捷径，一切从头做起，那就要经历漫长的时期，会被甩得更远。因此，我们必须充分利用公司这种组织形式，参与国际市场的竞争。国际市场上价格、利率等变化很快，引进技术，必须考虑资金的取得、贷款的偿还等。上述都需要科学的决策。

当今的时代是一个技术飞跃发展的时代，这使得产品更新换代的速度越来越快。有关资料表明，最近10年内发展起来的新技术，目前有30%已经过时。电子产品的寿命周期已经缩短到了3～5年。随着我国城乡人民生活水平的不断提高，需求的多样性更加剧了消费品的更新换代速度。面对挑战，公司就必须不断地研究新技术，开发新产品，从而需要耗费巨额资金。能否避开风险，抓住有利时机，关键在于决策的正确。

(3) 是由公司经营目的所决定的。公司经营目的是为了盈利。不能盈利的公司，就没有存在的必要，也无法生存下去。也就是说，公司能否生存下去的充分条件是能够盈利。因此，公司就必须对其有限的资源进行合理安排，有效利用，以达到预期的最大经济效果。这就更离不开正确的决策。

第二节 决策的步骤

经营决策在公司经营活动中处于中心地位，因此，就必须做出科学的决策。几十年来，我们已经吃够了“拍脑袋”、凭经验做决策的苦头。“前事不忘后事之师”。我们的主管人员必须从经验决策向科学决策发展，掌握科学的决策原理、方法。由于公司经营外部环境的变化，技术更新周期的加快，信息传递速度的加快等，使得公司经营决策问题涉及面广，问题复杂，经营决策如果不按科学的决策程序综合考虑，很难作出正确的决策。

按照决策学理论，决策就是一个提出问题、分析问题、解决问题的过程。公司的经营决策也必须依据决策理论，遵从决策的一般模式。公司经营决策的一般模式包括：分析问题、确定目标、制订方案、选择方案四个阶段，如图8—1所示：

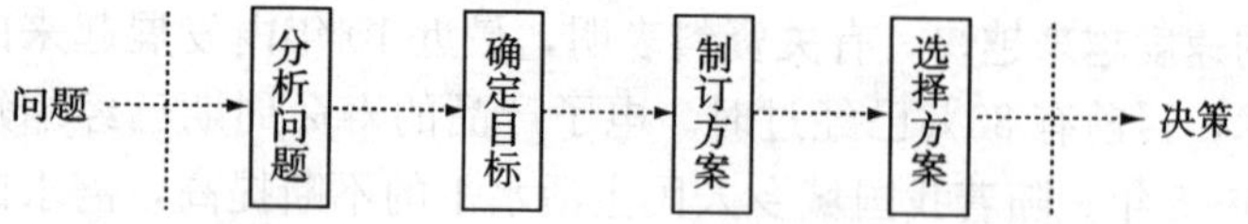

图 8—1 公司经营决策的一般模式

下面对上述四个阶段作简单的说明。

一、分析问题阶段

找出公司经营中存在的问题。问题产生的原因，一般来自三个方面：(1) 主观方面。指由于各方面的局限性而产生的主观脱离实际的理想、目的和意图；(2) 客观方面。指决策对象和周围环境产生的问题；(3) 主客观之间的联系方面，也就是实践活动方面产生的问题，如信息输送、信息分析以及实施的偏差等产生的问题。作为一名优秀的公司经营者，绝不是漫不经心地等待，而是要善于积极地从公司的经营活动中，通过环境分析和组织诊断，从蛛丝马迹中找出问题，这是经营者的职责。因为，他们负有经营管理的重任。另外，公司经营者处在公司的高层，站得高，看得远，可以统观全局，易于找出问题的关键所在。

二、确定经营决策目标阶段

在发现经营问题以后就要确定决策目标，这是决策中的重要一环。所谓决策目标，是指在一定的环境和条件下，根据需要和可能，在预测的基础上所期望达到的结果。

目标有以下几个特点：(1) 是一个动态的复杂系统。目标是由总目标、子目标、二级子目标，从总到分，从上到下组成的一个有层次的目标体系。(2) 目标成果可以进行定性或定量的衡量。(3) 可以规定达到目标的时间。(4) 目标是可达到的，即在内外各种约束条件下（包括人力、物力、资金和技术等），是现实的、合理的。

在确定决策目标过程中，做好预测工作是十分必要的。因为只对事物的过去和现状进行分析是不够的。决策是对未来行动方案的选择，是今后要实施的。没有科学的预测，就没有科学的决策。

三、制订方案阶段

这一阶段以决策目标为出发点，包括下列两个步骤：

1. 广泛寻求与制订方案。制订方案时，要注意以下几点：(1) 必须制订多种可供选择的方案。多种方案是指各个方案必须有原则性区别，不是只有细节的差异。可供选择的方案要尽可能地多一些，这样决策的选择余地就会大些。(2) 每一种方案以确切的数据反映其成果。(3) 每一种方案都要说明本方案的特点、弱点及实施条件。(4) 各方案的表达方式必须做到条理化和直观化。

2. 可行性分析。要对众多的可供选择的方案逐一进行可行性分析，合并雷同的方案，淘汰可行性较差的方案。最后剩下一组能够实现决策目标的排他性的方案。

四、选择方案阶段

这一阶段有三个步骤：

1. 方案选优。即对第二阶段中制订的可行方案进行综合分析和比较，从中选取一个最优或较优的方案。

选择最优或较优方案是一项极其复杂的工作，更是决策的关键一环。“一着不慎，满盘皆输”。

2. 贯彻实施。决策的目的是执行最优或较优方案，以达到决策目标。

3. 反馈与追踪检查。贯彻实施方案并不是决策过程的终结，任何一种经过选定的方案在实施中，由于客观情况的变化，必然会发生这样或那样的与目标的偏离。因此，必须做好反馈与追踪检查工作。

这个阶段的任务，就是要准确、及时地把方案实施过程中出现的问题，执行情况的信息，输送到公司决策机构，以进行追踪检查，随时纠正偏差。

以上科学决策的四个阶段只是一般的行动指南。在具体决策中，允许各阶段有所交叉。同时，在不同的决策中，也可以省略某些步骤。

综上所述，我们可以把公司经营决策的程序总结如图 8－2 所示。

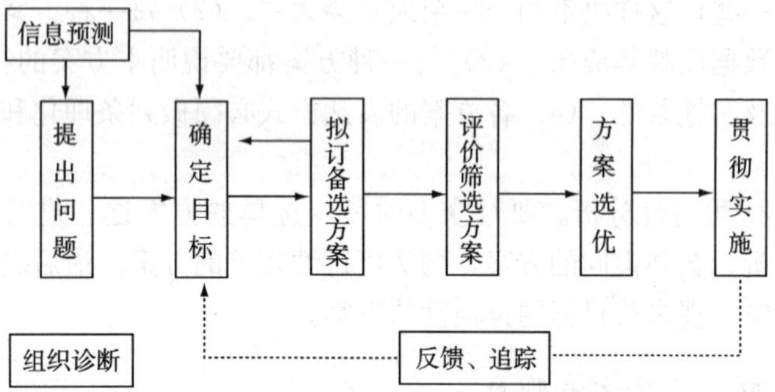

图 8－2　公司决策程序

第三节　公司决策的种类

公司决策可以按照不同的标准进行分类。

（一）根据决策系统获得信息的性质，公司决策分为定性决策和定量决策

1. 定性决策。当决策系统的主要信息不能用确切的数量表

示时，这种决策称为定性决策。定性决策在公司经营活动中是大量存在的，解决这种决策的方法国外称之为“软方法”，或“软决策”。

2. 定量决策。在决策系统中，决策者收集到的信息，能以量的形式表示出来，或能转化成量的形式表示出来，这种决策称为定量决策。近几十年来，定量决策的方法在国外已经得到推广，在大公司中应用尤为普遍，经营者越来越重视这种“硬决策”方法。据1977年美国的有关调查显示，在204家大公司中，确定公司计划方案时，应用决策模拟方法的占公司总数的86%，应用线性规划方法的占70%。

（二）根据所解决的问题在公司经营中所处的地位，公司决策分为战略决策和战术决策

1. 战略决策。是在对公司内部条件、外部环境的全面分析研究的基础上，确定公司发展方向和远景的决策。战略决策可以使公司的经营活动与其外部环境的变化能够经常保持动态的协调，在公司决策中，公司战略决策有着极为重要的地位，是公司成败的关键。

2. 战术决策。是实现战略决策的短期具体决策，重点是解决如何组织、动员公司内部力量的具体问题。

（三）根据决策面对的约束条件及随机因素，公司决策分为确定型决策，风险型决策，不确定型决策

为了掌握、理解这三种决策的内容，首先介绍几个基本概念。

自然状态：在实际生活和生产中，决策者对同一个问题，将面对几种自然情况，称之为自然状态。例如，某公司要确定下一计划期的产品生产批量。根据市场调查和预测，产品销路好、一般和差三种情况的概率分别为0.3、0.5和0.2。这里，决策者要解决的问题是在三种客观条件即自然状态的情况下，对下一计

划期的产品批量作出决策。

自然状态有两个特性：(1) 自然状态是不以决策者的意志为转移的，称之为不可控因素。(2) 几种自然状态必定出现一种，并且只出现一种。

行动方案：决策者对同一个问题，为了达到一定的目的和愿望，为应付面对的几种自然状态而采取的对策方案，称之为行动方案。如上例，决策者面对三种自然状态，可能会采取不同的对策，如大批量生产、中批量生产、小批量生产。决策者可选择三种对策之中的一种，即有三种行动方案可供选择。

价值函数：是指决策系统对于人类社会具有某一“目的与意志”的表述，是决策系统优、劣的衡量标准。决策系统状态的价值是决策对象所处的客观条件以及决策者制定对策的函数。因此，价值函数可写为：

$$W_{ij}=f(A_i, O_j)$$

这里，A_i——决策者可控制的因素，即行动方案，$i=1, 2, \cdots, m$。m 表示决策者有 m 种方案可供选择，A_i 称之为决策变量。

Q_j——决策者不可控因素，即自然状态，$j=1, 2, \cdots, n$。n 表示决策者面对 n 种自然状态，Q_j 称之为决策变量。

W_{ij}——决策者面对第 j 种自然状态所采取第 i 种行动方案时的价值函数值，称之为损益值，也可称作效益值或风险值（见表 8—1）。

确定型、风险型和不确定型三类决策问题，实质上是根据状态变量的不同情况而分类的。其中，不确定型决策，根据是否考虑竞争对手，又可分为不考虑竞争对手的不确定型决策和考虑竞争对手的不确定型决策两种。

表 8—1　　损 益 值

Q_j / W_{ij} / A_i		自然状态 Q_i……Q_j……Q_n
行动方案	A_i	W_{ij} …… W_{ij} …… W_{in}
	⋮	⋮ ⋮ ⋮
	A_j	W_{ij} …… W_{ij} …… W_{in}
	⋮	⋮ ⋮ ⋮
	A_m	W_{mj} …… W_{mj} …… W_{mn}

1. 确定型决策。确定型决策一般应具备如下四个条件：

(1) 存在决策希望达到的一个明确目标；

(2) 只存在一种确定的自然状态；

(3) 存在着可供决策人选择的两个或两个以上的行动方案；

(4) 不同的行动方案在确定状态下的损益值可以计算出来。

例 1：某公司面对激烈的市场竞争，有三种对策：扩建某关键车间；改建某关键车间；维持原有生产能力。每种方案损益值已计算出，问该公司应采取何种对策？

这是确定型决策，可列出损益值表。见表 8—2。

表 8—2　　单位：万元

损益值 / 自然状态 / 行动方案	结　果
扩建	20
改建	35
维持原有生产能力	—10

由表 8－2 可知，在市场情况不变条件下，扩建车间可获利 20 万元，改建可获利 35 万元，维持原有生产能力要损失 10 万元。通过比较，决策者显然应选取改建车间这一行动方案。

这只是较为简单的确定型决策，公司经营中所遇到的决策问题往往是很复杂的，我们将在决策方法中作进一步介绍。

2. 风险型决策。风险型决策也叫随机决策，它具备如下五个条件：

（1）存在着决策者希望达到的目标；

（2）存在着两个或两个以上可供选择的行动方案；

（3）存在着两个或两个以上的自然状态；

（4）不同的行动方案在不同的自然状态下的相应损益值可以计算出来；

（5）在几种不同的自然状态中，未来究竟将出现哪种自然状态，决策者无法肯定，但决策者根据过去的经验和科学的理论可以预先计算出各自然状态的概率。

例 2：某公司为生产某种产品有两个方案，一是建大工厂；二是建小工厂。两者使用期限都是 10 年。大工厂需投资 300 万元，小工厂需要投资 120 万元。两个方案每年损益以及自然状态的概率见表 8－3。

表 8－3

行动方案 \ 损益值 \ 自然状态	销路好（Q_1）	销路差（Q_2）
	$P(Q_1)=0.7$	$P(Q_2)=0.3$
建大厂（A_1）	100	－20
建小厂（A_2）	60	30

本例就是一种风险决策，具体解法将在决策方法中介绍。

3. 不确定型且不存在竞争对手的决策。前面介绍的确定型决策与风险型决策的本质区别在于自然状态个数的不同，进一步分析，其实质是各自然状态的概率不同。可以认为，确定型决策的决策者可以肯定某一种自然状态的概率为1，即这种状态将来必定发生，而其余状态下的概率都是零。不确定型且不存在竞争对手的决策，是指决策者完全不能预测和估计出自然状态的概率的那种决策。因此，不确定型且不存在竞争对手的决策与风险型决策的区别就在于缺少第五个条件。

4. 不确定型且存在竞争对手的决策。以上所介绍的决策类型，都没有考虑竞争对手的存在，这是与实际经济生活不相符的。在经济领域，竞争现象是大量存在的，如各公司之间的加工订货谈判，各公司对国内或国际市场的争夺等，都是竞争现象。

在存在竞争对手的情况下，决策系统的自然状态已由竞争对手的策略所代替。对不存在竞争对手的不确定型决策，虽然决策者不能估计自然状态的概率，但它绝不存在有“目的”阻碍决策者达到某一目的的企图。对存在竞争对手的不确定型决策来说，竞争对手的策略则是以阻碍决策者目的的达到，即击败对手为其根本原则的。这就是决策者对待有竞争对手情况下处理决策问题的基本出发点。

第四节 公司决策的方法

第二次世界大战以后，决策方法有了很大发展。在发展过程中出现了两个特点：一是随着运筹学、电子计算机的发明应用，决策的数学化、模型化和计算机化，这些所谓的“硬技术”得到迅速发展和广泛的应用；二是注意发挥专家集体创造力，这种建立在心理学和社会心理学基础上的所谓“软技术”越来越受到重视。这两个变化正是现代决策方法的发展趋势。

一、确定型决策方法

确定型决策方法有盈亏平衡分析、微分法、线性规划、非线性规划、整数规划、动态规划、投入—产出模型、确定型储存技术、网络分析技术、差量分析、排队论等方法。这里只重点介绍其中的几种。

1. 盈亏平衡分析法。盈亏平衡分析法，又叫盈亏临界点分析法，保本分析法，或量本利分析法，是在进行经营决策时将销售成本分为固定成本和变动成本，通过对销售收入与销售成本进行对比分析确定盈亏临界点，从而确定合理产销量的方法。量本利分析法中的“量”是指生产量（或销售量、购进量），“本”是销售成本（或生产成本、流通费用），“利”是指利润，一般指税前利润。盈亏临界点是指销售收入等于销售成本的销售量，即利润为零的销售量。

其具体决策步骤为：先确定保本销售量，它是安排销售量的最低界限；再根据市场情况确定目标利润额，从而确定目标销售规模。按销售收入与销售成本之间是否呈线性关系其又分为线性盈亏分析法和曲线盈亏分析法。

（1）线性盈亏分析法。销售收入与销售成本之间呈直线关系时采用这种方法。其计算方法可分别采用方程式法、图解法。

方程式法：是根据损益表的内容将成本、业务量和利润之间的关系用一定的关系式表示，然后再计算分析的方法。可分别按销售量和销售额确定。

目标销售量的确定方法是：

首先，确定保本销售量，此时销售收入等于销售成本的销售量，此时盈利为零。其计算式为：

$$Q=\frac{F}{P-V}$$

上式中：Q为保本销售量；F为固定成本；P为产品销售单价；V为单位产品变动成本。

其次，确定目标销售量，它是在一定目标利润条件下的销售量。其计算式为：

$$Q^{*}=\frac{F+M}{P-V}$$

上式中：Q^{*}为目标销售量；M为目标利润。

目标销售额的确定方法是：

首先，确定保本销售额，此时销售收入等于销售成本的销售额，盈利为零。其计算式为：

$$S_{A}=\frac{F}{1-V'}$$

上式中：S_A为保本销售额；F为固定成本；V'为变动成本率$\left(=\frac{\text{变动成本}}{\text{销售成本}}\right)$。

其次，确定目标销售额。其计算式为：

$$S_{A}{}^{*}=\frac{F+M}{1-V'}$$

上式中：$S_{A}{}^{*}$为目标销售额；M为目标利润。

图解法：根据销售收入、固定成本、变动成本之间的几何关系确定盈亏临界点，然后在目标利润条件下确定目标销售量或销售额。其图解如图8－3所示。由图中可知，销售收入与销售成本相交的点E是盈亏临界点，又叫两平点，即销售收入正好等于销售成本的销售量，收支两平。低于平衡点E的销售量都会出现亏损，形成亏损区；高于E点的销售量都会出现盈利，形成盈利区。所以盈亏临界点E上的销售量是保本销售量，目标销售量应大于保本销售量。同样，可根据销售额、变动成本、固定成本的关系确定保本销售额和目标销售额。

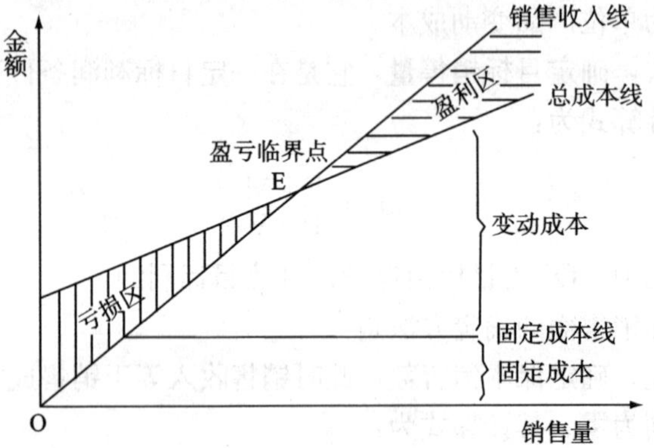

图 8—3 盈亏分析直线图

(2) 曲线盈亏分析法。这里主要介绍二次曲线盈亏分析法。其步骤为:

计算保本销售量

令:TR 为销售收入;TC 为销售成本;Q 为销售量;a_1,b_1,C_1,a_2,b_2 为参数。

则:$TR=a_1Q+b_1Q^2$

$TC=C_1+a_2Q+b_2Q^2$

在保本条件下,TR=TC,则保本销售量的计算式为:

$$Q_1=\frac{-(a_1-a_2)+[(a_1-a_2)^2+4(b_1-b_2)C_1]^{1/2}}{2(b_1-b_2)}$$

$$Q_2=\frac{-(a_1-a_2)-[(a_1-a_2)^2+4(b_1-b_2)C_1]^{1/2}}{2(b_1-b_2)}$$

上式中:Q_1、Q_2 均为保本销售量。

上述关系可以通过图 8—4 表示。

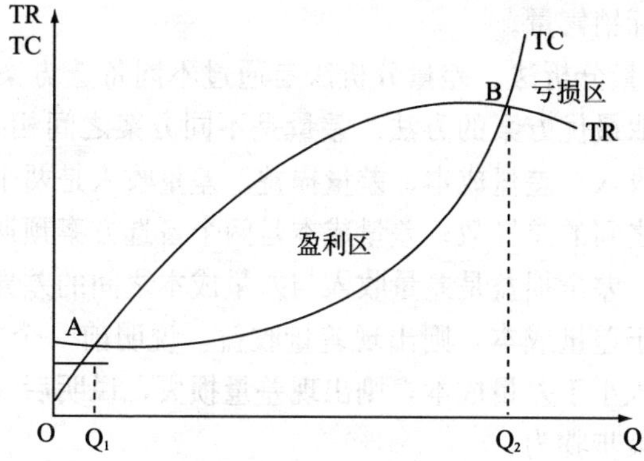

图 8—4　盈亏分析直线图

由图 8—4 可知，TR 与 TC 相交的点 A、B 均为盈亏临界点，在 A、B 点上的销售量 Q_1、Q_2 均为保本销售量，盈利区为（Q_1、Q_2），即大于 Q_1，小于 Q_2 的区间为盈利区间；小于 Q_1，大于 Q_2 的区间为亏损区间。

计算目标销售量，即在一定目标利润条件下的销售量，其计算式为：

$$Q^* = \frac{a_1 - a_2}{2(b_1 - b_2)}$$

上式中：Q^* 为目标销售量。

在目标销售量的条件下，盈利最大，目标利润的计算公式为：

$$M = \frac{-(a_2 - a_1)^2}{4(b_1 - b_2)} - C_1$$

上式中：M 为目标利润。

运用这种方法，可根据公司实际资料先描点确定经济数学模型的类型，再运用最小二乘法估算参数，最后在一定的目标利润下确定目标销售量。

2. 差量分析法。差量分析法是通过不同备选方案差量收益比较来选取最优方案的方法。差量是不同方案之间相差的数量，包括差量收入、差量成本、差量损益。差量收入是两个备选方案预期收入之间的差异数；差量成本是两个备选方案预期成本之间的差异数；差量损益是差量收入与差量成本之间的差异数。若差量收入大于差量成本，则出现差量收益，说明前一个方案较佳。若差量收入小于差量成本，则出现差量损失，说明后一个方案较佳。其决策步骤为：

计算差量收入。其计算式为：

差量收入＝甲方案预期收入－乙方案预期收入

计算差量成本。其计算式为：

差量成本＝甲方案预期成本－乙方案预期成本

计算差量损益。其计算式为：

差量损益＝差量收入－差量成本

进行决策。将差量损益进行比较，选取收益值最大的方案为最优方案，若出现差量收益，则选甲方案；若出现差量损失，则选乙方案。

运用这种方法的基本条件是：生产能力或经营能力有剩余，扩大生产经营规模不增加固定成本；同时市场容量不限，否则扩大生产经营规模就不适宜，这是靠挖潜扩大生产经营规模的方法。

3. 网络分析技术。网络分析技术是组织生产和流通的一种有效方法，又叫计划评审技术。其基本原理是：利用网络图表达计划任务的进度，安排各工程之间的关系；在此基础上进行网络分析，计算网络时间，找出关键工序和关键线路，并利用时差不断改进网络计划，求得工期、资源与成本的最优化方案；实施网络计划，通过信息反馈进行监测与控制，以保证达到预定的目标。

网络分析技术的基本内容包括：(1) 编制网络图。网络图是把所有活动根据先后顺序和相互关系用一定符号从左向右绘制而成的图形，它由活动、事件和线路三部分构成。(2) 计算网络时间。包括确定各项活动的作业时间、各事件的最早时间和最迟时间，计算各工序的最早开始时间和最早结束时间、最迟开始时间和最迟结束时间。(3) 计算时差和确定关键线路。关键线路是网络图中周期最长的线路。(4) 进行资源与工期的优化。(5) 网络分析的费用优化与控制。

网络分析技术是20世纪50年代由美国杜邦公司、海军特种计划局首先研究成功的，其后在世界各国企业界应用于生产组织与管理，并取得了很大成效。如美国杜邦公司，采用关键线路法第一年就节约了100万美元。我国也于1965年开始将其应用推广于国民经济各部门和企业，并取得了一定成效。

4. 线性规划。线性规划是在一定约束条件下寻求目标函数最优的方法。主要有两类情况：一类是在一定的资源条件下使得效果最好；另一类是在完成既定任务的前提下使消耗的资源最少。习惯上称前者为极大问题，称后者为极小问题。线性规划的一般程序为：

首先，确定目标函数。目标函数可以是最大值，也可以是最小值，如利润、收入、产量一般用最大值，成本或费用一般用最小值。

其次，弄清约束条件，即实现目标的限制条件，如人力、物力、财力、时间等。

最后，用数学方法计算在既定约束条件下目标函数的极值。

线性规划的一般表达式为：

目标函数： $\mathrm{Max}f(x)\ [\mathrm{Min}f(x)]$

$$=C_1X_1+C_2X_2+C_3X_3+\cdots+C_nX_n$$

$$a_{11}X_1+a_{12}X_2+\cdots+a_{1n}X_n=b_1$$
$$a_{21}X_1+a_{22}X_2+\cdots+a_{2n}X_n=b_2$$
$$\vdots \qquad \vdots$$

约束条件：

$$a_{m1}X_1+a_{m2}X_2+\cdots+a_{mn}X_n=b_m$$
$$X_1, X_2, \cdots, X_n \geqslant 0$$

上式中：Max 为最大值；Min 为最小值；f（x）为目标函数；X 为变量；a_{ij}、C_{ji}、b_1 为参数；i=1，2，…，m；j=1，2，…，n。

通过上述模型可知，线性规划的基本结构由三部分组成：(1) 变量。待定的数量，规划人员规划的对象，常以 X_1，X_2，…，X_n 表示，或以 X_{11}，X_{12}，…，X_{1n}，X_{m1}，X_{m2}，…，X_{mn} 表示。带有一个下标的变量叫单足标变量，带有两个下标的变量叫双足标变量。(2) 约束条件。指人力、物力、财力和时间等各种资源条件的限制，由若干个线性方程组或不等式方程组表达。对不等式方程组要先引进松弛变量，使不等式变为等式。(3) 目标函数。它表示规划所要达到的目标。既可为最大值，也可为最小值，依具体经济内容而定。

可见，线性规划就是求一组变量值的方法，它满足一组线性方程组或不等式方程组，并使目标函数值达到最优。其主要方法有：单纯形法、图上作业法及表上作业法。

线性规划于 20 世纪 40 年代开始兴起，现已广泛应用于运输、存储、生产任务分配、生产力配置和资源最优利用等问题，从而解决了资源最佳配置的一系列优化问题。

二、风险型决策方法

风险型决策方法有决策树法、灵敏度分析、排队理论、随机理论等。这里我们仅介绍前两种方法。

在介绍风险型决策方法以前，首先介绍风险型决策准则，这有助于掌握决策方法。

最大可能准则。这个准则的基本思想是将风险型决策化为确定型决策。我们知道，一个事件，其发生的概率越大，那么发生的可能性就越大。因此，我们可以在风险型决策中选择一个概率最大的自然状态进行决策，其他自然状态可以不管，这就变成了确定型决策，这就叫最大可能准则。最大可能准则的实质是认为概率最大的那个自然状态是必然事件，即发生的概率为1，其他自然状态看做不可能事件，即发生的概率为零。

以本章第三节例2为例，从该例题的资料中可以看出，自然状态销路好的概率最大，为0.7。

按照最大可能准则，可将其变成下面的确定型决策，见表8—4。

表8—4　　确定型决策

损益值 / 自然状态 / 行动方案	销路好（Q_1）
建大厂（A_1）	100
建小厂（A_2）	60

从表8—4中可以看出，该公司采取方案 A_1 获利最大，所以选取 A_1 为最优决策。

注意，最大可能准则适用于在一组自然状态中某一状态出现的概率比其他状态出现的概率特别大，而它们相应的损益值差别不很大的决策问题。如果在一组自然状态中，它们发生的概率都很小，而且互相很接近，就不宜采用这个决策准则。否则，可能会引起严重错误。

期望值准则。这里所说的期望值指概率论中离散随机变量的数学期望。

随机变量 X 的期望 $E(x)=\sum_{i=1}^{n} p_i X_i$（其中 p_i 为 $X=X_i$ 时的概率）。

我们把每个行动方案看成是离散随机变量，其取值就是每个行动方案中相对应的损益值。

由概率论知，数学期望反映的是随机变数取值的“平均数”。为此，我们可以把每个行动方案的期望值求出来，加以比较，这就是期望值准则。如果决策目标是效益最大，则选期望值最大的行动方案；如果决策目标是使损失最小，而损益值是指损失值，则选期望值最小的行动方案。

仍以本章第三节的例 2 来说明，见表 8—5。

表 8—5 风险型决策 单位：万元

行动方案 \ 损益值 \ 自然状态	销路好(Q_1)	销路好(Q_2)	期望值
	$P(Q_1)=0.7$	$P(Q_2)=0.3$	
建大厂（A_1）	100	−20	$E(A_1)=64$
建小厂（A_2）	60	30	$E(A_2)=51$

根据表 8—5，可计算出每一行动方案的期望值：

$$E(A_1)=100\times0.7+(-20)\times0.3=64(\text{万元})$$

$$E(A_2)=60\times0.7+30\times0.3=51(\text{万元})$$

通过比较，可知 $E(A_1)=64$ 最大，因此采用行动方案 A_1，可能获得最大的利润。下面我们就简单介绍几种风险型决策方法。

1. 决策树法。决策树的基本思想是要决策者在决策前，分析各种可能发生的情况，看到未来发展的几个步骤。它经过一系列具有风险性的抉择之后，才能完成整个一次决策过程。

还以上面的例子，说明决策树的基本步骤。

首先可以画出决策树，如图 8—5。

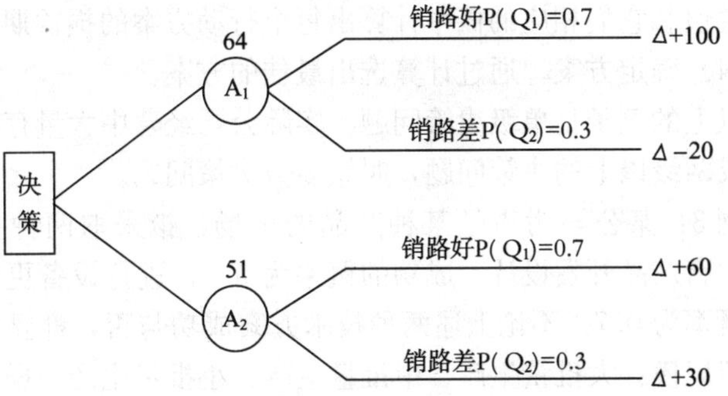

图 8—5　行动方案决策树

图中符号说明：

□——表示决策点，从它引出的分枝叫方案分枝，分枝数即为可能的行动方案数。

○——表示方案节点，其上方的数字表示该方案的期望值，从它引出的分枝叫概率分枝，每条分枝上方写出了自然状态及出现的概率，分枝个数即为可能出现的自然状态数。

△——表示结果节点，它旁边的数字是每一方案在相应状态下的损益值。

将各方案节点的期望值加以比较，选取最大的期望值 64，写在决策点的上方，说明选定了方案 A_1，方案分枝中打有“\\”记号的表示该方案删除掉，或称剪枝方案。决策树法的基本步骤是：

(1) 画出决策树。把对某个决策问题未来发展情况的可能性和可能结果所做的预测，用树状图形反映出来。

(2) 预计各种自然状态的概率。概率数值的确定，可凭有关人员的估算或根据过去的历史资料推算，或用特定的预测方法计算，并将确定好的概率值标在决策树相应的位置上。

(3) 计算损益期望值。在决策树中由末梢开始由右到左，利用损益值和它们相应的概率计算出每个行动方案的损益期望值。

(4) 确定方案。通过计算选出最佳的方案。

以上的例子是单级决策问题。实际公司经营中大量存在的是两级或两级以上的决策问题，叫做多数决策问题。

例 3：某公司为占领某种产品的市场，拟采取两种技术方案：对新产品开发设计，成功的概率为 0.6；进行设备更新，成功的概率为 0.7。不论上述两种技术方案成功与否，都要采取三种生产规模：大批量生产、中批量生产、小批量生产。据本公司研究部门提供的信息，今后若干年内，此种产品涨价的概率为 0.35，保持中等水平的概率为 0.50，跌价的概率为 0.15，估计的损益值列在表 8—6 中，试确定该公司的最佳决策方案。

表 8—6　　单位：万元

行动方案 \ 损益值 \ 自然状态			价格高 (0.35)	价格中 (0.50)	价格低 (0.15)
开发设计	成功 (0.6)	大	500	300	−150
		中	250	100	60
		小	100	60	−100
	失败 (0.4)	大	200	100	50
		中	150	70	−100
		小	100	30	−200

续表

行动方案＼损益值＼自然状态			价格高（0.35）	价格中（0.50）	价格低（0.15）
设备更新	成功（0.7）	大	500	450	300
		中	300	50	70
		小	100	100	－10
	失败（0.3）	大	200	100	50
		中	150	70	－100
		小	100	30	－200

计算过程如下：

第一步：画出决策树，如图8－6。

第二步：计算各点的期望值。

点8：200×0.35＋100×0.50＋50×0.15＝127.5

点9：150×0.35＋70×0.50－100×0.15＝72.5

点10：100×0.35＋30×0.50－200×0.15＝20

比较之，剪去点9、点10，将点8移至点4。

点11：500×0.35＋300×0.50－150×0.15＝302.5

点12：250×0.35＋100×0.50＋60×0.15＝146.5

点13：100×0.35＋60×0.50－100×0.15＝50

比较之，剪去点12、点13，将点11移至点5。

对点14、15、16，可同点8、9、10一样，剪去点15、16，将点14移至点6。

点17：500×0.35＋450×0.50＋300×0.15＝445

点18：300×0.35＋200×0.50＋70×0.15＝215.5

点19：100×0.35＋50×0.50－10×0.15＝58.5

比较之，剪去点18、19，将点17移至点7。

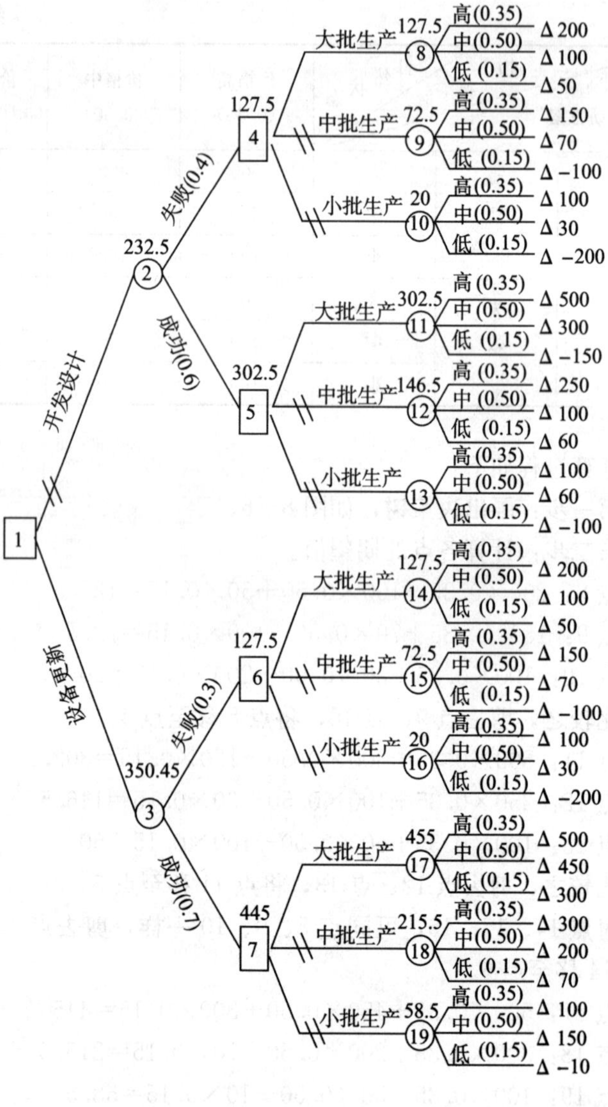
1
开发设计
设备更新
232.5
2
350.45
3
失败(0.4)
成功(0.6)
失败(0.3)
成功(0.7)
127.5
4
302.5
5
127.5
6
445
7
大批生产
中批生产
小批生产
127.5
8
72.5
9
20
10
302.5
11
146.5
12
13
127.5
14
72.5
15
20
16
455
17
215.5
18
58.5
19
高(0.35)
中(0.50)
低(0.15)
Δ200
Δ100
Δ50
Δ150
Δ70
Δ−100
Δ100
Δ30
Δ−200
Δ500
Δ300
Δ−150
Δ250
Δ100
Δ60
Δ100
Δ60
Δ−100
Δ200
Δ100
Δ50
Δ150
Δ70
Δ−100
Δ100
Δ30
Δ−200
Δ500
Δ450
Δ300
Δ300
Δ200
Δ70
Δ100
Δ150
Δ−10

图 8—6

点 2：$127.5\times 0.4+302.5\times 0.6=232.5$

点 3：$127.5\times 0.3+445\times 0.7=350.45$

比较之，剪去点 2。可见，该公司的最佳决策是：进行设备更新，然后大批进行生产。

2. 灵敏度分析。公司在实际经营活动中，所预测的自然状态的概率和计算出的损益值一般来说并不十分精确，为此我们可将此状态的概率、损益值等，在可能发生误差的范围内做几次不同的变动并反复计算，看这些变动是否影响了最优方案的选择，这种分析工作叫灵敏度分析。

如果那些数据稍加变动，而最优方案保持不变，那么这个方案是比较稳定的；反之，如果那些数据稍加变动，最优方案就有变化，这个方案就是不稳定的，需要进一步深入分析。

我们同样可以用灵敏度分析法来研究本章第三节的例 2。

倘若销路好的概率从 0.7 变到 0.6，那么

$$E(A_1)=100\times 0.6+(-20)\times 0.4=52(\text{万元})$$

$$E(A_2)=60\times 0.6+30\times 0.4=48(\text{万元})$$

这时最优方案仍为 A_1。

倘若销路好的概率从 0.7 变到 0.55，那么

$$E(A_1)=100\times 0.55+(-20)\times 0.45=46(\text{万元})$$

$$E(A_2)=60\times 0.55+30\times 0.45=46.5(\text{万元})$$

这时的最优方案变为 A_2。

下面，我们求出这个问题的转移概率。所谓转移概率，是指销路好、差的临界概率，也是最优方案发生变化的那个概率。

设销路好的概率为 α，则销路差的概率为 $\lambda-\alpha$，两方案期望值相等时：

$$100\alpha+(-20)\times(1-\alpha)=60\alpha+30\times(1-\alpha)$$

解之，$\alpha=5/9=0.556$

即 $\alpha>0.556$ 时，A_1 为最优方案，当 $\alpha<0.556$ 时，最优方案就变为 A_2 了。

三、不确定型且不存在竞争对手的决策方法

对于这类决策问题，我们介绍五种决策准则。

1. 乐观准则，也叫最大最大准则。其基本思想是对客观情况总是持乐观态度。

例 4：设有四个行动方案 A_1、A_2、A_3、A_4，三个自然状态 Q_1、Q_2、Q_3，其相应的损益值见表 8－7。

表 8－7

行动方案 \ 损益值 \ 自然状态	Q_1	Q_2	Q_3
A_1	3	7	4
A_2	3	4	3
A_3	5	6	7
A_4	2	6	9

乐观准则的步骤是：

（1）先求每个方案在各种自然状态下的最大损益值。

$\max\{3, 7, 4\}=7$

A_1

$\max\{3, 4, 3\}=4$

A_2

$\max\{5, 6, 7\}=7$

A_3

$\max\{2, 6, 9\}=9$

A_4

(2) 再求出上述已求出的各最大损益值的最大值。

$$\max\{\max[f(A, Q)]\} = \max\{7, 4, 7, 9\} = 9$$

最大值 9 对应的行动方案是 A_4，则应选方案 A_4。

若表 8—7 中的数值是损失值，则应采取最小最小准则，其数学表示式为：

$$\min_{A}\{\min_{Q}[f(A, Q)]\} = \text{最优方案对应的最小损失值}$$

2. 悲观准则。这种方法的思路是，对客观情况总是持悲观态度，所以为了保险起见，总是把事情估计得很不顺利；但在各种最坏的情况下又想从中找一个好一点的方案，因此又叫最大最小准则。仍以上例来说明这个准则的方法步骤：

(1) 求出每个方案在各种自然状态下的最小效益值。

$$\min_{A_1}\{3, 7, 4\} = 3$$

$$\min_{A_2}\{3, 4, 3\} = 3$$

$$\min_{A_3}\{5, 6, 7\} = 5$$

$$\min_{A_4}\{2, 6, 9\} = 2$$

(2) 求各最小效益值的最大值。

$$\max_{A}\{\min_{Q}[f(A, Q)]\} = \max\{3, 3, 5, 2\} = 5$$

最优方案为 A_3。

若表 8—7 中是损失值，则应用最小最大准则，其数学表达式为：

$$\min_{A}\{\max_{Q}[f(A, Q)]\} = \text{最优决策对应的最小损失值}$$

3. 乐观系数准则。这个准则的基本思想是，对客观条件的估计既不乐观，也不悲观，主张折衷的考虑。用一个数值表示乐观程度，记为α，把α叫做乐观系数。那么，1－α就是悲观系数。规定α的取值范围是α［0，1］区间。

对每种对策的折衷效益值用下式计算：

$W_i = \alpha \max_j \{W_{ij}\} + (1-\alpha) \min_j \{W_{ij}\}$

最后，比较各 W_i，从中选择最优方案。

还以上例为例来说明这种方法：

设 $\alpha=0.7$，则 $1-\alpha=0.3$

$W_1 = 0.7\times7+0.3\times3=5.8$

$W_2 = 0.7\times4+0.3\times3=3.7$

$W_3 = 0.7\times7+0.3\times5=6.4$

$W_4 = 0.7\times9+0.3\times2=6.9$

$\max\{5.8, 3.7, 6.4, 6.9\}=6.9$

最优方案为 A_4。

4. 等可能性准则。这是在决策者认为每种自然状态出现的概率可能相等的情况。如果有n个自然状态，则每一种自然状态出现的概率为$\frac{1}{n}$，这就转化成了风险型决策问题了。

仍以上例为例：

$E(A_1)=3\times1/3+7\times1/3+4\times1/3=4.7$

$E(A_2)=3\times1/3+4\times1/3+3\times1/3=3.3$

$E(A_3)=5\times1/3+6\times1/3+7\times1/3=6$

$E(A_4)=2\times1/3+6\times1/3+9\times1/3=5.7$

$\max\{E(A_1),E(A_2),E(A_3),E(A_4)\}$

$=\{4.7,3.3,6,5.7\}=6$

最优决策是采取行动方案 A_3。

5. 后悔值准则。这个方法是将每种自然状态下的最高值定为该状态的理想目标，并将该状态中的其他值与最高值比较所得之差，定为未达到理想目标的后悔值。然后决策者采取“追求后悔值最小”的原则作为决策原则，这就是后悔值准则。

仍以上例来说明：

首先根据表 8－7，计算出各种状态下的后悔值：

在 Q_1 状态下，理想目标值为 5，则 A_1、A_2、A_3 和 A_4 的后悔值分别为 5－3＝2，5－3＝2，5－5＝0，5－2＝3。

同理，可计算出 Q_2、Q_3 状态下的后悔值，见表 8－8。

表 8－8

行动方案 \ 损益值 \ 自然状态	Q_1	Q_2	Q_3
A_1	2	0	5
A_2	2	3	6
A_3	0	1	2
A_4	3	1	0

其次，计算每种行动方案的最大后悔值：

$$R(A_1)=\max\{2, 0, 5\}=5$$
$$R(A_2)=\max\{2, 3, 6\}=6$$
$$R(A_3)=\max\{0, 1, 2\}=2$$
$$R(A_4)=\max\{3, 1, 0\}=3$$

最后，求出上述各最大值中的最小值：

$$\min\{5, 6, 2, 3\}=2$$

所以应选取方案 A_3。

综合上述分析，对不确定型且没有竞争对手的决策问题，应用不同准则所得结果并非一致。由于不同准则之间没有统一的评比标准，因此，客观上难以判断究竟何种准则较好。至于应采取哪种准则，还视决策者的品格素质而定。

四、不确定型且存在竞争对手的决策方法

首先介绍对策论中的几个基本概念。

局中人：在存在竞争对手决策系统中，具有决策权的双方（或多方）人员称为局中人。局中人可以为个人，还可以是集体（决策机构），也可以是大自然。应注意的是，在决策系统中把利害关系一致的参加者看做一个局中人，如桥牌赛中的“东”和“西”，“南”和“北”都只能各称作一个局中人。

策略：决策者为了战胜竞争对手所选择的一套行动方案，称之为策略（纯策略），而所有可供决策者选择的策略的全体，称之为策略集合。应注意的是策略是由一套有序的行动方案组成。在决策系统中，如果各局中人的策略集合为有限集，我们称此种对策为有限对策。反之，称之为无限对策。

局势及支付函数：在对策论中，称每个局中人所选定的策略组成的策略组为一个局势。当局势选定后，对策的结果也就随之确定了。此时，每个局中人都有所得失。因此，“得失”是以局势为自变量的函数，称之为支付函数。

零和对策：在决策系统中，如果对任一局势，全体局中人的得失相加总等于零，就称此对策为零和对策。否则，称为非零和对策。

下面简单介绍一下有限零和两个对策问题。

设两个局中人为Ⅰ、Ⅱ，局中人Ⅰ的策略集合为 $S_1=\{a_1, a_2, \cdots, a_m\}$，局中人Ⅱ的策略集合为 $S_2=\{b_1, b_2, \cdots, b_n\}$，则局势集合为：

$$S=\{(a_i, b_i)\}, i=1, 2, \cdots, m, j=1, 2, \cdots, n$$

决策者的支付函数可以表示为：

$$G=f(a_i, b_i)$$

当每一局势引起的得失已知时，支付函数可用矩阵表示为：

$$G=\begin{Bmatrix} & b_1 & b_2 & \cdots & b_n \\ a_1 & a_{11} & a_{12} & \cdots & a_{1n} \\ a_2 & a_{21} & a_{22} & \cdots & a_{2n} \\ \vdots & \vdots & & & \\ a_m & a_{m1} & a_{m2} & \cdots & a_{mn} \end{Bmatrix}$$

在零和对策中，根据其定义，显然，对手的支付函数为：$-G=(-a_{ij})\ m\times n$。

解决对策论问题的基本原则是：双方都以战胜对手为其根本目标，从而双方都必须要考虑的是——既不冒风险，又考虑到对方会使自己得到最小，因此，双方决策者都在从最坏处着想，都力图争取最好的结果。这实质上也就是解决对策问题的一般数学原理。

例 5：已知决策者为应付对手而采取的策略集合为：$S_1=\{a_1, a_2, a_3, a_4\}$，对手的策略集合为：$S_2=\{b_1, b_2, b_3\}$，支付函数矩阵为：

$$G=f(a_i, b_j)=\begin{Bmatrix} & b_1 & b_2 & \cdots & b_3 \\ a_1 & -6 & 1 & & -8 \\ a_2 & 3 & 2 & & 4 \\ a_3 & 9 & -1 & & -10 \\ a_4 & -3 & 0 & & 6 \end{Bmatrix}$$

试确定决策者应采取的最佳决策。

解法步骤是：

第一步：求出决策者每一策略的最大损失值：

$$\max_{b_j\in S_2} G(-a_1)=\max_{b_j\in S_2}(6, -1, 8)=8$$

同理，有

$$\max_{b_j \in S_2} G(-a_2) = -2$$

$$\max_{b_j \in S_2} G(-a_3) = 10$$

$$\max_{b_j \in S_2} G(-a_4) = 3$$

第二步：求出决策者各种策略损失值的最小者：

$$\min G(-a_i) = \min\{8, -2, 10, 3\}$$

可见，-2 所对应的策略 a_2 为决策者的最佳纯策略。局势（a_2，b_2）称为鞍点，它是由下式决定的

$$\min_{a_i \in S_1} \max_{b_j \in S_2} G(a_i, b_j) = -\min_{b_j \in S_2} \max_{b_j \in S_1} G(a_i, b_j)$$

上面我们着重介绍了定量决策方法，它是依靠数学理论和数学工具来解决决策问题的方法，是科学发展的必然产物，是定性决策的理性精华。然而，定量决策虽然提供了严格的数学论证，采用了诸如电子计算机等现代化计算工具，但只适用于与决策目标相关因素是确定的、清晰的情形，这样才能够建立静态的或动态的数学模型来进行决策，对于那些不确定的、不清晰的相关因素，定量决策往往束手无策，只能依靠定性决策来解决。

定性决策是依靠人们的知识、经验和能力的一种艺术，在公司经营决策活动中，定性决策也是大量存在的。如果对公司一切决策，都企图应用定量决策方法去解决，不但不可能，而且也容易陷入教条主义的思维中。现代公司经营决策，既不是典型的定量决策，也不是典型的定性决策，而是介于两者之间的，或是偏重于一方的模糊性决策。

定性决策，即所谓决策的“软技术”，是指从组织上、方式

上创造出的，有助于更充分地发挥人们智慧在决策中的作用的方法，这类方法也称为专家创造力技术。这里所说的专家创造力，一般都不是指个别专家的作用，而是指许多专家，即充分利用专家集体的智慧。应该说，没有创造力，也就没有公司的生命力。

专家创造力方法最早是美国的兰德公司于20世纪50年代发明的，首先用于技术预测和经济预测，后来更广泛地应用于其他方面。而且经过多方面的实践总结而逐渐改进和丰富起来，并已经形成一套理论，其中有关的具体方法都是比较有参考和实用价值的方法。当然，比起决策的“硬技术”——定量决策，“软技术”含有更多的社会因素，也有其内在的局限性。因此，在公司经营决策中，应将这两种方法有机地结合起来，以弥补硬技术不能反映出人的因素、社会因素对决策影响的缺陷，使决策方法更加完整，更加具有科学性。

第九章
现代公司人事管理

公司人事管理，就是在公司内部做人的工作，对人进行管理。它是公司有关人事方面的计划、组织、指挥、监督与协调等一系列职能与管理过程的总称。公司人事管理的管理主体是人，它的管理客体即管理对象也是人。简而言之，公司人事管理就是人对人的管理。

第一节　公司人事管理的特点与职能

一、公司人事管理的特点

1. 公司人事管理的重要性。在构成公司诸要素中，人是最重要的、最活跃的要素。公司的任何一项活动，都必须由人来进行、由人来完成。公司中“人”这一要素的状况、素质与行为，从根本上讲，决定着公司的经营成败，决定着公司的生死存亡。市场上不同公司之间的竞争，实际上就是人的竞争。一般来说，当代市场竞争中各个公司的物资、技术设备条件总是相差无几的。竞争公司之间绩效的差别，主要是由不同公司之间人员素质的差别造成的。即使是同一家公司，在物资、技术设备条件不变的情况下，人员素质的变化也将引起公司经营状况的变化。

在公司管理中，通常为人们所重视的是生产管理和销售管理。从传统观念出发，公司通常总是将主要的精力用于生产管理，力图以最充足的资金、最强的技术设备、最低的成本、最大的数量来生产最好的产品。这就是公司经营管理中的所谓“生产观念”。近代公司经营管理已趋向于由“生产观念”向“销售观念”或“市场观念”转化。也就是人们常提到的公司管理观念中的“生产中心论”和“销售中心论”。受这种观念的影响，人们常常是就生产谈生产，或者是就销售谈销售，往往忽略了生产问题或销售问题后面所隐藏的人的因素，忽视了人事管理所能带来的巨大潜力。在公司的高级管理层中，最为引人注目的通常是生产经理与销售经理，人事经理常常被置于次要的位置。其实，无论是以生产为中心，还是以销售为中心，公司的成功与否都取决于公司中的“人”。公司要成功地进行生产经营活动，首先要招聘职工，以保证生产经营中对劳动力的需要；要在分工和协作的基础上把劳动力合理地组织起来，以协调生产经营活动；随着科学技术的发展，需要不断地对劳动者进行培训，使其具备一定的科学技术知识与技能，以适应生产经营活动的需要；要制定集体劳动中需要劳动者共同遵守的劳动纪律，以保证生产经营活动的顺利进行；要对劳动者进行督促与激励，维持劳动者的士气和对公司的向心力，以提高生产经营活动的效率；要合理地确定劳动者的报酬，改善劳动条件和劳动保护，实现劳动力再生产的良性循环；等等。这些工作，就是人事管理的基本内容。人事管理工作做得不好，就不能充分发挥“人”的因素的积极作用，整个公司的效率就必然会受到不利的影响，从而导致公司在竞争中失利。如果公司充分重视人事管理工作，正确地激励职工，使职工能够充分发挥自己的积极性与潜能，就能给公司资源的利用带来倍增效应，甚至可以将不利因素转化为有利因素，使公司在市场竞争中立于不败之地。因此，现代公司必须在重视生产管理和销售管理的同时，充分重视人事管理的重要作用。

2. 公司人事管理的复杂性。人事管理的管理对象是“人”，而生产管理、销售管理以及其他管理的管理对象则是“物”。与“物”相比较，“人”更具有独特的复杂性，从而使人事管理也具有特殊的复杂性。人的思想、观念、态度和行为受多种因素的影响，个体行为与群体行为不同，个体与个体之间也不同；此时与彼时不同，此处与彼处不同。同样的原因可能导致不同的结果，而同样的结果也可能出自不同的原因。人事管理的复杂性首先来自于人的社会性。人们常说，“人类是社会的动物”。因此，人事管理的社会属性表现得特别明显。公司职工并不是生活在真空之中。一名公司职工既是公司中特定的某一个人，又是公司和社会中具有广泛的社会联系及深刻的社会关系的一名社会成员。公司内部社会环境和外部社会环境中各种因素的作用和影响，必然会直接或间接地反映到公司的人事管理中来；而对某一名公司职工所采取的管理措施，又必然会在社会中引起相应的反响。这就使得公司的人事管理问题复杂化了。在人事管理中，需要了解有哪些社会环境因素可能会影响到职工的思想、态度和行为，需要了解社会思潮、文化风俗、生活标准、消费方式等各方面因素的动态变化对职工带来的影响，从而相应地采取和调整人事管理的手段、策略与措施。

人事管理的复杂性源于人类感情因素的影响。人们也常说，“人类是感情的动物”。在公司的人事管理中，不能简单地把人看成是机器，而应当时刻牢记，每一个职工都是有思想、有感情的活生生的人。首先，在人事管理中必须尊重职工的人格与感情，而绝不能伤害职工的感情。如果伤害了职工的感情，职工就会与公司离心离德，也就不可能为公司利益而积极工作了。结果是公司的利益受到损害。而且，一旦人的感情受到伤害，就不易得到恢复。公司为此而付出的代价将是长期的。其次，在人事管理中应当积极地培养职工对公司的感情，加深职工与公司之间的感情联系。当职工对公司有了感情时，就会将公司看做是自己的公司，将公司的事业看做是自己的事业，从而为公司的利益而努力地工作。因此，公司的人事管理部门应当重视对职工的感情投资，增加公司的凝聚力。公司对职工的感情投资可以采用多种方式。但是归纳起来，无非是采用精神的方式与物质的方式这两大类，以收到“动之以情，晓之以理，诱之以利”的效果。公司的人事管理包括职工的聘用、培训、报酬、考核、晋升、奖惩等多方面，必然涉及到职工的切身利益。只要公司能够公正平等地对待职工，能够真正地关心职工的利益，职工与公司之间就有了感情的基础。然而值得注意的是，忽略职工的精神需要而片面关注职工的物质需要，“好施小惠，言不及义”，其效果往往适得其反。可见，人事管理的复杂性决定了人事管理方法的复杂性，也决定了这项工作任务的艰巨性。它涉及的范围广、问题多、影响因素复杂。就人事管理涉及的专业知识而言，它包括管理学、社会学、法学、经济学、工程学、心理学、医学等方面的内容。人事管理的任务，不但要将职工作为公司的生产力要素来合理组织和有效使用，而且要将他们作为公司的宝贵资源来充分开发与培养。这是一个非常复杂的过程。

3. 公司人事管理的灵活性。作为活生生的人，职工的思想、感情、态度和行为总是变化的，具有一定的可塑性。因此，公司的人事管理也必然要具有灵活性。一方面，公司的人事管理应当随着职工情况的变化而变化，不断调整人事管理的方针、策略和手段，以适应新的情况。另一方面，公司的人事管理应当从“职工是具有个性的个体”这一观念出发，针对不同个人的情况，灵活地处理人事管理中遇到的问题，绝不能搞“一刀切”。

当然，强调人事管理中的灵活性，并不意味着放弃原则性。不顾原则去片面地强调灵活性，人事管理就会失去应有的威信。公司的原则总是为公司的人服务，为公司的利益服务的。公司的人是活的，公司原则也应当是活的，或者说，应当具有一定的灵活性。

4. 公司人事管理的长远性。公司的人事管理是直接为公司的生产经营服务的，具有很强的现实性。谁都明白，没有合格的劳动力，机器就不能正常运转，生产经营就会陷于停顿。人事管理的一个容易被人忽视的特点，是它的长远性。人事管理的功能绝不是局限于维持公司目前的运行，而应当着重为公司的长远战略目标服务。“十年树木，百年树人”。相对来说，公司的产品生命周期通常是短暂的，而公司的人力资源开发与利用则是长期的。公司的人事管理，应当着眼于公司的长远战略目标，为公司的长期盈利能力提供人力资源保证。

从公司的长远战略目标出发，人事管理部门在努力满足公司的日常经营管理对劳动力和专业技术人才、专业管理人才的需要的同时，还有两项十分重要的工作。首先，公司需要挖掘职工的潜能，提高劳动力的素质及其现实的工作能力，使公司在人力资源方面的投资得到充分的利用和回报。其次，公司需要为公司的长远发展进行战略性的人才准备，满足公司在不同发展阶段在各个方面、各个层次的人才需要。

二、公司人事管理的职能

人事管理是现代公司管理中最基本的管理。人事管理的职能就是对公司的人员进行恰当而有效的选择、考核和培养，其目的是为了以适当的人员去充实公司组织结构中所规定的各项职务。人事管理不仅是公司人事部门的业务，公司从上至下和各级管理层次都具有人事管理的职能。公司的董事会是通过选拔、培养和考核总经理来行使其人事管理职能的。厂长和事业经理在选拔、培养和考核他们的下级主管人员时，也是在行使人事管理职能。甚至公司基层的主管人员也具有相当程度的人事管理的职能。在各个不同的管理层次，人事管理的具体内容互不相同、各有复杂性和侧重，但是其基本职能则是大体相同的，那就是有计划地培养和选拔人才以适应组织未来发展的需要。

在公司人事管理的实践中，人事管理不但涉及公司当前人力资源的合理使用，而且还要涉及公司未来职务空缺的补充问题，涉及公司未来对人力资源的需要。如果一家公司的人员不断流动，那么它现在培养和选拔的人员就不断处于变动之中，公司就始终存在着补充人员以充实未来空缺岗位的问题。这样，公司人事管理中关于未来组织机构的工作计划，就成为其首要的工作。由于组织工作的任务就是要建立一个有利于实现公司目标的内部工作环境，显而易见，组织工作计划必然取决于公司的总体计划。

在人事管理的组织计划与公司的总体计划的协调方面，组织工作计划或人员配备计划的计划期长短是一个经常引起探讨的问题。究竟以多长期限为宜，它取决于公司对人事部门的要求与计划所承担任务的性质，以及其具有的灵活程度。例如，如果一家公司像大多数公司通常所做的那样，希望主要从本公司内部培养出未来的公司主管人员，而不是在需要时从外部招聘，那么这家公司人事管理的组织计划就需要一个相当长的计划期，有时甚至可能长达数十年之久。如果公司认为可以在需要时随时从公司外部聘请所需要的人员，随时解雇那些不能适应自己岗位需要的人员，公司的人事管理组织工作计划就可能具有较大的灵活性，计划期就可能短一些。特别是在一些较大的公司里，公司内部的各种职位比较多，聘用的人员也比较多，人员流动更为频繁，人事管理就更具有灵活性。一旦公司有需要，公司就可以从自己丰富的人力资源中选拔调配合适的人充实急需人才的岗位。

归根结底，公司的人事管理方面的组织工作计划是受公司的总体计划制约，并为其服务的。一旦确定了公司的总体计划，就可以明确公司未来所需要的各种职务，也就可以在此基础上了解公司未来对人力资源的需求情况。这样，人事部门的职责就是储存和考核现有的和潜在的人力资源，并与未来需要的预测数相比较，以求得人力需求与供给的平衡。在一般的情况下，人员需求量与实际可供量之间总是存在着明显的缺口。考虑到人员流动、职工退休、离职、死亡等因素，公司发展变化越快，人员供求短缺的情况越严重。在正常情况下，几乎没有一个发展中的公司不会发生合格人员短缺问题。很少听说有哪一家公司可以宣称拥有足够数量的可以胜任的人员以满足未来的需要。可以肯定地说，凡是人员过剩的公司，过剩的都不是合格的人员。正是没有足够的合格人员推进公司的发展，才会出现人员的过剩。积极向上的公司总体计划，通常都会对人事管理方面的组织工作计划提出对未来的人力需求。

人事管理计划工作中接下来的一项重要内容，是根据未来对人力资源的需要安排人力供给。如上所述，公司的人力资源供给可以有公司内部和公司外部这两个不同的来源。内部来源是指在公司内部培养那些有潜力的现有人员，使其可以胜任公司未来的工作。外部来源是指从公司以外聘用合适的人才。如果确定在公司内部培养人才以满足公司未来的需要，而不是仓促提拔或从外部聘用，公司的人事管理计划工作中就必须包含有编制人才培养规划的内容。

公司人才培养规划的出发点当然是公司未来发展对人力资源的需要。但是也不应该忘记，培养规划也应当落实在公司现有人员状况的基础之上。通常，公司人事部门在制定培养规划时，总是假定培养对象具有相同的条件，都需要同样的培训，因而总是制定一种似乎能够满足每一个人的需要的通用的培养规划。为了达到预计的培养效果，应当根据有关人员的具体情况和特点，有针对性地制定培养规划。这首先需要按照公司未来发展对人才规格的需求对有关人员进行认真的评估和考核，具体地分析有关人员的优势和缺点，然后逐个为他们编制培养规划，以发挥其长处，克服其缺点。

人事计划的落实常常是一个敏感而又复杂的问题。从公司最高管理层的高度来看，制定和实施其他系列的计划是一件相对较为明确的工作。在顺利的情况下，那些计划一旦形成，其实施常常是一个自动的过程，公司最高管理层只需在执行过程中做一些间歇性的监督工作就可以了。人事计划的落实有时是一个痛苦的过程。人们常常设想，公司的成员可以随着公司的发展而发展。但是在实际工作中，情况远非如此。为了实现使现职人员能够满足公司未来的需要和拥有能够适应公司未来职务的合格人员这一双重目标，公司最高管理层在公司人事计划的实施过程中常常不得不更换那些过去能够胜任职务，而现在已经不适应职务要求的忠心耿耿的公司成员。问题的原因之一是，公司职务总是与公司成员的经济待遇、社会地位和名誉等因素紧密联系在一起的。人们在长期共同工作中形成的感情因素也使得高级管理层很难作出不利于老同事、老部下的决定。

从理论上讲，公司各级管理人员都承担着人事管理的责任。然而许多公司管理人员在实践中总是有意无意地忽略这一责任，在有关人事管理的决策与行动中往往表现出一种迟延推诿的倾向。越是高层管理人员，在实践中忽视人事管理职责重要性的现象就越普遍。为了弥补公司高层对人事管理的不重视，许多公司将人事管理中的大部分工作交给公司的人事部门来处理。业务繁忙的公司总经理们认为这是一个合理的解决办法，甚至还可以用充分授权来作为这样做的借口。

公司人事管理是决定公司未来命运的重要工作。因此，承担人事管理责任最合适的人选既不是公司的人事部门，也不是任何其他职能部门。它需要公司最高一级决策者的指导和参与。在一家对自己的前途负责的公司里，人事管理通常应当是公司董事长或总经理，以及其直接助手组成的公司内部决策班子所承担的职责。这个班子负责根据公司总体发展计划来制定公司的人事政策、授权有关职能部门实施政策以及落实公司人事政策所需要的恰当措施。公司人事政策的内容包括用人规划的制定、明确是以公司内部还是以公司外部作为公司人力资源的主要来源、确定公司人事管理中有关招聘、选拔、考核、晋升、工资、退休等具体工作的工作程序与规范等。

调查表明，现代公司最高一级管理阶层处理人事政策以及实施人事政策的工作范围与职责有越来越扩大的趋势。经理们认识到，有效地为公司组织机构进行人事安排是公司经营管理和发展取得成就的最好保证。许多总经理宣称他们通常差不多要把一半的时间用于人事管理的各项工作之上。他们不仅需要花很多时间与其下级打交道，而且要花时间用于检查公司所制定的人事政策和各项选拔、考评、培养制定及其执行情况。此外，他们还要对公司人事的有关情况进行专门的分析和研究，并且还要注意自身素质的不断提高。

第二节 公司人事管理的基本原则

一、公平竞争原则

在市场经济中，为了公司自身的利益，公司人事管理的一条重要原则就是公平竞争。没有公平，就没有一个良好的公司环境，就不可能吸引人才，鼓舞士气。没有竞争，就不可能选拔出优秀的人才。只有通过公平竞争，才能促进劳动力要素的合理流动，促进人力资源的合理配置，从而促进公司效率的提高。

1. 公平是竞争的条件。市场经济的一条基本原则，是要求商品的生产者和经营者在经济上具有独立的地位，要求在社会经济生活中与他人平等和自由活动的权利，要求商品的自愿让渡和等价交换。这就是人们常常所津津乐道的公平和平等原则。这条原则体现在公司的人事管理中，就是要求员工在公司中的机会均等，得到公司的平等对待，使员工的个性得到全面的和充分的发展。

就整个公司来看，员工个体之间的年龄、性别、体力、性格、教育、经验、能力、服务年限等各方面都存在着差异，因此，他们在公司的分工、工作岗位、贡献、报酬、待遇等方面也存在着差异，不可能人人一样。因此，就劳动报酬而言，所谓平等，不是平均，而是指公司员工的等量工作和等量贡献应该得到等量的报酬。公平合理的劳动报酬可以对员工产生积极的影响。从更深层次来看，公平应当是公司员工人格的平等。在公司内部，员工应当有进行选择的自由和得到平等的发展机会。没有这种平等，就没有员工的心情舒畅和高昂的士气。没有这种平等，也就不可能从公司员工中最广泛地发现和网罗优秀人才。惟有机会面前，人人平等，让大家都有选择和尝试的机会，才能不拘一格地选拔人才。如果不给公司的每一个员工以尝试的机会，公司也就失去了从员工中发现人才的机会。机会本身也是一个激励因素，当员工认识到自己面临着平等的机会时，通常就会勉励自己力争不要放过机会。他当然明白，如果是因为自己的主观原因而没有抓住机会，那他就没有权利怨天尤人了。因此，为了抓住机会他必然要奋力拼搏，不断提高自己的素质和能力，为机会来临时不至于失去机会而努力。

2. 竞争是市场经济的基本规则。在市场经济条件下，竞争是一种客观存在，是市场经济运行的基本规则。商品在市场上的竞争具有极为丰富的表现形式。一般地，人们通常将商品的市场竞争形式分为价格竞争与非价格竞争。简单地讲，商品的价格竞争是指通过提高劳动生产率、降低生产经营成本，以求降低商品的价格来与市场上的同类商品竞争，达到扩大商品销售量、增加利润的目的。商品的非价格竞争是指在维持商品一定的市场价格不变的前提下，运用包括广告在内的市场信息等手段，通过向消费者提供较好的商品质量和服务，达到扩大销售、增加利润的目的。严格地讲，所谓非价格竞争实际上也是一种隐含的价格竞争，不过是与直接的价格竞争的表现形式有所区别罢了。

公司中人才的竞争也表现在各个不同的方面。其中最主要的是员工在工作态度、工作能力、创造能力、工作贡献等方面的竞争。

一般来说，态度不是天生的，而是在后天环境中产生的。人的态度，总是针对着一定的对象或状况，带有一定的情感成分。态度还具有持续性。个人的态度一旦形成，就不轻易改变，因而形成个人性格的一部分。如果员工喜欢自己所从事的工作，对公司抱积极的态度，则较有可能表现出较高的工作效率。

人力资源最重要的指标，集中体现为员工个人的智力水平，即广义而言的能力。所谓能力，是指公司员工个人直接影响其工作完成情况与效果的个性心理特征。这种个性心理特征总是与员工所要完成的工作任务联系在一起的。因此，公司经理们也总是以员工的工作效果来考察一个员工的工作能力的。能力是影响员工工作成果的最重要的主观条件。例如，从事某些工作需要具备一定的辨别力与观察力；还有的工作又需要有一定的记忆力与自制力。此外，如思维过程的敏捷性、记忆的精确、思考的批判性、意志的果断性等，也都是员工完成本职工作所需要的一些不同的能力。能力的高低会影响一个人掌握工作或操作的速度、难易和巩固程度。能力水平高的人之所以能够取得较好的效果，是因为他的心理特征与工作的要求相符合。一些人之所以不能胜任某些工作，可能是由于他的能力发展水平过低，或者是各种能力的综合与工作的要求不相符合。实际上，员工完成一项工作任务绝不是仅凭某一种能力就可以胜任的，而是需要若干种能力共同发生作用。公司中的每个员工都有自己的一份特定的工作，并运用一定的特殊能力与一定的特殊工作方法进行操作。因此，公司对其员工的能力既有一般的要求，又有针对某一工作或个人的特殊要求。

一名优秀的公司员工，还应当具有一定的创造能力。一些人认为，在当前高技术空前发展的情况下，只依靠电子计算机、自动化设备就能够提高公司的效率。他们忽略了人的能动作用，看不到在自动化的生产经营管理过程中发挥人的创造性的重要意义。更有一些短视的管理者，他们不能容忍具有独立见解和首创精神的员工，习惯于将人视为机器，只喜欢循规蹈矩的部下，总是一味地压制员工的创造性。

所谓创造能力，也就是适应变化、打破常规进行思维的能力。在现实经济生活中，每一家公司都面临着未来和变化的挑战，需要不断解决新的问题。没有创造能力，不进行创造性的思维，公司就不可能在瞬息万变的市场中生存和发展，就不可能把握自己的前途和未来。一家公司的创造能力，是其员工创造能力的综合。具有高度创造性的公司，能够及时适应市场的变化，不断向市场推出新的产品、新的服务以及新的经营管理方法，始终在市场上领先一步。

公司员工之间在能力上总是存在着差异。从公司的立场出发，当然需要选择能力较高的员工。但是，在择优选拔员工时，只考虑员工的能力还是不够的，还必须同时考虑员工对公司的工作贡献。如果员工之间存在竞争，也必须是从公司利益出发的竞争。

3. 公平竞争需要科学的标准和方法。公司通过公平竞争从员工中选拔人才，需要有一整套科学的人才标准和完善的选拔方法。没有一整套科学的标准和方法，就不可能保证竞争的公平，也不可能选拔出真正合格的人才。公司考核人才的标准可以有一系列的科学指标，用以对员工的能力进行定性与定量的分析。如审查员工的学历、经验和绩效，对员工进行心理测验、体能和运动能力测验、机械能力测验、艺术能力测验、社交能力测验、创造能力鉴别、气质个性鉴别等。在进行这一系列测验时，公司可以运用观察法、测验法等不同的方法。但是，公司人事管理部门绝不能用一套僵化的模式来看待自己的员工。在人才的选拔上，公司必须不拘一格，大胆选拔和使用实用的合格人才。

二、责任制原则

责任制是指通过一定的程序，按照工作岗位明确员工的职权范围及其相应的义务与工作标准，委派专人负责的一种管理制度。各在其位，各司其职，各谋其政，是公司人事管理责任制的中心内容。实际上责任制是分工协作发展的产物，是分工协作制度化的结果。随着公司的发展，公司内部专业分工越来越细。这样，公司内部各个单位、各个环节、各个员工之间的职责权限划分得越清楚，就越能充分地发挥各自的积极性，协调各方面的关系，取得较好的管理效果。

首先，承担责任本身就是调动积极性的一个重要手段。积极向上的公司员工总会谋求在公司里承担较多的责任。人才的竞争，既是公司员工对公司贡献的竞争，也是公司员工承担责任的竞争。只有多承担责任，才能多作贡献。较多的责任，意味着较强的能力、较高的职位、较多的报酬，更意味着公司对员工较多的信任。责任在身，有压力，不能掉以轻心。如果不能很好地承担责任，就意味着失职，就会给公司带来损失。

其次，明确责任为公司管理部门对员工进行监督和考核提供了客观依据。每个员工的岗位明确，职责清楚，就能够更好地考察员工工作的优劣，进行公平的奖励与惩罚，使员工能够真正发挥他们的积极性和首创精神。没有责任制，监督和考核就失去了客观依据，在工作中就会责任不清，是非不明，奖罚不公，使得公司的管理陷入混乱状态，员工的士气也就会一蹶不振。

第三，责任制是责任与权力的统一。实行责任制，责任与权力必须统一起来，责任是分工协作的要求，权力则是履行责任的条件和保证。委之以责任，就必须授之以权力。只有责任没有权力，责任制就是一句空话。只有权力没有责任，就会造成滥用权力，造成不负责任的瞎指挥。

三、激励原则

激励是公司人事管理的核心问题。公司员工需要自我激励，也需要得到公司经理、同事、群体的激励。公司作为一个群体，公司主管应当激励全体员工为了实现公司的既定目标而共同努力。

管理的职能是充分、有效地利用公司的人力、物力和财力资源以实现公司的宗旨和目标。对人力资源进行管理是最重要的管理，这也就是人事管理的任务。在对人力资源的管理中，对员工的激励又是其关键和核心。公司经理能够精确地计算、预测和控制公司的财力和物力，而对于人力资源特别是对于员工的内在潜力，却无法进行精确的计算、预测的控制。

在市场竞争日益激烈、员工素质和要求日益提高的情况下，员工的激励问题在公司人事管理中越来越复杂，也越来越重要。首先，在国内外市场竞争日益激烈的情况下，为了生存和发展，就需要不断提高自己的竞争力。这样，从公司的内在资源出发，就必须尽可能地激励自己的员工，充分发挥员工的内在潜力。其次，公司员工的素质和绩效总是参差不齐的。人事管理的任务之一，就是通过各种不同的激励方法，使优秀的员工继续保持其积极行为，使表现一般或较差的员工逐步向积极主动方面转化，使全体员工都能保持高昂的士气，自觉地为实现公司的目标而奋斗。第三，随着公司员工素质的提高，员工需求的内容发生了巨大的变化，使得激励的手段也必须随之变化。过去对激励员工行之有效的东西，可能已经失去了激励的作用，而需要代之以新的东西。第四，作为激励的对象，员工的需要是多方面的。要满足员工多方面的需要，就必须采用不同的激励方法。例如，随着整个社会生活水平的提高，员工生活需要的重点逐渐从物质需要转向精神需要。因此，公司对员工的激励手段也要相应地改为以精神激励为主。最后，作为不同的个体，每一个公司员工的需要都是不同的。为了充分发挥每一个员工的潜力，公司管理者应当对不同的人采取适合其需求的激励因素和激励方法。

四、流动性与稳定性相结合原则

在市场经济条件下，公司的人力资源作为一种生产力要素，必然具有一定的流动性。没有这种流动性，劳动力要素的最佳配置就成了一句空话。公司人力资源的流动包含两个方面的内容。首先，是公司与公司外部之间的劳动力流动。其次，是公司员工在公司内部的流动。

公司与公司外部之间的劳动力流动是人力资源流动的主要形式。从公司员工个人的角度来看，这种劳动力流动的积极意义在于可以通过流动实现员工的择业自由，保证员工有机会尽最大的可能发挥自己的才智和潜力。从公司的角度来看，这种流动的积极意义在于可以使公司通过流动从公司外部获得必需的人才，以满足公司发展的需要。从公司外部输入新鲜血液，可以防止观念和思想的僵化，为公司带来新思想、新技术，乃至新市场。这种劳动力流动还可以允许不适宜继续在公司工作的员工离开公司，以减少公司与员工之间可能发生的冲突。劳动力流动对公司也存在着不利影响。由于劳动力可以自由流动，某些优秀员工可能会以种种理由离开公司，从而造成公司在人力资源上的损失。员工在公司内部的流动则表现为工作轮换，即员工在不同工作岗位之间进行轮换。工作轮换使得员工的操作多样化，能够减少工作中的单调感。对员工来说，学习新工作、熟悉整个工作流程所带来的挑战感无疑也具有极大的激励作用。而且，员工进行工作轮换并不增加公司的开支，却可以使公司得到一支在技术上具有较大灵活性的员工队伍。

当然，公司员工的流动必须控制在一定的范围之内，并非流动率越高越好。从公司与公司外部之间的流动来看，如果公司的员工流动率过高，说明公司缺乏凝聚力。这将会影响员工队伍的士气和对工作的熟练程度，不利于公司生产率的提高。从公司内部的流动来看，过于频繁的工作轮换将减少员工对工作的责任心，给工作带来混乱，也不利于员工熟练地掌握和巩固操作技能。而且，总是有不少员工对工作轮换并不感兴趣，他们更愿意长期在一个固定的岗位上工作，成为自己工作中的“超级专家”。因此，必须适当地掌握员工流动性与稳定性的关系，使员工队伍既有一定的流动性，又保持相对的稳定性。

五、民主管理原则

现代公司人事管理的民主化，是管理科学化的基础。民主管理原则反映了公司员工要求参与管理的意识，是当代公司员工素质提高的结果。在现代公司管理中，人的因素越是重要，民主管理的原则就越是受到重视。

现代经营管理是集中指挥与民主管理的统一。公司是当代进行社会化大生产的主要组织形式。单独一个人进行生产经营活动，是自己指挥自己。在社会化大生产过程中，人们集中起来进行分工协作的共同劳动，就必然需要有一个权威性的指挥中心，对人们的活动进行指挥和协调，使整个生产经营过程如同一架机器，按照统一的意志，以统一的步伐向着统一的目标运转。没有这种集中指挥，公司内部就不会有统一的意志，在公司的生产经营过程中就会出现混乱和内耗，最终会无法实现公司的目标。但是，不能简单地将人，尤其是现代人看做是机器。人是一种具有主观能动性的动物，每一个人都会在不同的程度上具有自己的独立意志，要求按照自己的意志行事。然而，在公司的生产经营活动等这一类集体生活中，员工要求按照自己的独立意志行事的内在需要必然会在一定的程度上与公司的统一指挥发生矛盾与冲突。如果这种矛盾与冲突得不到解决，势必会影响员工的士气和工作积极性，从而影响公司的整体效率。解决个人意志与集体意志之间的矛盾与冲突的方法，是将集中指挥与民主管理有机地结合起来。实际上，现代公司生产经营中的集中指挥与民主管理并不是互相排斥的。二者的正确结合，可以提高集中指挥的效能。一方面，加强民主管理可以使公司决策过程民主化，使公司的集中指挥在集思广益的基础上提高决策的科学性与正确性；另一方面，建立在民主管理基础上的集中指挥，可以使公司全体员工形成共识，减少员工对公司决策的异议和抵触情绪，更有利于公司决策的贯彻执行。

现代公司民主管理的形式有很多，如职工代表大会，管理委员会，职工股份制，质量管理小组，合理化建议活动，意见箱，等等。从公司人事管理的角度来看，这些民主管理的不同具体形式都是为了激发员工的参与意识，满足员工自主意识的需要，以调动员工的积极性。

1. 职工代表大会。职工代表大会通常是公司员工表达自己的意志、参与公司管理的最高形式，其对公司决策的影响力也最大。职工代表大会通常是决定与全体职工的根本利益有关、与公司的决策有关的问题。职工代表大会可以定期召开，也可以不定期召开。一般地，公司内的工会组织可能是职工代表大会的常设机构。在公司中，职工代表大会或工会组织则可能主要是代表公司员工与公司的管理当局谈判，以维护公司员工的利益，在许多情况下可能会出现一种对立的关系。

2. 管理委员会。在一些公司里，为了保证公司员工能够真正参与公司管理，特别设立了管理委员会作为一种常设机构。管理委员会的成员主要是职工代表大会代表或工会代表。管理委员会委员们可以定期或不定期地参加公司董事会会议，也可以参与公司的日常管理，并随时向公司的管理当局提出自己的意见和建议。公司甚至接纳管理委员会的代表进入公司董事会。

3. 职工股份制。即由公司员工控制公司的一部分或全部股份，使员工成为公司的股东。职工股份制最初是由一家濒临破产的美国公司施行的。由于公司员工担心公司破产之后失业，于是大家联合起来集资买下公司的全部股份。这样，每一位员工都成为了公司的主人，公司的命运与公司的每一位员工有了直接的利益关系，使得每一位员工都不得不关心公司的经营管理状况，为扭转公司的命运尽心尽力。结果，这家濒临破产的公司终于起死回生，重新发展起来。现在，公司员工拥有公司股份已经成为一种普遍现象。

4. 质量管理小组。质量管理小组活动是指在公司的生产经营过程中将员工组织起来，成立质量管理小组，由员工自己对上一道工序的产品及自己的产品进行质量控制。这种质量管理形式，避免了专职质量管理人员与操作工人之间的对立，强化了员工在工作中的自主意识和负责精神，调动了员工进行自我管理的积极性。由质量管理小组对自己的产品进行质量控制，在经济上的最大好处是员工不仅能够对产品进行事后的检验，而且能够促使员工对生产过程进行控制，改进工艺流程和操作方法，减少不合格产品的产生，降低消耗，提高生产的效率与质量。

5. 合理化建议活动。在公司员工中开展合理化建议活动，是调动员工积极性的一个重要手段。通过合理化建议活动，员工更为关心自己的公司和自己的工作。如果员工提出的建议能够为公司管理当局所接受和重视，无疑会使提出建议的员工受到巨大的鼓励。在一般情况下，员工当然会关心自己提出建议是否会得到物质奖励。但他更为关心的是，自己提出建议这一行为本身是否为他人、为公司管理当局所承认。因此，公司从开展合理化建议活动中得到的好处也是双重的。一方面，合理化建议活动可以为公司带来可观的经济收益和物质财富；另一方面，合理化建议活动又为公司员工队伍素质的改善和士气的提高创造了条件。

第三节　公司人事管理方法

一、公司的人事政策

公司的政策是公司未来行动的方向。制定公司政策的目的，首先是为了明确公司的行动方向。其次，一旦公司将自己的未来行动以政策的方式明确下来，公司的行动就不会过于依赖某一个或某一些个人，就不会在大问题上因人而异。第三，公司政策能够有助于保持公司行动的持续性和连续性。第四，公司政策有助于使公司内部各个部门在整体上协调一致起来。公司人事政策的主要目的是确定公司人事管理目标，由于不同公司的成立时间、规模、员工特征以及经营业务性质不同，其人事政策也各不相同。但是，不同公司的人事政策也有若干主要的共同点。首先，是公司人事政策所遵循的原则。公司人事政策的基本原则主要包括公平、创新、团结、职工参与管理、安全，等等。其次，是人员配备与发展。公司必须将合适的人选安置在合适的岗位上，并使其在公司得到发展的同时不断提高自己的技术与能力，在工作中不断得到晋升的机会。这包括如何确定公司中出现的空缺，如何寻找和选择接替人选，如何确定晋升，如何确定培训的需要与机会，以及如何对员工的表现进行评估，等等。第三，管理控制。公司的人事政策必须处理好公司与员工之间的雇佣关系，解决好工作中的有关劳动纪律的问题，如缺勤、怠工等。第四，就业条件。与员工个人签订就业合同的公司越来越多，这种合同中有关就业条件的问题涉及到员工的报酬、病假工资、保险计划、退休金、带薪假期，以及工作工时，等等。为了贯彻实施公司的人事政策，通常可以采取四个步骤。

1. 宣传公司的人事政策。如果要实施一项政策，首要的工作是必须让受到政策影响的人们知道它、了解它，并且接受它。仅仅向有关人员散发一份政策的文本是远远不够的。公司还需向有关人员解释，有时还得进行必要的培训。由于会影响到某些人的利益，公司人事政策的某些方面可能不为某些人所欢迎。在这种情况下，更需要对公司的人事政策进行必要的宣传解释工作。

2. 制定公司人事政策的工作程序。公司的人事工作总是离不开一定的工作程序。例如，为了将有关个人的信息存入电子计算机，人们至少得填写一些表格，为了有效地贯彻一项政策，有关的工作程序必须简单有效。

3. 对公司人事政策实施过程的监督。如果不对公司政策的实施进行监督，任何一项政策都会偏离原来预计的方向。一方面，无论一项政策是多么明确，总会有一些人忘记政策所规定的内容，还有些人甚至会有意回避政策的某些内容。另一方面，无论在制定政策时是多么的认真和小心，总会有一些事先估计不到的因素影响政策的执行。而且，情况总是在不断的变化，既定的政策不可能绝对正确地反映变化着的情况。如果能够及时地发现和解决这些问题，政策就能够得到充分的落实，增强政策的有效性。因此，对公司人事政策实施过程的监督有着不可忽视的重要意义。

4. 对公司人事政策的调整。对公司人事政策实施过程的监督并不能保证公司人事政策的正确性。为了保证公司人事政策的正确性，需要对其进行不断的调整、纠正。

二、公司的组织设计

从组织行为研究的角度来看，公司是由一系列的工作职位以一定的结构组合而成的组织体。一个公司应该具有一些什么样的工作职位，这些职位应该以什么样的结构进行组合，需要依公司的性质、任务与宗旨以及其所处的环境而定。例如，制造业公司的组织结构的特点是强调对上级的服从，明确的工作任务，以及强调专业化。而那些经常面临新问题和不可预见因素的工作，如市场营销工作，就需要经常重新明确工作任务，强调工作的灵活性和高度的自我约束。因此，在公司的人事管理中，公司的组织设计是一项极为重要的工作。

1. 工作分析。工作分析是指在确定公司的组织体制和确定实施人事政策之前，对公司内部各项工作或职务的性质、责任以及对员工的要求等加以分析和研究，以此作为实施人事政策的依据。由于公司及其工作或职位的性质与环境不同，工作分析的具体内容可以有很大的差别。通常，工作分析有以下具体内容：

（1）确定工作职位的要素。如工作职位的名称，工作操作的步骤与方法，工作的物理环境，工作的社会环境，工作的报酬情况，工作的责任，等等。

（2）制定工作规范。工作规范是对工作的说明，主要包括：对员工教育程度、生活与工作经验的要求等。工作规范强调的是从事某项工作的员工的能力。然而现实生活表明，很难找到十全十美的人来从事某项工作。

（3）确定工作分析的方法。

观察法。对某一工作岗位的操作进行实际观察，是明确工作岗位及其职责的常用方法。观察法比较直观，简便易行，但是也存在着一些不易克服的缺点。例如，观察报告易受观察者主观态度的影响；被观察对象可能因为紧张或炫耀自己而在被观察时表现异常；大量的非体力劳动不宜进行观察；需要较长操作时间的工作不宜进行观察；等等。

面谈法。面谈法可以克服观察法的某些缺点。操作者能够进行自我观察，监督自己的心理活动，并能够用简明扼要的语言陈述自己的工作感受，这是运用观察法无法观察到的事。但是，运用面谈法对分析人员的要求较高，必须受到过面谈的基本训练；分析人员应当与被研究的人员之间建立起和谐的关系及相互信任；被分析的对象必须实事求是，要防止被分析对象在面谈时有意或无意地对自己进行不真实的描述。

在岗人员的书面报告。这一方法的优缺点与面谈法相似，但可以不需要分析人员的直接参加。

2. 确定组织结构。在不同的公司中，尽管各个工作职位之间的相互关系各不相同，但公司组织的设计者需要决定如何将这些不同工作职位联系在一起。确定公司组织结构的方式有四种：

（1）按照职能将不同的工作组合在一起的组织结构。如将公司的销售人员组合在一起，形成一个组合，公共关系人员则形成另一个组合，等等。按照职能确定组织结构，可以使同一部门的人分享经验，加深相互间的了解、帮助和支持。利用这种组织结构形式，有利于公司工作的专业化，促进工作经验的积累，因此是一种运用最为广泛的组织结构。它的缺点是容易使公司工作人员局限于本专业的工作，使不同职能部门之间的沟通出现问题。

（2）按照业务地区的不同而设置公司组织结构。这种组织结构有利于各单位内部不同专业人员之间的交流，使公司员工更接近自己的顾客。其缺点是同一专业人员之间的交流范围有限，不利于积累专业经验。

(3) 以公司产品为中心设置组织机构。这种组织形式可以围绕同一产品将具有不同经验和专业技能的人组织在一起。

(4) 按照工作的时间分隔设置组织机构。随着工作的进展，逐步调整人员组合。

一旦公司的组织结构建立起来，最重要的工作就是在公司内部不同部门之间进行协调，使整个公司成为一个有活力的整体。这种协调工作主要包括三个方面的内容。首先是通过建立制度进行协调。这意味着使公司的组织结构制度化，以明确公司内部的等级，使全体员工纳入一定的上下级关系之中，分享公司从最高层向最低层垂直分布的权力和责任。其次是通过计划进行协调。在明确授权的基础上，公司计划可以为每一位员工规定各自在未来的任务，使大家分工协作，为实现公司的整体目标而共同奋斗。最后是通过会议进行协调。公司各级负责人可以根据需要，在自己的职权范围内召集必要的会议，沟通信息，交换意见，协调行动。

3. 公司组织结构的不同形式。公司组织结构的形式是由公司内外部不同条件和环境因素共同作用所决定的。由于这些条件和因素的复杂性，公司组织结构的形式也是千差万别的，没有一种单一形式的组织结构，也没有一种称得上是最佳的组织结构形式。

(1) 家庭式组织结构。在这种公司里，由一个或几个人形成一个中心，由中心对公司在所有权、专业技术和经营管理上进行严格的控制。这种公司组织结构形式适合于那些规模不大，技术简单，或者专业技术在公司经营中占重要地位的公司，以及经营环境不确定或环境发展变化太快的公司。

(2) 行政机构式组织结构。那些拥有实力和专业技术的综合性公司常采用这种公司组织形式。它适用于在稳定的环境中经营的大型公司、具有综合技术和不同专业技术的公司。

（3）矩阵式组织结构。那些行政机构式的综合性公司可以采用矩阵式结构，以加强公司内部各部门的责任，更好地对顾客的需要作出反应。

（4）独立式组织结构。采用独立式组织结构的公司内部分为若干个独立的单位，公司对每一个单位提供必要的支持，而每个独立部门则分别从事自己的业务，相互之间很少协调。这适合于那些同时从事若干不同专业化业务，并且强调各单位及个人责任的公司。

三、公司的工作设计

为了充分利用公司的人力资源，需要正确地设计员工的工作。工作设计直接影响到公司员工的工作效率、工作成果及其考核。在进行工作设计时，需要考虑到公司所需员工的数量、操作任务、技术水平、能力高低，以及每个工作岗位的权责范围和控制幅度等因素。

1. 工作专业化。是指对公司员工进行专业化分工，每一名员工都固定在一定的工作岗位上操作，一个人只承担整个工作操作流程中的一小块任务。员工工作专业化以后，可以将复杂的工作分解为许多简单的高度专业化的操作，对每一个人所要求掌握的操作技术标准下降了，可以在很大的程度上降低劳动力成本。员工由于从事较为简单的重复性操作，可以较容易地提高操作的熟练程度和工作流程的机械化与自动化程度。也有利于对员工的操作进行标准化和程式化，有利于对员工的操作进行数量和质量方面的控制。但是，员工容易对长期重复单一的操作会产生厌烦和不满，导致员工士气和效率下降。而且员工终日在操作中接触的只是产品的一部分，不容易了解自己的工作对整个公司的意义，不利于培养员工的成就感和自豪感。

2. 工作轮换。是指在一定的时期内使员工轮换工作岗位，在不同的工作岗位上进行操作。进行工作轮换可以为公司员工提供全面地观察和了解整个工作流程的机会，以及提供全面发展技术的机会，减少长期从事重复单一的操作带来的厌烦和不满。由于员工参与了整个工作流程的操作，亲眼见到了产品生产的全过程，对自己工作的意义就会有更为深刻的理解，从而产生成就感和自豪感，有利于提高员工的士气和工作效率。但工作轮换并不可能完全消除员工在工作中的重复单一感，员工在一定的时期内仍然不得不从事简单重复的操作。因此，工作轮换只能在有限的程度上发挥作用。

3. 工作扩大化。是指扩大员工的工作范围，使员工从事的操作多样化。进行工作扩大化后，员工通常仍然以原来从事的操作为主要操作，只是将其操作的范围扩大到原操作的前后工序，员工的工作性质并没有太大的变化。因此，工作扩大化是员工工作范围的横向增加。通过增加每一个员工所应掌握的操作的种类和扩大员工从事的操作工序的数量，可以减轻员工对原来从事的操作的单调感和厌烦情绪，从而提高员工的劳动生产率。从管理的高度来看，采用工作扩大化可能会增加公司在工具和培训方面的开支。从员工的角度来看，从事新的操作、掌握新技术可能产生激励作用，但是一旦熟悉新技能之后，这种激励作用就会消失。

4. 工作丰富化。是纵向扩大员工的工作范围，增加员工在工作中的责任、自主权和信息反馈，即在一定的程度上使员工承担一部分管理方面的工作。例如，让员工参与工作计划的制定，由员工自行决定工作的速度和进展，由员工自己对工作的成果进行控制和考核，对产品质量进行自我监督，等等。工作丰富化能够为员工提供更多的激励和满足，从而提高员工的劳动生产率。然而，工作丰富化产生作用的一个条件是员工能够从工作丰富化中受到激励。实施证明，工作丰富化只是对一部分员工具有激励作用。

第四节　公司人事管理过程

一、员工的招聘

招聘员工是公司人事管理中的一项重要工作。公司所招收的员工的质量，直接关系到公司未来的发展。因此，公司员工的招聘又是一项要求极高的工作。

在正式开始招聘新员工之前，公司的人事部门必须确认是否有招聘的必要，即公司中是否真正出现了缺额。公司中缺额的产生可能有多种原因。可能是由于公司业务的扩大导致人手不足；也可能是公司中出现了正常或不正常的减员；或其他原因。即使是公司中真正出现了缺额，也不一定非得要立即招聘员工不可。人事部门可以与公司的其他部门协商，寻找别的解决办法。如：对公司的工作重新进行安排，使其更为合理化，不必增加员工就能完成工作任务；加班加点；采用新技术、新设备；调整工时；用兼职人员代替全日制人员填补缺额；增加工作定额；等等。如果真正确认有招聘的需要，公司人事部门的招聘工作可分为以下五个步骤。

1. 寻找员工的来源。包括做招聘广告，与有关就业管理和服务机构进行联系，与有关大专院校进行联系，等等。随着劳动力市场的发展，公司做招聘广告将会越来越普遍。公司人事部门在做招聘广告时，应当注意广告媒介的选择，力争以最低的广告费用达到最好的广告效果。这就是说，应当选择采用招聘对象最可能接触到的媒介。招聘员工的公司应当在广告中标明公司的名称、简明扼要地说明公司的情况、准确地描述工作的性质与特点，清楚地介绍公司对招聘对象的具体要求，以及实事求是地提供工资、其他福利条件和工作条件等情况。

2. 了解招聘对象。了解招聘对象的途径主要有：阅读招聘对象提供的自我介绍材料和推荐材料，查阅档案，面谈，口试和笔试等。

3. 对招聘对象进行筛选。根据工作的要求，可以为招聘设置一定的标准。如健康标准，道德品质标准，心理因素标准，教育程度标准，个性气质标准，知识结构标准，能力标准，年龄标准，性别标准，工作经验标准，等等。每项标准又可以包括一定的指标。

4. 签订招聘合同。招聘合同的签订必须遵守政府的有关法律和规定，平等公正地对待公司和员工双方的利益。一旦签约，双方必须严格执行招聘合同的各项条款，不得违约。

5. 对员工的聘用，包括岗前教育培训与试用。无论新来的人是否拥有工作经验，公司都应当要求他们经过一定的岗前培训之后再上岗。即使是具有工作经验的人，由于他们不一定熟悉本公司的情况，适当的岗前培训对他们自己和公司都会有好处。同时，公司应当对新招聘的员工规定适当的试用期。如果在试用期内发现新招聘的人不符合公司的要求，公司有权解除招聘合同。

二、员工的教育培训

公司对员工进行培训的目的，是为了提高员工队伍的素质，以满足公司经营与发展对人力资源的需要。公司在员工培训方面的开支，是公司在人力资源方面上的直接投资，这种人力资源投资具有深远的战略意义。一方面，员工培训不是一件一劳永逸的工作。公司必须根据员工的素质状况、公司的经营目标以及技术经济的不断发展，及时地、不断地对员工进行培训。另一方面，公司在员工培训方面的投资收益也是长期的。通常，培训在收到立竿见影的效果的同时，也可使员工和公司终身受益。

公司人事部门在制定员工培训计划之前，应当确定公司的培训需要。为了确定公司的培训需要，在制定培训计划时可以提出四个问题：（1）公司的目标是什么？（2）为了实现公司的这些目标，应当完成哪些任务？（3）为了完成所分配的任务，每一个员工应当做哪些必要的工作？（4）为了从事这些必要的工作，员工在知识、技能或工作态度方面有哪些缺陷？回答上述问题，将有助于制定公司的培训计划。在上述四个问题中，第四个问题是关键性的问题。为了回答这个关键性的问题，公司人事部门必须与公司的生产经营部门相配合，对员工的劳动生产率进行调查研究。通常，可以通过与公司的竞争对手相比较来发现问题，还可以通过公司内部员工之间的相互比较来发现问题。此外，还可以通过了解生产经营过程中的废品率、事故率、缺勤率、员工情绪、顾客意见等，来回答上述四个问题。

当然，有些问题不是通过培训就可以解决的。有时候，问题的根源并不在于员工缺乏培训，而可能是由于公司的设备过时或老化，或者是由于员工的报酬过低及其他的原因。所以，在发现这些问题之后，人事部门还应当与有关管理部门和员工进行深入的讨论，以确认培训的必要性。即使是员工真正需要培训，有时候也并不是一定非要进行培训不可。常常有这样的情况，与其费时费钱费力花很大的代价对现有员工进行培训，让他们掌握一种新的技能。不如干脆招聘一批拥有公司所需要技能的新职工来得合算。

一般来说，上至公司的总经理，下至车间的操作工，每一个人都会需要一定的培训。这就是所谓的全员培训。但是，就公司员工的不同层次而言，对培训的需要也是不同的。从事直接生产操作的员工通常需要的是高度专业化的操作技能培训，使其能够安全地、高效率地进行操作。包括行政管理人员和专业技术人员在内的专业人员的培训要求则复杂得多，他们不仅需要专业化的技术培训，还需要内容较为广泛的知识性培训。此外，有关部门、行业或学会对从事一定专业工作的人员的学术水平常常有一定的要求。因此，有时候公司还需要为他们提供提高学术水平的机会，如送往大专院校进行学习，以获得一定的学位或职称。总之，员工工作的需要决定其培训的需要。

一旦确定了公司员工的培训需要，还应当确定培训的形式与方法。根据培训的需要与可能，以及培训费用和预算的情况，公司可以采用以下方法进行员工培训：

1. 岗位培训。岗位培训的特点是干什么，学什么，同时也是学什么，干什么。这种形式的投资少，见效快。这主要通过以师带徒、互教互学、经验交流、技术讲座和表演、岗位练兵、操作竞赛等方式进行。

2. 业余学习。对公司来说，员工进行业余学习所花费的公司投资最少。不过如果员工的业余学习是采用自发的形式，则这种业余学习很可能会缺少计划性，不一定能够与公司的目标相一致。所以，有远见的公司总是积极引导和组织员工的业余学习，使之符合公司的利益。

3. 半脱产学习。公司可以为员工组织半脱产的培训班，也可以将员工送往有关的机构或培训中心进行半脱产学习。半脱产学习可以是短期的，也可以时间略长。

4. 脱产轮训。为了对员工进行一定的专题培训，公司可以组织员工进行脱产的短期轮训。由于脱产学习的时间不长，脱产员工的离岗对工作的影响较小，而培训的面则可以较宽。

5. 将员工送往大专院校或有关机构长期培训，或进行正式的学位学习。由于员工离岗时间较长，而且送去学习的员工大多是公司在某一方面的骨干，因此这种形式的培训对公司的日常业务影响较大，培训成本也较高，一般只能是适用于少数将对公司未来的发展起至关重要作用的员工。为了防止员工学成后跳槽使公司受到损失，公司人事部门可以在派员进行长期培训之前与其签订服务合同，明确各方的权利与义务。

三、员工的考核与评估

公司人事管理的一项日常工作，是运用管理的监督职能，对公司员工的工作成果进行考核与评估。通过考核与评估，公司不但有了对员工进行奖励与惩罚的依据，更可以借助于信息反馈，帮助员工改善自己的工作。

考核的依据通常应当是公司的计划指标，即考核公司计划指标的落实情况。如果员工未能如期完成计划指标，公司就需要根据有关的具体情况采取适当的措施。如果是计划指标与实际条件相脱节，公司计划部门就及时地调整计划指标；如果计划指标是可行的，而员工在工作中努力不够，公司就可以责令员工改进工作。公司计划指标的一个重要组成部分是公司规定的工作定额。因此，公司对员工的考核与评估可以将工作定额作为直接依据。所谓工作定额，是指一名公司员工在一定的时间内，在保证工作质量的前提下，以一定的劳动技术条件所应该达到的平均工作量标准。制定科学的工作定额标准是公司管理工作中的一项基础工作。首先，工作定额指标应当先进合理，能够反映经营管理水平和物质技术水平，具有一定的先进性。同时，这又应当是平均操作能力水平的员工经过一定的努力可以达到的指标。如果定额指标太高，使得大多数员工都不能完成定额，势必挫伤员工的积极性。如果定额指标过低，员工不必经过努力即可完成，定额指标也就起不到激励作用。其次，工作定额指标要保持一定的稳定性和严肃性。一方面，在科学合理的基础上制定工作定额指标之后，需要在相当的时期内保证定额的稳定性，使其成为一个有权威性的客观标准。另一方面，在执行工作定额标准时要客观公正，对员工一视同仁。第三，工作定额标准也要有一定的灵活性。一旦客观情况发生了变化，工作定额标准也需要随之加以调整，以适应变化了的情况，保持其科学合理性。

对员工工作的考核与评估可以采取不同的形式。常用的形式一是从上而下的考核与评估，即由公司的各级主管部门逐层对各自的下级进行考核与评估。二是同级之间互相考核与评估。三是由员工进行自我考核与评估。四是从下而上的考核与评估。后两种考核与评估形式能够充分调动员工的参与意识和积极性，起到一种特殊的激励作用。因此，目前已经有越来越多的公司尝试采用这两种考核与评估形式。另外，也可以请公司以外的人员或机构对公司及公司的员工进行考核与评估。如邀请管理专家、咨询顾问公司、财务公司、会计师事务所、审计事务所等考核与评估公司及其员工的工作。

四、维持公司工作秩序

为了保证公司的正常运转，公司人事管理部门需要正确处理员工的意见与不满，执行公司的制度与纪律，进行必要的惩罚与奖励，以维持公司正常的工作秩序。

在公司的员工队伍中，难免会有员工产生不满情绪。员工不满情绪的产生可能有各种不同的原因。一般来说，当员工的个人目标与公司目标发生冲突时，员工就会对公司产生不满情绪。员工产生不满情绪的诱因有：员工认为自己所得的报酬太低；晋升太慢；受到上级或同事的不公正对待；公司福利不好；劳动条件恶劣；反映意见或提出的合理化建议得不到上级的重视；目前从事的工作不能充分发挥自己的潜能、实现自己的价值；工作太单调枯燥；人际关系不协调；加班太多；工时太长；工作太累；工具不好使；工作场所照明不足；公司管理机构官僚主义习气太重；职工餐厅伙食太糟糕；冷气或暖气供应不足；等等。这些诱因可以分为几种不同的情况：（1）员工的抱怨理由是确实的；

(2) 员工产生抱怨是因为员工对公司的要求过高，脱离了现实可能性；(3) 员工对公司、上级或同事产生了误解。

如果说员工产生不满情绪的原因很多，那么员工产生不满情绪的后果却只有一个，那就是劳动生产率的下降。一旦员工对公司产生了不满情绪，员工就必然会通过一定的方式发泄自己的不满。如抱怨、消极怠工、损坏产品或工具、迟到早退、无故缺勤，等等。有的人甚至以各种借口跳槽离开公司。所有这些现象的发生都会给公司带来损失。所以，在处理公司里发生的违反纪律现象或劳动生产率下降现象之前，首先应当深入调查研究，找到员工产生不满情绪的真正原因，消除员工的不满。这需要认真倾听员工的意见和抱怨，允许员工畅所欲言。在了解员工的意见之后，应当对员工的误解作出澄清，以消除误会；对员工过高的要求作出合理的解释，以求得双方的相互理解和支持；对员工的正确意见则应当诚恳地接受并表示感谢，允诺并在今后加以改进。如果公司方面能够以认真负责、公正平等的态度对待员工的抱怨和意见，在大多数情况下，员工的不满就可以消失在开诚布公的交流之中。

当有必要对员工违反公司纪律的现象采取纪律措施时，公司的有关部门绝不能心软手软，一味姑息。否则，公司的制度就会如同虚设，公司的管理就会失去权威，使违反纪律的现象蔓延起来，达到不可收拾的程度。通常公司有权根据公司的规章制度对违反纪律的员工采取下列纪律措施：口头警告、书面警告、记过、调整工作岗位、降级、罚款、提前退休，直至除名。当员工的违纪行为同时触犯刑律时，应移交有关司法部门处理。

对为公司作出贡献的员工，公司应当及时地给予奖励，以树立榜样，调动全体员工的积极性。常用的奖励手段有：口头表彰、书面表彰、晋职晋级、发给奖金和奖品、带薪休假，等等。

五、劳动保护和劳动保险

1. 劳动保护。公司员工是公司最宝贵的资产，公司进行劳动保护，就是保护自己的投资。所谓劳动保护，就是改善员工劳动操作的环境与条件，减少或避免劳动操作过程中发生的对员工的生理和心理的伤害。尽管有政府制定的劳动保护法规与条例，各个公司也制定有相应的规章与制度，但是劳动伤害的事件仍然时有发生。随着新技术、新材料、新工艺的使用，也可能会对员工带来新的危害。而且，这种新的危害可能是已有的法规和制度所没有涉及到的。根据劳动保护法规的要求，公司应当采取一系列必要的措施对员工进行妥善的劳动保护。首先，公司有责任向员工提供安全的工作条件。生产设备、工艺与操作规程在设计时就应当将安全置于头等重要的位置。如果生产过程中可能出现不安全因素，则需要在设计中采取必要而可靠的安全保护措施，如防护装置、逃生装置、救护装置等。第二，公司有责任使员工能够安全地进行操作。公司应当为员工制定必要的安全操作规程和制度，对员工进行安全教育和培训，并对员工是否严格地遵守安全操作规程进行经常的监督和检查，消除事故的苗头和隐患。第三，公司应当有专人或专设机构负责劳动保护方面的工作。最后，万一发生了事故，公司应当尽快积极采取救护措施，努力使事故对员工的伤害和损失减少到最低程度。

2. 劳动保险。劳动保险就是对员工在暂时或永久丧失劳动能力时能得到一定的物质帮助的制度。劳动保险在公司的人事管理中处于重要的地位，它能够保证员工在丧失劳动能力的情况下仍然可以维持一定的生活水平。因此，劳动保险能够有利于解除员工的后顾之忧，使员工能够安心地工作，不必为疾病和退休等问题担心。

第十章

现代公司电子商务管理

电子商务是企业信息化管理的高级阶段，电子商务的发展是以网络经济的不断深化为基础的，并成为网络经济的主体形式。巨大的潜在效用将使电子商务成为21世纪的重要经济活动。

第一节 电子商务概述

一、电子商务的概念

可能对于很多人来说，一提到电子商务就想起在互联网上购物，但电子商务的业务领域并不局限于网上购物，它包括很多商业活动。欧洲委员会（1997）对电子商务的定义是：

“电子商务就是以电子方式进行商务交易。它以数据（包括文本、声音和图像）的电子处理和传输为基础，包含了许多不同的活动（如商品服务的电子贸易、数字内容的在线传输、电子转账、商品拍卖、协作、在线资源利用、消费品营销和售后服务）。它涉及产品（消费品和工业品）和服务（信息服务、财务与法律服务）；传统活动（保健、教育）与新活动（虚拟商场）。”

对于电子商务的概念我们可以从以下几个方面来理解：

（1）从对外联络的角度看，电子商务是通过电话线、计算机网络或其他方式实现的信息、产品、服务或结算款项的传送。

（2）从工作流程的角度看，电子商务是实现业务和工作流自动化的技术应用。

(3) 从服务的角度看，电子商务能更好地满足企业、消费者和管理者的愿望，如降低服务成本、改进商品的质量、提高服务水平。

(4) 从营销的角度看，电子商务是提供在互联网和其他联机服务上购买和销售产品或提供服务的能力。

总之，电子商务强调了新业务机会的产生和利用，用更流行的话来说，就是“创造新价值”，“把复杂的变简单”或“用更少的钱办更多的事”。

电子商务的广泛发展，将有利于企业缩短生产周期，减少交易成本，增加商业机会，提高市场竞争力。

二、电子商务发展史

互联网的应用使很多企业和个人的在线购物成为可能，但从更广泛的意义上讲，电子商务已经存在很多年了。对电子商务的需求来自于企业，它们需要更有效地应用计算机技术以改善顾客关系、业务流程和信息交换。正是这一需求才使得电子商务从无到有，逐步发展到今天的规模。按照各个时期有代表性的不同技术，可以将电子商务的发展历程划分成四个阶段。

第一阶段：EFT时代。

20世纪70年代，银行间电子资金转账（EFT）开始在专用网络上推出，它改变了金融业的业务流程。电子资金转账是指通过企业间通讯网络进行的账户交易信息的电子传输，由于它以电子方式提供汇款信息，从而使电子结算实现了最优化。这是电子商务最原始的形式之一，也是最普遍的形式。今天，EFT已发展出多种形式，如在零售店的收款处使用的借记卡，企业给员工的工资直接存入银行账户等。

第二阶段：EDI时代。

从20世纪70年代后期到80年代初期，电子数据交换（EDI）在企业中得到推广。企业和其他企业交换的许多单据都和商品运输有关，比如发票、订单、提货单等，这些单据几乎在每笔交易中都包括同样的内容。另外，企业花费了大量的时间和金钱向计算机输入数据并打印出来后，交易的对方又要重新输入这些数据。虽然每笔交易中订单、发票和提货单的大部分内容都是一样的，如商品代号、名称、价格和数量，但每张书面单据在表述这些信息时又有自己独特的格式。如果将这些信息转换成标准化的格式，再以电子方式来传输，企业就可以减少错误、节省成本，减少文字工作、提高自动化水平、简化业务流程、提高工作效率。电子数据交换（EDI）使企业能够用标准化的电子格式与供应商之间交换商业单证（如订单）。例如，如果将电子数据交换与准时化（JIT）生产相结合，供应商就能将零件直接送到生产现场，节约了企业的存货成本、仓储成本和处理成本。

多年来，EDI已经演进成了几种不同的技术，在零售业的商品品种管理中，电子数据交换的应用尤为成功。商品品种管理是将适应的产品，以适当的价格和适当的数量，摆放在商店货架适当的位置以满足顾客需求。商品品种管理的方法是将所有商品都按照不同特性分成不同的组别。商品品种经理根据这些特征对某一品种的所有商品进行管理。采购人员也不再是购买价格最低的产品，而是利用购买模式的信息，运用EDI技术，争取在购买最热销的商品时实现最大程度的节约。这种技术改进了购买行为，降低了制造商和零售商双方的成本。

第三阶段：联机服务时代。

在20世纪80年代中期，联机服务开始风行，它提供了新的社交形式和知识共享的方法。这就为互联网用户创造了一种虚拟社区的感觉。同时，信息访问和交换的成本已大大降低，范围也空前扩大，全世界的人都可以相互沟通。

第四阶段：Internet 时代。

从 20 世纪 90 年代中期到现在，互联网的应用，是电子商务的转折点。Internet 的最主要特点是具有容易使用的标准图形界面，即使那些对计算机不是很精通的人也可以访问大量的网上资源。Internet 的应用为信息出版和传播提供了简单易用的解决方案。Internet 带来的规模效应降低了业务成本，它所带来的范围效应则丰富了企业的业务活动。Internet 也为小企业创造了机会，使它们能够与资源雄厚的跨国公司在平等的技术基础上竞争。

三、电子商务的类型

电子商务的类型主要有三大类：企业与消费者间的电子商务；企业间的电子商务；企业内部的电子商务。

（一）企业与消费者间的电子商务

企业对消费者的电子商务，是企业在国际互联网上开设电子商场，消费者通过网络购买商品和服务。其中无形商品和服务的交易可以完整地通过网络进行，而有形商品和服务的买卖则不能完全在网上实现，要靠传统手段配合才能完成。

1. 无形商品和服务的电子商务。无形商品和服务一般包括信息、计算机软件、视听娱乐产品等。这些商品和服务可以通过网络直接提供给消费者。主要有以下几种模式：

——网上订阅。这种模式是消费者通过网络订阅企业提供的无形商品或服务，如信息、杂志等，并在网上直接浏览和消费。对于这种模式，消费者一般都要付出一定的费用。当然，也有部分商品和服务是免费的，这主要是为了提高网站的访问率。

——广告支持。这种模式是服务商免费向消费者提供在线服务，其营业收入完全靠网站上的广告收入来获得。这种模式虽然不直接向消费者收费，但却是目前最为成功的一种电子商务。

——网上赠与。这种模式通常被软件公司用来赠送软件产品。一些软件公司将测试版软件通过互联网向用户免费发送，用户则通过网络自己下载使用。用户意见也可以通过网络反馈给软件公司。当正式版本通过网络发布时，参加测试的用户可以享受一定的优惠。采用这种方法，不仅可以降低成本，还可以扩大测试群体，改善测试效果，提高市场占有率。

2. 有形商品和服务的电子商务。这种电子商务模式是指产品和服务的查询、订购、付款等活动在网上进行，但最终交付还需使用传统的办法来完成，而不能通过网络来实现。有形商品和服务的网上销售，使企业扩大了销售渠道，增加了市场机会。网上商店不必像实际的商店那样保持很多库存，如果是纯粹的虚拟商店，它们甚至可以直接从厂家和批发商处订货，从而大大节省了库存成本。

在企业与消费者间的商务中，顾客可通过电子出版物来了解产品，通过电子结算系统购买产品，并通过网络接收信息商品。从消费者的角度看，电子商务的作用有：(1) 使消费者能通过电子邮件、视频会议相互交流。(2) 使消费者能用在线金融服务工具管理投资事务和个人理财。(3) 使消费者能找到介绍各种产品和服务的在线信息。

（二）企业间的电子商务

企业间的电子商务，是指企业之间通过 Internet 或各种商务网络进行订货、付款等交易行为。在这种模式中，公司采购的产品多为原材料、零部件等中间产品。企业间的电子商务是最具增长潜力的电子交易，这是因为它是过去商务关系和商务活动的延续，而这一商务关系是构筑在高信任度和商务合同基础上的，而且企业对企业的大宗交易能够更大限度地发挥电子商务的潜在效益，并通过供应的集中、采购的自动化、配送系统的高效率而得以实现。更重要的是，企业间的电子商务会彻底改变企业之间的关系。对生产性企业而言，通过开展电子商务能够有效地缩短供货时间和生产周期，简化订货程序、降低库存，而生产企业与消费者的直接沟通将使得两者的关系更加紧密，降低交易成本和进入门槛，使得大型企业和中小企业拥有了参与电子商务的均等机会，从而能够有效地改变和改善企业组织结构和市场竞争结构，使经济的运行效率显著提高。

从企业的角度来看，电子商务的商业应用主要有：

1. 供应商管理。企业间电子商务的应用可帮助企业减少供应商的数量，这些应用可以降低订单处理成本、缩短处理周期、减少处理人员并同时提高处理的订单数量，加强业务伙伴关系。

2. 存货管理。企业间电子商务的应用缩短了订购、运输、结算的周期。如果企业的大部分业务伙伴都建立了电子连接，那么以前用传真或邮件传送的信息现在就能通过网络立刻传输。企业还可确认所传输的文件，以确保文件已为对方收到。

3. 配送管理。企业间电子商务的应用简化了运输单证的传送，如提货单、采购订单、提前运输通知和载货单等。电子商务能确保单证的数据更为准确，从而改善了资源管理。

4. 渠道管理。企业间电子商务的应用可快速将经营信息传递给贸易伙伴。过去传递技术信息、产品信息和定价信息主要通过打电话来解决，消耗很多人力和时间，现在则可以把这些信息贴在电子公告牌上。企业可将生产信息以电子方式传送给分销网，不但减少很多人工和时间，而且可以确保业务伙伴能共享到准确的信息。

5. 结算管理。企业间电子商务的应用可将企业与供应商和分销商连接起来，使结算能以电子方式发送和接收。电子结算减少了单证错误，提高了企业处理发票的速度，并且降低了交易费用。

常见的企业间电子商务网站主要有两种：横向型（即水平

型）网站和纵向型（即垂直型）网站。纵向型（又称纵向电子商务市场）是指提供某一类产品及其相关产品（互补产品）的一系列服务（从网上交流到广告、网上拍卖、网上交易等）的网站。该类网站的优势在于产品的互补性和购物的便捷性，顾客在这一类网站中可以实现一步到位的采购，因而顾客的平均滞留时间较长。纵向电子商务市场专业性强，如果充分挖掘其商业潜力，需要精通专业知识的高级人才，人力方面的投入较大。典型的纵向电子商务市场创办者都有丰富的行业经验，对所从事的行业非常了解，能够准确地把握市场需求情况，并作出正确的反应。纵向电子商务市场吸引的是特定的、很小范围的高级客户，也就是说，纵向电子商务市场客户更为集中，他们往往是一个团体，吸引那些忠诚的回头客。因此，纵向电子市场的用户很有价值，它们具有极高的经济潜力，是真正能产生利润的买家和卖家。

横向型网站（又称横向电子商务市场）是这样一些网站：买卖双方能在网上一起进行通信、交流、制作广告，在拍卖中叫价，进行库存管理和交易等。"横向"的含义是指服务于各种不同的行业，或者说是定位于跨行业的横向应用。其不足在于深度和产品配套性欠缺。由于该网站充当的是中间商的角色，在产品价格方面处于不利地位。横向电子商务市场是各种行业的集合，因为它们服务于多种行业，所以通常会得到更多的收益机会。多样化减少了风险，如果商务模式不断改进，就会获得更多的商业机会。

（三）企业内部的电子商务

企业内部的电子商务是在企业内部进行的电子商务，其目的在于帮助企业维持有助于让渡顾客价值的各种关系。这类电子商务应用的重点是将企业内各种职能进行整合，它包括以下应用：

1. 工作组通信。这种应用使管理者能够通过电子邮件、视频会议和公告牌与员工进行交流，其目的是利用信息技术来提高信息的传送速度，使员工能够掌握更多的信息。

2. 电子出版。这种应用使企业能够运用 Internet 等工具来组织、出版和分发人力资源手册、产品规格和会议纪要等信息。它的目的是提供信息，使企业上下都能更好地制定决策；同时也有利于降低印刷和分发文件的成本，加快信息的送达和减少过时的信息。

3. 销售信息交流。这种应用提高了信息在生产部门和销售队伍之间、企业和顾客之间的流动速度。企业可将销售队伍和其他部门更好地组织起来，从而迅速获得更多关于市场和竞争者的信息，制定出更好的战略决策。

在企业内部的电子商务中，增长最快的领域就是企业内部网的开发。企业建立内部网的主要目的是出版和访问重要的企业信息，这些信息包括：人力资源信息、员工沟通、产品开发和项目管理数据、内部商品目录、销售支持数据、企业数据库等。

第二节 客户关系管理

随着市场态势从卖方市场向买方市场的转变，消费者的消费行为越来越成熟，消费期望值也越来越高，如何建立与客户的良好关系就显得至关重要。客户关系管理（Customer relationship management，CRM）是一种旨在改善企业与客户之间关系的新型管理机制，它应用于企业市场营销、销售、服务与技术支持等企业外部资源整合领域。CRM 的目标是：一方面通过提供快速和周到的优质服务吸引客户并和客户保持良好的关系；另一方面通过对业务流程的全面管理降低企业的成本。

一、客户关系管理的含义

在当今世界，各行业现在都面临着竞争加剧、经济全球化、争取客户的成本不断提高及客户流失率高等问题，散发宣传单或者开展买一赠一活动的古老手段根本没有效果。公司在竞争中取胜的惟一途径就是认真地了解客户需求。为了吸引并保住重要客户，公司必须快速有效地创造新的分销渠道，收集客户的各种信息，把销售、服务与经营的各个方面整合到一起，这样才可能改善客户关系，提高客户的满意度和忠诚度，并从客户身上获取更大利润。

电子商务提高了客户的期望，这种期望又提出了对客户服务的更高要求，客户不在意你的公司收集、存储、处理信息的方式，他们只想得到最好的服务。因此，在网络经济时代，客户关系管理在现代企业管理中有着十分重要的地位。

客户关系管理要求整个公司协同工作来满足客户的需求。客户关系管理实际上就是整合营销和服务的战略，它不是单纯地吸引客户，而是要求一系列活动相互协同。这种业务模式的目标是：

（1）利用现有的客户关系增加收入。了解公司客户的概貌，通过连带销售来加强客户同公司的关系；通过识别、吸引和维系重要客户来提高利润。

（2）利用整合的信息提供优质服务。利用客户信息更好地满足客户的需求，包括节省客户的时间和减少客户的挫折感。例如，客户没有必要不断向公司的不同部门重复自己的信息。

（3）导入易重复的销售业务流程和程序。随着与客户接触渠道的增加，公司更多的员工会参与销售工作。公司要想长久成功，必须提高客户管理和销售活动的一致性。把个别人成功的销售工作变成一个每个人都能做到的销售模板。提高全体人员的销售能力。

（4）创造新价值并培养客户忠诚。让潜在客户和现有客户都认识到公司能够对他们的需求做出反应并可使之满意，这就是公司的竞争优势，因为客户认为公司是值得他们信赖并保持忠诚的公司。

(5) 贯彻积极解决问题的策略。整个公司都要以客户为中心，要在问题发生之前就尽可能消除它，要从被动地收集信息变为主动地监管客户关系，在问题初见端倪时就解决它。

以客户为中心不仅意味着要改善客户服务，而是要同客户进行一致的、可靠的、方便的交互。客户关系管理是一种整体的业务战略，实施客户关系管理战略意味着必须采用一套整合的应用系统来满足各种需求，如客户自助服务、现场服务和营销的需求。

二、客户关系管理的三个阶段

在人际交往中，只要双方都努力，彼此之间的理解和亲密程度就会随时间的推移而加深。商业交往也是如此。现实的竞争非常激烈，客户有很大的选择余地，因此公司需要迅速掌握发展客户关系的能力。

客户关系管理可分为三个阶段：争取客户；加强现有客户关系；永远留住重要客户。每个阶段对客户关系都有不同的影响，使公司同客户关系更加紧密。

1. 争取新客户阶段。公司通过提高产品和服务对客户的价值而吸引新客户，这种高价值可能是更好的质量或者是购买更为便利。这个阶段的客户关系管理就是要使客户得到更好的产品和更优质的服务。

2. 加强现有客户关系阶段。这个阶段就是要提高现有客户为公司带来的利润。公司可通过连带销售等来加强同客户的关系。这个阶段的客户关系管理就是要使客户能以更低的成本得到更大的便利。

3. 维系获利客户阶段。留住客户的关键在于服务的针对性：

一切从客户角度出发而不是从公司角度出发，进而使双方建立起一种互利的关系。当今很多成功的公司更关注留住老客户而不是吸引新客户。这个战略背后的道理很简单：吸引新客户的成本要远远高于维系住老客户的成本。如果想赚钱，公司就要设法维系住那些能让公司获利的老客户。

客户关系管理的三个阶段是相互关联的。即便是最优秀的公司也很难同时将这三个阶段都做好。公司通常需要选择某个阶段作为重点，但选择一个阶段并不意味着放弃另外两个阶段，而是指选择自己的定位。

三、客户关系管理系统

（一）客户关系管理系统的功能

传统企业管理的着眼点往往在后台，例如，企业怎样实现内部商业流程的自动化，提高生产效率等。而对于哪种产品最受欢迎、哪些客户是最赚钱的客户、售后服务有哪些问题等前台问题，企业则重视得不够，从而导致大规模的客户流失。CRM 系统就是一种专门管理企业前台业务的系统，它提供了一个收集、分析和利用各种客户信息的系统，帮助企业充分利用其客户关系资源，也为企业在电子商务时代从容自如地面对客户提供了科学手段和方法。在电子商务中，CRM 系统可提升企业及其客户、供应商和业务伙伴之间的协作能力，可通过包括网络在内的多种渠道来跟踪和管理与客户进行的交流和交易。

数据库营销和一对一营销等新兴营销方式均可纳入 CRM 系统的范畴。数据库营销是指营销机构使用数据库来描述它们的顾客。通过使用数据库，公司能够找出最忠实的顾客；能确定顾客最倾向于购买哪些产品；能辨识原来属于竞争对手的哪些顾客可以被争夺过来。一对一营销是数据库营销的变革。在这种方式下，公司对客户信息进行细分，通过分析客户对每次营销活动的反应来分析顾客的个人偏好，并利用数据库来协调促销活动。

CRM是一种系统集成方案。一套完整的CRM系统的功能主要有：

1. CRM系统能帮助企业更好地吸引客户和留住客户，提高客户的忠诚度。对企业而言，长期客户的重要意义便是降低争取客户的费用以及促使销售和服务流程的简化。在企业流程彼此融合的情况下，采用CRM系统的公司便有灵敏的客户回应能力，这种回应能力必然会增进客户的忠诚度，同时使公司得以吸引新的客户并促进销售的增长。特别是在与客户交流频繁、客户支持要求高的行业，如银行、保险、房地产、电信、家电、民航、运输、证券、医疗保健等行业，采用了CRM后，都会获得显著的回报。

2. CRM系统能跟踪复杂的销售路线，缩短销售周期、减少错误和重复性工作。通过可共享的"市场推销百科全书"（通常是产品、定价和竞争对手信息汇总），销售人员可及时获取产品和市场竞争的信息并保存他们的重要业务数据，企业也不会由于某位销售人员的离去而丢失重要的信息。销售管理还提供了各种销售工具，如电话销售、移动销售、远程销售、电子商务等，从而使销售人员无论何时何地都可及时地获得有关产品、定价、配置和交货的信息。此外，CRM系统强调对全公司的数据进行集成，降低了销售人员将客户信息私人化的可能，使得客户信息的共享程度大为提高。

3. CRM系统能扩充客户服务的范围。首先，CRM系统有由计算机电话集成技术支持的呼叫中心，它是一个由通信网和计算机网多种集成功能构建的综合服务系统，能为客户提供每天24小时不间断服务和多种交流方式（语音、IP、电话、E-mail、传真、文字、视频信息等），并将客户的各种信息存入业务数据库。其次，在CRM系统中，可根据现场工程师的可用性和技术情况来安排服务的内容和时间。再次，CRM系统具有远程服务功能，可为远程顾客提供完整的服务和支持。

4. CRM系统能提供更全面的技术支持。主要表现为：CRM系统可为特定的客户进行个性化服务；在CRM系统中，技术人员能对顾客的使用情况进行跟踪，并为其提供预警服务；CRM系统具有信息检查功能，可检查客户是否具有支付服务费用的能力；CRM的协议服务和所有的契约承诺相关联，并在记录中呼叫时会自动执行授权检查，一旦发现问题，会自动调整。

（二）客户关系管理系统的内容

客户关系管理系统主要包括三个方面：销售力量自动化（Sales force automation，SFA）、营销自动化（MA）和客户服务。

1. 销售力量自动化。销售力量自动化是CRM系统的关键功能，它包括账户管理、合同管理、定额管理、销售预测、盈利与损失分析等。销售力量自动化的过程比较强调以下4个方面：目标客户的产生和跟踪；订单管理；订单完成；营销和客户服务功能的集成。

销售力量自动化具有广泛的功能，一般包括工作日历和日程表安排、联系人和客户管理、佣金、销售机会和潜在客户管理、销售预测、建议书制作和管理、定价、地域分配和管理以及报销报告等。与SFA协同工作的是销售配置软件，它使软件的使用者（客户或销售代表）能够将产品部件组装成产品，它尤其适用于网络，因为用户不需要有任何安装复杂产品的技术背景，从而使企业具备直接与客户进行电子商务的能力。

2. 营销自动化。营销自动化是CRM领域新发展起来的功能，其着眼点在于通过设计、执行和评估市场营销行动和其他相关活动，赋予市场营销人员更强的业务能力。它作为SFA的补充，提供一些独有的功能，主要有促销宣传管理、内容管理以及数据分析和商业智能工具。具体来讲，包括基于网络的和传统的市场营销宣传行动策划、执行和分析；客户需求的产生和管理；预算和预测；宣传品制作和市场营销材料管理；“市场营销百科全书”；对有需求客户的跟踪、分配和管理等。

3. 客户服务。在很多情况下，维系客户和获利能力依赖于提供优质的服务，因为客户只需轻点鼠标或一个电话就可以转向企业的竞争对手，因此，客户服务和支持是极为重要的。在CRM系统中，客户服务与支持主要是通过呼叫中心和互联网实现的，在满足客户的个性化要求方面，它们的速度、准确性和效率都令人满意。CRM系统中的强有力的客户数据使得通过多种渠道（如互联网、呼叫中心）的纵横向销售变得可能，当将客户服务与支持功能同销售、营销功能比较好地结合起来时，就能为企业提供很多的机会，向已有的客户销售更多的产品。客户服务与支持的典型应用包括：客户关怀；纠纷处理、次货处理、订单跟踪；现场服务；问题及其解决方法的数据库；维修行为安排和调度；服务协议和合同等功能。

四、呼叫中心

呼叫中心（Callcenter）也称为客户服务中心（Customer-servicecenter）。传统的呼叫中心是集中处理呼叫业务的场所。随着自动语音应答设备（VRU）的出现以及Internet的迅速发展，呼叫中心的定义有了新的内涵。现在的呼叫中心是一种基于CTI技术（计算机网与通信网集成）的一种新的综合信息服务系统。它是由若干成员组成的工作组，他们通过网络进行通信，共享网络资源，为客户提供交互式服务。

（一）呼叫中心的类型

呼叫中心源于30年前的民航业，其最初目的是为了能更方便地向乘客提供咨询服务和有效地处理乘客投诉。呼叫中心有电话呼叫中心、电脑电话整合呼叫中心和现代呼叫中心三种类型。

1. 电话呼叫中心。即单纯运用电话、传真、网站及电子邮件的方式来为客户服务，处理简单的呼叫流程，属于小型的呼叫中心。

2. 电脑电话整合呼叫中心。随着电脑电话整合（Computer-telephone integration，CTI）系统的导入，便出现了一些规模较大的呼叫中心以及复杂的呼叫流程。运用 CTI 增加了许多呼叫人员资讯系统的支援功能，例如屏幕显现来电基本资料可协助呼叫人员拥有足够的资讯来处理客户来电，自动话务分配可用来平均分配呼叫人员的话务负荷，互动式语音可运用电脑语音来回答一些基本的咨询，不需呼叫人员直接来服务客户。

3. 现代呼叫中心。随着全球网络技术，特别是 Internet 技术的迅猛发展，呼叫中心又迎来了它的一次革命性的变化。呼叫中心系统逐渐由普通电话走向了网络技术，其通信手段是传统电话、IP 电话、网络站点和电子邮件的集合。目前，常见的现代化的呼叫中心主要有：Internet 呼叫中心（Internet call center，ICC）；多媒体呼叫中心；可视化多媒体呼叫中心等。

（二）呼叫中心的功能

客户关系管理的新趋势是呼叫中心和网站等新型的客户联系点的出现。呼叫中心由人和通信设备组成，为客户提供支持、咨询和交易等服务。网站则属于客户自助服务的渠道。呼叫中心的功能主要有：

1. 倾听客户的声音。呼叫中心和网站应该成为了解客户所关心问题的前哨，而且一定要选择正确的客户群。如果听取了错误的客户群对产品和服务的反馈信息，就会给公司造成损失。比如，如果选择的调查对象都是自己忠诚的客户，则可能收集不到一些有益的改进建议，最终损失惨重。正确的做法是应重视从竞争对手的客户那里获得反馈信息。

2. 提高客户忠诚度。现在的客户有更多的选择，他们也越来越了解你公司和竞争对手的产品，也逐渐变得认真和挑剔起来。公司需要认真考虑如何用呼叫中心来帮助建立客户的忠诚。我们应当经常思考这样一些问题：呼叫中心能为客户提供怎样的服务？客户是否对我们的服务感到满意？

3. 提升客户的购物体验。呼叫中心技术无疑可以很好地满足客户的要求，而且在每个接触点都能够提供优质的、一致的服务。比如，当你拿不定主意买什么样的汽车时，到网站上浏览一下最新的车型和价格，你点击按钮，开发商的销售代表立即给你打来电话，回答你的问题并安排看车时间。

4. 满足客户更高的服务期望。随着技术的进展，客户期望更好的服务，一些以前被认为属于额外的服务现在也被客户当作是理所当然的，客户希望公司能提供更多的服务，对服务水平的要求也越来越高了。因此公司要认真考虑呼叫中心能为客户提供哪些高质量的服务。比如，当你打电话到一家保险公司询问财产保险单情况时，呼叫中心接待人员应能立即从有关的系统中查出你是谁，直接叫出你的名字向你问好，在屏幕上显示出你的保险单，熟练地回答你的问题，并根据你的具体情况推荐一种新的汽车保险，你同意购买这种保险并准备告诉对方你的地址时，接待人员回答知道你的地址，有关资料会在当天邮寄给你。

第三节　供应链管理

随着自动化和信息技术在制造业中的应用，制造加工技术提高产品竞争力的潜力开始变小。为了进一步挖掘降低产品成本和满足顾客需要的潜力，人们开始从产品全生命周期中的供应环节和整个供应链系统中寻找突破，供应链（Supply Chain）管理随之出现。

一、供应链的含义

传统的供应链是指企业从原材料和零部件的采购、运输、加工制造、分销直至最终送到顾客手中的这一过程。供应链概念是从扩展的生产这一概念发展来的，它将企业的生产活动进行了前伸和后延，通过计划（Plan）、获得（Obtain）、存储（Store）、分销（Distribute）、服务（Serve）等活动在顾客和供应商之间形成一种衔接（Interface），从而使企业能满足顾客的需求。供应链管理就是对整个供应链系统进行计划、协调、操作、控制和优化的过程。

供应链概念的进一步发展是注意了供应链的外部环境，认为供应链管理是通过前馈的信息流和反馈的物流及信息流，将供应商、制造商、分销商、零售商，直到最终用户连成一个整体的模式。这一概念强调了供应链中所有成员操作的一致性。最新的供应链概念更加突出了核心企业及在此基础上形成的网络关系，突出了供应链中的战略伙伴关系。

供应链管理的研究和实践表明：增加供应链节点企业间的联系与合作，提高信息共享程度，用覆盖整个供应链的决策系统代替缺乏柔性和集成度差的决策系统，使整个供应链各个环节都能清楚地观察物流、资金流、信息流和工作流，以降低供应链成本，降低各环节的迟滞时间，消除信息扭曲现象，是实现供应链管理的关键。

二、供应链管理的层次

就目前的发展状况来看，供应链管理可以分为三个层次：

1. 企业内部供应链管理。它是将企业内部经营的所有业务单元如订购、采购、库存、计划、生产、质量、运输、市场、销售、服务等以及相应的财务活动、人事管理等均纳入供应链进行统筹管理。这种供应链管理将企业各个业务环节连接在一起，使得各种业务和信息能够实现集成和共享。

2. 产业供应链管理。它是将企业内部供应链管理延伸和发展为面向全行业的产业链管理，管理的资源从企业内部扩展到了外部。

在这种供应链的管理过程中，首先要在整个行业中建立一个环环相扣的供应链，使多个企业能在一个整体的管理下实现协作经营和协调运作。把这些企业的分散计划纳入整个供应链的计划中，实现资源和信息共享，从而大大增强了该供应链在大市场环境中的整体优势，同时也使每个企业均可以最小的个别成本和转换成本来获得成本优势。在供应链统一的计划下，上、下游企业可最大限度地减少库存，使所有上游企业的产品能够准确、及时地到达下游企业，这样既加快了供应链上的物流速度，又减少了各企业的库存量和资金占用，还可及时地获得最终消费市场的需求信息，使整个供应链能紧跟市场的变化。

其次，在市场、加工或组装、制造环节与流通环节之间，建立一个业务相关的动态企业联盟。它是指为完成向市场提供商品或服务等任务而由多个企业相互联合所形成的一种合作组织形式，通过信息技术把这些企业连成一个网络，以更有效地向市场提供商品和服务来完成单个企业不能承担的市场功能。这不仅使每一个企业保持了自己的个体优势，还扩大了其资源利用的范围，使每个企业可以享用联盟中的其他资源。例如，配送环节是连接生产制造与流通领域的桥梁，以它为核心可使供需连接更为紧密。在市场经济发达国家，为了加速产品流通，往往是以一个配送中心为核心，与生产厂商、批发商、零售商、连锁超市相接，建立一个企业联盟，把它们均纳入自己的供应链来进行管理，实现其业务跨行业、跨地区甚至是跨国的经营，使供应链上的产品可及时生产、及时交付、及时配送、及时交到最终消费者手中，快速实现资本循环和价值增值。

供应链管理通过 Internet、电子商务把过去分离的业务过程集成起来，覆盖了从供应商到客户的全部过程，包括原材料供应商、外协加工和组装、生产制造、销售分销与运输、批发商、零售商、仓储和客户服务等，实现了从生产领域到流通领域一步到位的业务全过程。

3. 全球网络供应链管理，这是一种基于 Internet 的开放式的全球网络供应链。在全球网络供应链中，企业的形态和边界将产生根本性改变，整个供应链的协同运作将取代传统的电子订单，供应商与客户间的信息交流更为直接、透明。

三、供应链管理系统的组成

常见的供应链管理系统可分为计划系统和执行系统。计划系统涉及需求预测、库存仿真、分销、运输、生产计划和调度，主要目标是提高预测的准确性、优化生产计划、减少库存成本、缩短订单周期、减少运输成本并提高客户服务水平。执行系统涉及整个供应链中产品的采购、生产和分销，主要目标是确保以最佳运输路线将产品送到正确的地点。

（一）供应链计划系统

供应链计划系统可分成五大模块：

1. 订单支持模块。该模块可实时提供从原料、库存到生产订单履行全过程的详细信息。这些信息不是靠经验预测得出的，而是直接从计划模块中提取数据，因此在该模块的支持下，供应商能够向客户提供准确的交货日期。

2. 生产计划模块。该模块能使生产和供应活动进行细节的协调。

3. 需求计划模块。该模块能整理、合并所有业务单位的需求预测，提供各种统计和预测工具。

4．分销计划模块。该模块可支持后勤部门制定工作计划。该模块可与需求计划模块和生产计划模块一并运用，制定订单履行作业计划。

5．运输计划模块。该模块支持运输资源的分配，该模块能实现货位、车辆、总载荷、运输工具及承运商等的最佳组合，保证原料和成品以最低的成本在正确的时间到达正确的地点。

要满足客户的各种需求，就要求供应链应有一定的灵活性，应将各种计划模块高度整合起来。例如，一个重要客户下达（或更改）了一个订单，指明所需产品的颜色、规格、型号和数量，这就会对公司的业务产生大范围的影响：定价会因产品现货情况而更改；生产部门收到新的生产要求，为此得改变生产安排；采购部门需要订购新的原料，这又会影响原料供应商；运输商则需要在特定日期安排好车辆。

供应链计划系统通过对生产计划和配送计划进行必要的调整来满足这些要求，还要保证供应链上受影响的每个环节都能了解到变化的信息。如果没有供应链计划系统，生产部门、销售部门与运输部门就无法知晓彼此的计划，从而不可能进行有效的协调。

（二）供应链执行系统

供应链执行就是以及时、经济、有效的方式满足客户的特殊需求，它是提高竞争力的关键因素。供应链计划系统可通过精简采购和生产流程来降低成本。供应链执行系统则通过保证公司按承诺交货以提高客户对公司的满意度。

供应链执行系统由订单计划、生产、补货和分销等模块组成：

1．订单计划模块。供应链执行系统的目标是在现有的运输和生产条件下最大程度地落实客户的需求，于是公司就得根据客户的重要性和订单履行时间的要求来制定订单履行计划，计划要考虑到供应链的各种限制因素，如运输卡车的载重量及卡车运输的产品型号等。

2. 生产模块。随着模块化设计的兴起，生产逐渐变成在特定场所进行的组装，包括装配、包装及贴标签等活动。一般以最后装配的时间要求来决定各部件的生产计划，因此，制造资源计划（MRP）系统可根据成品的生产计划制定在何时何地组装多少产品及其所需的各种零部件的计划。

3. 补货模块。零部件补货策略的目标是最大程度地减少流水线的库存。仓库的及时补货也很重要，因为客户不能容忍长时间缺货。

4. 分销管理模块。分销管理是对产成品从制造商到配送中心再到最终消费者的整个过程的管理。新的分销管理都同运输管理整合使用。运输管理负责管理整个运输过程，并保证客户能随时了解货物的位置。

5. 逆向后勤。逆向后勤负责将客户退回的货物送回给制造商或销毁。

第四节　销售链管理

随着 Internet 的发展，信息技术也在企业销售部门得到广泛应用。销售链应用的目的是加速买卖双方之间的流动以支持买方的购买决策。

一、销售链管理的含义

销售链管理就是订单获取的整合战略，其广义的定义是用信息技术支持从客户初次联系到交货的整个销售过程。

实施销售链管理要求公司放弃目前将分散的任务（如销售渠道管理、产品配置或产品定价等）自动化的做法，构造支持订单获取完整流程的销售链应用结构。

公司要从客户的立场出发，把订单获取看做是业务流程而不仅是职能部门的活动。也就是说，应将销售链管理应用作为工具来整合企业获取订单的一系列活动。

大多数企业已经明显感觉到销售环境越来越困难了：产品生命周期越来越短、竞争越来越激烈、客户的要求越来越苛刻、定制的要求越来越多，定价、促销、佣金及其他销售因素又进一步加剧了问题的复杂性，企业还必须为客户提供更多的价值，更快、更好的服务，同时又要降低成本。因此，在现代信息社会，销售链管理就显得日益重要。

传统的企业销售业务流程常见的问题有：

1. 营销信息彼此矛盾或者过时；

2. 销售人员把大量精力花在事务性工作上，脱不开身；

3. 没有完整的订单支持系统，使客户在下单后不得不同多个部门联系以了解订单的履行情况；

4. 销售应用不够灵活；

5. 系统没有整合，订单需要重复输入。

这些问题对公司及客户都有影响，不仅提高了成本、降低了质量，而且还降低了客户满意度。销售链管理的目的就是在互不相连的销售职能之间建立起实时的连接，从而形成一个从客户初次联系到完成付款的完整的销售过程。

假设你是一个公司的销售代表，当客户问到：“你们能在什么时候能将修改过的产品交货？经过这些改动的产品报价是多少？”你可能无法立即回答这些问题，因为公司的产品配置很复杂，还有各种定价和折扣的组合。你可能要回到公司花大量精力算出报价单，同生产部门和销售部门协调后确定交货期，然后再给客户答复时发现客户已经被行动迅速的竞争者夺走了。

销售人员可能在此之前做了大量工作才接触到这个客户，但因为不能迅速回答客户的问题而失去了客户。因此，必须为销售人员提供整合的应用解决方案，使销售人员能够及时访问到产品的定价及现货状况等信息，以便能够迅速、圆满地回答客户的问题，争取当场达成交易。

过去，销售人员需要询问生产部门能否按客户要求改动产品、询问工程部门某种方案能否满足客户的需要、询问配送部门某种产品能否及时交货，得到这些信息很费时间，但没有这些信息又不行，订单错误（如迟延）风险很大，会使公司失去客户。根本的原因是没有通过销售链管理将整个业务流程进行整合。

二、销售链管理的应用

企业要开发销售链应用结构应先将订单获取流程的关键环节自动化，包括产品目录和营销大全、销售配置系统、定价系统、销售激励系统及订单管理系统等，然后将这些应用连接并整合。整合可以让销售队伍共享诸如定价、客户联系历史等信息，也有助于管理销售活动，包括确定下次会面的时间、了解买方的决策者及其态度、了解会面对购买决策者的影响及确定销售队伍随后的行动。下面是订单获取应用的关键环节。

（一）产品目录和营销大全

方便产品信息的访问是销售应用的基本要求。以前目录销售的成功就是因为客户可以从产品目录里很容易找到产品信息。现在客户可以用电话或互联网得到产品的详细信息，不必亲身去产品展示场所同现场销售人员交谈。

营销大全是一个智能的电子化产品目录，它为销售代表和客户提供了公司最新的产品和服务信息。所有产品信息的发布和使用都集中在营销大全上，产品经理可直接在数据库里更改信息并立即发布。营销大全最关键的要求是易于创建和保存产品信息、具有多种信息检索机制、提醒销售代表和客户企业最新的销售政策。

（二）销售配置系统

在传统的产品销售过程中，从准备报价到产品制造及运输的所有环节都必须了解客户的各种要求，销售人员由于缺少必要的工具和信息来准确而详细地回答客户的询问而不得不同总部不断商讨，导致工作效率低下。

很久以前公司就开始在销售、订单输入、生产和客户支持等领域应用产品配置检查工具，这些工具可能由制造资源规划（MRP）和企业资源规划（ERP）软件包提供，也可能是公司自行开发的。ERP/MRP 的解决方案保证了订单错误不会干扰生产，但无法在接受订单时就发现问题，而尽可能提前发现订单错误对降低返工成本和提高客户回头率十分重要。

新的应用系统不仅要检查产品配置问题，还需要了解客户需求，支持销售人员在现场、网站或其他销售点迅速为客户提供销售方案并立即报价。

（三）定价的维护、发布和配置

公司一般都有很复杂的定价和折扣系统，经常需要根据销售区域或渠道伙伴进行灵活定价，不同的客户合同不同，价格也不一样。价格如果不能及时发布会使公司陷入困境。现在，许多公司面临的难题是无法对市场的变化及时调整定价，这是由于定价周期过长、效率太低或者价格发布能力很弱等原因造成的，这些问题会导致市场份额减少、利润降低或库存增加。

企业的定价取决于销售战略，如客户等级、渠道类型、有效期限及定价者的权限等，这就需要定价配置系统，它可以帮助公司制定、管理和推行复杂的价格和折扣系统。

（四）标书和报价生成

标书和报价生成系统的目标是支持公司为客户提供直观和专业的报价和标书，该系统包括：

1. 创造和跟踪商机。支持销售人员根据客户和时间来保存和查找报价和产品配置的历史记录。

2. 交互式需求评估。帮助销售人员和客户明确采购标准和采购方案。

3. 自动生成报价单。即根据产品配置直接生成报价，并允许增加配件、打折、选定货币类型、根据地理位置等因素加价或给予折扣、附加运输和包装处理费用。

4. 标书辅助工具。根据产品配置、需求评估和报价直接生成标书，减少了标书准备的时间和精力。

标书和报价生成系统还应为销售人员提供每个客户的特殊信息，如促销对此客户的影响等。

（五）销售激励和佣金管理

销售激励和佣金管理系统对提高销售效率作用显著，大企业通常都需要销售激励和佣金管理系统的支持，此系统包括三个核心模块，即激励设计、激励处理和激励分析。

第五节　企业资源规划

企业资源规划（Enterprise resource planning，ERP）这一概念是 20 世纪 90 年代初，由美国著名的 IT 分析公司 Ganner Group Inc. 提出来的。该公司根据计算机信息处理技术的发展和企业供应链管理的需要，在对未来制造业管理信息系统的发展趋势和即将发生的变革进行预测的基础上提出了企业资源规划的概念。

一、企业资源规划的功能

企业资源规划（ERP）不是一个单独的系统，而是一个应用系统的框架，它包括管理应用系统（如财务系统、会计系统）、人力资源管理系统（如工资系统、福利系统）和制造资源规划（MRP）系统（如采购系统、生产计划系统）等，也就是说，它把关键的业务流程（包括订单处理、财务、工资、生产等）的应用软件模块整合到一个统一的软件包里。

ERP 的根本指导思想是将企业的业务流程看作一个紧密联结的供应链，其中包括供应商、制造工厂、分销网络和客户等；将企业内部划分成几个相互协同作业的支持子系统，如财务、市场营销、生产制造、质量控制、服务维护、工程技术以及对竞争对手的监视管理等。由于 ERP 以企业供应链的管理思想为指导，因此可以对生产、质量控制、运输、分销、服务与维护、人事管理、实验室管理、项目管理、配方管理等进行整合。

企业资源规划的基本功能主要有：

1. 是一个面向供应链管理的管理信息集成。该系统除了传统的制造、供销功能外，还增加了运输管理、仓库管理；支持在线分析处理、售后服务及质量反馈；支持生产保障体系的质量管理、实验室管理、设备维修管理等。

2. 具有较强的事前控制能力。该系统可支持售后服务及质量反馈，将设计、制造、销售、运输等通过集成同时进行相关的各种作业，提高了企业对质量、适应变化、满足顾客、提高绩效等关键问题的实时分析。

3. 系统功能模块化。ERP 系统能运用应用程序模块来对供应链上的所有环节实施有效的管理。这些模块可以分成三大类：物流、财务与人力资源。它们相互协作，共同作用，来处理企业中的经营管理任务。“物流”类模块能对供应、生产、销售整个过程和各个环节的物料进行管理。“财务”类模块提供一套通用记账系统，保证资产负债表与损益表的及时更新。除此之外，还能够进行资产管理，提供有关经营成果的报告，使得企业管理决策建立在客观、及时的信息基础上，协助完成企业的整体控制。

“人力资源”类模块可以提供一个综合的人力资源管理系统。它综合了诸如人力资源规划、员工招聘、工资管理和员工职业生涯设计等各项业务活动。

4. 可实现信息的高度共享。网络通信技术的应用和信息的高度共享是ERP系统的又一个显著特点。ERP系统除了已经普遍采用的诸如图形用户界面技术（GUI)、结构化查询语言(SQL)、关系数据库管理系统（RDBMS)、面向对象编程技术(OOP)、第四代语言/计算机辅助软件工程、客户机/服务器和分布式数据处理系统等技术之外，还要实现更为开放的不同平台之间的相互操作，采用适用于网络技术的编程软件，加强了用户自定义的灵活性和可配置性功能，以适应不同行业用户的需要。网络通讯技术的广泛应用，使ERP系统得以实现供需链管理的信息高度集成和共享。

5. 与企业业务流程再造密切相关。信息技术的发展加快了信息传递的速度和实时性，扩大了业务的覆盖面和信息的交换量，为对企业进行信息的实时处理、作出相应的决策提供了极为有利的条件。为了使企业的业务流程能够预见并响应环境的变化，企业的内外业务流程必须保持信息的快捷通畅。因此，为了提高企业供需链管理的竞争优势，必然要带来企业业务流程、信息流程和组织机构的改革。这种改革，已不限于企业内部，而是把供需链上的供需双方合作伙伴包罗进来，系统考虑整个供需链的业务流程。因而，ERP系统应用程序使用的技术和操作必须能够随着企业业务流程的变化而相应地调整。

总之，ERP系统更多地带有整合式管理和集成式管理的特点，支持精益生产、同步工程和敏捷制造，体现全过程的计划与有效控制，它要求在每个流程业务处理过程中，最大限度地发挥每个人的工作潜能与责任心，强调人与人之间的合作精神和团队精神，促进企业管理由“垂直式”组织结构向“扁平式”组织结构转变，因而可以极大地提高企业对市场的适应能力。

二、企业资源规划的实施

经验表明：成功企业的经验是首先要了解自己的业务流程，再努力简化业务流程，然后导入自动化；失败的企业往往是开始就安装企业资源规划软件，以为自动化工作本身就可以提高效率，结果反而将不合理的业务流程永久化了。在实施企业资源规划系统时，管理人员要注意：

1. 战略思考：首先要确定企业资源规划方案的选择和实施是否符合业务战略。如果选择了错误的系统，就注定要失败。

2. 业务流程重组：应用企业资源规划系统时会完全改变企业现有的业务规划和流程，这时会遇到企业内部极大的抵制。不进行业务流程重组就无法实施企业资源规划，业务流程重组对企业最大限度地利用企业资源规划软件带来的利益是至关重要的。这意味着重新制定业务规则和流程，并体现到企业资源规划软件中。

3. 实施复杂性的管理：企业资源规划系统的实施异常复杂，很多项目的实施不是远远超出了预算就是不断拖延工期，有些企业投资了数百万美元却只利用了系统很小一部分功能。出现这些问题的主要原因一般都是由于缺乏协作管理。许多公司选择由外部咨询公司负责实施，这时，对外部公司的有效监督就至关重要了。

4. 变革的管理：实现平稳过渡，平息员工的抵抗是企业资源规划系统实施成功的重要因素。即使有效地完成了业务流程重组，系统也可能失败。一般人把责任归咎于负责实施的咨询公司和企业资源规划软件公司：软件公司夸大了系统的功能，咨询公司拖延了实施工作。但实际上责任往往不在咨询公司或软件公司身上，用户通常会低估员工对变革的抵制。因此，管理人员应该设法让员工了解变革对企业的意义，让他们参与实施，设法消除他们的恐惧和抵触情绪。

企业在实施企业资源规划软件时要根据软件的结构、定制程序和复杂程度选择实施策略。常见的实施策略有：（1）分步实施。即每次只实施一个应用，调试成功后与其他应用整合。（2）全面实施。即抛弃所有老系统，用企业资源规划软件取而代之。（3）分片全面实施。在一个业务领域全面实施企业资源规划软件，然后扩展到整个公司。许多企业都采用这种方法。

确定了实施策略后，具体的实施步骤是：

1. 项目准备阶段：召开项目动员会，组织项目小组，确定项目资源、成本、各项活动的起止日期。

2. 蓝图阶段：咨询人员记下企业的需求和业务流程的设计要求。

3. 试验阶段：配置软件以符合新的业务流程，技术人员制定新系统的数据接口和整合计划。

4. 最后阶段：巩固以前的所有工作，进行最后的系统测试和用户培训，将数据转到新系统里，检查所有的转换和接口程序，最后进行用户接收测试。

5. 评估阶段：复查系统是否满足企业的所有需求，包括检查业务流程、应用结构、访谈最终用户交流以了解是否满足其要求。最后评估新系统的价值和技术的投资回报。

第十一章
现代公司财务管理

公司财务是财务活动和财务关系的统称，前者泛指公司再生产过程中涉及的资金活动；后者指财务活动中形成的公司各方面的经济关系。因此，公司财务就是公司再生产过程中的资金活动，它体现着公司同各方面的经济关系。

第一节　财务管理的内容和基本任务

一、财务管理的内容

财务管理的内容比较广泛，概括起来不外乎是资金的筹集、运用和分配三个方面。也可进一步细分为资产的管理、维护所有者权益、负债的管理、收入和费用的管理、利润的管理以及财产清算等方面的内容。

1. 资产负债的管理。资产负债管理是财务管理的核心问题，其他方面的管理也多是围绕着资产负债管理进行的。资产是可能带来未来经济利益或者效用的经济资源，其权益由一个组织（或个人）所持有或者控制。它包括固定资产、流动资产、无形资产、递延资产、其他资产和长期投资。资产的管理主要包括资产的计价方法、坏账准备金的提取与核算、固定资产的管理、流动资产的管理、无形资产的管理、递延资产的管理、其他资产的管理、长期投资管理等。负债是指一个组织（或个人）由于过去或者现在发生的交易事项而产生的结果，需以资产或替人完成服务偿付的未来的经济负担。它包括流动负债和长期负债两方面的内容。负债管理主要包括负债的计价、负债的比例及负债形式等内容。

2. 收入和费用的管理。收入是指公司在一定时期内向客户提供商品或者劳务而获得的现金应收账款。现金是可以用来购买商品或劳务，偿还债务，随时交入银行收作存款的所有能够被普遍接受的交换媒介物。应收账款是公司由于赊销商品与劳务而向客户收取款项的一种短期债权，通常这种赊欠只有两个月左右，最长也不超过一年。收入的管理包括收入的确定和核算方法等内容。费用是指公司在一定时期内为获取营业收入所发生的商品服务成本。包括直接费用、间接费用和期间费用。费用的管理包括营业费用的管理、成本费用的确定及核算等内容。

3. 利润的管理。利润是指公司在一定时期内的经营成果，包括营业利润和营业外收支净额。利润管理包括利润的分配管理等方面的内容。

4. 维护所有者权益。所有者权益是公司权益的总和，即以资产减负债后的净值。它包括公司投资者对公司投入资本以及资本公积金、盈余公积金和未分配利润等，维护所有者权益就是要对公司的资本金、公积金和未分配利润加强管理，使公司的资本金在得到保全和完整的基础上不断增值。

二、财务管理的基本任务

公司财务管理的基本任务是，做好各项财务收支的计划、控制、核算、分析和考核工作，依法合理筹集资金，有效利用公司各项资产，努力提高经济效益。

1. 选择筹资渠道，降低资金成本。正确及时地筹集资金是保证公司生产经营活动持续发展，提高资金利润率的前提。筹集资金总要付出一定的代价，这种代价包括资金占用费（如借款利息、债券利息及股息等）和资金筹集费用（如股票发行费、债券注册费用），即资金成本。因此公司在筹集资金时，就要充分考虑资金成本费用的支出，合理选择筹资渠道和方式，做到既能筹集到必要的资金，又尽可能降低筹资成本，使公司建立起科学合理的资金结构。

2. 管好用好各项资产，提高资产的利用效果。公司在管理各项资产方面，要结合本公司特点，从基础工作抓起，从不断提高公司的经济效益入手，正确地选择公司经营策略和资产投向。处理好资产、负债、费用和利润的关系，使公司各项资产得以科学运用，公司产品结构、资源利用、盈利水平等方面处于最佳状态，经济效益不断提高。

3. 降低成本费用，增加公司盈利。降低成本费用，就是要有计划地安排生产经营过程中的人力、物力和财力的消耗。根据公司的生产任务、消耗定额和其他条件，合理控制各种生产经营耗费。在正确核算成本费用的基础上，分析研究生产经营耗费水平和公司盈利水平，及时揭示生产经营中存在的问题，提出改进措施，促进公司改善经营管理。开拓市场经营渠道，运用先进的营销手段，增加公司盈利。

第二节　财务管理的原则

一、财务管理的原则

财务管理的原则可概括为建立健全公司内部财务管理制度，做好财务管理基础工作，如实反映公司财务状况，依法计算和缴纳国家税收，保证投资者权益等。

1. 在公司内部财务管理体制上实行统分结合的原则。公司财务管理要实行由公司总经理统一管理，分级核算的原则。总会计师或者财务副总经理要协助总经理管好公司财务，监督检查公司生产经营活动，为公司理好财。公司内部实行部门经理负责制，在统一的财务管理制度、核算办法的基础上，实行各职能部门分口管理，以求做到各职能部门有职、有权、有责。

2. 在财务会计核算上坚持如实反映公司财务状况的原则。如实反映公司财务状况的原则要求公司财务会计人员要客观地记录公司经营业务发生的情况，准确地核算公司的收入、成本费用和利润，真实地报告公司的财务状况。

3. 坚持依法计税的原则。公司必须在正确核算收入和利润的基础上，依据税法的规定，及时足额地向国家上缴税金。纳税是公司应尽的义务，任何违反国家税法的偷漏税行为都是国家和法律所不允许的。

4. 保证投资者合法权益不受侵犯的原则。只有对所有者的权益实行保护，才能实现公平的市场竞争，这是发展社会主义市场经济的要求，也是公司所有者所期望的。不然投资者权益得不到保护，小则侵害投资者的合法权益，大则会直接影响到国内外投资者进行投资的积极性，最终要影响到市场经济的正常发育，受损失的还是公司。

二、现代财务管理观念

1. 市场观念。公司在筹资与投资、购买与销售产品时，都会直接或者间接地与资金市场、产品市场等发生联系，只有树立起正确的市场观念和经营观念，才能保证公司经营活动取得预期的效果。经营离不开市场，只有把公司引向市场，才能产生激励，才能使公司更多的去关心、研究市场变化，及时调整公司的产业结构，制定出适合市场发展的营销策略，获取最大的经济效益。

2. 节约观念。以最少的投入，获取最多的利润，这是公司生产经营的美好愿望，要想使这一愿望变成现实，在有了正确的经营决策之后，首要一条就是要眼睛向内，挖潜节支，减少不合理费用支出，勤俭办公司。同时要在提高产品质量，降低消耗，开拓市场上下工夫，采取有力措施，促使公司多盈利。

3. 时间观念。树立时间观念是指要重视资金的时间价值。在有时间和效率观念的人的眼中，今天的一元钱比将来收到的一元钱更值钱，今天愿意支付的金额将来要为其带来原面值之外的收益。运用资金的目的是为了使资金增值，资金在运动中没有得到增值或者增值较少，说明资金的使用效率低，反之就高。所以公司必须树立时间观念、效率观念，使资金在运动中得到更多的增值。

第三节 公司内部的财务管理

一、公司内部财务管理体制

1. 公司内部财务管理方式。公司内部财务管理有两种方式可供选择：

(1) 一级核算方式。采用这种财务管理体制的公司，财务管理的权利集中，公司的各项资金、财务收支等都集中管理，下属部门一般只负责管理、登记所使用的财产、物资等，经济上不独立。

(2) 二级核算方式。实行这种财务管理体制的公司，财务管理的权限部分地下放到下属部门。采用这种体制的公司，下属部门在管理上有相对的灵活性，便于调动下属部门经营的积极性。

2. 公司内部财务管理指标体系建设。公司内部财务管理方式一经确定，就要着手研究制定诸如指标体系、奖惩措施等方面的内容：

（1）资产方面，要研究和确定筹集资金的具体方式和途径，为公司内部各部门核定资金占用额、利用效果或费用定额等指标，并定期进行考核。

（2）收支管理方面，除逐级分解成本指标外，对各部门还要核定收入、支出及经营成果指标。

（3）物质奖励方面，要根据各部门经济指标完成情况，奖优罚劣，鼓励各部门生产经营的积极性。

3. 确立公司内部财务管理体制要注意的几个问题：

（1）要保证公司生产经营活动的整体性，不要机械地照搬国家对公司的管理办法，做到既不违反国家政策，又适合本公司实际情况。

（2）要处理好集权与分权的关系，做到统一规划，各行其权，调动各个方面的积极性。

（3）要划清公司内部各部门以及上下级的责任范围，防止越权管理，或不尽职的情况发生，避免出现经济纠纷，使公司的经营管理有序、高效地进行。

二、公司内部财务管理的基础工作

1. 建立健全财务管理机构。财务管理机构是组织财务管理工作的职能部门，要根据公司特点合理设置。

2. 建立健全财务管理制度。公司内部财务管理制度和规定是组织公司财务活动的行为规范，它具体规定了公司内部各级、各部门财务管理的职责权限。公司财务管理制度应与公司财务管理的内容相适应。制度建立之后，就要认真执行，严格遵守。

3. 加强计量检测工作。计量检测就是用一种标准的单位对一类经济活动的量进行测定，它是从数量和质量两方面反映公司生产经营活动成果的。计量检测是否准确，很大程度上取决于原始记录的准确性及可靠性，同时，还必须采用先进的计量检测手段、先进的管理方法和精干的专职人员。

4. 制定公司内部核算价格。公司内部发生经济往来，也要计价核算，这是经济核算制度所要求的。为此，就要合理制定公司内部核算价格，将在公司内部发生的材料领用、产品转移、劳务提供等经济活动用内部核算价格进行计价核算，以考核公司内部各部门的劳动成果，分清经济责任。

5. 建立健全原始记录，加强信息管理。原始记录是对公司生产经营活动的最初记录，是珍贵的资料档案，必须如实记载，不能遗漏和伪造。信息一般是消息、情报和记号的总称。信息管理是指对信息的搜集、传递、加工、整理等项工作的管理。建立健全信息管理系统，加强信息管理，是公司管理的重要环节。

三、公司内部财务管理的基本环节

公司财务管理的基本环节包括财务预测、财务决策、编制财务计划等。

1. 财务预测。财务预测是根据公司财务活动的历史资料，结合现实的需要，对公司决策方案或未来的财务活动和成果所作的科学的预测。财务预测可以提高公司财务管理的预见性，避免盲目性，为财务决策提供理论依据。

进行财务预测时，一方面要利用一些直接资料，如根据公司财会人员的经验和有关资料进行分析、作出判断、预测未来发展变化的趋势。另一方面，要在比较完备的数据资料基础上，运用科学的方法，建立经济发展模型，作出科学的预测。

2. 财务决策。财务决策就是在财务预测的基础上，对公司财务活动和生产经营方案所作的评价和选择。公司财务决策，主要包括筹资决策和投资决策。

3. 编制财务计划。财务计划是公司生产经营计划的重要组成部分。它包括资产计划、成本计划、收入和利润计划等。编制财务计划要做到既先进又切实可行，同时注意留有充分余地，防止短期行为，不能使计划高不可攀。财务计划还要与生产经营计划相衔接。

第四节　公司资金的筹集

公司要保证生产经营的正常进行，必须筹集资金。筹集资金是现代公司财务管理的首要任务。公司筹资的多寡直接关系到公司的生存和发展。

一、资本金及资本金制度

建立资本金制度是国际惯例，也是资金管理制度改革的核心内容。应该指出，资本是商品经济发展的产物，是公司从事生产经营活动的基本条件，并要求不断实现资本增值。

资本金是股份公司在工商管理部门登记的注册资金。企业是市场经济活动的主体。发展经济就要办企业，办企业总要有资金。资金可以是自己投入的，也可以是借来的，但无论如何，办企业总要有一笔本钱，才能以本求利，以本负亏。通俗地讲，这个办企业的本钱就是资本金，对于股份公司来说就是股本。

所谓资本金制度就是国家围绕资金的筹集、管理和核算及其所有者的责权利等所作的法律规定。在我国确立资本金制度，有着十分重要的意义。

资本金又可分为法定资本金、注册资本金和实收资本金。

1. 法定资本金。公司设立时必须有法定的资本金。所谓法定的资本金就是国家规定的公司设立筹集资本金的最低限额，即公司设立时必须要有的最低限额的本钱。在我国，股份有限公司注册资本的最低限额为人民币 1000 万元，有外商投资的公司的注册资本不低于人民币 3000 万元。有限责任公司的注册资本最低限额为：生产经营性公司，商业物资批发性公司 50 万元人民币；商业零售性公司 30 万元人民币；科技开发、咨询、服务性公司 10 万元人民币。其中民族区域、自治地区和国务院确定的贫困地区，经批准，注册资本的最低限额可按上述规定限额降低 50%。

2. 注册资本金。它是指公司设立时在登记机构登记的资本金总额。对合资企业来说，合资企业在登记机构登记的资本总额，应为合资各方认缴的出资额之和，也就是合营各方投入的股权资本，它是公司的有限责任资本。确定注册资本的好处是：(1) 对公司内部来说，它是股东缴资的依据，是承担有限责任的依据，是股东分红派息和确定股东在董事会席位的依据。(2) 对公司外部来说，注册资本的大小，一般直接影响到公司的资信状况（即通常所说资本是否雄厚），资信好坏，又与公司财产状况和经营规模有着间接的联系。

3. 实收资本金。它是公司实际收到的资本金。在一般情况下，实收资本应等于注册资本。对合资企业来说，按照合营协议、合同规定分期投资时，在未缴足认缴的出资额之前，实收资本小于注册资本。但各方的出资比例仍应与合同规定的比例相同。逾期未缴或未缴清应交资本的，应按合同规定向合营公司或另一方合营者支付延迟利息或赔偿损失。实收资本也是合资企业的会计科目名称，用于核算公司实际收到的合营各方的出资总额。

二、资本金的筹集

资本金的筹集是资本金制度中的一项重要内容。股份公司对资本金筹集应注意以下几点：

1. 筹集方式。股份公司筹集资本金的方式可以多种多样，既可以吸收货币资金，也可以吸收实物、无形资产等，公司还可以发行股票或债券筹集资本金。如果是通过发行股票筹集资本金，必须按照国家关于股份制企业的实施范围、审批程序等规定依法进行。

2. 筹集时间。公司筹集资本金是一次筹集还是分期筹集，应根据国家有关法律、法规以及合同、章程的规定来确定。按规定，有限责任公司的股本总额由股东一次认足定额。如果采用一次性筹集的，应当在营业执照签发之日起 6 个月内筹足。分期筹集的，最长期限不得超过 3 年，即最后一次出资应当在营业执照签发之日起 3 年内缴清，其中第一次筹集的投资者出资不得低于 15%，并且第一次筹资部分在营业执照签发之日起 3 个月内筹足。

3. 吸收无形资产投资不得超过国家规定的限额。股份公司吸收的无形资产（不包括土地使用权）一般不超过注册资本的 20%，如果情况特殊，确实需要超过 20%，应当经过工商行政管理部门批准，但最高不得超过 30%。

4. 验资以及验资证明。公司筹集的资本金，是否符合国家法律、法规的规定，作价是否公平合理，应聘请具有公证性的注册会计师验资，签署验资报告。

5. 投资者在出资中违约及其责任。公司筹集资本金的方式、投资者出资期限等均要在投资合同、协议中约定，并在公司章程中作出规定，以确保公司能够及时、足额筹集资本金。如果投资者未按合同、协议和公司章程的约定按时、足额出资，即为投资者违约。公司和其他投资者可以追究其违约责任，国家有关部门还应按照国家有关规定对公司和违约者进行处罚。从现有法规看，投资者在出资中违约，已有相应的处罚规定。例如有限责任公司规定，股东未按规定缴纳出资的，公司有权向股东追缴，如追缴后仍不履行缴纳义务的，则可以根据诉讼程序请求法院追究股东的违约责任。

三、资本公积金

资本公积金是资本的公共积累，也可以说是资本储备。它与资本金的共同点在于都是所有者权益，也都投入公司生产运营，而且资本公积金可以按照法定程序转化为资本金。公司可经股东会决议，将公积金转为股本，按股东原有股份比例发给新股或增加每股面值。但法定盈余公积金转增股本时，以转增后留存的该项公积金不少于注册资本的25%为限。其不同之处在于，资本公积金不是某一个投资者所拥有，而是投资各方共有权益，它既不是投资者分配利润的依据，也不作为承担风险和亏损的依据。其主要来源包括：

1. 投资者实际缴付的出资超出其资本金的差额。表现最典型的是发行股票的溢价净收入，即股票溢价收入扣除发行费用后的净额。同时，也可以是另外出资，例如：公司筹集的资本金100万元，公司生产经营需要110万元，其缺口10万元就可以通过投资者在注册资本之外另外出资筹集。在实际执行中，有的是所有投资者对等出资，也可以不对等，全部由外国投资者出资，但无论是对等出资还是由外商出资，均要在投资合同中作出约定。

2. 法定资产重估增值。公司实行股份制，均应按规定进行资产重估。所谓法定资产重估，就是按照国家法律、法规规定进行资产重估。其重估价值与账面净值的差额，作为资本公积金。

3. 资本汇率折算差额。公司在筹集资本金过程中，收到的投资者出资额，如为外币出资，则需要折合为记账本位币金额。按照规定，公司收到的出资，其资产账户应当按照当日国家外汇牌价或者当月1号的国家外汇牌价折合，而资本账户所采用的折合汇率，虽然也是国家外汇牌价，但是采用哪一天的国家外汇牌价，往往与资产账户不一致。如果出资合同、协议有约定的，应当按照合同、协定约定的国家外汇牌价折合，合同、协议未作约定的，则按照公司收到出资时的国家外汇牌价折合。所谓资本汇率折算差额，就是资产账户与实收资本账户采用的折合汇率不同而产生的折合记账本位币差额。其差额不得调整资本账户，而作为资本公积金处理。

4. 接受捐赠的财产。公司接受捐赠，是捐赠方出于各种考虑给公司的一种无偿赠与，它是公司的投资各方所共有的财产。公司接受捐赠的财产除货币资金以外，均要按照规定对捐赠财产计价入账。

四、公司负债和负债利息

公司负债是指公司承担的能够以货币计量、需要以资产或者劳务偿付的债务。例如公司借入的资金以及应付未付款项等等。在市场经济体制下，公司借入资金是公司筹集资金的重要方式，加强负债管理具有重要意义。

公司负债一般按其偿还期限的长短分为流动负债和长期负债。流动负债是指可以在一年内或者超过一年的营业周期内偿还的债务，包括短期借款、应付及预收货款、应付票据、应付内部单位借款、应付税金、应付股利和其他应付款、应付短期债券、预提费用等。长期负债是指偿还期限在一年或者超过一年的一个营业周期以上的债务，包括长期借款、应付长期债券、应付引进设备款、融资租入固定资产应付款等。

1. 负债分类。股份公司借款按其性质分为固定资产投资借款和流动资金借款，其中固定资产投资借款又分为基建借款和各种技术改造借款。与此相适应，公司负债按照偿还期限的长短分为长期负债和流动负债。

2. 应付票据。应付票据是指公司在购买材料等经济活动中，采用商业汇票结算时，其所签发、承兑的商业汇票。应付票据之所以作为负债管理，是因为公司签发承兑汇票后就形成了公司的债务，实际上是一种应付账款。承兑公司对于承兑的汇票负有到期无条件支付票款的责任。在实际执行中，应付票据还有银行承兑汇票和商业承兑汇票两种情况，如为银行承兑汇票，公司应当在票据到期前将票款足额存入开户银行，由银行在到期之日将票款付给收款人；如为商业承兑汇票则由付款公司承兑，不通过银行办理承兑。在公司资金周转困难时，也可以向银行申请将商业汇票转化为短期的票据贴现借款，以取得货币资金。

3. 应付长期债券。应付债券是公司筹集长期资金的重要方式，有的采取平价发行即面值发行，有的采取溢价或者折价发行。如果采取面值发行，财务处理比较简单，按面值计价即可；如果采用溢价发行或者折价发行，就存在一个利息的调整问题。公司实际收到的款项超过债券面值的差额即溢价，应当在债券到期前分期冲减利息支出；公司实际收到的款项低于债券面值的差额即折价，应当在债券到期前分期增加利息支出。

4. 无法偿还的负债。由于债权人的特殊原因而无法支付的应付款项，例如债权人死亡而且无继承人，找不到债主等，其应付未付的款项应作为公司的收入，但这种收入又不同于生产经营所得，因此，应作为营业外收入处理。

5. 负债利息。公司流动负债的应计利息支出，计入财务费用。公司长期负债的应计利息支出，筹建期间的，计入开办费；生产经营期间的，计入财务费用；清算期间的，计入清算损益。但是，其中凡是与购建固定资产或者无形资产有关的，在资产尚未交付使用或者虽已交付使用但尚未办理竣工决算之前，计入购建资产价值。

五、资金成本

1. 资金成本的含义。资金成本是指公司为取得和使用长期资金而付出的代价。长期资金体现在资产负债表的“长期负债”和“股东权益”两个项目上，具体包括长期借款、公司债券、优先股股本、普通股股本和公司留存利润（公积金）。资金成本可以从两个角度来理解，若公司是长期资金的使用者，资金成本就是为取得长期资金而发生的筹集费用和占用费用。筹集费用是公司在资金筹集过程中发生的费用，如委托金融机构代理发行股票、债券的注册费和代办费、向银行借款支付的手续费等。占用费用是公司占用资金而发生的费用，如支付的股利、债券利息、长期借款利息等。若公司是项目投资者，则资金成本是该投资项目必须取得的最低报酬率，即投资项目是否可以接受的“取舍率”。

2. 影响资金成本的因素。影响资金成本的因素主要有两个，即无风险利息率和风险补偿。

（1）无风险利息率。无风险利息是指拒付可能性等于零时的利息率。在我国，在银行存款和购买政府债券均能保证按时取得利息和本金，其利息率就是无风险利息率。显然，无风险利息率越高，公司为取得和使用资金所付出的代价也就越大，资金成本也越高。

（2）风险补偿。由于公司经营环境或市场环境的改变等原因，会使公司的生产经营存在着不稳定性，这种不稳定性就是风险。由于公司生产经营面临着风险，对投资者来讲，就存在着不能按时取得利息、股息和到时收回本金的可能性。公司面临的风险越大，这种可能性就越大，所以投资者必然要求更高的收益率作为其所冒风险的补偿。所要求的投资收益率越高，公司的资金成本也就越高。与资金成本相关的风险主要包括经营风险、财务风险和市场风险。经营风险是指由于生产经营上的原因带来的公司收益的不确定性。公司经营风险越大，营业利润的变动就越大，投资者所面临的风险也就越大，必然要求更高的借款成本，公司只能提高资金成本以便卖出债券和股票。财务风险是指由于筹集资金上的原因带来的收益的不确定性。财务风险的大小，是由公司的资金结构决定的，在资金结构中，债务相对于股东权益的比重越大，公司的支付能力越差，投资者购买公司证券时所要求的收益率就越高，公司的资金成本也就越高。市场风险是在不影响公司证券价格的条件下，投资者在证券市场上转售公司的证券可能出现的不确定性。证券的市场性越强，投资者转售公司证券就越容易，市场风险就越小，公司就可以用较低的代价筹集和使用资金，资金成本也就越低。

资金成本的计算具有非常重要的意义，主要表现在：(1) 资金成本是选择资金来源、确定最佳资金结构的重要依据。股份公司主要依靠发行股票、债券和贷款等方式筹集资金，不同来源的资金成本不同，并且，各项资金来源资金成本的高低又在很大程度上取决于公司的资金结构，通过比较不同资金结构的资金成本，可以使公司以最低的代价取得生产经营所需要的资金。(2) 资金成本是评价投资项目可行的重要标准。资金成本是一个投资项目必须取得的最低收益率，以补偿该投资项目所使用的资金的成本。因此西方有的财务管理教材将资金成本定义为“一个投资项目必须挣得的最低收益率，以证明分配给这个项目的资金是合理的。”如果一个项目的预期投资收益率（内含报酬率）低于其资金成本率，表明该投资项目投资所取得的收益不足抵补其占用资金所付出的代价，因而是不可行的。

六、经营杠杆

1. 经营杠杆的含义。成本习性是指成本总额与业务量（产销量）之间的依存关系。它的原理表明，产品产销量在一定范围内增加，一般不会增加固定成本总额，但会降低单位产品所分摊的固定成本，从而提高单位产品的利润，并使利润增长幅度大于销售量的增长速度。反之，产品产销量在一定范围内减少，也不会减少固定成本总额，但会提高单位产品固定成本，从而降低单位产品利润，并使利润降低幅度大于销售量的降低速度。在财务管理中，将这种由于公司固定成本而出现的利润变动率大于销售量变动率的现象，称为经营杠杆。

经营杠杆与公司的成本结构有关，在总成本中，若固定成本所占比重大，而单位变动成本小，则经营杠杆就大；若在总成本中，固定成本所占比重小，而单位变动成本大，则经营杠杆就小。经营杠杆越大，销售量的变动对利润的影响就越大，即只要增加（减少）较少的销售量，即可增加（减少）较多的利润。

2. 经营杠杆系数。为了便于对经营杠杆进行计量，通常计算经营杠杆系数，经营杠杆系数是指经营利润的变动对销售量变动的反映程度。通常有两种计算方法：

（1）将公司的销售量固定在一个水平上，经营杠杆系数等于销售利润变动率与销售变动率之比，计算公式为：

$$经营杠杆系数=\frac{销售利润变动率}{销售变动率}$$

公式中：

$$销售变动率=\frac{报告期销售额-基期销售额}{基期销售额}$$

$$销售利润变动率=\frac{报告期销售利润-基期销售利润}{基期销售利润}$$

（2）为了进行预测分析，经营杠杆系数也可采用另一种计算方法，其计算公式可推导如下：

$$经营杠杆系数=\frac{销售利润变动率}{销售变动率}=\frac{销售利润变动额}{基期销售利润额}\div\frac{销售变动量}{基期销售量}$$

$$=\frac{销售变动量\times（单价-单位变成本）}{基期销售利润}\times\frac{基期销售量}{销售变动量}$$

$$=\frac{（单价-单位变动成本）\times基期销售量}{基期销售利润}$$

$$=\frac{基期销售收入-基期变动成本}{基期销售利润}$$

3. 经营杠杆的作用。经营杠杆是财务管理人员进行财务管理的一个重要工具。通过经营杠杆系数，可以进行预测分析，并反映公司的经营风险。

（1）预测分析。运用经营杠杆进行预测分析，主要是通过产品销售的预计增减率，预测公司计划期的利润。计算公式可推导如下：

$$经营杠杆系数=\frac{利润变动率}{销售变动率}$$

$$=\frac{\frac{计划期利润-基期销售利润}{基期利润}}{销售变动率}$$

移项得：

$$计划期利润=基期销售利润\times(1+\frac{经营杠杆系数}{销售变动率})$$

通过经营杠杆系数，还可以预测为实现计划期目标利润应达到的销售变动率。计算公式为：

$$\begin{matrix}实现计划期目\\标利润应达到\\的销售变动率\end{matrix}=\frac{计划期目标利润-基期销售利润}{基期销售利润\times经营杠杆系数}$$

（2）反映公司的经营风险。如前所述，经营风险是指公司由于经营上的原因所带来的收益不确定性。收益的不确定性越大，经营风险也越大。收益的不确定性大小可以通过经营杠杆程度反映。由于经营杠杆系数意味着公司产销量增加（减少）时，利润将以经营杠杆系数为倍数的速度增加（减少），经营杠杆系数越大，利润的变动越剧烈，公司的经营风险也就越大。所以，经营杠杆系数反映了公司的经营风险。一般来说，在销售量多变的情况下，为了降低经营风险，保持较低的经营杠杆系数是有利的。影响经营杠杆系数的因素主要有固定成本总额和产品产销量等。

固定成本的影响：

由于，销售收入－变动成本＝利润＋固定成本，则经营杠杆系数也可以表示为：

$$\text{经营杠杆系数}=\frac{\text{销售收入}-\text{变动成本}}{\text{基期利润}}=\frac{\text{利润}+\text{固定成本}}{\text{基期利润}}=1+\frac{\text{固定成本}}{\text{基期利润}}$$

从公式中可以看出，在利润一定的情况下，总成本中固定成本所占比重越大，经营杠杆系数越大，公司经营风险也就越大；固定成本所占比重越小，经营杠杆系数越小，公司经营风险也就越小。所以，在一定的产销量范围内，降低固定成本总额，不仅可以增加利润，而且可以降低公司的经营风险。

产销量的影响：

由于：销售利润＝销售量×（单价－单位变动成本）－固定成本

所以，经营杠杆系数也可表示为：

$$\text{经营杠杆系数}=\frac{\text{基数销售量}\times(\text{单价}-\text{单位变动成本})}{\text{基期销售量}\times(\text{单价}-\text{单位变动成本})-\text{固定成本}}$$

从公式中可以看出，经营杠杆系数与销售量成反方向变化，在产品价格不变时，产销量上升，会使经营杠杆系数下降，反之，产销量下降，会使经营杠杆系数上升，所以，充分利用现有生产能力增加产销量，不仅可以增加利润，而且也可以降低经营风险。

七、财务杠杆

1. 财务杠杆的含义。财务杠杆是指公司资本结构中，长期债务的运用对每股收益的影响。股份公司的资本主要由长期债务和股东权益组成，在资本总额中债务所占的比例越大，财务杠杆的作用越大。

财务杠杆对每股收益可能产生有利的影响（正财务杠杆），也可能产生不利影响（负财务杠杆）。

（1）正财务杠杆。正财务杠杆是指在其他条件不变的情况下，运用财务杠杆（负债经营）的公司的每股收益超过未运用财务杠杆（全部经营资金均为自有资金）的公司。产生正财务杠杆的原因，是由于公司的资产报酬率高于债务的利息率，从而使公司运用借入资金进行生产经营所实现的收益部分除了支付利息以外还有剩余，剩余的部分可分配给股东，从而使每股收益增加。

表 11－1

项　　目	甲公司	乙公司	丙公司
总资本	100000 元	100000 元	100000 元
债务比例	0	20%	30%
普通股股东权益比例	100%	80%	70%

注：普通股每股 100 元，债务年利息率为 10%。

另假设三家公司的营业利润均为 12000 元（未扣除利息），三家公司的每股收益如表 11－2 所示。

例如，甲、乙、丙三家公司的资本结构如表 11－1 所示。

计算结果表明，虽然三家公司的营业利润相同，但股票投资者的每股收益不同，由于资产报酬率高于借款利息率，使负债经

营公司的每股收益高于未负债经营公司。计算结果也可以表明，如资产报酬率高于借款利息率，在借款利息率不变时，借入资金

表 11—2

项　目	甲公司	乙公司	丙公司
营业利润	12000	12000	12000
利息支出	0	2000	3000
所得税 （税率 33%）	3960	3300	2970
税后利润	8040	6700	6030
每股收益	8.04	8.38	8.62

所占比例越大，每股收益就越高。

（2）负财务杠杆。负财务杠杆是指在其他条件不变时，运用财务杠杆（负债经营）公司的每股收益低于未运用财务杠杆的公司。产生负财务杠杆的原因是由于公司的资产报酬率低于借款利息率，即公司运用借入资金所取得的收益额不足以抵补所应支付的利息，造成公司可分配给股东的收益减少，使每股收益减少。上例中，如借款利息率为 15%，则甲、乙、丙三个公司的每股收益如表 11—3 所示。

表 11—3

项　目	甲公司	乙公司	丙公司
营业利润	12000	12000	12000
利息支出	0	3000	4500
所得税（税率 33%）	3960	2970	2475
税后利润	8040	6030	5025
每股收益	8.04	7.54	7.18

计算结果表明，由于借款利息率高于资产报酬率，造成负债经营公司（乙、丙公司）的每股收益低于未负债经营公司（甲公司），而且，负债比率越大，每股收益越小。

2. 财务杠杆系数。为了便于对财务杠杆进行计量可以计算财务杠杆系数。财务杠杆系数是每股收益变动率与营业利润变动率之比，计算公式为：

$$财务杠杆系数=\frac{每股收益变动率}{营业利润变动率}$$

公式中的营业利润是指扣除利息支出前的营业利润。

为了计算方便，财务杠杆系数的计算公式也可变换为：

$$财务杠杆系数=\frac{基期营业利润}{基期营业利润-利息-\frac{优先股息}{1-所得税率}}$$

八、财务风险

1. 财务杠杆与财务风险。运用财务杠杆可能会使每股收益增加，也可能会使每股收益减少，所以，财务杠杆的运用增加了公司收益的不确定性，即增加了公司的财务风险。

仍以上述甲、乙、丙三家公司为例：

若债务年利息率为10%，所得税率为33%，则不同营业利润（未扣除利息，下同）水平下的每股收益如表11－4所示：

上述计算结果表明，运用财务杠杆的公司（乙公司和丙公司）的每股收益的变动幅度比未运用财务杠杆的公司（甲公司）的每股收益的变动幅度大；运用财务杠杆程度大的公司（丙公司）的每股收益的变动幅度又高于运用财务杠杆程度小的公司（乙公司），所以，一般来说，资金结构中财务杠杆越大，公司每股收益的变动幅度越大，股东为获取股息所承担的风险也就越大，股东必然要求更高的收益率。同时，由于财务杠杆的增大，

表 11—4 甲公司

项 目	金 额				
营业利润	30000	20000	10000	5000	2500
利息	0	0	0	0	0
所得税	9900	6600	3300	1650	825
税后利润	20100	13400	6700	3350	1675
每股收益	20.1	13.4	6.7	3.35	1.675

乙公司

项 目	金 额				
营业利润	30000	20000	10000	5000	2500
利息	2000	2000	2000	2000	2000
所得税	9240	5940	2640	990	165
税后利润	18760	12060	5360	2010	335
每股收益	23.46	15.075	6.7	2.513	0.42

丙公司

项 目	金 额				
营业利润	30000	20000	10000	5000	2500
利息	5000	5000	5000	5000	5000
所得税	8250	4950	1650	0	0
税后利润	16750	10050	3350	0	—2500
每股收益	33.5	20.1	6.7	0	—5

公司必须负担更多的利息费用，若公司因经营环境改变等原因而导致利润下降时，对运用财务杠杆公司的影响远超过对未运用财务杠杆公司的影响，财务杠杆越大，公司破产的可能性也就越大，债务投资所冒的风险也就越大，债务投资者必然要求更高的收益率。所以，运用财务杠杆只能限定在有限的范围内，若超过

一定的范围（即债务超过一定的比例），不仅会增加公司的财务风险，而且也会引起公司资金成本的提高。

2. 财务风险的衡量。如上所述，公司在资金筹集过程中，要合理安排自有资金（发行股票筹集的资金和留存利润）和借入资金（发行债券和银行借款等方式筹集的资金）的比例。在期望资金利润率（资产报酬率）高于借入资金利息率的情况下，借入资金在全部资金中所占比例越大，公司自有资金的收益率就越高。反之，在期望资金利润率（资产报酬率）低于借入资金利息率的情况下借入资金在全部资金中所占比例越大，公司自有资金的收益率就越低。期望自有资金收益率与期望资金利润率的关系是：

$$期望自有资金利润率=期望资金利润率+\frac{借入资金}{自有资金}\times(期望资金利润率-借入资金利息率)$$

例如，某股份公司资本总额为 400000 元，期望利润额为 60000 元。

若该公司全部资金均为自有资金，则其期望自有资金利润率与期望全部资金利润率相同，即：

$$\frac{60000}{400000}\times100\%=15\%$$

若该公司自有资金与借入资金的比例为 1∶1，借入资金利息率为 10%，则期望自有资金利润率为：

$$15\%+\frac{200000}{400000}\times(15\%-10\%)=17.5\%$$

若该公司自有资金与借入资金比例仍为 1∶1，但借入资金利息率为 18%，则期望自有资金利润率下降为：

$$15\%+\frac{200000}{400000}\times(15\%-18\%)=13.5\%$$

计算结果可以表明，当公司占用的资金均为自有资金时，公司只有经营风险，而无财务风险；当公司占用的资金中借入资金占一定比例时，公司既有经营风险，又有财务风险。

第五节　财务报表分析

财务报表是公司向有关各方提供财务状况、经营成果及理财过程与结果等会计信息的总结性书面文件，是公司会计核算的最终产品。我国公司的财务报表包括资产负债表、损益表、财务状况变动表和损益表附表。损益表附表包括利润分配表和主营业务收支明细表。

一、资产负债表分析

资产负债表是反映公司财务状况的主要报表，其基本内容是公司在某一特定日期（一般是月末、年末）所拥有或控制的资产、承担的债务和投资人要求的权益。通过该表，可以了解公司资产的构成、资金来源结构、资金的流动程度和公司的偿债能力。

1. 公司短期偿债能力的分析。主要分析公司流动资产偿付流动负债的能力。它反映了公司经营的风险程度。主要指标有：

(1) 营运资金。营运资金是指可供公司经营周转使用的净流动资产，即公司的流动资产超过流动负债的部分。计算公式为：

$$营运资金=流动资产-流动负债$$

流动资产包括现金及各种存款、短期投资、应收及预付款项和存货等。流动负债包括短期借款、应付票据、应付账款、应付工资、应交税金、应付利润、其他应付款及预提费用等。营运资金在一定程度上反映出公司规模大小。

（2）流动比率。流动比率也称营运资金比率，是指公司的流动资产与流动负债的比率，用于衡量公司的流动资产偿还流动负债的能力。计算公式为：

$$流动比率=\frac{流动资产}{流动负债}\times 100\%$$

营运资金指标是绝对指标，多用于同一公司各期间的比较分析。流动比率是相对指标，可用于不同公司的比较分析。流动比率越大，表明公司的偿债能力越强，但过大则意味着公司的资金过多地滞留在流动资产上，甚至有积压浪费，降低了资金使用效益，从而影响公司的获利能力。经验判定，流动比率维持在2：1左右为宜，但是应结合行业特点进行具体分析，一般来说，营业周期越长，正常的流动比率也就越高。

（3）速动比率。速动比率反映公司即时偿债能力。计算公式为：

$$速动比率=\frac{速动资产}{流动负债}\times 100\%$$

速动资产是流动资产减去存货和预付账款后的金额。因为存货是流动性最低的流动资产，预付账款只能节约货币资金支出而不能变现，所以它们都排斥于速动资产之外。其合理经验值为1：1。

此外，短期偿债能力指标还有：

$$速动资产够用天数=\frac{速动资产}{预计每天营业开支}$$

$$货币资产比率=\frac{货币资产}{流动负债}\times 100\%$$

$$营业资金资产比率=\frac{营运资金}{资产总额}\times 100\%$$

2. 公司长期偿债能力分析。长期偿债能力是指公司偿还债务本金和支付债务利息的能力。长期偿债能力分析中要注意：一要与公司的盈利能力分析结合，因为从长远观点看，利润是公司货币资金的基本来源。二是要将公司的负债总额与公司规模、资本金数额结合起来。主要指标有：

(1) 资产负债率。资产负债率也称负债比率，是指公司的负债总额占资产总额的比率。计算公式为：

$$资产负债率=\frac{负债总额}{资产总额}\times 100\%$$

(2) 资产所有者权益比率。资产所有者权益比率也称净权益比率，是指公司的所有者权益占资产总额的比率。公式为：

$$净权益比率=\frac{所有者权益}{资产总额}\times 100\%$$

净权益比率反映了投资人投入资金在公司全部资金中所占比重，它是与资产负债率相配合的一个比率，两者相互消长，其和为100%。

(3) 负债净权益比率。负债净权益比率也称产权比率，是指公司的负债总额占所有者权益总额的比率，表明了债权人提供资金和投资人投入资金的对比关系，反映了债权人提供资金受到所有者投入资金的保障程度，揭示了公司基本财务结构的强弱。计算公式为：

$$负债净权益比率=\frac{负债总额}{所有者权益}\times 100\%$$

3. 公司营运能力分析。公司营运能力旨在揭示公司经营管理水平高低，主要通过流动资产周转状况体现。主要指标有：

(1) 应收账款周转率。应收账款周转率也称收账率，是指一定会计期间内赊销收入占应收账款平均余额的比率。计算公式为：

$$\text{应收账款周转率}=\frac{\text{赊销收入净额}}{\text{应收账款平均余额}}$$

上式中，赊销收入净额＝销售收入－现金收入－销售退回、折扣、折让。

$$\text{应收账款平均余额}=\frac{\text{应收账款年初余额}+\text{应收账款年末余额}}{2}$$

应收账款周转率是考核应收账款变现能力的重要指标，表明了应收账款转化为货币的平均次数。用应收账款周转率除 360 即得应收账款周转期。

(2) 存货周转率。存货周转率是指公司的销售成本占存货平均余额的比率，用于反映公司直接用于销售的存货变现能力。它是衡量公司销售能力强弱和存货是否过量的一个重要指标。计算公式为：

$$\text{存货周转率}=\frac{\text{销售成本}}{\text{存货平均余额}}\times 100\%$$

上式中，$\text{存货平均余额}=\dfrac{\text{存货年初余额}+\text{存货年末余额}}{2}$

用存货周转率除 360 即得存货周转天数，即 360/存货周转率。

(3) 营业周期。营业周期是指公司从取得存货开始到销售存货并收回货币为止所需时间，是衡量公司流动资产周转状况的一个重要指标，可根据应收账款变现能力和存货变现能力推算。计算公式为：

$$\text{营业周期}=\text{存货周转天数}+\text{应收账款周转天数}$$

(4) 负债周转率。负债周转率也称负债周转次数，是指产品销售净收入占全部负债年平均额的比率。计算公式为：

$$\text{负债周转率}=\frac{\text{销售净收入额}}{\text{全部负债年平均额}}$$

上式中，全部负债年平均额$=\dfrac{\text{负债年初余额}+\text{负债年末余额}}{2}$

二、损益表及利润分配表分析

损益表是反映公司经营成果的会计报表，其基本内容是公司在一定时期（一般是月度、年度）的收入、费用以及由此计算出来的利润或亏损。利润分配表是反映公司年度利润分配情况和年末未分配利润的结余情况的会计报表，是损益表的附表。主要指标有：

1. 公司盈利能力分析。

（1）营业利润率。营业利润率是指公司的营业利润占营业净收入的比率。计算公式为：

$$\text{营业利润率}=\frac{\text{营业利润}}{\text{营业净收入}}\times 100\%$$

其中：营业净收入＝营业收入－销售折扣与折让

（2）资本金利润率。资本金利润率是指公司的利润总额占资本金总额的比率，反映公司资本金收益大小。计算公式为：

$$\text{资本金利润率}=\frac{\text{利润总额}}{\text{资本金总额}}\times 100\%$$

（3）销售利税率。销售利税率是指公司的利税总额占销售净收入的比率，用以衡量公司销售收入的收益水平。计算公式为：

$$\text{销售利税率}=\frac{\text{利税总额}}{\text{销售净收入}}\times 100\%$$

（4）成本费用利润率。成本费用利润率是反映投入与产出水平的重要指标。计算公式为：

$$\text{成本费用利润率}=\frac{\text{利润总额}}{\text{成本费用总额}}\times 100\%$$

（5）销售利润率。销售利润率也称总利润率，是指公司的利润总额占销售收入的比率。计算公式为：

$$销售利润率=\frac{利润总额}{销售收入}\times 100\%$$

（6）净利润率。净利润率也称销售净利润率，是指公司扣除所得税后的利润额占销售收入的比率。计算公式为：

$$净利润率=\frac{利润总额-应缴所得税}{销售收入}\times 100\%$$

（7）资产利润率。资产利润率是指公司的利润总额占平均资产总额的比率，计算公式为：

$$资产利润率=\frac{利润总额}{平均资产总额}\times 100\%$$

其中：$平均资产总额=\frac{年初资产总额+年末资产总额}{2}$

（8）资产净利率。资产净利率是指公司扣除所得税后的利润占平均资产总额的比率。计算公式为：

$$资产净利率=\frac{利润总额-应缴所得税}{平均资产总额}\times 100\%$$

2. 公司长期偿债能力分析。根据损益项目分析，公司的长期偿债能力主要分析指标是利息保障倍数。它也称利息赚取倍数，用于分析公司在一定盈利水平下支付债务利息的能力。计算公式为：

$$利息保险倍数=\frac{税息前利润}{利息费用}$$

3. 投资效益分析。

（1）债权投资收益率。债权投资收益率是指公司的利润总额占长期负债的比率，反映了债权投资的盈利能力。计算公式为：

$$债权投资权益率=\frac{利润总额}{长期负债}\times100\%$$

（2）股权投资收益率。股权投资收益率是指公司的利润总额占普通股股份的比率，表明股权投资的盈利能力。计算公式为：

$$股权投资收益率=\frac{利润总额}{普通股股金}\times100\%$$

（3）契约式投资收益率。契约式投资收益率也称其他投资收益率，是指公司的利润总额占其他单位投资额的比率，反映了其他投资的盈利能力。计算公式为：

$$其他投资收益率=\frac{利润总额}{其他单位投资额}\times100\%$$

三、财务状况变动表分析

财务状况变动表又称现金流量表，是反映公司理财过程与结果的会计报表，其基本内容是公司在一定会计期间（一般是年度）资产、负债和所有者权益的变动情况，是继资产负债表和损益表之后的第三张主要报表。

资产负债表反映了公司在一定时点上的财务状况，但未概括地反映其来龙去脉。损益表反映公司在会计期间的经营成果，却未反映公司如何使用从营业中获得的资金，也不反映发行股票和债券等筹资活动和购买设备等投资行为。财务状况变动表则补其不足。财务状况变动表的分析原则，不像资产负债表和损益表那样详细规范，但一般而言，分析要点有营运资金变动总括分析、流动资金来源分析、流动资金运用分析、流动资金变动趋势分析及公司偿债能力分析。公司偿债能力分析利用的指标是现金流入量负债比率。计算公式为：

$$现金流入负债比率=\frac{营业所得流动资金}{负债总额}\times 100\%$$

上式中：

营业所得流动资金＝本年利润＋不减少流动资金的费用和损失－不增加流动资金的收入

第十二章
现代公司跨国经营管理

公司跨国经营是经济全球化的一个重要特征，是第二次世界大战以来国际经济中最引人注目的现象，也是社会生产力发展和科学技术进步所带来的各国对外开放、分工与协作深化的必然产物。反过来，公司跨国经营又促进了对外贸易的增长和分工的细化。我国公司要在激烈的国际竞争中分享经济全球化的成果，就必须开展跨国经营。跨国经营取得成功的关键在于，从事跨国经营的公司，要系统掌握跨国经营的有关理论和知识并灵活地运用于实践。

第一节　公司跨国经营的特点和形式

一、经营和跨国经营

在企业管理中，经营是指一项为实现企业目标对企业各种重要经济活动进行运筹、谋划的综合性职能。企业经营活动所包括的范围非常广泛，凡与实现企业目标有关的经济活动都包括，如研究开发、设计、生产、销售、劳务、融资、技术转让等等。如果企业的上述经济活动在一个国家范围内进行，就称之为国内经营。如果企业在一国之外凭借其所拥有或控制的生产或服务设施进行跨越国界的生产、销售、劳务、融资、技术转让等各种经营活动，就称为跨国经营。

区分企业是进行跨国经营还是国内经营，其界限是企业直接参与的经营活动有没有超出一个国家的范围。例如，出口是跨国经营的一种形式，如果一家中国彩电企业把电视机卖给外贸公司，通过外贸公司把电视机运往国外销售，该电视机厂家只负责向外贸公司供货并取得货款，则产品外销本身并不说明中国彩电企业参与了跨国经营。同样道理，如果这家中国彩电企业向外国公司购买钢板，货到国内才交货款，虽然这些钢板在国外生产，但这家中国彩电企业的经营活动仍在中国范围内，并没有参与跨国经营。

二、跨国经营与国内经营的关系

(一) 跨国经营的产生和发展

在资本主义社会的初期，就出现了跨国经营的雏形。600年前，在重商主义理论的指导下，西欧商业资本向海外发展，国际贸易中就已经出现了垄断现象。当时的垄断贸易组织，有东印度公司、皇家非洲公司、哈德逊湾公司等等，它们虽然是在进行跨国经营，但仍属资本原始积累时期的殖民地掠夺经营，不是本书定义中的跨国经营。

18世纪初至19世纪末，资本主义处在自由竞争阶段，并逐步向垄断过渡，开始了资本输出。这时，西欧资本主义国家已逐渐由商品输出转为生产资本输出，投资经营的范围在殖民地内。因此，这个时期进行跨国投资经营的企业，负有执行母国政府政策的使命，带有明显的经济侵略的性质，因而也不是真正意义上的跨国经营活动。

真正意义上的跨国经营活动产生于20世纪初，这时资本主义进入了帝国主义阶段，出现了具有现代特征的跨国公司。帝国主义的重要特征不是商品输出而是资本输出。少数发达资本主义国家把大量“过剩”资本输往发展中国家，投资领域大多集中在原材料开发和新兴产业，如石油、铜、铁、镍等，也有缝纫机、印刷机、汽车、机械、食品、化工等。这一时期，资本主义国家的大公司通过对外直接投资，在海外建立分公司或子公司，使商品生产和销售跨越了母国的范围，开始了真正意义上的跨国经营活动。

20 世纪末，经济全球化和地区经济一体化的进程加快，跨国经营浪潮汹涌澎湃，国际投资、国际贸易、技术贸易迅速增加。在经济全球化的态势下，不论是发达国家的企业还是发展中国家的企业都必须面临跨国经营的问题。随着我国加入世界贸易组织，我国经济已日益融入世界经济之中。中国要想立足于世界民族之林，分享全球化的成果，进一步提高对外开放水平，就必须继续执行“引进来”战略的同时积极实施“走出去”战略，支持和鼓励企业开展跨国经营活动。

（二）国内经营是跨国经营的基础，跨国经营是国内经营的必然发展

公司开展跨国经营活动，一般都以某个国家（母国）为基地。在母国，公司开展国内经营活动有许多有利条件：(1) 对母国的环境比较熟悉，公司就是在母国的市场竞争中发展壮大起来的，对母国的社会政治和经济形势、相关的科技发展情况、资源情况、市场需求、竞争情况、传统文化等都比较了解。(2) 是公司总部所在地，因而管理人员素质比较高，管理人员结构比较合理，容易作出正确的决策。(3) 是研发机构所在地，因而能够贴近市场，按照消费者的需求开发新产品。(4) 是主要产品的生产基地和销售市场，因而能够检验公司的经营决策是否正确。(5) 是人员培训基地，能够为公司各类岗位培训出合格的职工。(6) 一般是公司利润的主要来源地。

与国内经营相比，跨国经营则要复杂得多。

1. 跨国经营面临的环境复杂。跨国经营不仅涉及国内经营

中必须面临的环境因素，而且还面临国际环境因素和东道国环境因素。在国内经营中，即使经营面遍布全国，公司管理者对经营环境也是十分熟悉和了解的，他们对环境因素不必过分在意，花很少的精力就能处理好。但是，在跨国经营中，公司管理者除了要面对自己较为熟悉的国内环境外，还要面对不熟悉或不大熟悉的国际环境和东道国环境。公司管理者要面对不同的政治制度、经济制度、法律制度，不同的办事程序、不同的语言、文化等等。最令管理者苦恼的是国内行之有效的那一套在国外行不通。因此，他们必须熟悉环境，对适用于国内的决策作出相应的调整和改变，才能保证跨国经营决策的正确性，实现跨国经营目标与外部环境和公司内部条件之间的动态平衡。

2. 跨国经营要经常分析公司内部的各个要素。公司内部的各个要素主要包括经营目标、经营方针、产品、销售、科技工作、财务等。由于国际环境和东道国环境的变化，公司需要经常分析内部环境的各个要素，要及时对一些不适应的要素作出调整。例如，改革开放初期，由于我国许多地方的电压不稳定；经常达不到220V，因此，发达国家出口到我国的电视机都要增加稳压的零部件。

3. 由于跨国经营涉及国际环境因素，东道国因素、母国因素以及公司内部的因素，且这些因素又经常处在变动之中，从而使跨国经营的风险比国内经营要大得多，这对管理者的素质提出了更高的要求。

从历史上和逻辑上考察，国内经营是跨国经营的起点，跨国经营是国内经营的必然发展。对于一家公司来说，要善于把国内经营和跨国经营结合起来，使二者交相辉映，相得益彰。

三、跨国经营的组织载体——跨国公司

对于一家跨越国界从事各种经营活动的企业冠以什么名称并

加以界定，一直是学术界、企业界、政府部门和有关国际机构都重视的事情。因为确定适合的名称，不仅对于跨国经营相当重要，而且对于企业定位和企业管理也相当重要。

（一）跨国公司的定义

对于从事跨国经营活动的组织载体的名称，开始时，各国称呼不一，主要有“多国公司”、“国际公司”、“宇宙公司”、“世界公司”、“全球企业”、“跨国公司”等等。为了使从事跨国经营活动的组织载体的名称统一，经联合国经济及社会理事会研究决定，从 1974 年起，联合国正式文件一律使用“跨国公司”这一名称来称呼从事跨国经营的组织载体。

对从事跨国经营企业的称呼不同，定义不同，反映了人们对跨国公司观察的角度不同，认识的程度不同。

各国学者、政府和国际组织对跨国公司下定义主要有三种标准：

1. 结构性定义标准。主要有：（1）地区分布结构。有的美国学者认为必须在 6 个国家以上设立子公司或附属企业，才算真正的跨国公司。本书第二章第三节对跨国公司下的定义就属于这一种。（2）再生产过程结构。许多国家和国际组织认为，跨国公司是生产设施和服务设施的综合，而不仅仅是市场组合的外贸公司。（3）所有权结构。有的学者认为跨国公司的所有权应分散在不同国籍人士手里。

2. 业绩性定义标准。有的学者认为应以企业在国外的资产额、销售额、生产额、盈利额和雇员人数作为跨国公司的标准。例如，哈佛大学的弗农教授认为，对在海外销售额小于 1 亿美元的企业不能视为跨国公司。

3. 行为定义标准。有的学者认为应根据企业在经营活动时的心态、思维方式和策略取向来判定企业是不是跨国公司。例如，美国宾州大学教授帕尔默特认为，当公司最高领导层的决策行为不是片面的和带有歧视性的，而是公平地对待和处理世界各地所面临的机遇和挑战，这样的企业才能称为跨国公司。

联合国经济及社会理事会的专家听取了各类学者的意见，在1986年印制《跨国公司行为守则草案》文本时对跨国公司的定义表述如下：跨国公司是指在两个或更多国家的实体所组成的公营、私营或混合所有制企业，不论此等实体的法律形式和活动领域如何；该企业在一个决策体系下运营，通过一个或一个以上的决策中心得以具有吻合的政策和共同的战略；该企业中各个实体得以对其他实体的活动施加有效的影响，特别是与别的实体分享知识、资源和责任。

在跨国公司定义中，包括三个基本要素：(1) 跨国公司是指在两个以上国家从事生产经营活动的组织，母公司通过股权或其他方式对国外的实体进行控制；(2) 跨国公司有一个中央决策系统，公司内部各个单位的活动都是为全球战略目标服务的；(3) 跨国公司内部各个单位有共享资源的权利，有共担风险的义务。

从以上关于跨国公司概念的阐述中可以看出，从事跨国经营的企业不完全是跨国公司，只有当它们在国外拥有了一定数量的分支机构和一定规模后才属于跨国公司。

据统计，20世纪末，全世界已经有近4万家跨国公司，其海外分支机构27万多家，它们的生产总值占世界国内生产总值的40%，它们从事和控制着世界60%以上的贸易、70%以上的直接投资、80%以上的技术转让及民用技术的研究与开发。可以预料，跨国公司凭借其雄厚的实力，在世界经济发展中，必将成为跨国经营的主要载体和主导力量。

（二）跨国公司的分类

分类的依据不同，跨国公司可以分为不同的类别。例如，根据跨国公司母国经济发展水平不同，可以分为发达国家跨国公司和发展中国家跨国公司；根据跨国公司规模的不同，可以分为大型跨国公司、中型跨国公司、小型跨国公司等等。

跨国公司最常用分类是按照经营结构划分。按经营结构划分，跨国公司可分为横向型、垂直型和混合型三种类型。

1. 横向型跨国公司。这类跨国公司主要从事单一产品的生产销售，在不同的国家和地区设立子公司和附属机构，就地生产和销售。

2. 垂直型跨国公司。这类跨国公司主要从事纵向一体化的生产。纵向一体化可以是从原材料开采到产品的制成，也可以是从上游零部件的生产到下游零部件的生产直到产品装配。

3. 混合型跨国公司。这类跨国公司是前面两种类型跨国公司的混合。其特点是经营的产品种类多种多样，并且这些产品之间互不衔接，在生产过程没有内在联系。

四、跨国经营的特点

公司开展跨国经营的目的，是为了实现公司外部环境、公司内部因素与公司经营目标之间的动态平衡。其实质是对公司内部的各个生产要素进行有效的组合，在生产经营的各个环节在全球范围内进行合理配置。与国内经营相比，跨国经营有以下特点：

1. 公司经营环境更为复杂。跨国经营面对外部环境包括整个世界环境，特别是母国和东道国的政治环境和经济环境，对公司开展跨国经营影响很大。当今世界，虽然和平和发展是两大主题，但世界并不太平，局部战争没有停止过。各国之间的贸易摩擦愈演愈烈，非关税壁垒有增无减。在这种形势下，公司要对外部环境进行预测、适应，难度很大。

2. 公司的经营风险增大。公司跨国经营除了面临一般国内企业的经营风险外，还要承受国家风险、汇率风险、利率风险和自然风险等。因而要求公司要有雄厚的经济实力和良好的经营素质来应对这种跨国经营风险。

3. 多种利益交错容易引起冲突。公司在跨国经营中，需要处理好母国、东道国、股东、雇员、顾客、供应商之间的利益关系，这种多元多层的利益关系不容易处理好，如果这些利益关系处理不好，冲突随时都会发生。

4. 多元的融合的企业文化。从理论上分析，企业文化可以分为物质层、制度层、行为层和精神层。由于企业进行跨国经营，企业文化各个组成层应会受到多元文化的影响，这种多元文化相互影响，最终会融合，生长出一种新的企业文化，这就是每个跨国公司所特有的企业文化。这种企业文化是指导跨国公司进行跨国经营活动的管理哲学。

5. 公司的规模巨大。虽然进行跨国经营活动的有中、小型公司，但起主导作用的是大型跨国公司。经济大国的跨国经营活动，都是以大型跨国公司为龙头，率领本国中小型企业在国际市场上竞争。比如，世界著名跨国公司可口可乐公司，产品销售到195个国家和地区，占世界软饮料市场销售量的45%。可口可乐公司不断扩大生产规模，不断开拓海外市场。

6. 公司具有强大的科研和新产品的开发能力。市场的竞争是产品的竞争，产品的背后是技术，技术的背后是科研。跨国公司为了在国际竞争中占领和扩大市场，获得高额利润，就必须把新技术的研究和具有自主知识产权的产品开发放在头等重要的地位。国际上巨型的跨国公司都有庞大的科研机构，投入大量的资金和人力进行技术开发。由于这种技术是自主开发，具有垄断性，物化了这种技术的产品的附加值较高，竞争力较强。

五、跨国经营的形式

公司跨国经营的形式比较多，并且不断有创新的形式出现，跨国经营的基本形式主要有：

1. 直接进出口。直接进口是指公司从国外的外国公司或外国公司代理公司直接进口商品；直接出口是指公司直接将产品销往国外，而没有借助代理公司。

2. 合资经营。是指两国或两个以上的投资者合资入股，共同兴办和经营公司时就是合资经营。

3. 独资经营。是指公司独自出资在外国设立并经营公司。

4. 授权经营。是指母国企业与国外的企业签订授权协议，同意外国企业使用母国企业的制造工艺、商标、专利、配方等无形资产，外国企业需向母国企业支付使用无形资产的授权费。

5. 合同制造。是指母国企业与外国企业签订合同，委托外国企业按某种标准或委托生产产品，而由母国企业销售这些产品。

6. 交钥匙工程。是指母国企业在国外为当地建设一家工厂或一项工程。试生产或运营后，交由当地经营。

7. 国际证券投资。是指企业在国际证券市场上发行和买卖股票、债券等有价证券的活动。

8. 国际租赁。国际租赁是母国企业在一定时间内将租赁物租借给外国的企业使用，外国企业则按租约规定分期付给一定租赁费用的经济行为。

此外，合作经营、“三来一补”、国际承包等也属于跨国经营活动。对于主要的跨国经营形式将在下面展开分析。

第二节 公司跨国经营的基本理论

从前面的分析中，我们已经知道，跨国公司是跨国直接投资经营的组织载体，所谓跨国直接投资，是指一国或地区的居民（包括自然人和法人）在其他国家和地区投资经营企业，并参与控制企业的经营活动。根据投资者是否拥有投资企业的股权，跨国直接投资可以分为：股权参与式和非股权参与式两种类型。股权参与可以是全部股权参与也可以是部分股权参与。非股权参与是指投资者并没有在东道国企业中参与股份，而是通过与东道国企业签订有关技术、管理、销售、工程承包等方面的合约，取得对东道国企业的某种控制权。因此，跨国经营的基本理论是与跨国直接投资理论紧密相关的，跨国直接投资实质上就是跨国经营。因此，跨国经营理论主要有两部分：一部分是跨国直接投资理论；一部分是公司内部管理理论。公司内部管理理论在本书的其他章节中已有论述，本章主要讨论直接投资理论，即主要讨论公司为什么要和为什么能够到国外投资，以及到哪里去投资这样三个问题。

以下将对有代表性的跨国经营理论作简要介绍。

一、垄断优势理论

垄断优势理论最初是由美国学者海默创立并由他的导师金德尔伯格加以完善的。他们认为，保证企业对外直接投资有利可图的必要条件，是这些企业应具备东道国企业所没有的垄断优势。而跨国企业的垄断优势，又源于市场的不完全性。

（一）市场不完全性是垄断优势的根源

市场不完全或不完全竞争有以下几种情况：

1. 产品市场不完全。跨国企业拥有产品上的差异，如质量、档次、商标、销售能力等。产品市场的不完全造成了跨国企业在产品上的垄断力量。

2. 要素市场上的不完全。跨国企业独自拥有专利、专有技术、配方、诀窍、特殊管理技能等。要素市场的不完全，使跨国企业在要素市场上占据了垄断地位。

3. 政府有关政策带来的市场不完全。这些政策包括关税政策和非关税政策。这些政策使跨国企业有机可乘。

4. 规模经济带来的市场不完全。跨国企业利用自身的雄厚经济实力和其他优势，组织大规模生产，降低单位产品成本，从而使跨国企业产品在东道国有很强的竞争力。

（二）垄断优势是对外直接投资的动因

由于市场的不完全，从而使跨国企业具有技术优势、资金优势、管理优势、原材料优势、经营优势等。这些优势，使得跨国企业能够对外直接投资并战胜东道国的竞争对手。

二、产品周期理论

产品周期理论是美国哈佛大学教授弗农在20世纪60年代提出，用来解释美国企业对外直接投资的动机、时机和区位选择的理论。

弗农以美国为例，把产品生命周期分为三个阶段：

1. 产品的崭新阶段，崭新产品集中在美国生产，国外市场的需求通过出口满足。在这个阶段，由于开发新产品企业垄断了技术，其产品在市场上没有竞争者，因而美国企业可以维持垄断或寡占优势。

2. 产品的成熟阶段。这个阶段，产品已经定型，由于生产技术成熟，竞争加剧，国内市场已经饱和，迫使企业要到国外去投资设厂，以便能降低成本，扩大市场。由于欧洲和美国的经济发展水平、技术水平、收入水平和消费结构较为相似，而生产成本低于美国，所以美国的企业会首选投资于欧洲。

3. 产品的标准化阶段。这个阶段，生产的产品已经完全标准化，且用专用设备进行生产，生产效率很高，市场上同类竞争者很多，竞争非常激烈，竞争的核心问题是价格问题。为了降低生产成本，美国的企业会在生产成本较低的发展中国家和地区进行投资。

弗农以美国为研究对象的产品周期理论，实质上是生产三阶段理论：即第一阶段在美国生产并出口；第二阶段在发达国家投资生产并减少在美国的生产；第三阶段把投资转移到生产成本较低的发展中国家，美国国内生产停止，产品由发展中国家进口。

三、内部化理论

内部化理论是西方经济学家研究跨国公司产生问题时提出来的，它的理论渊源是科斯的产权经济学理论。科斯在20世纪30年代发表《厂商的性质》这篇文章时就指出，由于市场不完全，缺乏效率，导致企业的交易成本增加，企业通过一定的组织形式，将各项交易纳入企业内部进行，即以统一的行政管辖取代市场机制，节省交易成本。借助这一理论，英国经济学家巴利克和卡松首先在1976年出版的《多国公司的未来》一书中提出内部化理论，后来加拿大学者拉格曼在1981年出版的《跨国公司的内幕》一书中进一步发展了这一理论。

内部化理论认为：由于市场不完全，若企业拥有的中间产品，如知识、技术、专利、零部件、管理专长等，通过市场来组织交易，可能出现时滞和交易费用，不能保证企业获得利润。如果将中间产品市场交易变为企业内部的交换，即将市场中的买卖关系纳入到企业内部生产活动中去，就可以减少交易费用，也可以避免时滞、讨价还价、购买者的不确定性等方面的影响。

内部化理论建立在三个假设基础上：第一，企业在市场不完全的条件下从事经营的目的是追求利润最大化；第二，当生产要素特别是中间产品市场不完全时，企业就可能统一管理，用内部交换取代外部市场；第三，内部化超越国界时，就产生跨国公司。

四、国际生产综合理论

国际生产综合理论又称为国际生产折衷理论。这一理论是由英国著名跨国公司专家邓宁创立的。邓宁对以往跨国投资的理论进行归纳、吸收，试图建立一种综合的，能对企业的国际生产活动进行比较全面和准确解释的理论。该理论认为企业对外直接投资是由所有权优势、内部化优势和区位优势这三者综合作用的结果。

（一）所有权优势

企业所有权优势又称为“垄断优势”、“竞争优势”、“企业优势”。一家企业成功地进行对外直接投资与跨国经营，必须至少具有一个胜过竞争对手的所有权优势，即这家企业拥有外国企业所不具备的或无法获得的资产及其所有权。所有权优势，包括两大类：一类是对有价值资产的拥有和独占。例如，对技术、商标、原材料等的垄断。二类是跨国企业拥有的有效管理能力、企业规模等所产生的优势。

（二）内部化优势

内部化优势是指由于某些产品或技术通过外部市场转移时会提高交易成本，所以跨国公司要进行跨国投资，并在母子公司或子公司之间进行中间产品转移，以获得更多的利益。内部化的原因主要有：保障中间产品的正常供给；保证最终产品质量；保护知识产权；实行价格歧视；平摊总公司的研发费用。企业选择外部化还是内部化，取决于利益比较，如果通过内部化所得到的利益比外部化的市场交易大得多，则企业会选择内部化。

（三）区位优势

区位优势是东道国所拥有的优势而不是企业拥有的优势。东道国所拥有的优势有直接优势和间接优势两种。直接优势主要有：东道国的投资环境、巨大的市场需求、丰富的原材料、廉价的劳动力、良好的基础设施等。间接优势是由于跨国企业所在国（母国）的劣势造成的，如自然资源贫乏、劳动力昂贵、市场狭小等。

邓宁将所有权优势、内部化优势和区位优势三者结合起来，回答了企业为什么要对外直接投资，进行跨国经营的问题。所有权优势说明企业具备了到海外投资设厂的前提条件；内部化优势说明企业可以在内部进行技术、专利等中间产品转移，获取较大利益，这是对外投资和跨国经营的动因；区位优势说明了企业一定要到国外去直接投资，进行跨国经营，才能获得更大的利益。

五、对跨国经营理论的评价

通过前面的分析可以知道，对外投资理论主要是回答企业为什么要到国外去投资，企业为什么能到国外去投资以及到哪些国家和地区去投资。垄断优势理论回答了企业可以凭借自身的优势对外投资，赚取更多的利润，但并没有回答到哪些国家和地区进行投资。产品生产周期理论类似于优势理论，它把企业优势归结为产品和技术上的优势，这两种优势是东道国的企业所不具备的。因此，企业有能力到国外去投资，而且根据产品生命周期的不同阶段，投资于不同的地区。这一理论回答了企业为什么要和为什么能到国外投资，又回答了到哪里去投资的问题。但是，这一理论以美国为研究对象来解释投资的流向和时机，基本上反映了20世纪50～60年代美国制造业的对外投资情况，有较大的局限性。内部化理论的概括性较强，它较好地回答了企业为什么要和为什么能到国外投资这两个问题，但也没有回答到哪里去投资的问题。国际生产综合理论是对外直接投资理论的集大成。它回答了企业为什么要和为什么能到国外去投资，并回答了到哪些国家和地区去投资的问题。但是，这一理论也存在静止的观点，没有从发展观点去研究三种优势的动态变化，也没有回答不具备优势的发展中国家为什么能对外国直接投资的问题。

跨国直接投资理论几乎都以发达国家的跨国公司为研究对象，构建其理论体系，虽然对企业跨国经营提出了不少有指导意义的理论和方法，但由于这些理论没有分析发达国家的中小企业和发展中国家企业跨国直接投资问题，因而有较大的局限性和不适用性。当然，我们不能要求有完美无缺能解决一切问题的理论，不同的理论有不同的视角和不同的历史任务。我们在分析经济问题时，应根据实际情况综合应用各种理论，才能得到较全面的认识。

六、中国企业跨国经营的动因

由于企业所处的外部环境不同，企业内部条件千差万别，因而企业跨国经营的原因和动机十分复杂。

美国国家外贸委员会曾对美国有跨国经营业务的企业进行调查，参与跨国经营企业的动因主要有：(1) 跨越关税和进口壁垒与管制；(2) 降低关税和运输成本；(3) 获得和利用当地原材料；(4) 获得东道国政府的鼓励；(5) 维持现有市场占有率；(6) 预见到国外的潜在市场；(7) 控制特种产品制造质量；(8) 贴近国外顾客需要；(9) 追随国外竞争者行动；(10) 获得外国技术、设计与营销技能；(11) 参与国外基础设施建设。以上这些都是实证研究得到的结论，可以启发企业进行跨国经营的思路。但每一个企业在进行跨国经营时，都要根据自身的条件和外部环境，进行跨国经营决策，确立切实可行的经营目标。

中国是二元经济结构的国家：一方面，中国已建立了独立的工业体系，掌握了电子技术、人造卫星技术为代表的一批高新技术；另一方面，中国城市化程度低，劳动密集产业所占的比重大，基础设施发展滞后。根据我国国情和我国经济发展水平，我国企业跨国经营的动因是多元的。

(一) 充分发挥现有生产能力的作用

随着我国市场经济体制日趋完善，全局性买方市场开始形成，产品过剩，资金和资产闲置还会进一步加剧。据国家计委分析，我国机电行业有 1/3 的生产能力过剩，其中自行车有 33%、缝纫机有32%、电冰箱有35%、洗衣机有28%、空调有35%、电视机有25%的生产能力过剩。同时我国的棉纺织业也有24%的生产能力过剩。现有生产能力不能充分发挥作用，是当前困扰我国经济发展的因素之一。应当指出，从国际市场上看，国内这些过剩产品是有市场需求的，生产这些产品的技术也并不落后。如果实施“走出去”战略，通过对外投资，在全球范围内重新配置这些生产能力，是继续使这些资产发挥作用，促进国内结构调整，使国内企业走出困境的重要途径。因此，应当把对外投资，大力发展“境外加工贸易”作为目前乃至今后相当长一段时间内中国企业“走出去”的主要方式。据2000年统计，经过国家审查批准的境外加工贸易项目已达119个，协议投资总额6.19亿美元，中方协议投资额4.35亿美元，以国内设备和成熟技术折价2.80亿美元，占中方协议投资额的61.5%。上述项目的顺利实施，预计今后每年将带动零部件和原材料出口7.97亿美元；同时还将转移棉纺26万锭、服装3300万套、家电330万台、拖拉机、汽车22万辆的生产能力。近年来，我国对外投资加快。据国家统计局统计公报，至2003年底，我国对外直接投资334亿美元，3439家境外企业分布在139个国家和地区。

（二）更好地利用国外的科技资源

要使我国经济持续稳定发展，主要依靠科技进步，特别是推动信息产业、生物工程、光机电一体化工业发展的高新技术的开发能力。这类高新技术开发，应主要依靠国内的科技开发力量。但由于我国缺乏科技资源特别是缺乏技术开发人才，因此，到科技资源密集的发达国家设立研发机构或高技术企业，开发生产具有自主知识产权的新技术新产品，是利用国外科技资源，促进国内高新技术产业发展的一种有效形式。国内一些早期“走出去”的企业已取得了成功的经验。例如，海尔在美、日等技术先进国家设立了研发和设计中心，并通过与多家跨国公司的联合研发，学习并利用国际技术资源。又例如，广州乐华电子有限公司在国外设立了“强身健体”的科研基地，目前该公司在境外建立了20多家科研咨询机构，站在世界舞台上，广泛与松下、飞利浦、根德、西门子等世界知名电子公司共建互联互通、强强联合的技术协作体系，进行技术成果的交流和共享，为乐华公司的持续发展注入了源源不断的动力。

（三）更好地利用国外的自然资源

我国国土辽阔，是世界上自然资源最丰富的少数大国之一。但是，我国的自然资源又存在一些不利的因素：一是人均资源拥有量少，石油、森林、橡胶、铁矿等重要资源的人均拥有量都远远低于世界平均水平；二是自然资源的地理分布和现有的工业布局与发展呈逆向错位状态。这主要表现在我国矿产资源的储量分布上集中在西部和中部地区，而工业布局又主要集中在东南沿海地区，这种资源逆向分布和西部不发达交通条件，使得资源利用程度低，开采成本高。当前在全球范围内，各国对自然资源的竞争十分激烈，不仅有以盈利为目的的跨国投资行为，还有以国家安全战略为目的的跨国投资行为。因此，无论是从近期的开发成本与供求关系看，还是从我国经济长期发展的战略要求看，都应当把开发利用国外自然资源作为我国资源发展战略十分重要的内容。

（四）绕过各种贸易壁垒，及时收集当地市场信息

前些年，我国出口的许多中低档大宗制造业产品，质优价廉，在国际市场上很有竞争力，但由于各种贸易壁垒，出口经常受阻。我国机电产品出口存在的缺陷之一是不能贴近当地市场，不能及时按照用户的要求提供个性化的设计、制造和售后服务，因而降低了商品的竞争力。如果能实施“走出去”战略，在当地设厂，就可以绕过各种贸易壁垒，贴近当地市场。例如，海尔在国外已设了12家工厂，为了绕过贸易壁垒，其布局大体按世界

各大自由贸易区或经济联盟设置，并且实行本地化管理，以适应当地消费者的需要。

第三节　公司跨国经营的经济环境

公司在跨国经营中必须对付许多不能控制的因素，其中经济因素的影响至为重要。因此，跨国经营的公司必须对其生产经营所涉及的国家和地区的经济因素进行调查、分析和预测，而分析和预测的准确程度又取决于经济信息收集的及时、全面和系统。公司可以通过在国外的子公司和附属机构调查收集东道国的经济信息，也可以通过有关国家和国际组织的出版物、各国中央银行和世界银行的报告来获得有关信息。尤其要重视国际经济组织，如联合国经济及社会理事会、国际货币基金组织、世界贸易组织等机构所发表的大量的统计文献和经济信息。在掌握了准确的信息以后，公司跨国经营决策才有可能正确。

经济环境因素包括的内容比较多，其主要内容大致有以下几个方面。

一、经济制度

经济制度有不同的划分方法：按性质分有社会主义经济制度和资本主义经济制度；按资源分配及控制方法分有计划经济、市场经济和混合经济。

经济制度所涉及的本质问题是对稀缺资源如何在使用者之间进行分配的问题。如市场经济是市场对资源的分配和使用起决定性作用的一种经济制度。计划经济则是国家计划对社会资源的配置起决定性作用的一种经济制度。

各种不同类型的经济制度或者同一种经济制度中的不同模式必须有其相应的经济政策、市场结构、资源利用制度等。在不同经济制度的国家或地区进行投资，开展跨国经济活动，需要采取适合该经济制度特点的各具特色的投资经营模式。

二、经济发展水平

决定一个国家经济发展水平的主要因素有：国民生产总值和国民收入水平、科学技术发展水平、农业人口比例、能源消耗量和单位产品能耗、基础设施完善程度、资本容量、产业结构合理程度等。在现代经济发展中、资本和科学技术起着重要的作用。

一国的经济发展水平在很大程度上决定着对外投资的目标市场。目前，发达国家在资本和技术上有较大的优势，每个国家在特定领域又有相对优势，所以，发达国家之间彼此可以作为投资目标国，实际上，目前资本与技术密集型行业的投资大都集中在经济发达国家，而劳动力密集型加工工业和采掘业的投资，一般集中在发展中国家。

对于世界各个国家的经济发展水平，目前尚未有一个统一的划分标准。最一般的划分是将世界上绝大多数国家划分为发达国家和发展中国家两大类型。然后再将发展中国家细分为原料出口国、石油出口国、制成品出口国、新兴工业化国家和地区。另外一种是按人均国民生产总值划分。在统计中，世界银行通常按人均国民生产总值将世界各国分为低收入国家、中等收入国家和高收入国家，又将中等收入国家分为下中等收入国家和上等收入国家。例如，按照 1990 年的人均国民生产总值，世界银行把世界各国进行分组，属于低收入的国家有：孟加拉、布隆迪、扎伊尔、乌干达、马达加斯加、塞拉利昂、马里、尼日利亚、尼日尔、卢旺达等。属于下中等收入国家有：中国、毛里求斯、马来西亚、阿根廷、伊朗、阿尔巴尼亚、安哥拉、黎巴嫩、蒙古、尼加拉瓜等。属于上中等收入的国家有：捷克斯洛伐克、加蓬、特立尼达和多巴哥、葡萄牙、韩国、希腊、沙特阿拉伯、伊拉克、利比亚、阿曼等。属于高收入国家有：英国、意大利、澳大利亚、荷兰、奥地利、法国、加拿大、美国、丹麦、德国等。

公司在跨国经营中，应根据不同标准对各国经济发展水平分类，从不同角度去认识和分析投资目标国的不同经济特点，以便作出正确的经营决策。

三、市场容量和市场结构

外国的市场容量决定着公司对外国直接投资的规模，是公司跨国经营要考虑的主要外部经济环境的主要因素。目前，美欧日等发达国家和地区市场容量很大，消费水平高，科技领先，基础设施完善，是跨国公司首选的投资地区。我国有 13 亿人口，改革开放以来，经济迅速发展，社会购买力不断增强，是一个潜力很大的市场，因此，近年来我国吸收的外国投资每年都在 400 亿美元以上，是世界上除美国以外的吸收外资最多的国家。

市场结构决定着和影响着公司的投资方向、产品类型、产品档次和经营方式等。发达国家侧重投资资本密集和知识密集型产业，着重生产高档产品、大型产品和高精尖产品；发展中国家侧重投资劳动力密集型产业，着重生产中、低档产品和通用产品。

四、私人投资

在资本主义国家公布的国民生产总值资料中，有私人投资栏目，私人投资是指私营企业和个人用于增加生产经营能力的资金投入。私人投资的增加或减少，能反映出一个国家的政治环境、经济环境。如果私人投资增加，表明了国民生产总值将会增加，就业率将会提高，居民的购买力也将会提高，是经济景气的重要标志。同时，私人投资增加也表明了政局稳定，有良好的投资环境，投资风险较小。因此，公司在进行跨国投资时，要对投资目标国和私人投资状况进行系统分析，作为评估目标国的投资环境的内容之一。

五、通货膨胀率、利率与汇率

通货膨胀是指流通中的货币量超过了商品流通中需要的货币量，引起物价上涨、货币贬值的现象。通货膨胀率影响着利率和汇率。这“三率”变动影响着一个国家的经济生活甚至政治生活，是跨国投资经济环境的一个重要方面。

如果东道国“三率”变动很小，经营环境比较平稳，有利于开展对东道国的投资。如果“三率”变化很大，经营风险会增加，公司开展跨国经营时，要有较强的防范经营风险的意识。在通货膨胀严重的国家，企业要作经营计划比较困难，维持正常的经营活动也比较困难。因为公司很难准确预测通货膨胀率，公司若定价过高，就会减少市场份额，定价过低又会使资金不足甚至亏本。因此，公司面临较大的经营风险。同时，通货膨胀率过高，使居民生活水平下降，影响国民对政府的信心，甚至会出现政局不稳定。

利率与通货膨胀率有直接的关系。它们的关系可以用下面公式表示：

名义利率＝实际利率＋通货膨胀率

若名义利率与通货膨胀率之差越小，筹资成本越低，经营风险较小，反之，亦然。

汇率也与通货膨胀率密切相关，如果一国的通货膨胀率越高，该国货币的购买力下降就越快，在货币自由兑换的情况下，该国货币的汇率也下降得越快。通货膨胀严重的国家，一般都会实行严格的价格管制和外汇管制，从而使跨国公司的利润难以汇回母国，或者难以在不受通货膨胀损害前汇回母国。

六、人力资源

人力资源是决定公司跨国投资的依据之一。劳动力的数量、素质、成本及变动趋势是公司进行跨国经营的重要依据。

发达国家普遍感到劳动力供应不足，但由于高等教育普及，劳动者的素质较高、工资水平也较高，适合于投资技术密集或资本密集产业。发展中国家劳动力供应充足，工资水平低，劳动者的素质也较低，适合于投资劳动密集型产业。

中国是人力资源极为丰富的国家，随着我国教育的普及，劳动者素质不断提高，在人力资源方面有较大的优势。加上工资水平较低，据调查，中国的工资水平只相当于日本的 1/30。随着中国市场经济制度和法律制度的不断完善，我国对外资有较强的吸引力，中国有望成为世界制造业的基地。

七、自然资源

一国的自然资源主要包括：国土面积、耕地面积、各类矿藏、林木蓄积量、水力、风力、太阳辐射等。由于自然资源具有不可流动性、分布非均匀性、丰度差别大等特点，因此，自然资源成为一国经济力量最基础的要素条件。当前在全球范围内，各国对自然资源的竞争十分激烈，不仅有以盈利为目的的跨国投资行为，也有以国家安全战略为目的的跨国投资行为。

以获取自然资源和盈利为目的公司跨国投资，必须分析东道国自然资源状况，主要是分析自然资源的储量、丰度、每吨的开采成本和运回成本等，并对同类型的国家进行比较，以确定投资目标国。以国家安全战略为目的的跨国投资，是从国家的长远利益和整体利益出发，为了保证国家政治和经济发展的独立性，增强本国资源的长期独立供给能力，避免对外国资源的过度依赖，增强国家的战略防御能力。

从长远看，自然资源是会发生变化的。由于技术的发展和创新，以前没有被发现的资源被勘探出来了，以前不能利用的资源后来可以利用了，废物变为宝物了，等等。几乎所有的企业都能从自然资源的新发现中创造出新的市场，获得更大的收益。在跨国经营中，应用发展眼光看待自然资源。

第四节　公司跨国投资

一、对外直接投资的特点和类型

在当代经济国际化和地区经济一体化的潮流中，对外直接投资是资本要素国际移动的主要方式，是世界上越来越多的国家融入全球经济的主要途径。所谓公司的对外直接投资，是指伴有企业经营权的资金、技术、设备等生产要素移到国外，在国外开办企业的行为。这里的经营控制权是指投资者对其东道国的企业或资产拥有一定的股份，从而拥有对企业的控制权。至于拥有多大的股份才有控制权，国际上尚无统一的标准。一般地说，拥有企业 50%或更多的股份，或者掌握了东道国企业 25%或更多的有表决权的股份就被认为拥有了对企业的控制权。美国政府规定对外直接投资的标准是：凡是拥有企业有表决权股份达到 25%者，即可认为拥有企业控制权。日本通产省原则上将在外国企业中日方出资比例占 25%以上的投资或贷款规定为对外直接投资。跨国公司是全球经济活动的主要组织者和推动者，也是国际直接投资的主体。

（一）对外直接投资的特点

第二次世界大战后，跨国公司对外直接投资迅速增长，2000 年，全球跨国投资总量达到 12632 亿美元，比上一年增长 45.95%，呈现强劲的增长势头。公司对外直接投资的特点主要有：

1. 对外直接投资是各种生产要素的国际移动。由于公司投资行为本身需要资本、技术、设备、人力等生产要素，因此，跨国直接投资实际上是公司在全球范围内对资源的有效配置。这种资源配置是在价值规律作用下进行的，资源利用率可以提高，产品成本会降低，产品在东道国和国际市场都有较强的竞争能力。

公司投入东道国的生产要素，既是在东道国企业的生产条件；也是公司确保其在东道国企业拥有经营控制权和确保获取高额利润的必要条件。

发达国家之间的企业相互直接投资，发达国家与发展中国家之间的企业相互直接投资，加快了世界经济一体化和地区经济一体化的进程。

2. 国际直接投资的重点地区是发达国家和亚太地区国家。第二次世界大战前，对外直接投资70%流向发展中国家，30%流向发达国家。20 世纪 70 年代后，投资流向转了过来，大约70%流向发达国家，30%流向发展中国家。例如，1995 年发达国家通过国际间的兼并与合作吸纳的资金达 2160 亿美元，占67%；发展中国家吸收外资为 970 亿美元，占 33%。对发展中国家的投资主要集中在政局稳定、交通方便、资源丰富、经济发展快、人口密集地区。

3. 世界各国竞相优化投资环境来吸引外国直接投资。对于东道国来说，外国企业直接投资能够加快本地区经济发展，增加就业人口，增加本地税收，因此，东道国政府对外国企业直接投资一般都采取欢迎态度。对于发展中国家来说，通过引进外国企业直接投资，既可以解决建设资金的不足，又可以学习外国的先进技术和先进管理经验。对于发达国家来说，引进外资，可以使相互间的生产要素的优势互补，促进东道国经济的发展，同时也可以增加就业人数。

4. 对外直接投资的收益率一般高于国内投资的收益率。从本质来说，对外直接投资是在全世界范围进行资源的优化配置，尽量使资金成本最低，劳动力最便宜，技术最先进，交通运输最方便。因此，在一般的情况下，公司对外投资的收益率会高于国内投资的收益率。

（二）对外直接投资的类型

对外直接投资的类型可以有不同的分类，按照投资对象国来划分，可以分为对发达国家直接投资和对发展中国家直接投资；按照投资资本来源划分，可以分为发达国家直接对外投资和发展中国家直接对外投资。下面，按照引发对外直接投资的因素进行分类。

1. 资本过剩引发的对外直接投资。由于货币资本、生产资本过剩，加上国内有利可图的投资领域不多，需要将资本直接投向国外，以获取更多的利润。

2. 为了降低成本引发的对外直接投资。由于东道国的地价低、原材料便宜、劳动力也便宜、运输费用较低，对东道国进行直接投资，可以降低生产成本，提高产品竞争能力，获取更多的利润。

3. 为了获取自然资源引发的对外直接投资。由于东道国自然资源丰富、开采成本低，交通运输条件具备。投资者在东道国直接投资，进行自然资源的开采和开发利用，可以确保投资者原材料来源和价格的稳定。投资者可以把原材料运回母国，或在东道国就地加工和销售，也可以销往第三国市场。

4. 为了获取科技资源而引发的对外直接投资。东道国一般是发达国家。在这些国家，资本雄厚、高等教育普及、研发人才富集。到这些国家直接投资，设立研发机构或高技术企业，就可以引进和开发新技术、新工艺和新产品，也可以培养本国的技术人才和管理人才。

5. 为了保护出口市场而引发的对外直接投资。近年来，许多国家为了保护国内市场，在关税壁垒以外，又制定了技术壁垒、环保壁垒等，以防止外国商品输入。为了突破各种贸易壁垒，可以对东道国直接投资，在东道国就地生产，就地销售，以保护和扩大出口市场。同时，也可以利用东道国进入其所在的自由贸易区或经济联盟。

二、对外直接投资的目标市场

（一）三种类型国家企业对外投资国家和地区的选择

由于国际环境和企业内部条件不同，发达国家、新兴工业化国家和地区以及发展中国家企业对跨国经营的目标市场有不同的选择，形成不同的特点。

第二次世界大战前，以英、法、美为代表的资本主义国家，企业跨国经营的目的是为了掠夺殖民地和落后国家的原材料（主要是农矿产品），属于"原料型"跨国经营。第二次世界大战后，以美国为代表的跨国公司对外投资，利用其强大的经济实力，高超的技术优势，实行技术垄断，进而控制发达国家甚至全球的市场，属于"技术型"跨国经营。由此看来，第二次世界大战前发达国家企业跨国经营的目标市场是落后国家和地区，第二次世界大战后移到发达国家和地区。

亚洲"四小龙"是新兴工业化国家和地区，进行跨国经营的大部分是中小企业，即使有少数大跨国企业也只相当于发达国家的中型跨国公司。这些企业拥有的高新技术不多，一般都没有独创的技术，从而决定了这些企业跨国经营目标市场的选择有两个：(1) 将劳动密集型产品转移到经济发展比它们低的国家和地区，如东盟；(2) 到发达国家投资，以避开贸易壁垒和引进高技术。主要目标市场是发达国家。亚洲"四小龙"对外直接投资的地区分布，充分说明了这一点。1991 年韩国制造业对外直接投资的42.8%集中在东亚地区，大约24.1%在美国。20世纪80年代末90年代初，中国台湾对外投资总额中，东亚地区占63.5%，美国约占18.12%。香港地区对外直接投资按投资额的多少排列顺序为中国内地、美国、东盟。新加坡的投资顺序为东盟、中国、美国。

发展中国家企业的跨国经营和对外直接投资往往集中在相邻的国家和地区，主要目标市场大都选在经济发展水平比母国更低的国家和地区。

（二）选择目标市场需要考虑的因素

企业跨国经营目标市场的选择，同时要考虑企业外部环境和企业内部条件。企业外部环境主要有目标市场所在国的政治、经济、科技、军事、相关市场等因素。下面就一些主要因素做些分析。

1. 利润率。利润率的高低是企业选择目标市场首先要考虑的因素。因为赚取利润是跨国公司和跨国企业生存的基本条件。企业进行跨国经营活动，基本出发点和根本目的是达到利润最大化。在殖民扩张时代，宗主国企业对殖民地进行资本输出，投资办企业，就是要利用殖民地的低地价、廉价的原材料和劳动力，达到获取最大利润的目的。

第二次世界大战后，跨国经营的主体是现代跨国公司。虽然现代跨国公司是在国际化环境与生产力巨大发展的基础上发展起来的，具有和早期跨国公司许多不同的特点，但跨国经营目标市场的选择为了实现利润最大化这一点没有变。纵观企业跨国经营史，利润率始终是企业选择目标市场的首要因素。1993年以来，大型跨国公司来华直接投资急剧增加，原因是多方面的，但根本原因则是先期进入中国的大公司有很多获得了丰厚利润，起到了一种示范作用。

2. 市场容量。市场容量是企业跨国经营考虑的另一主要因素。当前，跨国公司选择目标市场有三个重点：北美洲、欧洲和东亚地区。北美洲和欧洲是发达国家最集中的地区，购买力很强，市场容量很大，理所当然要成为跨国公司首选的目标市场。据世界银行估计，东亚地区购买力增量将占全世界增量的一半。东亚地区市场潜力巨大，投资环境不断改善，才对跨国公司形成强大的吸引力，成为跨国公司选择的目标市场。

3. 生产要素优势的发挥和互补。世界各国的技术、资金、原材料、劳动力、土地等生产要素禀赋既存在着明显的差别，又有自己的相对优势，通过参与国际分工，进行跨国经营，可以使自己的优势发挥，彼此间优势互补，从而获得比较利益。因此，企业在跨国经营中能不能发挥优势，实现优势互补，直接关系到跨国企业的生存和发展。

由于技术在生产要素中占据重要地位，起着决定性作用，所以，凡是拥有技术优势的国家和地区，总是把技术层次较低的国家和地区作为目标市场。当然，也有技术层次低的国家和地区把技术层次高的国家和地区作为目标市场，目的是为了吸收高新技术，而不是为了发挥自己的优势。

发达国家在生产要素上拥有较大优势，每个发达国家在特定领域又有相对优势，所以，发达国家间彼此可以作为目标市场，更可以把新兴工业化国家和地区以及发展中国家作为目标市场。发展中国家在生产要素上拥有的优势不多，只能根据相对优势，在跨国经营中，选择有限的目标市场，以获取比较利益。世界各国之间彼此作为目标市场，使世界各国经济联系密切，经济来往增加，从而加快了世界经济一体化、区域经济一体化的进程。

三、对外直接投资环境评估

对于直接投资环境评估是跨国经营前期决定的核心内容。投资环境是指在国际直接投资过程中影响投资决策和投资决策结果的各种因素。这些因素主要有：（1）总体政治形势。主要包括政治体制、政府的实力与思想体系、政治稳定性与连续性、有竞争力的政治集团的实力与思想体系、民族及民族情绪、政府对经济的干预程度、政府的效率与廉洁等。（2）人口与自然环境。主要包括总人口、人口结构、人口分布、气候、地形、自然资源等。（3）法律环境。主要包括法律体系的完整性与稳定性、司法机关执法状况、对外资法规、税制、企业法、公司法等。（4）经济环境。主要包括 GDP 总量及其增长率、货币稳定性、收支平均状况、经济外向程度、进出口限制、资本和利润汇回限制、人均 GDP 等。（5）社会文化环境。主要包括教育发展水平、民族文化、宗教等。

在实际评估投资环境时，要对上述诸因素进行全面分析和衡量，并采取行之有效的方法对投资环境进行综合评估。评估跨国投资的方法很多，世界上许多跨国公司都有自己独特的价值标准和评价方法。下面介绍几种常用的方法。

（一）关键因素分析法

这个方法主要是对东道国的投资环境中最关键的一两个因素，如货币大幅度贬值、征收外国资产、发生战争等作出分析，并在分析的基础上作出对东道国投资环境的判断，进而作出是否进行投资的决策。

这种评估方法的优点是简单明了，评估工作量、时间和费用都比较少，缺点是评估的因素不多，公司很难据此作出战略投资的决策。

（二）冷热比较分析法

这种方法是美国经济学家里特瓦克和庞丁提出来的。他们认为，各国投资环境有冷热之分，环境优为热，环境劣为冷。影响一国投资环境主要有 7 项因素：政治稳定性、市场机会、经济发展与成就、文化一元化程度、法律阻碍、自然阻碍、地理和文化与投资国的差距。

表12—1是里特瓦克和庞丁当时根据10国7项因素的冷热情况，从美国投资者的角度对10国的投资环境按其优劣的排序。由于地理位置和文化背景不同，视角不同，不同国家企业对同一个国家投资环境的评价会有差距，就是同一个母国的企业对同一东道国的投资环境的评价，由于行业不同，看问题的侧重点不同，对同一东道国的评价结论也不可能一致。

表12—1　美国企业对10国经营环境的冷热评价

		政治稳定性	市场机会	经济发展与成就	文化一元化	法律阻碍	自然阻碍	地理、文化差距
加拿大	热	大	大	大		小		小
					中		中	
	冷							
英国	热	大			大	小	小	小
			中	中				
	冷							
西德	热	大	大	大	大		小	
						中		中
	冷							
日本	热	大	大	大	大			
							中	
	冷					大		大
希腊	热					小		
			中	中	中		中	
	冷	小						大
西班牙	热							
			中	中	中	中		
	冷	小					大	大
巴西	热							
			中		中			
	冷	小		小		大	大	大
南非	热							
			中	中		中		
	冷	小			小		大	大
印度	热							
		中	中		中			
	冷			小		大	大	大
埃及	热							
					中			
	冷	小	小	小		大	大	大

热 ↑ ↓ 冷

（三）等级评分法

这种方法是美国学者斯鲍托夫和戴姆赞提出来的。这种方法首先列出影响投资环境的主要因素，并根据每一种因素对投资的影响程度确定其评分范围，然后，再根据东道国的具体情况，对每个因素进行具体评分。见表12—2和表12—3。

表12—2　一国经营环境的评分

环境因素	评分
一、资本抽回	(0～12)
1. 无限制	12
2. 仅有时间上的限制	8
3. 限制资本抽回	6
4. 限制资本抽回和利润汇出	4
5. 限制繁多	2
6. 禁止资本抽回	0
二、准许外资股权	(0～12)
1. 准许并欢迎全部外资	12
2. 准许但不欢迎全部外资	10
3. 准许外资占大多数股权	8
4. 准许外资最多占半数股权	6
5. 只准外资占少数股权	4
6. 外资不得超过30%	2
7. 不准外资拥有股权	0
三、内外资的差别待遇与控制	(0～12)
1. 外资企业与本国企业一视同仁	12
2. 对外资企业略有限制，但无控制	10
3. 对外资企业无限制，但有一些控制	8
4. 对外资企业限制并控制	6
5. 对外资企业有些限制并严加控制	4
6. 对外资企业有些限制和严格控制	2
7. 禁止外商投资	0
四、货币稳定性	(4～20)
1. 可自由兑换	20
2. 黑市与官价差额小于10%	18

续表

环境因素	评分
3. 黑市与官价差额为 10%～40%	14
4. 黑市与官价差额为 40～100%	8
5. 黑市与官价差额在 100%以上	4
五、政治稳定性	(0～12)
1. 长期稳定	12
2. 稳定但因掌权人而异	10
3. 内部分裂但政府尚能控制	8
4. 国内外有强大的左右力量	4
5. 有政变、颠覆或动荡的可能	2
6. 不稳定，政变或动荡极有可能发生	0
六、给予关税保护的意愿	(2～8)
1. 给予广泛保护	8
2. 给予相当保护，尤其是主要的新兴产业	6
3. 给予某些保护，主要是新兴产业	4
4. 保护甚少或不予保护	2
七、当地筹资	(0～10)
1. 发达的资本市场，公开的证券交易所	10
2. 有一些当地资本，投机性证券市场	8
3. 有限的资本市场，某些外来资本可供使用	6
4. 资本稀缺，短期资本	4
5. 严格资本管制	2
6. 高度资本逃避	0
八、近 5 年年通货膨胀率	(2～14)
1. 小于 1%	14
2. 1%～3%	12
3. 3%～7%	10
4. 7%～10%	8
5. 10%～15%	6
6. 15%～35%	4
7. 35%以上	2
总　　计	(8～100)

表 12－3 经营环境评分实例

要素	评分范围	分数	
		X国	Y国
资本抽回	0～12	2	8
准许外资股权	0～12	6	12
内外资的差别待遇与控制	0～12	6	10
货币稳定性	4～12	8	20
政治稳定性	0～12	4	12
给予关税保护的意愿	2～8	4	2
当地筹资	0～10	6	10
近5年年通货膨胀率	2～14	10	10
合　计	8～100	46	84

等级评分法的优点有：(1) 确定了影响投资环境的主要因素；(2) 要求对东道国进行深入的研究；(3) 比较直观，易于采用。目前大部分公司都采用这种方法。

等级评分法的缺点主要有：(1) 考虑影响投资环境的因素范围偏窄，没有考虑变化等因素的影响；(2) 标准化的等级评分不能反映环境因素对不同投资项目的影响；(3) 对环境因素评分带有一定的主观成分。

(四) 加权等级评分法

1972 年，美国学者斯托鲍夫和戴姆赞在总结等级评分法经验的基础上提出了加权等级评分法。这种方法是由公司先对各投资环境因素的重要性进行排序，并给出相应的权数，然后根据各个环境因素对投资产生的影响进行等级评分，各个环境因素的评分范围都是 0～100 分，最后，把各个环境因素的实际得分乘以相应的权数，并进行加总。表 12－4 是采用加权等级评分法对 A、B 两国投资环境进行评估和比较，比较结果：A 国投资环境比 B 国好。

表 12—4 投资环境加权等级评分法

按其重要性排列的环境因素	A国			B国		
	(1)	(2)	(3)	(1)	(2)	(3)
	重要性权数	等级评分 0—100	得分 (1)×(2)	重要性权数	等级评分 0—100	得分 (1)×(2)
1. 财产被没收的可能性	10	90	900	10	55	550
2. 动乱或战争造成损失的可能性	9	80	720	9	50	450
3. 收益返回	8	70	560	8	50	400
4. 政府的歧视性限制	8	70	560	8	60	480
5. 在当地以合理成本获得资本的可能性	7	50	350	7	90	630
6. 政治稳定性	7	80	560	7	50	350
7. 货币稳定性	6	70	420	6	30	180
8. 价格稳定性	5	40	200	5	30	150
9. 税收水平	4	80	320	4	90	360
10. 劳资关系	3	70	210	3	80	240
11. 政府给予外来投资的优惠待遇	2	0	0	2	90	180
加权等级总分			5360			4390

（五）投资障碍分析法

这种方法是找出阻碍投资的主要环境因素，然后对将要成为投资的东道国分别进行障碍因素的分析和评估，障碍越少的国家，投资环境越好。

投资障碍分析包括十大障碍因素：(1) 政治障碍；(2) 经济障碍；(3) 资金融通障碍；(4) 技术人员、管理人员和熟练工人不足；(5) 实行国有化政策和没收政策；(6) 对外国投资者实行歧视政策；(7) 政府对企业干预过多；(8) 实行进口限制；(9) 实行外汇管制和限制资本汇回；(10) 法律制度行政体制不健全。

为了进一步深入分析和评估各个环境因素，可以将各个环境因素分解为若干项子因素，然后逐项分析评估，以提高评估准确性。

上述的各种分析评估投资环境的方法，各有优缺点，作为跨国经营的公司，应了解影响对外投资的各种基本因素，善于选择适当的评估方法对东道国的投资环境进行评估。

四、对外直接投资项目评估

对投资环境评估是为了确定投资所在国，在确定了投资所在国后还要对投资项目进行分析评估，以取得满意的经济效益。因此，应该把项目评估和环境评估结合起来，以形成正确的对外投资决策。

要注意，投资机会的选择方法，由于跨国投资风险远大于国内投资风险，所以对外投资项目的选择中，要把分析重点放在影响收益与带来风险的环境因素进行比较上。项目评估方法比较多，下面介绍指标评估法和收益风险指标评估法。

（一）指标评估法

这种方法是设计若干项评估指标，然后用加权评分法对每项因素进行评分，加总后进行比较，从中选出满意投资项目。

例如某公司有三个对外投资项目可供选择：A. 在甲国制造业独资；B. 在甲国旅游业合资；C. 在乙国采掘业合资。

下面用指标评估法进行评估选择。

第一步，一般设计 5 项评估指标进行评估。这 5 项评估指标是：（1）市场潜力；（2）融资条件；（3）创汇能力；（4）资源供应；（5）投资鼓励。

第二步，采用加权评分法对上述 5 项指标进行评分，根据评估结果，比较 A、B、C 三个项目的优劣。如表 12—5。

上述三个投资机会评分表说明，C 项目评分最高，应首选，其次是 A 项目，B 项目再次。

这种项目评估方法简单明了，便于操作，缺点是考虑因素较少，不易全面衡量投资机会。

（二）收益风险指数评估法

收益风险指数评估法是利用投资收益指数和投资风险指数对不同投资项目进行评估的方法。

表 12—5　　投资机会 A 的评分

评估指标	权数	评分	总分
市场潜力	0.3	95	28.5
融资条件	0.2	90	18
创汇能力	0.15	80	12
资源供应	0.25	94	23.5
投资鼓励	0.1	96	9.6
合　计	1.00		91.6

投资机会 B 的评分

评估指标	权数	评分	总分
市场潜力	0.3	90	27
融资条件	0.2	80	16
创汇能力	0.15	85	12.75
资源供应	0.25	70	17.5
投资鼓励	0.1	96	9.6
合　计	1.00		82.85

投资机会 C 的评分

评估指标	权数	评分	总分
市场潜力	0.3	98	29.4
融资条件	0.2	90	18
创汇能力	0.15	95	14.25
资源供应	0.25	92	23
投资鼓励	0.1	96	9.6
合　计	1.00		94.25

第一步，计算投资收益指数。

$$投资收益指数=成功概率\times\frac{预期投资收益}{投资费用}$$

对不同项目投资收益指数进行计算，然后进行比较。项目投资收益指数越高，投资风险越小，项目越有投资价值。

第二步，计算对外直接投资风险。对外直接投资风险主要有三类：（1）价格变动风险；（2）通货膨胀率和汇率变动风险；（3）政治经济和社会变革的风险。要计算各种风险指数非常困难，跨国公司往往通过国际投资咨询公司的情报信息资料来分析判断，也可以借助一些简单数学公式来帮助判断。用得较多的数学方法有资本回收期法和净现值法。

1. 资本回收期法。回收期是指收回某项目投资所需要的时间（一般用年数表示）。若每期的现金流量相等，计算公式为：

$$回收期=\frac{总投资额}{每年资金净流入量}$$

资本回收期越短，投资风险越少，该项目越有投资价值。反之，则相反。

2. 净现值法。净现值是把某个投资项目所引起的现金流出量和流入量，都按一定的折现率进行折现，然后把现金流入量现值减去现金流出量现值。净现值法就是用资本现值净额的大小，作为评估投资项目风险大小的方法。这是一种考虑了货币的时间价值的动态分析法。

净现值的数学表达式如下：

$$NPV=-I_0+\sum_{i=1}^{n}\frac{X_i}{(1+K_0)^i}$$

其中：NPV 为投资项目净现值；I_0 为初始投资额；X_i 为第 i 年末的净现金流入；K_0 为折现率；n 为投资项目预计执行期。

这种方法考虑了资金的时间价值，净现值越大，投资该项目的风险越小。

第三步，要将投资收益指数和投资各种风险问题进行综合分析，对项目进行评估，作出投资决策。

五、对外投资项目的可行性研究

可行性是理论与实践之间的中介。只有对外投资项目一切方面都可行，投资目标才能实现。项目可行性研究的内容比较多，通常包括销售可行性研究、生产可行性研究、技术可行性研究和财务可行性研究四个方面。

（一）销售可行性研究

这实际上是销售市场的分析，即要预测在项目投产后，产品每年的销售量和销售价格。

销售研究的主要内容有：

1. 市场需求研究，包括有购买力的市场需求和潜在市场需求，市场占有率等。

2. 价格预测，包括原材料价格变动和产品价格的变动以及可替代产品价格变动情况。

3. 竞争对手调查，包括竞争对手的数量、分布、生产规模及产量、竞争能力等。

（二）生产可行性研究

主要是制造能力满足销售要求的可行性分析。包括厂房、设备、土地、各类人员、原料、燃料等生产条件是否具备，生产成本是否有竞争力。

（三）技术可行性研究

主要是研究跨国投资公司的技术是否先进，是否需要引进技术，或是自行研究开发新产品，或是仿制等。

（四）财务可行性分析

财务可行性分析包括预期利润分析和资金供应能力分析。通过这两项分析，可以预测投资项目的收益。

投资项目可行性研究是一项极为复杂的工作，需要组成专家组来论证，专家组应该有投资专家、管理专家、财务专家、技术专家、营销专家。结构合理的专家组可以保证可行性论证的基本正确。

第五节 其他类型的跨国经营

公司跨国经营除了对外直接投资以外，还有国际证券投资、国际租赁、国际加工装配贸易、补偿贸易等。这一节是研究直接投资以外的其他类型的跨国经营。

一、国际证券投资

（一）国际证券投资的含义

国际证券投资是一种间接投资，是指在国际证券市场上发行和买卖股票、债券等有价证券的活动。投资对象是国际证券。由于国际间的融资已从银行贷款为主转为以证券化的资本为主，致使国际证券市场在国际金融市场中起着主导作用。

（二）国际证券的形式

国际证券是指在国际证券市场上发行并可流通的，以一种或几种可兑换货币为面值的，证明拥有财产所有权或收益权的凭证。国际证券有国际股票和国际债券两种形式。

1. 国际股票。它是一国证券投资者在其他国家发行或参与市场交易的股票。国际股票市场交易主要在二级市场上进行。投资国际股票和投资国内股票一样，既可享受股东的权利又要承担投资风险，总的来说，国际股票投资是一种收益和风险都比较高的投资方式。

2. 国际债券。它是由一国政府或政府机构、金融机构、工商企业、社会团体和国际机构，为筹集资金在国外市场上发行的以某种货币为面值的有价证券。与投资国际股票相比，投资国际债券的风险较小。

（三）国际证券投资的特点

与直接投资相比，国际证券投资有以下特点：

1. 资产的流动性大。由于国际证券市场完善，股票交易和债券买卖都非常方便，投资者所持有的证券化的金融资产随时可以买卖，因而使金融资产在很短的时间就可以从一国流向另一国。

2. 投资风险较低。国际股票发行时都要经过有关机构的审查，国际债券的发行都要经过国际资信评级并经过发行人所在国政府的担保，因此，国际证券投资比国际直接投资风险小。

3. 融资的费用较低。国际证券投资属于直接融资，由投资者与筹资者在金融市场直接见面，可以省去给中介机构的费用。

二、国际租赁

（一）国际租赁的含义

国际租赁是指一国的出租者在一定时间内将租赁物租给另一国承租者使用，承租者则按租约规定分期付给一定租赁费用的经济行为。出租者和承租者可以是自然人也可以是法人。出租者在得到租赁费的同时保持了对租赁物的所有权，租赁者因交纳租赁费而取得了对租赁物的使用权。国际租赁是一种新型的国际投资方式，是国际信贷和国际贸易相结合的过程。

近年来，国际租赁业务发展很快，很多机构都开展国际租赁业务。这类机构主要有：国际性专业租赁公司、金融机构、制造厂商、经销商、厂商与金融机构的联合组织等。

（二）国际租赁的形式

1. 金融租赁。是指承租企业所选定的设备，由租赁公司融资购买，租给承租企业使用，承租企业按合同规定向租赁公司交纳租金，租赁公司负责融资的偿还。租赁合同一经签订，就不能违约，且租期较长，一般设备租赁3～5年，大型设备租赁10年以上。合同期满后，企业租赁的设备按合同规定处理。处理的方法有三种：一是退还给租赁公司；二是继续租用；三是卖给承租企业。

金融租赁可采用直接租赁和转租赁方式进行。直接租赁就是租赁公司用外汇购买外国的设备后，将设备租给承租企业；转租赁就是租赁公司从外国公司租进设备后再转租给其他承租人。不管采用哪种租赁方式，租赁设备的选择、保养、使用、管理都由承租企业负责和承担。

2. 经营租赁。经营租赁也称服务租赁或使用租赁，它是一种不完全租赁，出租者除提供融资外，通常还提供维修、保险等特别服务。

由于经营租赁是一种不完全的租赁，即出租者要提供融资以外的服务，因而具有如下特点：租赁期限较短，远低于设备寿命；租赁费用比金融租赁高；租赁合同期内，租赁人负责租赁物的维修、保养工作；租赁对象多为技术进步快、用途广、经常需要保养维修的产品，如汽车、计算机、建筑机械等。经营这种租赁业务的是专业租赁公司或制造厂商。

金融租赁和经营租赁是国际租赁的基本形式。在这两种形式的基础上又产生了维修租赁、综合性租赁、回租租赁和转租赁等形式。

3. 维修租赁。它是金融租赁基础上加上各种服务条件的租赁方式。出租人除了要筹集外汇购买设备以外，还要负责设备登记、纳税、保险、保养、维修和事故处理等项服务。维修租赁费用高于金融租赁。维修租赁的合同期一般在2年以上，在合同期内原则上不能解约。

4. 综合性租赁。它是租赁与其他贸易方式相结合的一种租赁方式。综合性租赁可以与补偿贸易、加工装配、包销、买方信贷、卖方信贷、信托投资、合资经营、合作经营等方式结合。例如，租赁与补偿贸易相结合，外国出租公司将设备出租给中国企业，中国企业可以用租赁来的设备进行生产，用生产出来的产品来偿付租金。

5. 回租租赁。它是指出租公司从拥有和使用设备的公司那里买下设备，然后以设备所有者的身份将设备租给原公司继续使用，原公司成为承租设备公司。这种租赁方式，使原来拥有设备的公司可以得到一笔现金，以解决资金短缺的困难，又可以继续使用设备；租赁公司则可以得到设备的租赁费用。回租租赁的对象多为已经使用过的设备。

6. 转租赁。转租赁是指一家租赁公司从另一家租赁公司租进设备后，再将设备转租给用户。租赁公司要进行转租赁是为了扩大业务量或为了获得其他经济利益。

（三）国际租赁的特点

把国际信贷和国际贸易结合起来的国际租赁，对于租赁公司来说，能起到输出资本和出口设备的作用。国际租赁有两个特点：

1. 把借钱和借物融合在一起。通过租赁物表示借钱，而用钱分期归还。这和一般信贷借钱还钱、借物还物不同。

2. 租赁物的所有权和使用权相分离。一般情况下，租赁物的所有权归租赁公司；租赁物的使用权归承租企业。

国际租赁在第二次世界大战后产生，由于它能使发达国家的制造商扩大产品的销量，又能使某些融资困难的中小企业，特别是发展中国家的中小企业得到先进的设备，因此，在各国政府的支持下，国际租赁业务得到了迅速发展。

三、国际加工装配贸易

(一) 国际加工装配贸易的含义

国际加工装配贸易是由一个国家的公司（委托方）提供一定量的生产要素，委托另一个国家的企业（承接方）按委托方要求进行加工、装配，其成品交给委托方、承接方按合同收取工缴费的经济活动。它是一种集国际贸易和国际投资为一体的新型的国际投资方式。在我国改革开放初期，广泛利用这种形式吸引外资。

开展国际加工装配贸易，必须签订合同。国际加工装配合同的主要内容包括：确定成品的质量标准；确定工缴费的多少以及工缴费的支付方式。

(二) 国际加工装配贸易的类型

1. 进料加工。它是指一个国家的企业进口原料、辅料或零部件，经过加工制成产品后再出口。这就是平常说的“两头在外”，即原材料市场在国外，产成品市场在国外。进料加工属于一般国际贸易范畴。

2. 来料加工。这是指一个国家的企业提供原料、辅料和包装材料，必要时也提供某些技术或设备，委托另一个国家的企业，按照其要求进行加工生产，成品交给委托方销售，承接方收取工缴费。

3. 来样加工。它是指一个国家的企业提供样品，由另一国企业用自有的原料、辅料和设备按样进行加工，然后卖给委托方，收取成品出口的全部贷款。来样加工实际上就是一种国际贸易形式。

4. 来件装配。它是指一国的企业提供零部件、元器件，必要时也提供某些技术或者设备，由另一国的企业按委托方的要求进行装配，其成品交给委托方销售，承接方按合同规定收取工缴费。

（三）国际加工贸易的特点

1. 负责国际加工贸易进出口业务的国外客商实际上是一家企业。

2. 承接方一般不需要自备原材料、零部件、元器件、辅料等。

3. 承接方对产品的技术指标和质量标准不能随意改变。

4. 承接方只负责生产，并收取工缴费，委托方负责产品销售和承担经营风险。

四、补偿贸易

（一）补偿贸易的定义

补偿贸易是在进口方外汇短缺，不用支付现汇的情况下，从国外引进技术设备，待项目建成投产以后，用产品偿还设备价款的一种国际投资方式。

补偿贸易在20世纪60年代末70年代初产生并迅速发展。由于补偿贸易是投资和贸易的结合，可以解决国际投资和贸易中外汇短缺的问题，因此，在发达国家企业之间，特别是在发达国家和发展中国家企业之间广泛实行。

（二）补偿贸易的形式

补偿贸易中通过何种方式来偿还设备的价款，国际上没有统一的要求，需要双方讨论，根据需要与可能共同商定。国际上补偿贸易的形式主要有：

1. 直接补偿。就是进口方用进口的设备和技术进行生产，把生产出来的产品直接用来偿付国外企业提供的设备和技术的价款。

2. 间接补偿。就是进口方不是用进口设备和技术投产后的产品，而是用双方同意的其他产品来偿付外国企业提供设备和技术的价款。

3. 以获得的货币收入补偿。就是进口方用进口的设备和技术进行生产，以投产后获取的货币收入来偿付外国企业提供的设备和技术的价款。

4. 综合补偿。就是进口方以进口设备和技术投产后的一部分直接产品、一部分其他产品或现汇来偿付进口设备和技术的价款。

在补偿贸易中，采用哪种偿付方式，应根据实际情况，由双方签订合同确定。补偿贸易的合同，除了有偿付方式外，还应包括以下内容：补偿贸易的商品作价；补偿贸易的外资偿还期限；补偿贸易的支付和结算；补偿贸易的处罚和仲裁。

（三）补偿贸易的特点

1. 具有赊销易货贸易性质。所谓易货贸易就是货物与货物交换。补偿贸易的本质是发达国家的设备与发展中国家的产品相交换。由于发达国家工业设备过剩，需要输出到国外，而外汇短缺进口国，在不需支付现汇的情况下引进设备和技术，然后用这种设备和技术进行生产，以生产出来的产品偿付设备的价款，因此，它具有明显的易货贸易性质。

2. 是一种特殊的信贷方式。补偿贸易实际上是出口国的贷款采用设备和技术等形式，贷给进口国，进口国用这种设备和技术生产出来的产品还本付息。

3. 是一种特殊的国际直接投资方式。补偿贸易可以看做出口国企业以设备和技术为资本对外直接投资，不过这种投资的回报是直接产品、间接产品或者有一部分货币（综合补偿时会出现此情况），而不是全部是货币。

从上述的分析可以看出，补偿贸易属于国际直接投资范畴。

第十三章

现代公司资本运营

经济的发展，离不开资本配置。资本配置的优化不只是一个投资增量的配置问题，而且是一个投资存量即资产存量如何流动和重组的问题。新中国成立 50 多年来，恰恰在这个问题上，我们的思想受到的禁锢最多。

当前，我国经济发展正处在一个关键的时刻。全国人民正在为实现两个根本转变，实现“九五”规划和 2010 年远景目标而努力奋斗。现在人们关心的是全国巨额存量资产如何通过流动和重组来发掘其巨大的经济潜力？中国的优势企业集团如何培育、发展和壮大，如何实施兼并、收购和重组来实现资源配置的优化？中国的企业家如何进行资本运营和扩张？这里我们就现代公司的资本运营问题展开讨论。

第一节　兼并、收购和重组是现代公司资本运营的核心

在现代公司的发展过程中，主要存在两种有效的发展战略模式，一种是内部管理型战略；一种是外部交易型战略。内部管理型战略是一种产品扩张战略，在现有资本结构下，通过整合内部资源，包括控制成本、提高生产效率、开发新产品、开拓新市场、调整组织结构、提高管理能力等，开创并维持公司竞争优势。外部交易型战略是一种资本扩张战略，通过吸纳外部资源，

包括组建合营企业、吸收外来资本、开展技术转让、战略联盟、长期融资、进行兼并与收购等，推动公司的壮大、发展。

资本运营是指公司外部交易型战略的综合运用，其中资本运营的核心是兼并、收购和重组。

由于几十年计划经济体制的影响，从宏观看，中国的资源配置极不合理；从微观看，到目前为止，中国企业的发展仍主要是依靠内部管理型战略来实现。大多数企业家对外部交易型战略还是很陌生。即使是有些企业家对该战略有所了解，但还远远没有充分发挥这种全新战略对快速扩张企业资本的独特作用。

1992 年，一些处境困难的国营、民营企业，在超前意识的驱动下，利用历史性机会完成了股份制改造并在证券交易所上市。其结果是这些企业不但摆脱了困境，而且获得了奇迹般的飞跃发展；企业资产规模成几何级数增长，远远超过上市前若干年增长幅度的总和；新产品的推出，先进技术的引进，前所未有的市场地位与竞争优势，是企业改制上市前想都不敢想的事。

与股份制改造和股票发行上市相比，企业的兼并、收购则是更复杂和更经常的运作手段。它既是大幅度提高企业资本价值的有效手段，同时也是企业融资的有效途径。但我国很多企业家并没有悟透其中的真谛：当你兼并、收购一家企业时，你并不是简单地往外掏钱买东西，而是得到了现实的资源，而对这些资源进行合理的重组后，你就可以获得企业资本价值的激增和融资、再融资以求进一步的发展机会。

一、兼并、收购——资本扩张的有效途径

外部交易型战略给公司发展所带来的好处是全方位的，对企业发展所起的推动作用也是全过程的。特别是兼并、收购，往往是公司实现资本扩张的有效途径。纵观当今世界实力雄厚的大财团，大公司的成长史，我们会发现，它们无一不是通过兼并、收

购等交易型战略的多次运用才取得现有的企业规模、市场份额和竞争优势的。对于众多的中小企业而言，兼并、收购等外部交易型战略的运用，不仅是谋求生存的方式，同样是其实现“以小吃大”进行资本扩张的有效途径。

首先，交易型战略的实施，有助于迅速实现公司的规模经济效益，增强资本扩张的能力。公司通过交易型战略的运用使自身的绝对规模和相对规模扩大，将使公司更有能力控制成本、价格、资金来源和顾客的购买行为，改善同政府的关系，从而形成更加有利的竞争地位；公司规模的扩大还将使公司有可能将产品的不同生产阶段集中在一家公司内，一方面，可以保证生产的各个环节更好地衔接，保证原材料和燃料供应，从而降低产品成本；另一方面，公司规模的扩大也提高了公司开发新产品、新技术的能力以及抵御市场风险的能力。

例如，日本三菱银行和东京银行根据日本《金融机关合并及转换之相关法律》签订了合并合约，资产总量高达 52 兆日元的世界级银行“东京三菱银行”于 1996 年初春诞生。此次互补性的合并，产生了世界银行业的一个“巨无霸”，除了获得规模经济效益，大幅度降低成本外，而且还给竞争对手带来极大的威胁，赢得了竞争优势。三菱银行以三菱集团为依托，不良债权少，储备量和收益方面一直位居全国同行业第四五名。但其海外业务，特别是在美国的投资银行业务、欧洲的证券业务以及中国的银行业务方面较为薄弱。自 1880 年以横滨正金银行的名称创立的“外国汇兑专门银行”的东京银行，拥有最精锐的汇兑交易队伍，在世界各地拥有 180 多个业务网点，海外业务居于不可动摇的地位。但由于受到“外国汇兑专门银行”的限制，其在国内缺乏营业网点，盈利无法稳定。要想发展成 21 世纪的世界级银行，维持在世界银行业的优势地位，无论对三菱，还是对东京银行来说，合并都是互惠互利的。合并使双方得到了“日本第一”

的地位。

其次，交易型战略的实施，有助于降低公司对新行业、新市场的进入成本，使其可支配资本迅速增值。公司在进入一个新行业、新经营领域或一个新产品市场时，将面临着许多方面的障碍，除了进入新领域的学习成本外，还有来自该行业内既有企业的排斥、竞争问题。新产品的设计制造、新市场营销渠道的建立、新技术的采用、新原材料的获得等一系列问题的解决都要求公司投入额度不小的资金，而原行业或市场内的企业对新的竞争对手的抵触反应也加大了进入难度。如果公司在进入新行业或新市场时完全采取投资新建的方式，将不仅使这些障碍对企业的影响加大，同时由于新增生产能力对行业或市场供求平衡的影响将有可能使行业或市场内部出现过剩的生产能力从而引发价格战。但如果公司对新行业或新市场的进入是采取兼并、收购的方式的话，将使上述障碍降至最低，同时在短期内保持行业或市场内部的竞争结构不变，使公司在进入新行业或新市场的初期引起价格战或招致报复的可能性大大减少。新中国建立后的首例股市收购事件——宝延收购战的起因就源于深圳宝安公司的进入和开发上海市场的计划。宝安公司试图通过外部交易型战略手段，迅速增值其可支配的资本，进入新的市场，以达到规模经济的目的。

1992 年年底，宝安集团聘请经济、金融及法律界的智囊，开始策划新中国建立以来的第一个通过股票市场运作的兼并、收购战役。经过对上海证券交易所上市公司的研究，选中上海延中实业股份有限公司作为目标公司。1993 年 9 月，宝安集团公司下属三个企业受命担任此次收购主角，悄然吸纳延中股票。9 月 30 日累计持股比例已超过 10.6%，此时，三家公司受命下单再购入 342 万股，至此，宝安集团已拥有延中股票的 15.98%，成为延中的第一大股东。10 月 6 日宝安集团负责人宣布：作为第一大股东，宝安要求参与延中的管理和决策，并提出要进一步了解延中的经营和财务状况。宝安的收购行动受到了延中公司的强烈反对，延中公司董事长对宝安公司收购行动的合法性表示质疑的同时，透露延中公司已聘请香港宝源投资有限公司作为公司的反收购顾问，表示了反收购的强烈意愿。

宝延双方的收购与反收购行动及由此产生的争执，使得上海延中股票在短短不到1个月的时间内，每股价格从8.80元狂升至42.20元的天价，酿成了“宝延风波”。中国证监会对此进行了调查，按照我国《股票发行与交易管理暂行条例》和《公开发行股票公司信息披露细则》的有关条款，认定宝安上海分公司及其关联企业在收购延中股票的过程中存在着违规行为，并据此对其给予相应的处罚，但宝安集团已经初步达到了它通过兼并、收购打开上海市场的战略目标。关于宝安收购延中的目的，宝安集团董事长曾说，此次控股延中正是按我们既定的战略方针进行的，上海是东亚的金融中心，中央对上海给予很大的支持。我们看好上海，因此也希望在上海收购企业，开展整个华东地区的业务。另外，还希望通过此次收购提高企业知名度，让上海乃至中国和世界都了解宝安。

再次，交易型战略的实施，有助于迅速扩大市场份额，形成更加有利的竞争优势。世界著名饮料企业可口可乐公司与百事可乐公司就是很好的例证。

可口可乐创建于1886年，它通过特约的装瓶厂（几乎遍设于世界上所有的国家）使其生产的软饮料得以畅销全球。直到1960年，其基本上是一家单一产品的企业。可口可乐能发展为仅次于万宝路的世界第二品牌，外部交易型战略的有效运用起了重要作用。

自20世纪60年代后，可口可乐公司出于巩固竞争优势、追求垄断利润的需要，开始陆续兼并、收购其他一些企业的股权。收购首先是在与可乐相似的饮料及食品领域进行的。

1960 年首先收购密纽特·梅德冷冻果汁公司；1964 年收购邓根食品公司（主要经营咖啡业）及其他一些企业；其后，在其他相关工业生产领域也开展了收购行动，比如 1970 年，收购化学溶液公司从而开始水净化系统的业务；1977 年收购普莱斯托公司，增加了塑料薄膜包装材料的生产业务，特别是在 1977 年购进了泰勒酿酒公司后，可口可乐公司业务突飞猛进，一跃而成为美国第五大酿酒商。

在 20 世纪 70 年代，可口可乐公司陆续买进了世界各国许多家装瓶厂，从而为其产品行销全球奠定了稳固基础。到戈伊祖艾塔担任可口可乐公司总裁时，他认为要保持可口可乐的竞争优势，必须进一步增添可口可乐的文化品位，加强其美国经典象征的形象，于是一再坚持公司应进一步向娱乐业渗透。可口可乐公司首先收购了哥伦比亚制片公司。

1985 年，可口可乐公司买下了作为美国几家主要的电视节目制作公司之一的使者通讯公司的全部产权；不到一年，即 1986 年春天，它们又买下了默芜·格里芬制作公司。

华尔街被戈伊祖艾塔系列收购行动所震动，可口可乐公司股票价格在戈伊祖艾塔上任的 5 年内，从每股 29 美元上升到每股 100 美元以上。在 1978 年，《商业周刊》曾经认为可口可乐公司已防卫不住百事可乐的挑战，然而，10 年后它承认戈伊祖艾塔是“一度守旧的企业中勇于改革的经理人”。

百事可乐，作为可口可乐的主要竞争对手，除了以其富有潮流感的广告及形象与可口可乐展开竞争外，收购也是百事可乐公司增强竞争优势、扩大市场份额的基本战略。

1986 年，百事可乐决定从菲利普·莫里斯公司手中收购七喜公司。如果收购能成功，百事可乐公司旗下的各种品牌市场占有量将超过可口可乐。因为七喜是美国汽水业中继可口可乐、百事可乐后的第三品牌，以其不含咖啡因的“非可乐”饮料市场定位而深受顾客喜爱。

可口可乐公司急忙进行回击，立刻在饮料市场中同排名第四的“佩柏博士”公司进行秘密谈判，准备收购这家公司，以对付百事可乐的挑战。这笔交易的谈判只用了不到1个月的时间。1986年2月23日，可口可乐公司宣布同意出资4.7亿美元购下“佩柏博士”公司，并等待联邦反垄断机构的批准。

由于反垄断机构的官员们担心，如果这两桩生意成交，那么该类产品就会有80％的市场掌握在这两家大公司手中，结果只有将它们一并否决。

二、重组——资本结构优化的主要方式

兼并、收购是公司实现资本扩张的一条有效途径，它可以使公司在资产规模、新产品开发、市场份额等诸多方面获得突破性进展。但应当特别强调的是，每一次兼并、收购并非公司资产的简单相加，更不是资本的盲目扩张。其实，在所有的兼并、收购过程中，都伴随着公司资产的重组以及资本结构的调整。因为，当一个公司兼并、收购另一家公司时，它并不是简单地花钱买东西，而是拥有了对该公司资产及劳动力等生产要素的控制权，并通过这种控制权将被兼并、收购公司的资源与自己公司的资源形成互补和协同效应，产生1＋1＞2的效果，从而为公司带来整体价格的激增。

同样地，为保持公司资产整体运营效益，优化公司资本结构，也必须通过出售、拍卖、股权转让等交易型战略手段进行资产重组，剔除一些公司本身不善于经营管理的资产，避免资源浪费或低效耗费。因此，从这个意义上说，兼并、收购既是进行资本扩张的手段，同时也是公司资产重组、资产结构优化的有效途径。

1982年，美国通用汽车公司新任总裁罗杰·史密斯上任后

明确提出了发展高科技产品的赶超战略。而为实现这一战略，他首先对通用汽车公司进行了一系列的调整和重组，使通用汽车公司从一些领域退出，同时兼并、收购了一系列高科技企业，这些兼并、收购行动是围绕着通用汽车公司的核心产品——汽车的生产进行的。通过兼并、收购通用汽车公司成功地实现了全面计算机化和生产自动化，与此同时，通用汽车公司也成了美国最大的电子器件和国防产品生产厂商，并在人工智能和机器人的研究和制造上处于世界领先地位，成为美国最重要的计算机软件设计和计算机服务公司。这些技术在汽车生产中的全面应用，极大地缩短了同日本汽车厂商的差距，生产一辆小汽车的成本差距从近200美元下降到140美元，平均质量疵点从17个下降到7～8个。

可见，根据公司内部条件、发展规划和外部竞争环境，适时调整和重组资本结构，既可巩固前期内部发展和外部交易成果，又为下一阶段的发展战略构筑了较为坚实的基础，中萃公司灵活机动的资产重组能给我们更多的启示。

中萃公司是1986年6月由中信公司和美国碧萃斯公司（一家以食品行业为主的大公司）合资成立的控股公司，其中中信占股40%，碧萃斯占股60%。就在中萃公司成立3个月后，碧萃斯公司被美国几家大公司收购。在碧萃斯公司已不可能按照注资计划进行投资的情况下，中信公司经过多方努力，与可口可乐公司达成协议，由可口可乐和太古集团在香港成立的一个控股公司接替碧萃斯公司在中萃的股权。这样，可口可乐和太古集团在中萃公司实际各占股30%。进入20世纪90年代后，可口可乐调整了其在华发展战略，不再参与直接管理。于是，可口可乐公司将其在中萃公司的30%股份中的19.4%转让给太古集团，并且退出了中萃公司董事会。

中萃公司成立后的8年里，业务发展顺利，随着改革开放的深化，国家有关部门放宽了对国际著名饮料公司在华投资兴办实业的限制，1992年可口可乐公司和百事可乐公司均被批准在华各建10个新的装瓶厂。根据协议，可口可乐10个新厂中有3个交给中萃公司投资兴建。这对于资金雄厚，又一直计划在中国扩大业务的太古集团来说，犹如天赐良机。但对于中信公司而言，却是个难题。

由于建3个新厂大约需要5000万～6000万美元，中萃公司将投资3600万美元（其余由当地中方伙伴投资）。中信按占股比例需至少投资1440万美元，由于中萃所获利润基本用于再投资，并没有太多可用资金，新建厂需各股东重新注入资金。中萃公司成立以来，累计已到位的注册资本金约1700万美元，其中中信累计投资1740万元人民币和31.25万美元。虽然中萃的效益一直不错，但每年的利润均重新投入生产中或作为留存利润放在厂里作为流动资金。中信作为中萃的股东，每年尽管账面上有不少利润，但始终未从中萃分利。因此，这对于本来资金就相当紧张、且还有更需要资金的项目有待开发的中信公司来说，如何筹措这笔1440万美元的资金就成了一个需要仔细研究的问题。中信高层领导经过权衡利弊，反复研究，最终达成共识，向太古集团转让在中萃的部分股权，由此收到了“一石四鸟”的效应。一是通过此次转让，中信公司得到了近6000万元人民币（等于一次性收回了投资额的3倍多的资金），可将这笔钱用到其他急需的地方；二是由于减少了在中萃的占股比例，这样建新厂时，中信只需动用一小部分资金即可；三是中信在中萃仍保留15%的股权（初步评估约值3500万元人民币），仍是第二大股东，这为以后相机发展提供了基础；四是由于饮料行业原材料价格上升，竞争加剧，使得利润率逐年降低，中萃的前景虽好，但并不容乐观。因此，“见好就收”，利用有利时机进行股权转让、资产重组，自然是一步化僵局为活棋的妙招。

公司的发展与战争一样，有进有退，有攻有守。公司必须根据对市场变化的把握、对未来的判断和对自身状况的分析，不断调整自己的经营方向。通过交易型战略的运用，对公司资本结构进行调整，有时从某一领域完全撤出，有时又集中力量去开拓全新的领域。

第二节 现代公司兼并、收购策略

兼并、收购的成败不在于是否完成交易，而在于交易完成后经营绩效是否如期实现。因此，兼并、收购策略的制定，是投资成败的关键所在。公司所制定的兼并、收购策略一般来说都与其发展战略相适应，为其发展战略服务。下面是几种常见的兼并、收购策略。

一、中心式多角化策略

在一家多角化的大型公司里，“策略性投资组合管理”显得格外重要。公司为追求经营业绩，应不断评估所处环境的风险与机会，再配合本身强弱点，通过兼并、收购及撤资（出售），将资金重新作分配。出于对长期利润的考虑，应出售公司所属的未来前景看淡的事业（可能是趁目前尚处高潮而未衰退前出售，或者是对一直经营不佳的事业实行“壮士断腕”），将这些资金用以收购未来前景看好的事业（若目前还属开发期的公司可以低价购得）。在美国，因每个企业的投资组合规则不同，使得企业买卖大为兴盛。

以香烟起家的美国菲利浦摩利斯公司近年来收购很多企业，尤其是食品公司，如米勒啤酒公司、通用食品公司、澳洲的卡夫食品公司等，其主要原因是香烟事业正逐渐萎缩，菲利浦摩利斯公司不得不利用收购行为来另谋出路。菲利浦摩利斯公司在我国台湾的食品业包括麦斯威尔咖啡、卡夫乳酪、妙卡巧克力、瑞士糖等，最近有意在台湾另成立香烟以外的食品部门，而拟向统一企业收购其与通用食品公司在台合资企业的股份。

企业经营永远存在一个抉择，到底原有产品（或事业）是否继续扩张？或是把力量放在新的产品（或事业）上。以规模而论，我国国内，平均企业规模尚小，还不够“多角化”经营的条件。而且我国出卖公司如同出卖祖业的观念，亦使欲出售公司者为数甚少，除非已经到了经营不下去的地步才打算脱手。

在多角化策略中，有中心式及复合式的区别，中心式表示新事业与本业相关度高，复合式即新事业与本业完全无关。中心式多角化的风险在于企业过分自信，自以为是，以为对新事业有相当的了解而贸然投入。复合式多角化的风险在于企业对新事业的了解不够深，最后发生问题。

一般来说，中心式多角化兼并、收购的确可以使公司规模快速成长。譬如美国宝碱公司接收很多相关性高的公司，经过技术支持及营销渠道共用，使该公司取得了市场领先地位。

索尼公司近年来在唱片事业上发展得相当顺利，进一步收购唱片公司成了其成长的必然方向，因此，索尼公司斥巨资以 20 亿美元的天价收购了美国的哥伦比亚唱片公司。

台湾南桥公司一直在尝试中心式多角化策略，选择在技术、市场相关的新产业投资，因而由清洁剂发展到化妆品、饼干。

总之，中心式多角化兼并、收购是公司寻求新收益和利润的最好途径，比起内部发展与复合式多角化兼并，风险要小得多。

二、复合式多角化策略

复合式多角化的目的一般是为了促进公司业绩的提高，分散经营风险，使公司有多的及较稳定的利润来源。因此，对一家大型公司而言，多角化兼并的基本动机是通过公司经营活动的分散化，避免资金过多地集中于某个产业，分散投资风险。

高科技事业的产品周期短，如果研究开发的速度跟不上市场的要求，很快就会被淘汰。在此特点下，公司究竟是否应该多角化经营似乎面临两难。多角化会使力量分散，但是不进行多角化，风险又过于集中。

事实上，从另一个角度来看，复合式多角化经营是公司成长的必然结果。很多成功的公司在多角化经营过程中，将其投资领域限定在几个主要的产业内，长期形成几个核心事业，这样既可以分散风险，又不至于使力量过于分散。譬如富豪公司就将其主要精力集中在车辆、能源、食品等行业的经营上。总之，复合式多角化兼并是公司从长期发展考虑所采取的一种兼并策略。

美国国际电话电报公司营业额从过去的 7 亿美元上升到目前的上百亿美元，几乎均是靠多角化兼并、收购别的企业而来的。事实上，在多角化的发展中，若看好某一产业具有成长性，可以从中收购一家基础不错的公司，并以此为基础谋求新的发展。

瑞典富豪公司原来一直进行中心式多角化经营，从汽车跨入卡车、巴士及相关设备的制造，但由于本身产业的局限性，随着公司规模的扩大，自然会进行复合式多角化兼并，跨入其他产业。1981 年富豪收购了一家能源及食品加工公司，但由于能源价格一直不高，且食品加工是低利润高竞争的行业，因此获利一直不佳。但是经过此项收购使该公司得以踏入食品业，并在此基础上不断发展壮大。目前其食品事业部在瑞典拥有相当大的市场占有率，并扩大到整个欧洲市场。

随着公司规模的不断扩大，复合式多角化兼并已在世界上形成一种风潮，当然其中也有一些公司纯粹是为了出风头而进行复合式多角化兼并的。譬如，过去台湾股市有名的炒作高手吴京遂（又称美浓吴），即因炒手名声不雅，有意改变形象，因此当富斯投资公司有意出售其所控制的台湾航空公司的大部分股权时，吴京遂即有意加以接收，从原先从事的纺织成衣业跨入航空业。为何看中此行业，其心态是：在国外，航空公司的老板一向是社会名流。

三、垂直式整合策略

公司进行垂直式收购的动机，可能是基于整体策略上的需要，希望通过收购行动，跨入新的具有成长性的行业，也可能是基于目标公司价格便宜，计划买后再整个或分开出售而从中获利。但是大多数垂直式兼并、收购是为了整合后“综合效果”的发挥，包括实现规模经济，获取新技术，扩大产品组合或市场。

公司为何寻求整合？一般无非是为了获得稳定零部件、原材料、成品供应来源，或产品销售市场，或者为了达到经济规模，但基本上都是为了求得更多的获利来源。不过，在上下游专业分工制度下，厂商总希望对其上游及下游增加控制力而提高经营业绩。

垂直整合也有分散风险到上（下）游的效果，但是常因需大量增加固定成本及资本支出而进一步深入某产业，因而降低未来转换为其他产业的弹性。因此，从这个方面来说，反而是将风险集中在某一产业。

进行垂直整合时，事前必须经过相当谨慎的规划，千万不要过于勉强，尤其不要为挽救目前的危急事业而贸然从事，有时候急流勇退可能比愈陷愈深好。

此外，对于垂直整合的收购对象，若系无效率的工厂或绩效不佳的市场渠道，整合效果也可能不佳，应三思而后行，小心行事。

许多厂商为控制货源而往上游收购公司，收购目标公司后，在管理上，因客户稳定，自然认为成本也应降低，但是，往往由于缺乏竞争压力，反而造成效率下降，使生产成本比市场竞争者高。

下游整合也是这样，不可因本身业务难以稳定，就把收购过来的下游公司作为牺牲品。譬如万有纸业的产品质量不好，就收购其下游企业谷展公司，并要求谷展公司一定要买自己的产品，这样渐渐会使谷展的产品质量也跟着下降，从整体绩效的观点来看，显然是得不偿失的。

四、水平式整合策略

水平整合的动机主要有三种：扩大产品市场规模的需要、强化市场竞争的需要以及快速取得生产设备的需要。

经过收购可取得目标公司的现成产品生产线，现成的生产技术、品牌和营销渠道，有利于公司产品市场规模的扩大。如 GE 公司曾以 63 亿美元收购 RCA 公司，其目的是为了强化公司的竞争力，以对抗日本人的竞争。RCA 公司在国防电子业与 CE 公司的业务大体一致，可发挥综合效应，而 RCA 公司拥有的国家广播公司更是赚钱的公司。收购后，由于国防电子及 NBC 利润的注入，GE 公司的盈利状况有明显改善，使其在财务上能支持下去，并能应付国际市场激烈竞争。

从某种观点来看，收购、兼并是市场竞争常用的策略。将市场竞争对手收购下来，是市场占有率扩张及减少竞争对手的最快方法。如洛杉矶有几家大型会计软件设计公司，几年前即有一家以 300 万美元买下另一家同业公司，然后将其全部人员遣散，这样即消除了一个竞争对手，又可使原来属于目标公司的顾客转而成为收购方公司的顾客。

如同市场的快速取得一样，生产设备的快速取得也成为许多公司的兼并动机。如台湾诚洲公司预计业务会增加，惟恐生产能力不足，遂买下位于雾峰的全阳电子公司。又如宝成工业公司收购华星鞋厂，即为应付日益增加的国外订单。通过此项收购，马上可扩充四条生产线，若自行建厂，除了买地建厂耗时甚长外，更须招聘员工，而收购华星后，其员工只要稍加训练即可进行生产操作。

第三节 现代公司兼并、收购程序

公司兼并涉及到很多政策和法律问题，如商业交易的基本政策、金融法、会计法、公司法、税法以及反托拉斯法等，这里简要介绍西方国家公司兼并、收购的一般程序。

一、上市公司兼并、收购程序

在西方公司兼并、收购活动中，上市公司的收购、兼并活动非常活跃，是公司收购兼并的主流。虽然各国上市公司兼并、收购程序并不完全相同，但一般都包括以下操作过程：

1. 聘请财务顾问。一般来说，在准备收购一家上市公司时要有一家投资银行提供帮助。换句话说，必须聘请投资银行担任财务顾问，为公司收购的运作提供财务咨询和建议，并帮助处理可能产生的复杂的法律和行政管理事务。

2. 保密和安全。当财务顾问一经确定，财务顾问就有义务提醒自己的客户关于收购的保密和安全事宜。所有参与收购计划的人都应小心谨慎，以便把泄露机密的可能性减到最低限度。

3. 事先在股市上收购。经验表明，在收购某个公司之前，先购买它的一小部分股份作为下一步整体报价的一个基础，是十分有利的。这一小部分股份可以通过第三者去谨慎地收购，只要处置得当，一般不会影响被收购公司的股票价格，而且也不容易被对方发现。

4. 确定关联交易。由出价者或被收购者的“合作团体”、“同谋者”、“关联公司”进行的股票交易均构成关联交易，关联交易在收购过程中会受到限制，所以收购方应事先将收购可能产生的关联交易限制到最小程度。

5. 确定报价时间。获得一定量股份后，收购方可以进入被收购公司董事会，从而可以以合法身份获得更多被收购公司的信息，并在此基础上，为全面报价确定一个适当的时间。

6. 确定出价的方法。一个报价者如果得到被收购公司董事会的支持，则成功的机会就会增大。因此，出价者首先应将出价提交被收购公司的董事会，在正式的出价之前先与被收购公司董事会进行非正式的秘密讨论。在这种讨论中收购方将会描绘未来的打算，其中包括对现有董事会人员及高级管理人员的安排。如果董事会成员在公司被收购后继续留在有吸引力的高级位置上，并有更好的发展机会，他们就会积极支持这项收购行动。

被收购的目标公司董事会收到出价以后，会立即聘用一个投资银行为其顾问，对出价收购进行仔细讨论，并发出通告给自己的股东，及时让股东知道收购建议的主要内容。

7. 向反托拉斯的权力机构进行咨询。在进行收购的过程中，很有可能会涉及到反托拉斯方面的法律问题，收购方应在正式的出价之前与有关的反垄断机构进行非正式的磋商以表明其观点。以免将来在收购过程中陷于被动。

8. 提出收购出价通告。当收购方相信其有能力以某一出价进行收购时，它就可以提出一个具有出价倾向的通告。收购方一旦采取这一步骤，它就得遵守自己的诺言，其金融顾问在这一方面也要承担责任。例如，在英国，通告宣布以后，收购方就要做以下事情：（1）向公平交易署提交一个正式的合并通知；（2）在出价可能涉及到垄断问题时，要向欧洲经济共同体委员会提交一个类似的合并通知；（3）提出获得特别管制许可的申请，包括在国外管辖区所必需的许可。

在某一预定或可能的出价通告宣布以后，收购方仍可以自由交易被收购目标公司的股票，但需在交易日之后的第二天中午12点以前把交易情况报告给股票交易所、有关的专门小组和新闻报道部门。不过其所持有的股票一旦超过一定的界限（有的地方为30%，有的地方为35%），它就要提出全面报价收购。

9. 发送出价文件。正式的出价文件一般应在提出具有出价倾向性通告之日起28天内寄出。出价文件的详细内容应包括：收购方聘请收购顾问的有关文件，出价者公司和被收购目标公司的详细财务记录，使股东可以自己判断所出的价格是否公平。此外还包括资产接受和转移的形式、如何完成交易程序等。

10. 目标公司的反应。被收购的目标公司董事会应在出价文件发出之后的14天内公布它对出价的意见，并对收购方对目标公司及其雇员的声明和打算发表评论。

11. 对目标公司董事会的限制。根据规则，目标公司董事会应在出价寄出后的30天内，宣布交易结果。目标公司在不经它的股东同意的情况下，不可以采取可能会破坏这一真诚出价的行动，目标公司应对自己的行为负责，不应以牺牲其股东的利益为代价采取攻击性的和不公平的防御策略。

12. 出价限期的延长及出价的修改。收购方的出价期一般为出价发布后的21日内，如果收购方认为期限太短，则可以延长出价期限，但不得超过出价发出后的第60天。如果有必要，收购方也可以对出价作出修改。

13. 终止通知。如果由于种种原因，股东对是否接受某一出价犹豫不决时，出价者常常会发表声明，大意是它的出价是最后的，不会提高，而且在规定的日期肯定终止。

14. 可接受的撤回。从出价发出的第一天起，21天后出价如果仍未被无条件接受，那么任何已接受该报价的股东都可以自由撤回他们的接受。直到出价被宣布为无条件接受为止，这种撤回的权力都有效。

15. 无条件接受。如果在规定的期限内出价者已取得足够数量的股票（具有表决权股票的50%以上），该出价便可被宣布为无条件接受。

16. 股东会议。根据股票交易规则，这种出价购买须得到出价公司股东的同意，为此出价公司应举行一个非常股东大会，以正式批准这项购买。

17. 办理交割手续。如果出价已获成功，对于出价的收购公司来说，下一步就是把支付手段（不论是以现金的形式还是以股票、债券的形式）交付给那些同意接受出价的股东。而这些股东在出价文件规定的期限内，以有效的方式交出接受文件，并附有他们的股票证书及其他所有权文件。这些手续必须在出价成为无条件接受之后的28天内完成。

18. 强制性购买。为防止股票所有者中少数人阻挠一个公开的完全成功的出价，一些国家的公司法规定：如果一个出价在最初出价发出后的4个月内已得到大多数股票持有者的同意，而且这些股票持有者拥有不低于出价者想要购买的股票总额的90%的股票（不包括出价者和他的合伙人在出价前所拥有的股票），则购买者就可以依法向持不同意见的股东（或者那些在某些情况下已经消失的、更换地址的或死亡的股东）发出通知，对剩下的股票采取强制性购买。

19. 购买后的审计。在被收购公司已被重新组织、重新改造或与收购公司业务合为一体时，收购者将会进行最后的检查，以确定此项交易究竟是否划算。

二、非上市公司兼并、收购程序

在公司兼并、收购中，还存在着对非上市公司的兼并、收购，特别是在我国，公司收购、兼并，仍以非上市公司为主，在这里，我们也简单介绍一下非上市场公司的兼并、收购程序。

1. 签订意向书。这是一个有用但不是必须的步骤（法律上对此无强制规定），它能表达双方的诚意，并在以后的谈判中相互信任，以便节约时间和金钱。意向书应该尽可能地简短，只要对每一方总的意向予以肯定即可。

2. 调查。买方通常指派一名注册会计师（通常是它的审计师）进行调查。这能使买方得到一个专家独立作出的对被收购方财务、商业和行政事务的评价。虽然一份典型的调查报告很容易理解，但明确会计师所用术语的含义十分重要。

3. 董事会批准。如果一项收购或转让由一家独立公司，或由一个企业集团的核心公司实施，通常在签订法律上不可变更的协议之前，需要得到董事会的批准。如果买者或卖者是企业集团的附属公司，在签订合同前，也需要准备一份项目报告，取得与之有关的母公司董事会的许可。

4. 政府部门批准。在英国，如果收购行为有形成垄断的可能，收购双方就应该考虑通知公平交易署，在取得对方同意后方可进行收购行动。在美国，则要取得证券交易委员会的批准，并要避免触犯反托拉斯法。

5. 谈判。在得到政府部门的批准后，收购双方会就收购问题展开谈判，谈判主要涉及交易的方式（股权或资产），支付的办法和数额，买方能够提供的特许条件等。

6. 签订合同。如果谈判后双方能够达成一致意见，则接下来就是签订正式的收购合同，从签订合同之日起，买方就成为该公司的所有者。

7. 声明。在签订收购合同后，收购双方通常要向新闻界发表声明。不过在发表外部声明之前，应先召开内部会议，把有关的信息传达给公司员工。

8. 核准。签订合同后买方的律师一般会提出调查卖方的土地产权，或者卖方的律师自己也会提供买方所能信赖的产权证明书或报告。

另外，如果收购活动涉及到一些特殊的行业，则收购行为还必须得到该行业的主管政府部门批准。

9. 特别股东大会表决。收购方公司还要举行特别股东大会，让股东们就收购问题进行投票表决。如果将发行新股作为收购的支付手段，收购方的股东还需要批准股东的增加和新股的发行。

10. 董事会改组。通常是由被收购的公司召开董事会会议，通过即将离任的董事的辞职和任命收购方提名的人员以改组董事会。

11. 办理正式手续。改组后，应在限定的时间内到政府部门登记。存续公司应当进行变更登记，新设公司应进行设立登记注册，被解散的公司应进行解散登记。只有在有关政府部门登记注册后，收购才正式生效。

12. 重整。收购完毕后，买方的下一步就是对公司的资产和业务进行重整和改组，并让其按照自己的管理方式运转。

第十四章
现代公司的监督管理

随着社会主义市场经济体制的逐步建立，各种类型的公司不断涌现和发展壮大。实践证明，我国公司在促进社会主义市场经济发展，繁荣城乡市场，扩大技术和物质交流，安排社会就业和增加国家税收等方面，起到了重要作用。但由于我国法制不健全，在现实生活中公司出现了种种不正常现象。这就要求我们在加快公司立法进程和总结经验的基础上，切实加强对公司的管理。

第一节　公司的外部关系

公司外部关系是指公司在它的经营活动中与系统外部环境中一切要素所发生的关系。在整个社会经济大系统中，公司只是其中的一个很小的子系统，或者说，只是其中的一个具有一定功能和组织结构的组成部分。而所有包围着公司的社会经济大系统中的其他部分，均为公司的外部环境。公司的产生、发展，无时无刻不受整个社会经济大系统或者说公司的外部环境的制约。它要从外部环境中获取自身生存、发展的各种生产要素，并经过内部转化，向社会输出有效的产品或劳务。只有这样，它的存在才有价值，才不至于被社会淘汰。公司在不断谋求自身的生存和发展的过程中，要与外部环境进行各种各样的联系和交流。公司所从事的一切经济活动都要通过这种外部关系来完成。

公司外部关系的主要内容包括公司与政府的关系、公司与行业协会的关系、公司与市场的关系等三个方面的内容。

一、公司与政府的关系

政府作为国有财产的所有者，作为宏观经济的管理者既要完成所有者对财产的管理权，又要为微观经济的发展创造良好的外部环境，同时还要对微观经济进行宏观调控。公司与政府的关系就主要表现在这三个方面：

1. 监督、管理国有财产。对国有财产的监督、管理主要通过以下几种途径：

（1）考核企业财产保值、增值指标，对企业资产负债和损益情况进行审查和审计监督；

（2）根据国务院的有关规定，决定国家与企业之间财产收益的分配方式、比例或者定额；

（3）根据国务院的有关规定，决定、批准企业生产性建设项目；

（4）决定或者批准企业的资产经营形式和企业的设立、合并（不含兼并）、分立、终止、拍卖，批准企业提出的被兼并申请和破产申请；

（5）根据国务院的有关规定，审批企业财产的报损、冲减、核销及关键设备、成套设备或者重要建筑物的抵押、有偿转让，组织清算和收缴被撤销、解散企业的财产；

（6）依照法定条件和程序，决定或者批准企业厂长的任免（聘任、解聘）和奖惩；

（7）拟订企业财产管理法规，并对执行情况进行监督、检查；

（8）维护企业依法行使经营权，保障企业的生产经营活动不受干预，协助企业解决困难。

2. 创造良好的外部环境。政府为公司发展创造良好的外部宏观环境具体包括以下几个方面：

(1) 培育和完善市场体系，发挥市场调节作用。一是要打破地区、部门分割和封锁，建立和完善平等竞争、规则健全的全国统一市场；二是按照国民经济总体规划和布局，统筹规划、协调和建立生产资料市场、劳动力市场、金融市场、技术市场、信息市场和企业产权转让市场等，促进市场体系的发育和完善；三是发布市场信息，加强管理，制止违法经营和不正当竞争。

(2) 建立和完善社会保障体系。今后政府部门要进一步加强社会保障制度的改革，使社会保障体系更加健全和完善。

(3) 为公司提供社会服务。当前，我国大部分公司（企业）出现活力不强，效益不高，发展后劲不足的现象，虽然原因是多方面的，但其中企业负担过重不能不是原因之一。这其中又往往是因公司被迫花过多精力办公共事业、公益事业所引致。今后，政府必须转换职能，为公司提供社会服务，具体说来主要包括：第一，发展和完善与企业有关的公共设施和公益事业，减轻公司的社会负担。公司设施主要是指水、电、交通、通讯等设施；公益事业主要是指幼儿园、学校、商店和各种文娱场所。第二，建立和发展会计师事务所、审计事务所、职业介绍所、律师事务所、资产评估机构和信息、咨询服务机构等社会服务组织。这些社会服务机构都是发展社会主义商品经济所需要的，也是企业进行生产经营活动离不开的。这些社会服务组织直接服务于公司，对企业有关工作进行指导和帮助，有的组织还担负着执法监督任务，可以及时帮助公司纠正错误或违法行为。第三，完善就业服务体系，培训待业人员，帮助其再就业。劳动就业服务体系包括职业介绍、就业培训和对待业职工的管理，劳动部门创建的劳动服务公司已逐步把这些任务承担起来，并已逐步形成了劳动服务体系的雏形。但现在还存在诸如机构不健全，服务功能不够完备，服务工作面窄，各类服务组织与服务工作联系不紧密，就业服务工作同深化劳动制度改革结合不够等问题。政府要进一步完善劳动就业服务体系，为劳动者就业或再就业提供服务。第四，健全劳动争议仲裁制度，及时妥善处理劳动纠纷，维护公司和职工的合法权益。因履行合同不当或其他原因，劳动争议常会发生，这种争议直接关系到公司和职工的合法权益，不及时处理或处理不当，都会影响公司和职工积极性的发挥，有的甚至会导致一些恶性案件的发生，影响安定团结。今后，政府应进一步建立和完善劳动争议仲裁制度。第五，协调公司与其他单位的关系，保障公司的正常生产经营秩序。公司在经营活动中，要与许多单位发生供产销关系，其中某项关系或某个环节出问题，都将会使公司的生产经营受到影响，有时甚至会打乱公司的正常生产经营秩序。有的问题，公司通过协商可以解决，有的问题则需政府予以协调。

3. 对经济进行宏观调控。政府的目标是宏观经济效益的最大化，为了达到这个目标，政府在管理经济时，就利用它自己手中所掌握的各种调控手段，指导公司按照政府的长远发展规划安排经营活动，从而达到整个经济协调、稳定、持续的发展。政府主要是通过以下五个方面来调节经济活动：

(1) 制定经济和社会发展战略、方针和产业政策，控制总量平衡，规划和调整产业布局；

(2) 运用利率、税率、汇率等经济杠杆和价格政策，调控和引导公司行为；

(3) 根据产业政策和规模经济要求，引导企业组织结构调整，实现资源合理配置；

(4) 建立和完善适应商品经济发展的企业劳动人事制度、财务制度、成本制度、会计制度、收益分配制度和税收征管制度，制定考核企业的经济指标体系，逐步将企业职工的全部工资性收入纳入成本管理；

（5）推进技术进步，开展技术和业务培训，为企业决策和经营活动提供信息、咨询。

二、公司与行业协会等中间组织的关系

公司与行业协会的关系是企业与行业管理组织之间的关系。行业协会是一种由企业自发组织起来的为行业内的所有会员公司提供服务、指导，并进行行业管理的自发的民间组织。

1. 行业协会的性质与职能。行业协会和公司一样，是商品经济发展的必然产物，这是普遍规律。早在晚清时期，随着洋务运动的兴起，诞生了一批官办的公司，同时民族工业也有了一定的发展，于是，中国第一个商会——上海商业会议公所于1902年9月在上海成立。至解放时，一些工商业比较发达的大城市的同业组织十分兴旺，如上海在解放时，共有工业、商业同业工会337个。以后，随着工业管理体制的转变，同业工会消失了。党的十一届三中全会以后，从1981年起，重庆、上海、武汉、江苏、河北、天津等地相继组建了一批行业协会。当然，在我国，商品经济的发展作为行业协会的启动力量，一些行业协会的兴起与市场发育和变化有很强的正相关性。但是，市场不是行业协会形成和发展的惟一成因。它与我国以“政企分开”为特征的体制改革及政府职能的转变有直接的关系，它成为改革后沟通政府与公司之间联系并进行行业协调的非盈利性民间组织。因此，它具有如下的特征：一是成员致力于某些共同目标；二是经费不仰仗于官方；三是首要目标不在于获取最大利润；四是成员有随时退出的自由。

在商品经济社会里，社会分工高度发达，整个经济社会的各个行业都存在少数大企业与多数中小企业同时并存的局面（个别行业除外），自由竞争成为维系市场发展的主要原则。在有如此

众多的中小企业参与竞争的市场中，各个企业的产品规格、工艺标准、技术规则各不相同，与现代化专业分工协作所要求的系列化、标准化、通用化相距甚远，这就要求有一个组织能统一管理行业的技术发展规划和商品的标准，协调行业内各企业之间的关系，为行业内的会员企业提供技术、工艺和管理等多方面的服务，同时适当地调控市场。实践证明，商品经济越发达，公司对建立行业协会的要求也愈强烈，行业协会也越发达。我国也不例外。

在我国，随着经济体制改革的不断深化，市场体系的逐步建立，企业正逐步从政府的附属物转变成独立自主的商品生产者。一方面，政府逐步退出微观经济活动的舞台，主要从事宏观规划和宏观调控。那么，在政府与企业之间，客观上需要一个能将企业的意愿和要求以及整个行业的发展情况反映上来的组织。实践证明，这个组织依靠行政机关是不利的，它不但反映速度慢，而且信息不够准确。另一方面，过去计划经济条件下遗留下来的按部门和地区管理也存在许多缺陷，它把许多本来有着非常密切关系的公司割裂开来，行业的共同问题谁也管不了，管不好，给公司的正常发展造成了许多不必要的麻烦。这也要求有一个组织能够不受部门和地区的限制，站在行业的高度统一协调行业内的企业，行业协会以它特有的性质，不受条件束缚，在广泛的范围内，与公司保持密切的联系，同时帮助政府掌握实际情况，制定产业政策，促进行业发展。

行业协会是由企业自愿参加而组成的，是为会员企业服务的非盈利性组织，是行业内企业进行自我管理的组织，不是政府机构。它完全通过对企业提供生产、技术、工艺和管理等方面的建议、咨询等服务来取得活动经费，它对企业的调节和管理都是协商性的。因此，行业协会主要有以下几项职能：

（1）向政府提供有关本行业的发展情况，为国家制定行业发展规划、有关法规以及国民经济长远发展规划提供政策参考。

(2) 向企业传达政府有关政策、法规；向政府反映企业意愿和要求。行业协会将民间对政府政策、法规、效率和做法的意见和看法，有代表性地反映出来，以评价和监督政府。行业协会的这种作用深得政府赞许。因此，在日本和美国，行业组织多受到政府政策的支持，但它们之间并没有任何行政上的关系。

(3) 协助有关政府部门制定行业技术标准和产品质量标准，组织和协助企业贯彻实施，以实现行业技术和产品的标准化、系列化、通用化。在私有制条件下，这种作用受到限制，但在公有制条件下，这种作用还是很明显的。

(4) 统筹规划本行业的技术发展规划，在行业内协调生产、技术、工艺的专业化分工，协调本行业与其他行业的生产、技术、工艺的联系，促进本行业的技术进步。

(5) 建立经济技术信息沟通渠道，为会员企业提供经济统计资料以及公开刊物发表的与本行业有关的资料，为企业的生产活动提供决策依据。

(6) 组织成员企业与国外同行业进行学术和有关经验的交流和协作，为引进国外新技术和推广新技术提供服务。

(7) 为会员企业培训技术和管理人员，提高会员企业的技术和管理水平。一般来说，协会拥有各方面的专家，他们能为行业内人员的培训做出贡献。

(8) 协调会员企业的市场行为。行业协会可以通过多种形式来避免会员企业的内部竞争。这种行为在商品经济高度发达的西方尤为盛行。

(9) 为会员企业提供技术、管理和法律方面的咨询，组织有关专家开展企业诊断活动。

(10) 协调同行业的对外贸易，提高行业的竞争力。这种作用在中国加入“世界经济贸易组织”后更为重要。因为如果某个行业因外国厂商的倾销而出现了紧急情况，若要等到政府察觉之后再采取行动，通常已造成了巨大损失。这时，往往需要行业协会向政府提供进口产品的数量、价格、质量、本行业的开工率、设备利用率、就业人数、负债、利润等多方面的实证材料。实际上，世界经济贸易组织非常重视行业协会的意见。世界经济贸易组织认为，只有行业协会才有能力提供详细、充分、可靠的证据。

2. 公司与行业协会的关系。公司与行业协会是两类不同性质的组织。

（1）公司是一个以盈利为目的的组织。公司及其法人代表必须对自己的经营活动负完全的法律责任。而行业协会则是以自己的服务换取活动经费，其“首要目标不在于获取最大的盈利”。

（2）公司是经济实体，公司内部之间以资产为纽带，隶属关系明确。行业协会则是松散性的社会团体，它的指导和调节对会员没有强制约束力。

（3）公司是行业协会的组成成员，公司必须承认行业协会的章程。

公司与行业协会的关系主要表现为：

公司作为独立地从事一个或几个行业的商品生产和商品经营者，只要它承认所处行业的行业协会章程，按时交纳会费，积极参加行业协会组织的各项活动，公司参加几个行业协会都不受限制。参加的行业协会越多，它就能更多地了解到政府的长远发展规划，当前的产业政策，了解该行业的发展现状和发展前景以及同行业其他公司的技术水平、管理水平和盈利水平，并能借此寻找自己的差距，更好地扬长避短，趋利避害。公司可以通过协会的技术网络，培训各种技术和管理人才。美国的未来学家曾说过：“网络的存在可以促成自助，交换信息，改变社会，提高生产力和工作环境的质量，并且分享资源。”以协会为组织形式的技术网络的形成，为公司技术培训、推广、创新提供了非官方的高效率的形式，使科学技术能更好地转变为生产力。此外，在许多情况下，通过政府部门不能解决的问题，通过行业协会的协调，公司之间能解决相互间的矛盾，联合解决靠单个公司自身力量无法解决的难题。公司与行业协会之间的关系是政府部门替代不了的。在建立社会主义市场经济的新时期，行业协会将得到更大的发展。

三、公司与市场的关系

公司与市场的关系是鱼和水的关系，公司必须不断地适应市场，受市场这只“看不见的手”控制。具体说来，公司与市场的关系就是公司与市场上的顾客以及公司与同行企业及其他相关企业之间的关系。

1. 几种不同的市场。根据分类的标准不同，市场的划分也不同，根据市场上生产者之间的竞争程度和厂商的多寡将市场分为以下 4 种类型：

(1) 完全竞争市场。西方经济学规定，具有以下特征的市场为完全竞争市场：进入市场的为数众多的买者和卖者都是既定价格的接受者，而不是价格的决定者；所有卖者向市场提供的产品都是相同的，对买者来说没有差别；所有资源都可以自由地进入或退出市场；市场的参与者都具有完备的信息，充分了解市场。显然，这样理想的完全竞争市场，实际上是不存在的，至少是罕见的，也许证券市场多少有点类似。

(2) 垄断竞争市场。垄断竞争市场又叫不完全竞争市场，是一种带有垄断因素又有竞争因素的市场。其特点是：一切产品都具有差别；市场上有很多厂商，他们对市场可以施加有限的影响，而市场价格的影响者，不能互相勾结，控制市场价格；厂商进出市场比较容易；同一产业内有两个或两个以上的产品集团，每个产品集团内又有许多厂商。市场的竞争最激烈，竞争方式有广告、推销、服务、价格等。在大城市的各种零售业、手工业、印刷业中，都普遍存在垄断竞争厂商。

（3）寡头垄断市场。这种市场的特征是：市场上的厂商只有少数几个，每个厂商在市场中都具有举足轻重的地位，对其产品价格具有相当的影响力；任一厂商进行定价时，必须把竞争者考虑在内；产品没有差别，彼此依存的程度很高或者产品有差别，彼此依存关系较低；由于规模、资金、信誉、市场、原料、专利等方面的因素，其他厂商很难与原有厂商匹敌，因此，其他厂商很难进出。在这类市场上，一般不采取价格竞争，而采取广告、推销、销后服务，突出各自产品的特色来竞争。

（4）完全垄断市场。完全垄断市场具有以下几个特征：整个行业只有一个厂商，它提供整个行业的产销量，厂商与行业完全合二为一；产品没有良好的替代品，其需求的交叉弹性等于零，没有任何竞争威胁；厂商可以各种手段决定价格，形成垄断价格；为了攫取最大的超额利润，往往实行差别价格。完全垄断市场只有公用事业和某些特殊地区有近似的情况。

此外，还可根据市场供求情况，将市场分为卖方市场、买方市场、供求基本平衡市场。在卖方市场情况下，需求远远大于供给，产品供不应求，生产者处于主动地位，用料单位则大量储存原材料，而成品库存极少。但买方市场则正好相反，需求不足，顾客掌握主动权，公司原材料库存很少，而产品库存较多。在商品经济条件下，这两种情况都不会维持太久，更多的情况是供求基本平衡。

对于每一个从事商品生产和商品经营的厂商来说，它必须不断地研究市场，研究自己的产品在市场上所占的份额，并根据自己产品的特色制定不同的市场竞争方案和措施，以扩大市场占有率。

2. 公司与顾客的关系。公司与市场的关系最终体现在公司与顾客的关系上。公司是独立的盈利性经济实体，它从市场上购买劳动力、生产资料之后，经过生产过程制造出产品，产品必须销出去生产过程才能继续。也就是说，企业的产品必须得到顾客的承认，公司的经济活动才能有社会存在的价值。顾客的承认与否，决定着公司的命运。西方发达商品经济社会所提倡的“用户是主人”，“用户是上帝”非常深刻地阐明了这个问题。

公司要处理好与顾客的关系，需要完成以下几个环节的工作。首先，公司要进行市场调查，掌握顾客需求方面的信息；其次要根据调查取得的信息结合本公司的特点，制定经营战略；然后要制定出周密的产品销售战略；最后还要提供良好的售后服务。

(1) 市场调查。商场如战场。在市场经济下，公司要想在竞争中取胜，就必须向顾客提供品质优良、品种适销对路的产品或劳务。为此，公司首先必须深入市场，了解顾客的需求，以掌握准确的市场信息。

对于生产生产资料的公司来说，它必须随时了解国家的政治经济政策和方针，尤其要了解国家当前的产业政策。一般来说，随着国家宏观经济政策的变动，基建规模、基建项目都要有所变动，特别是遇到调整国民经济的情况，往往一大批基建工程要下马，随之而来的便是大批订货的取消。因此，公司必须时时刻刻收集有关宏观经济政策，预测国民经济的走向。对于外向型比重比较大的企业，还要随时收集国际政治、经济、军事等多方面的情况，以便抓住一切有利时机。

对于生产消费品的企业来说，由于消费者的需求不但受自然环境、民族习惯、文化传统、收入水平、消费习惯、文化程度等多种因素的影响，而且不同阶层、不同年龄层的人对同样的商品也会有不同的要求。如印度人认为红色是吉祥的颜色，美国一石油公司将销往印度的桶装汽油的桶身上漆上红色并印上一可爱的猴子（印度人认为猴子是仙物），结果一炮打响，市场占有率迅速增长，而另外一家公司却由于包装不合印度的风俗习惯而遭到失败。这就是说，市场调查要细致，要将目标市场的经济水平、文化水平、民族的文化传统和风俗习惯、宗教、地理位置等多方面的信息全面了解，方可在市场上制胜，做到“运筹帷幄，决胜千里”。

随着市场经济的发展和科学技术的进步，市场调查的方式也越来越多，可选择开调查会、现场调查、专家咨询、电话询问、信息调查、访问面谈等方式。

（2）制定经营战略。兵法曰：“用兵之道，以计为首”，“计先定于内，而后兵出境”。公司通过市场调查掌握大量信息之后，根据本身的特点，制定出一个能充分发挥自身的长处，避开自己不足的经营战略，如果做不到这一点，经营战略就是失败的。制定经营战略的原则是避免在同一个战场上，做与竞争对手相同的事情。公司要根据具体情况选择适合本公司的经营战略，在制定经营战略时，一般要考虑的因素有市场需求的现状与发展趋势，同行的竞争情况，原材料、能源、零部件、机器设备等的供应条件，公司生产、技术、工艺、销售及财力上的特点等。

（3）销售。这是实现商品的“惊险的跳跃”的重要一环，如果跳跃不成功，摔坏的不是商品，而一定是商品生产者。因此，公司必须搞好销售工作。公司要根据产品特点采取不同的销售方式。如对处于上升时期的产品，可以用广告、推销等方式提高产品在用户中的知名度，以扩大销售。对处于衰退期、成熟期的产品则不必花大量经费去做广告。此外，对于生产资料和生活资料，其销售方式也有所不同。

对生产资料来说，由于其具有市场比较集中，购买者的数量少，而一次购买量较大；专用性强，技术要求高；理智型专家购买；需求弹性小等特点，一般采用批发的比重要高，而且由专业流通企业来承担。如日本90%以上的钢材是通过综合商社、专业商社以及批发商来销售的，美国钢铁厂40%的钢材销售给流通企业。专业化的流通可以享受到分工带来的好处。目前，国内正掀起一股“产供销一条龙”的热潮，就一些上下游工序联系紧密的企业来说，如石化行业，这是生产过程的客观要求，但对于一般行业，并不见得是好事，因为它往往要分散大部分精力才能抓好销售。事实证明，根据具体情况搞产销联合，如流通企业为生产企业充当“总代理”，却能取得良好的效益，因此，生产厂商在决定销售方式时要根据具体情况，从长远出发，选择适合于自己的销售方式和销售渠道。

对生活资料来说，由于其市场广阔而分散，流动性大，替代性较强，而且受个人爱好的影响，因此其销售方式则更要灵活多样，如互补的商品可以联合销售，而相互替代的商品就不能一起销售。这就要求公司必须认真研究消费品市场，将其进行分类，以便根据自己所生产和经营产品的特点和消费者的购买习惯，采取适当的营销策略。

(4) 售后服务。顾客对产品的选择，考虑的是在保证必要功能的前提下，寿命周期成本最低，因此，公司售出产品并不是销售的结束，而是销售进入一个新的阶段，不论是生产资料还是生活资料，都存在这个问题。就生产资料来说，一些高、精、尖的机械设备、仪器仪表、测量设备，一般厂家都没有能力进行维修，有的甚至完全靠生产厂家来维修。这时，谁的售后服务搞得好，顾客自然就选谁的产品。生活资料也是这样，据中国消费者协会的调查，就高档耐用消费品而言，如果一家厂商的价格较低、不上门维修，而另一家厂商的价格稍高，但上门维修，95.4%的人将选购后者。

从某种意义上说，售后服务，也是厂商不断提高产品质量和性能的过程。因为用户在使用过程中将发现公司产品的不足，有的用户还能提出改进的建议。所以，及时收集顾客对产品的意见，对于公司产品的升级换代和新产品的开发是非常有意义的。这也是许多公司成功的经验之谈。因此，公司应建立广泛的维修服务网点，使顾客无论在什么地方都可以得到公司的售后服务。

此外，公司与供货公司、与同行业的其他公司也有密切关系。对于供货公司来说，大宗原材料、燃料的采购一般比较集中而稳定，而协作时必须注意协作公司的质量、价格和交货期。与同行业的其他公司则是一种完全的竞争关系，在市场经济条件下，更是一种你死我活的关系，但也不排除联合与协作的关系。

第二节　公司的资产所有权管理

现代公司组织是适应市场经济要求和社会化大生产需要而形成的企业形式。人类利用公司制度，极大地促进了社会生产力的发展。股份公司是指全部注册资本由全体股东共同投资，以股份形式构成的企业。股东依在股份公司中所拥有的股份参加管理，享受权益、承担风险。我国的股份公司主要有股份有限公司和有限责任公司两种形式。股份公司除必须接受政府的监督管理外，还要接受所有者（股东）对公司事务的内部决策管理。

一、所有者对有限责任公司的管理

有限责任公司的指由两个以上股东共同出资，每个股东以其所认缴的出资额对公司承担有限责任，公司以其全部资产对其债务承担责任的企业法人。有限责任公司可以设立股东会，也可以不设立股东会。设立股东会的，股东会由全体股东组成，是公司权力机构；不设立股东会的，可以设立董事会，由董事会履行公司权力机构的职权。

1. 股东会的职权。股东会作为有限责任公司的最高权力机构有权决定公司的一切重大事项，通常包括：

（1）制定和修改公司章程。公司章程应由全体出资者在自愿协商的基础上共同签订，直接代表着全体股东的共同意志，内容包括公司的名称和住所、公司宗旨和经营范围、注册资本、股东姓名（名称）及住所、股东的权利和义务、出资方式和数额、转让出资的条件等等。

（2）选举和罢免董事及监事，决定其报酬的支付方法。

（3）审议批准董事会及监事会的报告。

（4）审议批准公司年度财务预算方案、决算方案和投资方案。

（5）审议批准公司的利润分配或者亏损弥补方案。根据有关规定，公司在分配税后利润时，应当提取利润的10％列入公司法定公积金，并提取利润的5％～10％列入公司法定公益金；经股东会决议，在按规定提取法定公积金后，可以提取任意公积金；公司在弥补亏损和提取法定公积金、法定公益金前，不得分配利润；公司的可分配利润按照股东的出资比例分配。

（6）对公司增加或者减少注册资本作出决议。

（7）对股东转让出资作出决议。公司股东向股东以外的人转让其出资时，除另有规定外，必须经全体股东过半数同意；不同意转让的股东应当购买该转让的出资；全体股东同意转让的，同等条件下，其他股东享有优先购买权。

（8）对公司合并、分立、变更公司形式、解散和清算等重大事项作出决议。公司合并可以采取吸收合并和新设合并两种形式，公司分立可以采取新设分立和派生分立两种形式，有限责任公司可以依法变更为股份有限公司，公司被解散时应依法进行清算，这些行为都直接涉及所有者权益，应由股东会作出决议。

(9) 公司章程规定的其他权力。

2. 股东会的召集程序。股东会是股东行使其决策权的机关，但并非常设机关。股东会的首次会议由出资最多的股东召集和主持，通过公司章程，产生公司领导机构以及决定其他重大事项。股东会会议可分为定期会议和临时会议。定期会议应按照公司章程的规定按时召开，临时会议可以由代表 1/4 以上有表决权的股东、1/3 以上董事或由监事提议召开。股东会由董事会召集，董事长主持。召集股东会，应于会期 15 日以前通知全体股东。股东会应对所议事项做会议记录，记载所议事项及结果，并由出席会议的股东签名。

股东都应出席股东会。如本人不能亲自出席，可以委托代理人出席，代行表决权，但应出具委托书，载明授权范围。股东按照出资比例行使表决权。股东会的决议必须达到法定多数才能形成。对修改公司章程，增加或减少注册资本，公司分立、合并或变更公司形式，解散公司等重大事项的决议，必须经代表 2/3 以上有表决权股东的通过；对其他事项的决议程序，由公司章程规定。

二、所有者对股份有限公司的管理

股份有限公司是指全部注册资本由等额股份构成并通过发行股票筹集资本的企业法人。公司作为独立法人，必须形成一种独立于众多股东个体意志和利益之上的独立意志，以自己的名义独立开展业务活动。这就要求公司组成有效的机构，既要切实保障股东权益的实现，又要使公司能够适应瞬息万变的经济生活。股份有限公司设立股东大会，所有者通过股东大会实施对公司的监督管理。

1. 股东大会的性质和地位。股东大会是公司的最高权力机构，公司的一切重大事项都必须由股东大会作出决议。董事会、监事会、经理机构等虽也执掌着公司的管理权，但都隶属或服从于股东大会。虽然公司在法律上完全独立，但公司本身是股东出资组成的经济组织，股东仍是实质上的所有者。

2. 股东大会的种类。股东大会分年会和临时会。股东年会每年召开一次，应于每一会计年度终结后 6 个月内召开。临时股东大会是指根据需要而临时召集的不定期的全体股东会议。这里所谓的需要，是指以下情形之一：董事人数不足法定人数或公司章程所定人数 2/3 时；公司累计未弥补的亏损达实收股本总额 1/3 时；代表公司股份 10％以上的股东请求时；董事会或监事会认为必要时。

3. 股东大会的职权。股东大会的职权主要包括：（1）听取报告。即听取审议和批准董事会、监事会的报告以及公司年度预算、决算报告。（2）作出决议。应由股东大会决议的事项是由法律和公司章程予以规定的，一般包括：审议、批准公司的利润分配或者亏损弥补方案；公司增加或减少资本；发行公司债；公司合并、分立、解散和清算；选举或罢免董事和监事，决定其报酬和支付方式；修改公司章程等。

4. 股东大会的召集。股东大会由董事会负责召集，董事长主持会议。召开股东大会，应将会议审议的事项于 30 日以前通知股东，临时股东大会不得对通知中未列明的事项作出决议。对于无记名股票的股东，采取公告的方式通知，对于记名股票的股东，除公告外，还应专函通知。

5. 股东大会的决议。股东大会的决议分为普通决议和特别决议。普通决议，指适用于公司普通决议事项，以简单多数即可通过的决议，应由出席会议的持半数以上表决权的股东同意。特别决议，应由出席会议的持 2/3 以上表决权的股东同意即可通过。

第三节 公司的政府管理

在公司管理体系中，政府对公司的管理居于十分重要的地位。随着社会主义市场经济新体制的逐步建立，政府转变职能，原有的管理模式也相应发生了变化，政府行政管理部门应按照“规划、协调、服务、监督”的原则，对公司进行管理。

一、政府对公司的登记注册管理

在我国，依据有关法律、法规的规定，工商行政管理机关是公司及其他法人的登记主管机关。各级登记主管机关在上级登记主管机关的领导下，依法履行职责，其主要职责是贯彻执行国家公司登记的各项法律、法规和政策，依法进行登记管理，确认公司法人资格及合法经营权，保护公司合法权益，取缔非法经营，维护社会经济秩序。

1. 工商行政管理机关的任务。工商行政管理机关的具体任务是：

（1）办理公司开业、变更、注销登记，确认公司的法人资格；

（2）保护公司合法权益，维护企业的名称权、财产权、经营权；

（3）监督管理公司遵守《中华人民共和国企业法人登记管理条例》及国家有关法律、法规和政策，查处违反《条例》的行为；

（4）建立公司登记档案和登记统计制度；

（5）根据社会需要，向公众提供企业登记资料和有关法律、法规和政策咨询服务。

2. 登记管辖。在我国，登记主管机关依法独立行使职权，实行分级登记管理、属地登记管理、核转登记管理、委托登记管理、指定登记管理的管辖原则，外商投资公司实行国家工商行政管理局登记管理和授权登记管理原则，并且上级登记主管机关有权纠正下级登记主管机关不符合国家法律、法规和政策的决定。

(1) 国家工商行政管理局的主要任务是根据国家有关方针、政策和公司登记管理的法律、法规，指导和组织全国的公司登记管理工作，起草和实施有关公司的法规、条例，并对某些公司的开业、变更、注销事宜直接进行登记管理。具体负责以下三类公司的登记管理：国务院批准设立的或者行业归口管理部门审查同意由国务院各部门以及科技性社会团体设立的全国性公司；国务院批准设立的或者经国务院授权部门审查同意设立的大型企业集团；国务院授权部门审查同意由国务院各部门设立的经营进出口业务、劳务输出业务或者对外承包工程的公司。

(2) 省、自治区、直辖市工商行政管理局归口管辖以下公司的登记管理：省、自治区、直辖市人民政府审批设立的或者经政府授权部门审查同意由政府各部门以及科技性社会团体设立的公司；省、自治区、直辖市人民政府批准设立的或者政府授权部门审查同意设立的企业集团；省、自治区、直辖市人民政府授权部门审查同意由政府各部门设立的经营进出口业务、劳务输出业务或者对外承包工程的公司；国家工商行政管理局根据有关规定核转的公司或分支机构。

(3) 市、县、区工商行政管理局归口管辖除国家工商行政管理局和省、自治区、直辖市工商行政管理局登记管理的公司以外的公司登记管理以及上级登记主管机关、原登记主管机关核准到工商行政管理局所在地的公司或公司的分支机构的登记管理。

3. 公司登记的条件。登记条件是指申请进行法人登记或营业登记的经营单位所应具备的各项法定条件。

申请法人登记的公司，必须是同时具备能够独立从事经营活动、拥有自己独立的财产和独立承担民事责任三个基本条件。只有三个条件同时具备，公司方可申请登记。

申请公司登记，一般应具备以下条件：

（1）有符合规定的名称和章程。

（2）有国家授予公司经营管理的财产或公司自身所有的财产，并能以财产独立承担民事责任。

（3）有与生产经营规模相适应的管理机构、财务核算机构、劳动组织以及法律或者章程规定必须建立的其他机构。

（4）有必要的与生产经营相适应的经营场所和设施。

（5）有与生产经营规模相适应的从业人员。

（6）有健全的财会制度，能够实行独立核算，自负盈亏，独立编制资产负债表。

（7）有符合规定数额并与经营范围相适应的注册资金。有限责任公司的注册资本不得少于下列最低限额，其中生产性公司的注册资金不得少于50万元，以批发业务为主的商业性公司的注册资金不得少于50万元，以零售业务为主的商业性公司的注册资金不得少于30万元，咨询服务性公司的注册资金不得少于10万元，国家对公司注册资金数额有专项规定的，按规定执行。

（8）有符合国家法律、法规和政策规定的经营范围。

（9）符合法律、法规规定的其他条件。

此外，设立乡村集体所有制的公司还应具备“产品和提供的服务为社会所需要，并符合国家法律、法规和政策规定”，“有必要的劳动卫生、安全条件和环境保护措施”，“符合当地乡村建设规划，合理利用土地”等条件。

4. 公司登记管理程序。公司登记管理程序是指法律上为了保证公司实现权利，承担义务和保证国家登记管理法规的贯彻实施，以及登记主管机关行使职权，履行职责而规定的进行公司登记管理应遵循的方法、步骤和原则，它包括登记注册程序和监督管理程序。登记注册程序又包括三个具体程序：一是政府或政府授权部门对公司的设立审批程序；二是公司申请登记注册程序；三是登记审批程序。监督管理程序是指登记主管机关履行监督管理职责，对企业进行监督检查，查处违法违章公司所应遵循的程序，包括监督管理一般程序和监督管理特定程序。

登记管理程序是企业法人登记管理制度的重要组成部分和重要内容。是企业法人登记管理制度的基本保障。只有严格按照法定程序办事，才能保证法律、法规的贯彻执行，有效地维护法律、法规的严肃性、权威性、公开性。同时，这些程序也是公司取得法人资格、合法经营权所必须履行的法律手续，也是登记主管机关做好核准登记的基本依据。

二、政府对公司的工商监督管理

1. 监督管理与登记注册管理的关系。监督管理与登记注册管理是相辅相成，有机地联系的。

（1）登记注册是监督管理的基础和前提，没有登记，监督管理就没有对象和内容。

（2）登记注册是个程序，监督管理是维护这个程序的手段。登记程序为实施企业法人制度而设，监督管理为保障登记程序而设，两者相辅相成。共同组成了登记管理制度。

（3）登记为监督管理指出了方向，确定了内容；监督管理为登记程序的合理、科学的制定和修改提供素材和依据。

（4）监督管理是登记注册的延伸和保障。没有监督管理，企业一经注册后，就会失控，登记本身就没有任何意义。

2. 监督管理的原则和内容。工商行政管理机关对公司进行监督管理应坚持以下原则：

（1）管辖原则。包括地域管辖、级别管辖、协商与指定相结合管辖以及上级登记主管机关有权纠正下级机关不适当的处罚的原则。

(2) 管理与服务相结合的原则。即要坚持寓服务于管理之中，搞好监督管理是为更好地为企业服务的原则。

(3) 教育与处罚相结合的原则。在实施监督管理时应以教育为主、处罚为辅，教育和处罚都是一种手段，其目的都是为了使企业依法经营、合法经营。

(4) 查处违法活动与保护合法经营相结合的原则。监督管理要坚决查处违法经营活动，从而达到保护合法经营的目的。

(5) 登记注册与监督管理相结合的原则。

(6) 登记主管机关监督检查与企业自我约束相结合的原则。

根据《中华人民共和国企业法人登记管理条例》的规定，登记主管机关对公司监督管理的主要内容有五项：

(1) 监督公司按照规定办理开业、变更、注销登记；

(2) 监督公司按照登记注册事项和章程、合同从事经营活动；

(3) 监督公司和法定代表人遵守国家法律、法规和政策；

(4) 监督公司按规定办理年检手续；

(5) 查处公司的违法经营活动。

3. 监督管理的主要方式和方法。加强公司监督管理工作，应掌握如下方式、方法：

(1) 加强宣传工作是搞好监督管理的首要前提。通过经常化、制度化的宣传教育，可以提高公司遵纪守法的自觉性，减少或防止违章违法案件的发生。

(2) 实行年检制度是监督管理定期化、制度化的重要方面。通过年度检查可以及时发现公司中存在的问题以及登记管理工作中的疏漏，全面了解各行各业公司发展变化情况，为重点检查打下基础。

(3) 经常性的查证验照是监督检查公司的基本形式。

（4）加强与有关部门配合协作。工商行政管理机关应主动与公司主管部门、归口行业管理部门以及计划、审计、财政、税务部门加强联系、协调，共同搞好对公司的监督管理。

（5）建立公司联络员制度是促使公司自觉遵纪守法的好方法。这种方法既可在一定程度上弥补工商干部人员不足的问题，沟通公司与工商部门的联系，又提高了登记审核的工作效率，促进了工商行政管理工作的发展。

（6）不定期地对国家实行宏观控制的或者问题较多的行业的公司进行抽查；

（7）对新建公司定期回访复查。

4．公司违法经营的处罚。处罚是保证监督管理工作顺利进行的有效措施。工商行政管理机关作为国家行政管理机关，对公司违反登记管理法规的行为有一定的行政处罚权。对公司的行政处罚主要有警告、罚款、没收非法所得、责令停业整顿、扣缴、吊销营业执照 6 种。

对有下列行为的公司，工商行政管理机关可作出如下处罚，可以单处，也可以并处：

（1）未经核准登记擅自开业从事经营活动或者超出经营期限从事经营活动的责令终止经营活动，没收非法所得，处以 2 万元以下罚款。

（2）申请登记时隐瞒真实情况、弄虚作假的，除责令提供真实情况外，视其具体情节，予以警告、没收非法所得，处以 1 万元以下罚款。经审查不符合法人条件的，吊销执照。伪造证件骗取执照的，没收非法所得，处以 2 万元以下罚款，吊销执照。

（3）擅自改变名称、经济性质或者公司类别、法定代表人以及外商投资公司的董事长、副董事长、总经理、副总经理、注册资金、增设或者撤销分支机构，不按规定办理变更登记的，予以警告，没收非法所得，处以 1 万元以下罚款，并限期办理变更登记。擅自改变住所、地址、经营场所、隶属关系的，予以警告，处以 5000 元以下罚款，并限期办理变更登记。

（4）超出核准登记的经营范围和经营方式从事经营活动的，视其情节轻重，予以警告，没收非法所得，处以 2 万元以下罚款。同时违反国家其他有关规定，从事非法经营的，责令停业整顿，没收非法所得，处以非法所得额 2 倍以下罚款，情节严重的，吊销执照。

（5）侵犯企业法人名称专用权的，责令停止侵权行为，赔偿受损害方经济损失，处以 5000 元以下罚款，情节严重的，吊销执照。

（6）伪造、涂改、出租、出借、转让、出卖执照的，分别视情况没收非法所得，处以 3 万元以下罚款，情节严重的，吊销执照。擅自复印执照的，收缴复印件，处以 2000 元以下罚款。不按规定悬挂营业执照的，予以警告，处以 2000 元以下罚款。

（7）抽逃、转移资金，隐匿财产，逃避债务的，责令补足抽逃的资金，追回隐匿的财产，并处以 1 万元以下罚款。

（8）不按规定申请办理注销登记的，责令限期办理注销登记。拒不办理的，处以 3000 元以下罚款，并可追究企业主管部门的责任。

（9）不按规定填报年检报告书、提交资金平衡表或者资产负债表的，责令限期补办。逾期不办的，处以 5000 元以下罚款，扣缴执照。

（10）拒绝监督检查、在接受监督检查过程中弄虚作假的，除责令其接受监督检查和提供真实情况外，予以警告，处以 1 万元以下的罚款，扣缴执照，情节严重的，吊销执照。

（11）对提供虚假文件、证件的单位和个人，除责令其赔偿因出具虚假文件、证件给他人造成的损失外，处以 5000 元以下的罚款。

工商行政管理机关在查处公司违法活动时，对构成犯罪的有关人员，交由司法机关处理。

三、政府对公司的税务登记管理

公司办理税务登记是依法履行义务，也是税务机关对纳税人实施管理，掌握税源情况的基本手段。

1. 税务登记的申请和办理。税收征管法明确规定："企业，企业在外地设立的分支机构和从事生产、经营的场所，个体工商户和从事生产、经营的事业单位（以下统称从事生产、经营的纳税人）自领取营业执照之日起30日内，持有关证件，向税务机关申报办理税务登记。税务机关审核后发给税务登记证件。"

如果从事生产经营的纳税人到外县（市）从事经营活动的，必须持有所在地税务机关填发的外出经营活动税收管理证明，向营业地税务机关报验登记，接受税务管理。

从事生产、经营的纳税人应当在规定的时间内向税务机关提出办理税务登记的书面申请，如实填写税务登记表。税务登记表的主要内容包括：（1）单位名称、法定代表人或者业主姓名、居民身份证、护照或者其他合法证件的号码；（2）住所、经营地点；（3）经济性质或者企业形式、核算方式；（4）生产经营范围、经营方式；（5）注册资金（资本）、投资总额、开户银行及账号；（6）生产经营期限、从业人数、营业执照号码；（7）财务负责人、办税人员；（8）记账本位币、结算方式、会计年度；（9）其他有关事项。纳税人是分支机构的，还应当登记总机构名称、地址、法定代表人、主要业务范围、财务负责人。

纳税人向税务机关填报登记表时，应当根据不同情况相应提供以下有关证件、资料：（1）营业执照；（2）有关合同、章程、协议书；（3）银行账号证明；（4）税务机关要求提供的其他有关证件、资料。

对纳税人填报的税务登记表、提供的证件和资料，税务机关应当自收到之日起 30 日内审核完毕。符合规定的，予以登记，并核发税务登记证件。

2. 变更和注销登记。

（1）变更登记。税务登记内容发生变化时，纳税人需要在企业登记主管机关办理注册登记的，应当自办理企业变更登记之日起 30 日内向原税务登记机关申报办理变更税务登记；按照规定纳税人不需在企业登记主管机关办理注册登记的，应当自有关机关批准或者宣布变更之日起 30 日内，向原税务登记机关申报办理变更税务登记。

（2）注销登记。纳税人发生解散、破产、撤销以及其他情形，依法终止纳税义务的，应当在申报办理企业注销登记前，向原税务登记机关申报办理税务注销登记；按照规定不需在企业登记主管机关注册登记的，应当自有关机关批准或者宣告终止之日起 5 日内向原税务登记机关申报办理税务注销登记。

纳税人因迁移经营地点、住所而涉及改变税务登记机关的，应当在申报办理企业变更、注销登记前或情形改变之前，向原税务登记机关申报办理税务注销登记，并向迁达地税务机关申请办理税务登记。

纳税人被工商行政管理机关吊销营业执照的，应当自营业执照被吊销之日起 5 日内，向原税务登记机关申报办理税务注销登记。

纳税人在办理税务注销登记前，应当向税务机关结清应缴的税款、滞纳金、罚款，缴销发票和其他税务证件。

3. 税务登记证件的用途。除按照规定不需发给税务登记证件的以外，纳税人办理下列事项时必须持税务登记证件：（1）申请减税、免税、退税；（2）领、购发票；（3）办理外出经营活动税收管理证明；（4）办理其他有关税务事项。

税务登记证件，只限于本公司使用，不得转借、涂改、损毁、买卖或者伪造。并按税务机关的规定期限，办理验证或者更换手续。

4. 违章处罚。不按期办理税务登记、变更或注销税务登记的，将处以 2000 元以下或 2000 元以上，10000 元以下的罚款。

四、政府对公司的宏观管理

现代公司制度是适应市场经济要求和社会化大生产要求的企业组织形式。当前股份制正在全国全面推开。根据国家产业政策和以公有制为主体，允许和鼓励其他经济成分适当发展的方针，国家按照不同产业领域和不同经济类型，对股份公司的组建和试点进行分类指导，实行不同的股权结构。对涉及国家安全，国际尖端技术，具有战略意义的稀有金属开采等行业，以及必须由国家专卖的企业或行业，暂不进行股份制改造；对能源、交通、通信等垄断性较强的行业可以进行股份制改造（公有资产股份必须在这些行业的企业中达到控股地位）；对国家产业政策允许和鼓励发展的竞争性较强的行业，尤其是资金技术密集型或规模经济要求高的行业鼓励进行股份制改造。

凡采取联合投资新建项目和国有企业改、扩建项目，经有关部门批准后可以设立股份公司；国有企业经批准可进行股份制改造，对其中承担国家指令性计划任务的国有企业和实行计划单列的企业集团进行股份制改组时，须做好指令性计划的衔接工作。

股份公司的生产经营活动，在国民经济计划指导和有关法规的约束下，由公司根据市场需要自主决策，国家主要通过制定、实施宏观政策和指导性计划对其进行必要的宏观调控；对原承担指令性计划任务的企业实行股份制改组后，国家逐步采取国家订货方式来改造和取代指令性计划，股份公司有义务优先保证完成国家订货任务；在国家产业政策和行业规划指导下，股份公司进行固定资产投资活动，凡不需要国家提供资金，又不需要国家平衡条件的项目，国家不再审批，由企业自主决策，自行承担投资责任。

国家主要通过专业投资公司以参股、控股方式进行国有资产股份投资，并由专业投资公司组织国有资产股权收益的回收，并将其继续用于国家重点投资；国家要加强股份公司股票的发行和上市股票的规模和结构的管理，做到统一规划，综合平衡。

五、政府对公司的劳动工资管理

为适应市场经济和股份公司的要求，原有的劳动工资制度必须改革。在国家宏观指导和调控下，公司可根据实际情况自主制定用人和工资分配制度，报劳动部门备案。

股份公司在坚持工资总额增长幅度低于公司经济效益增长幅度和职工平均实际收入增长幅度低于本公司劳动生产率增长幅度的前提下，可自主决定年度工资总额；股份公司的工资总额基数由公司提出，报劳动部门核定；公司工资总额的执行情况，要接受劳动部门及有关部门的监督。

股份公司按照国家的政策法规，可自主决定机构设置和招工的条件、方式、数量与时间；有权决定用工形式，可以实行合同化管理或全员劳动合同制；公司与职工可以签订有固定期限、无固定期限或以完成一项工作任务为期限的劳动合同，公司和职工按照劳动合同的规定，享受权利，承担义务；公司与职工发生劳动争议，按照国家有关劳动争议的处理规定办理。

公司可根据经济效益和经营特点，实行灵活多样的内部分配形式，合理确定各类职工的工资收入。代表国有股权的兼职董事、监事，其工资福利等待遇，由原派出单位负责支付，不能从公司取得股利。股份公司应按照国家和地方政府的有关规定，参加社会保险费，并实行公司和职工个人共同缴纳养老保险费的制度。

六、政府对公司的土地资产管理

随着经济体制改革的深入发展，我国土地使用制度将逐步由过去的划拨供应方式转变为有偿供应的资产化管理方式。凡改组或新设股份公司时，涉及的国有土地使用权必须作价入股；土地使用权的价格由县级以上人民政府土地管理部门组织评估，报县级以上人民政府审核批准后，作为核定的土地资产金额。改组或新设的股份公司，凭负责审批、组建股份公司主管部门的批准文件，向当地人民政府土地管理部门申请土地登记或变更土地登记。通过出让方式取得国有土地使用权的土地资产与股东单位其他资产一并入股，土地使用权由改组或新设后的股份公司持有。以划拨方式取得国有土地使用权的股份公司，在补办土地使用权出让手续、补交出让金、进行土地登记后，土地使用权由股份公司所持有。

使用集体所有土地的股份公司，须持负责审批组建股份公司的主管部门批准文件，向县级以上人民政府土地管理部门提出申请，经批准后按国家建设征用土地的规定由国家征用，依法出让给股份公司，或由国家作为土地资产入股；原集体土地所有者可用获得的征地补偿、安置费向该公司投资入股。

第四节 公司的行业管理

随着生产力的发展，每一个部门、行业的生产和管理的专业性越来越强，客观上要求采用一定的组织形式以建立公司之间的稳定联系。而同一行业由于生产经营技术等方面具有许多共性，使其相互联系的效果更为明显。另外，公司组织机构的配置和调整、经营战略的选择、市场情况的收集和分析、法律事务和职工的培训等，对某个公司来说，不仅是一项沉重的负担，而且也难以承受。因此，行业管理已成为世界各国普遍采用的一种经济管理形式。随着社会主义市场经济体制的建立，政府机构的转变职能，现阶段我国各专业主管部门对公司的行业管理职能主要包括以下几个方面。

一、在国家中长期总体规划指导下，制定行业规划

行业规划是国家总体规划的实施性计划，是联系和协调宏观经济与微观经济的基本桥梁。行业发展规划是对全行业的生产经营活动以及技术和市场在总体发展方向上作出的预测和指导，具体包括：

1. 行业发展战略目标。从国民经济发展的战略目标出发，以提高经济效益为中心，根据本行业在国民经济中的地位、作用，研究、借鉴国外本行业的发展状况，制定出本行业的战略目标。

2. 行业发展重点规划和骨干项目规划。实现行业发展战略目标，不仅要依靠现有公司的革新和改造，而且要选择一批骨干项目，将重点项目的建设纳入本行业规划统筹安排之中。

3. 行业技术进步规划。科学技术是第一生产力，对经济发展的影响和作用十分重要。应在调查研究的基础上，对规划期内本行业技术发展的总方向、总水平作出具体规定，并制定稳妥的技术措施。

4. 行业的调整改组、组织结构合理化规划。行业内部的产品、技术、规模、组织各方面结构的合理化是行业优化组合的必然要求。根据经济发展的要求，适时调整上述各方面的构成，是行业规划的重要组成部分。

二、制定行业的经济、技术政策

在国家方针、政策的指导下，制定本行业的经济、技术政策和技术标准。专业主管部门应根据本行业的经济技术特点和行业发展方向，提出主要产品的生产批量、公司经营规模和行业的主要投资方向，引导公司合理地确定和选择产品品种和生产规模，正确地作出投资决策。同时，专业主管部门还应根据国内外科学技术的发展及其利用状况，制定行业装备政策、更新改造政策、技术引进政策和产品的技术标准，不断改进和完善行业技术装备，提高生产能力，避免重复建设和盲目引进，促进产品质量的提高和出口创汇能力的增强。

三、建立行业科技发展中心，推进行业技术的提高

行业是以劳动分工为基础的生产同类产品的公司的集合，这些因产品用途相同、使用原材料相同、工艺过程性质相同而集合起来的公司群构成一个行业，在行业内部存在着诸多技术上相同或相似的特征。主管部门从行业特点出发，集中科技力量，对新兴技术和重大科技项目进行联合攻关，既有利于提高科技开发能力和工作效率，又可减轻公司负担。因此，组建行业技术开发中心和科学研究中心，必将有利于指导行业的产品开发、技术开发，新材料、新工艺的运用，新技术的推广和先进技术的引进、消化吸收和转移，从而促进本行业的发展和科技水平的提高。

四、建立和完善信息系统，为公司提供信息服务

信息是经济管理必不可少的要素之一，在当今国际国内市场瞬息万变，科学技术和新产品开发突飞猛进的信息时代，经济信息对于公司经营的正确决策具有十分重要的意义。掌握了信息就掌握了市场的主动权。但公司因受其经济活动范围及本身主观能

力的限制，很难及时、全面、准确地获取各种信息。这就需要主管部门从行业管理角度出发，建立信息机构和国际国内的信息网络，把信息及时迅速地提供给公司，主管部门提供的信息主要包括市场经济信息、技术信息和社会政治信息。

五、帮助公司培训职工

生产力的发展对公司素质提出了越来越高的要求，而职工素质是公司素质的基础。专业主管部门可以通过举办各种形式的培训，不断提高职工的文化素质和专业技术水平。

六、制定行业管理规则

根据国家政策和法律的要求，专业主管部门结合行业特点，制定行业管理的有关条例和制度，作为本行业所属公司共同遵守的基本准则，规范公司行为，保护公司的各项合法权益，维护本行业的共同利益，并检查监督行业规划、条例和制度的执行情况。

主要参考文献

1. 罗锐韧主编：《中华人民共和国股份制操作全书》，企业管理出版社 1997 年版。

2. 柳随年、厉以宁主编：《现代公司运作全书》，光明日报出版社 1993 年版。

3. 葛树荣、徐培新著：《现代企业管理学》，青岛出版社 1996 年版。

4. 邓荣霖主编：《现代企业制度》，中国人民大学出版社 1995 年版。

5. 斯蒂芬·戴克等著，林勇、李强译：《企业概论探究》，香港导师出版社 1998 年版。

6. 张仁德主编：《现代股份经济导论》，南开大学出版社 1994 年版。

7. 邓荣霖主编：《公司经营学》，中国人民大学出版社 1989 年版。

8. 童臻衡编著：《企业战略管理》，中山大学出版社 1996 年版。

9. 强志源编著：《现代企业战略管理》，北京理工大学出版社 1993 年版。

10. 蒋运通编著：《企业经营战略管理》，企业管理出版社 1996 年版。

11. 张俊民著：《企业财务分析》，经济科学出版社 1996 年版。

12. 谢贤星、王乃琮主编：《股份制企业财务管理》，光明日报出版社 1993 年版。

13. 赵炳贤著：《资本运营论》，企业管理出版社 1997 年版。

14. 维高编著：《兼并：资本运营核心论》，中国物资出版社 1997 年版。

15. 孙黎主编：《公司收购战略》，中国经济出版社 1997 年版。

16. 胡建绩著：《产权重组》，上海译文出版社 1997 年版。

17. 徐渊著：《公司再造》，上海译文出版社 1997 年版。

18. 史正富著：《现代企业的结构与管理》，上海人民出版社、智慧出版有限公司 1993 年版。

19. 吴家骏著：《日本的股份公司与中国的企业改革》，经济管理出版社 1994 年版。

20. 武永清著：《现代企业制度与企业公司化》，中国矿业大学出版社 1994 年版。

21. 于潜、姜晓薇编著：《国有企业公司制改造》，中国经济出版社 1995 年版。

22. 芮明杰、杜锦根著：《人本管理》，浙江人民出版社 1997 年版。

23. 斯蒂芬·P·罗宾逊著：《管理学》，中国人民大学出版社 1997 年版。

24. 黄津孚编著：《现代企业组织与人力资源管理》，人民日报出版社 1994 年版。

25. 郑绍濂等著：《人力资源开发与管理》，复旦大学出版社 1995 年版。

26. 赵振宇、田立延主编：《激励论——发掘人力资源的奥秘》，华夏出版社 1994 年版。

27. 彭璧玉著：《现代企业管理新论》，经济科学出版社 2001

年版。

28. 成栋主编：《电子商务概论》，中国人民大学出版社 2001 年版。

29. 沈波、胡廷峰编著：《企业跨国经营》，经济科学出版社 1997 年版。

30. 杨德新著：《跨国经营与跨国公司》，中国统计出版社 1996 年版。

31. 姜伯伦、邹正方著：《中国企业对外投资》，经济科学出版社 1996 年版。

32. 刘红忠编著：《新编国际投资》，立信会计出版社 1995 年版。

33. 刘研著：《跨国公司与中国企业国际化》，中信出版社 1992 年版。

34. 北京市法学会经济法研究会组编：《公司治理结构的理论与实践》，机械工业出版社 2004 年版。

35. 陈丽洁著：《新公司法详论》，经济科学出版社 2005 年版。

责任编辑：樊曙华
责任校对：徐领弟
版式设计：代小卫
技术编辑：王世伟

现代公司管理
（第四版）
董伍伦　李　强　编著
经济科学出版社出版、发行　新华书店经销
社址：北京海淀区阜成路甲28号　邮编：100036
总编室电话：88191217　发行部电话：88191540
网址：www.esp.com.cn
电子邮件：esp@esp.com.cn
北京密兴印刷有限公司
850×1168　32开　14.75印张　370000字
2006年7月第一版　2006年7月第一次印刷
印数：0001—8000册
ISBN 7-5058-5694-4／F·4953　定价：25.00元
（图书出现印装问题，本社负责调换）